実践｜財政学

PRACTICAL PUBLIC FINANCE: THEORY AND POLICY

基礎・理論・政策を学ぶ

赤井伸郎 編

有斐閣

はしがき
―読者へのメッセージ―

　本書のタイトルには,「実践」という言葉をつけた。このタイトルには,机上やオフィスにとどまらず,本書の知識を,実際の社会においての政策設計・課題解決に役立ててほしいという思いが込められている。そのため,このタイトルにふさわしい構成を考え抜いた。

　本書の最大の特徴は,目的別に学ぶことができる点にある。本書は,すべての章が以下の3パートに分かれる形で統一的に構成されている。各パートの中身とねらいは以下のとおりである。

PART Ⅰ　財政の今（国・地方の役割）：現状と実態を学ぶ。
PART Ⅱ　歴史・理論を学ぶ：歴史を振り返るとともに,制度設計の理論的根拠を学ぶ。
PART Ⅲ　仕組み・政策・課題を学ぶ：仕組み・政策・課題を踏まえ,今後のあり方を考える。

　たとえば,取り急ぎ,財政の現状を学びたいという目的を持つ読者には,PART Ⅰのみを読み進めることをお勧めしたい。一方で,歴史や理論に興味がある読者には,PART Ⅱに注目することをお勧めする。仕組みや政策・今後の課題は,PART Ⅲで学ぶことができる。すでに知識のある大学院生や国・地方の公務員は,PART Ⅲを読むことで制度や政策の課題について財政学の視点から効率的に将来のあるべき姿を考えるヒントを得ることができるであろう。まさに,本書のタイトルである「実践」にふさわしい読み方である。

　日本の財政には,日本全体で財政はどうなっているのかというマクロ的問題はもちろんのこと,日本を支える国と地方の構造の問題,歳出課題としてのインフラ運営・老朽化問題,教育問題,社会保障問題や,歳入（税）の課題としての働き方（労働),生活（消費・資産保有),企業とグローバル社会に関わる問題など,多種多様な学ぶべき課題がある。本書は,これらの多くの課題に対して,他の教科書と比べてトピック（分野）別によりダイレクトにアプローチできるように構成されている。本書は,まさに,それぞれの課題の解決に向けて「実践」して取り組むための最短ルートを示しているのである。

表　本書の概要

	I 財政の今	II 歴史・理論を学ぶ	III 仕組み・政策・課題を学ぶ

第1部　財政の仕組み

第1章　政府の役割と財政
政府の必要性の根拠の説明を通じて，政府の「お財布」である「財政」という概念の重要性・規模・中身を把握し，制度面・理論面から，財政のあり方を考える。

日本財政の歳出と歳入の実態を学ぶ。	財政の歴史を振り返るとともに，財政のあり方としての政府の役割（財政の3機能と公共政策の類型化）を学ぶ。	財政の仕組みと評価の仕組みを学び，諸外国と比較しながら，今後の財政のあり方を考える。

第2章　財政赤字とマクロ経済
日本の財政が置かれている実態（財政赤字・政府債務）を把握し，長期的な視点から，将来の財政見通しを考える。

日本の財政の実態を，国債・政府債務という側面から学ぶ。	戦前からの歴史を振り返るとともに，財政政策がマクロ経済全体に与える経済効果の理論を学ぶ。	日本の財政の将来見通しの仕組みと課題を学び，今後の財政の持続可能性を考える。

第3章　政府間財政移転と地方財政
地方財政を支える制度としての財政移転の実態および財政危機を回避する仕組みを学び，制度面・理論面から，地方財政制度のあり方を考える。

地方公共団体の歳入・歳出の規模と内訳，財政収支の実態を学ぶ。	地方交付税や国庫支出金など国からの財政移転に関する制度の歴史を振り返るとともに，財政移転の理論的根拠を学ぶ。	地方財政計画の役割，地方交付税制度，地方債制度，地方財政健全化制度の仕組みと課題を学び，今後の地方財政制度あり方を考える。

第4章　自治体運営（再編・競争）と財政
地方分権化の流れおよび競争政策・再編政策を把握し，地方分権のメリットやデメリットを理解し，制度面・理論面から，地方公共団体の再編のあり方を考える。

国と地方の行政サービスの役割分担および，地方公共団体の規模と行政事務の関係の実態を学ぶ。	日本における地方分権改革の歴史を振り返るとともに，分権化の理論・地方政府間の競争の理論を学ぶ。	租税競争や福祉競争など地方公共団体の競争政策の実態と課題を学び，広域行政に焦点を当てて地方公共団体の再編のあり方を考える。

第2部　歳　　出

第5章　社会資本と公共事業
社会資本とその整備である公共事業の実態を把握し，効率的な整備・運営について，制度面・理論面から，社会資本整備・運営のあり方を考える。

空港，港湾，道路などの社会資本の定義および，現在の整備に関わる投資額や整備主体の違いの実態を学ぶ。	社会資本整備に関わる計画および投資額の歴史を振り返るとともに，公共財供給に関わる理論的根拠および費用便益分析を学ぶ。	整備主体・財源負担などの仕組みと課題を学び，今後の社会資本整備と運営のあり方を民間活用の視点から考える。

	Ⅰ 財政の今	Ⅱ 歴史・理論を学ぶ	Ⅲ 仕組み・政策・課題を学ぶ
第6章 教育と政府の役割			
義務教育と高等教育に着目し，教育財政の実態を把握し，政府が果たすべき役割について，制度面・理論面から，教育財政のあり方を考える。			
	国際的な視点で，国および地方公共団体における教育への歳出の実態を学ぶ。	戦後の義務教育・高等教育制度の歴史および国による財政負担の歴史を振り返るとともに，政府が教育サービスに関与する理論的根拠を学ぶ。	行政機関の役割，義務教育・高等教育の財政の仕組みおよび課題を学び，今後の教育財政のあり方を考える。
第7章 少子高齢化と社会保障財政			
膨らみ続ける社会保障給付に対し，社会保険料・租税・自己負担でまかなう社会保障制度の厳しい実態を把握し，持続可能な社会保障制度のあり方を考える。			
	社会保障給付における受益と社会保険料の財源との関係の実態を学ぶ。	戦後から歴史を振り返るとともに，国が社会保障給付を提供する理論的根拠を学ぶ。	年金・医療・介護の意義に加え，実態・仕組み・課題を学び，今後の社会保障のあり方を考える。

第3部 歳　入

	Ⅰ 財政の今	Ⅱ 歴史・理論を学ぶ	Ⅲ 仕組み・政策・課題を学ぶ
第8章 労働と税金			
労働所得に対する税の制度および実態を把握し，制度面・理論面から，今後の税制改革のあり方を考える。			
	労働所得に対する所得税・個人住民税・社会保険料の実態を学ぶ。	労働所得税の歴史を振り返るとともに，「中立・公平・簡素」の租税原則および「中立と公平のトレードオフ」の理論的概念を把握し，実証研究の動向を学ぶ。	労働所得税に関わる「配偶者の労働と税・社会保険料制度」および「所得控除の課税ベース侵食」などの課題を学び，今後の所得税制度のあり方を考える。
第9章 暮らしと税金			
消費と資産に関わる税の制度および実態を把握し，制度面・理論面から，今後の税制改革のあり方を考える。			
	消費と資産に関わる消費税・相続税・固定資産税の実態を学ぶ。	消費税・相続税・固定資産税の歴史を振り返るとともに，課税の理論的根拠を学ぶ。	消費税と相続税の仕組みと課題を学び，今後の消費と資産に関わる税制度のあり方を考える。
第10章 経済のグローバル化と企業課税・金融課税			
グローバル化の進展を踏まえ，投資（貯蓄）に関わる税の制度および実態を把握し，制度面・理論面から，今後の税制改革のあり方を考える。			
	投資（貯蓄）に関わる企業課税・金融所得課税の実態を学ぶ。	企業課税・金融所得課税の歴史を振り返るとともに，課税の理論的根拠を学ぶ。	企業課税・金融所得課税の仕組みと課題を学び，今後の投資（貯蓄）に関わる税制度のあり方を考える。

本書は，13 人による合作である。そのため，他の教科書よりも，各章の独立性は高いかもしれない。これは，逆にいえば，読者が興味を持つ分野の章から読み始めても，違和感なく，基礎知識を学ぶことができる。もちろん，第 1 章から読み進めることで，順に知識を蓄積していくという流れは維持されている。加えて，各章の執筆者は，各章のトピック（分野）の専門家である。その意味で，一人で執筆する教科書よりも，各章において，より深い視点を提示する内容となっている。この事実は，政府間財政移転（第 3 章）・自治体運営（第 4 章），インフラとしての社会資本（第 5 章），教育（第 6 章），社会保障（第 7 章）など，財政支出において注目されるトピックで章を独立させている点からも読み取れるであろう。

　本書は，10 章構成×3 パートの 30 区分で構成されている。表にねらいをまとめた。

　また，本書では，講義での教科書としての採用を検討していただける先生向けに，本書の講義用スライド（PowerPoint ファイル）も準備している。講義用スライドの申し込み方法は，以下のウェブサイトを参照してほしい。

『実践 財政学』講義用スライドのご案内
http://yuhikaku-nibu.txt-nifty.com/blog/2017/02/16504.html

　本書を読み通せば，日本の財政の全体像が見えてくるだろう。さまざまな財政課題に対し，政府は政策を講じているが，課題への対応は十分にできていない。資源は有限である。第 2 部で歳出の効果的配分の方法を，第 3 部で歳入の確保の方法を学び，第 1 部で取り上げた財政健全化と経済成長を着実に進めるために，各章での課題にどのように対応していくべきかをしっかりと考えてほしい。すぐに答えが見つかるわけではないが，読者が，本書を読むことで，それらの課題を考えられる知識を身につけるようになっていれば，本書の意義は達成できたと思われる。今後，この知識を社会で活用してほしい。まさに，それこそが，本書のタイトルにふさわしい，「実践」なのである。

　　2017 年 3 月

赤井　伸郎

執筆者紹介（執筆順）

赤井伸郎（あかい のぶお）　　　　　　　　　　編者，担当：第1章

1994年，大阪大学大学院経済学研究科博士後期課程単位取得，98年，大阪大学博士（経済学）学位取得。

現在，大阪大学大学院国際公共政策研究科教授。

主な著作に，『地方交付税の経済学』（共著，有斐閣，2003年），『行政組織とガバナンスの経済学』（有斐閣，2006年），『交通インフラとガバナンスの経済学』（有斐閣，2010年），『地方財政健全化法とガバナンスの経済学』（共著，有斐閣，2019年）などがある。

新居理有（あらい りある）　　　　　　　　　　　　　　　担当：第2章

2012年，京都大学大学院経済学研究科博士後期課程修了，同年，京都大学博士（経済学）学位取得。

現在，愛知大学経済学部准教授。

主な著作に，"Productive Government Expenditure and Fiscal Sustainability"（*FinanzArchiv / Public Finance Analysis*, 67(4), pp. 327-351, 2011），"A Numerical Evaluation of the Sustainable Size of the Primary Deficit in Japan"（共著，*Journal of the Japanese and International Economies*, 30, pp. 59-75, 2013）などがある。

石川達哉（いしかわ たつや）　　　　　　　　　　　　　　担当：第3章

1982年，東京大学経済学部経済学科卒業。

現在，九州共立大学経済学部教授，大阪大学大学院国際公共政策研究科招へい教授。

主な著作に，「臨時財政対策債の構造と実態」（共著，日本地方財政学会編『日本地方財政学会研究叢書 第20号』勁草書房，2013年，所収），「土地開発公社の清算に係る第三セクター等改革推進債発行に関する実証分析」（共著，日本財政学会編『財政研究 第11巻』有斐閣，2015年，所収），『地方財政健全化法とガバナンスの経済学』（共著，有斐閣，2019年）などがある。

湯之上英雄（ゆのうえ ひでお）　　　　　　　　　　担当：第4章共著

2008年，大阪大学大学院経済学研究科博士後期課程単位取得，2009年，大阪大学博士（経済学）学位取得。

現在，名古屋市立大学大学院経済学研究科准教授。

主な著作に，"Spatial Patterns of Flypaper Effects for Local Expenditure by Policy Objective in Japan"（共著，*Economic Modelling*, 37, pp. 500-506, 2014），"Municipal Mergers and Special Provisions of Local Council Members in Japan"（共著，*The Japanese Political Economy*, 40(3-4), pp. 96-116, 2015）などがある。

広田　啓朗（ひろた　はるあき）　　　　　　　　　　　　担当：第4章共著
2009年，大阪大学大学院経済学研究科博士後期課程単位取得，2010年，大阪大学博士（経済学）学位取得．
現在，武蔵大学経済学部教授．
主な著作に，「市町村歳出と人口規模の実証分析」（共著，『公共選択』第67号，pp. 5-22, 2017年），「基準財政需要額の算定構造に関する分析」（共著，『会計検査研究』第53号，pp. 13-28, 2016年）などがある．

倉本　宜史（くらもと　たかし）　　　　　　　　　　　　担当：第5章共著
2009年，大阪大学大学院経済学研究科博士後期課程修了，同年，大阪大学博士（応用経済学）学位取得．
現在，京都産業大学経済学部准教授．
主な著作に，「日本の港湾における財政支出の相互依存関係に関する検証」（共著，日本財政学会編『財政研究 第10巻』有斐閣，2010年，所収），"Spatial Patterns of Flypaper Effects for Local Expenditure by Policy Objective in Japan"（共著，*Economic Modelling*, 37, pp. 500-506, 2014）などがある．

金坂　成通（かなさか　しげみち）　　　　　　　　　　　担当：第5章共著
2008年，大阪大学大学院経済学研究科博士後期課程単位取得，2011年，大阪大学博士（経済学）学位取得．
現在，甲南大学マネジメント創造学部准教授．
主な著作に，「公営交通事業の効率化効果と要因の実証分析」（共著，日本財政学会編『財政研究 第3巻』有斐閣，2007年，所収），「垂直的租税外部効果と経済成長」（共著，日本財政学会編『財政研究 第6巻』有斐閣，2010年，所収）などがある．

宮錦　三樹（みやき　みき）　　　　　　　　　　　　　　担当：第6章共著
2014年，大阪大学大学院国際公共政策研究科博士後期課程修了，同年，大阪大学博士（国際公共政策）学位取得．
現在，中央大学経済学部助教．
主な著作に，「公立大学の費用効率と法人化の影響」（日本地方財政学会編『日本地方財政学会研究叢書 第21号』勁草書房，2014年），"Public Nursery School Costs and the Effects of the Funding Reforms in Japan"（*International Journal of Public Administration*, 39, 2016）などがある．

齊藤　仁（さいとう　ひとし）　　　　　　　　　　　　　担当：第6章共著
2013年，大阪大学大学院経済学研究科博士後期課程単位取得，2016年，大阪大学博士（応用経済学）学位取得．
現在，和歌山大学経済学部准教授．
主な著作に，「公立小学校教育における非効率とその要因分析」（『会計検査研究』第44号，

pp. 41-53, 2011 年), 「義務教育費における地方政府間の参照行動」(『計画行政』第 36 巻 4 号, pp. 33-39, 2013 年) などがある。

足立 泰美 (あだち よしみ) 担当：第 7 章
2014 年, 大阪大学大学院医学研究科博士課程修了, 同年, 大阪大学博士 (医学) 学位取得, 同年, 大阪大学博士 (国際公共政策) 学位取得。
現在, 甲南大学経済学部教授。
主な著作に, 『保健・医療・介護における財源と給付の経済学』(大阪大学出版会, 2015 年), 『税と社会保障負担の経済分析』(共著, 日本経済評論社, 2015 年), 『雇用と結婚・出産・子育て支援の経済学』(大阪大学出版会, 2017 年), *The Economics of Tax and Social Security in Japan* (Springer, 2018) などがある。

八塩 裕之 (やしお ひろゆき) 担当：第 8 章
2004 年, 一橋大学大学院経済学研究科博士後期課程単位取得, 2007 年, 一橋大学博士 (経済学) 学位取得。
現在, 京都産業大学経済学部教授。
主な著作に, 「租税」(共著, 財務省財務総合政策研究所財政史室編『平成財政史 第 4 巻』一般財団法人大蔵財務協会, 2014 年), 「中小企業課税の新展開」(共著, 『フィナンシャル・レビュー』第 127 号, pp. 96-122, 2016 年) などがある。

鈴木 善充 (すずき よしみつ) 担当：第 9 章
2008 年, 関西大学大学院経済学研究科博士後期課程修了, 同年, 関西大学博士 (経済学) 学位取得。
現在, 近畿大学短期大学部准教授。
主な著作に, 『租税政策論』(共著, 清文社, 2012 年) などがある。

前川 聡子 (まえかわ さとこ) 担当：第 10 章
2000 年, 大阪大学大学院経済学研究科博士後期課程修了, 同年, 大阪大学博士 (経済学) 学位取得。
現在, 関西大学経済学部教授。
主な著作に, 『企業税制改革』(共著, 日本評論社, 2000 年), 『日本の金融問題』(共著, 日本評論社, 2003 年), 『企業の投資行動と法人課税の実証分析』(関西大学出版部, 2005 年) などがある。

目次——実践 財政学

		I 財政の今（国・地方の役割）
第1部 財政の仕組み	第1章 政府の役割と財政	1 財政とは何者か？ 2 2 歳出から見た政府の財政規模 3 3 負担から見た政府の財政規模 4 4 歳出と歳入（税収）の推移 5 5 歳出と歳入の中身（2016年度予算） 7
	第2章 財政赤字とマクロ経済	1 日本の財政赤字 34 2 建設国債と特例国債 37
	第3章 政府間財政移転と地方財政	1 国と地方の関係 60 2 国と地方の財政規模と財政収支の実際 61 3 地方公共団体の歳入と歳出 65
	第4章 自治体運営（再編・競争）と財政	1 行政サービスにおける国と地方の役割分担 100 2 自治体行政サービスの規模と格差 104
第2部 歳出	第5章 社会資本と公共事業	1 社会資本・公共事業とは？ 132 2 公共事業（行政投資）の今 135 3 社会資本の今 136 4 国と地方の社会資本整備の分類 136
	第6章 教育と政府の役割	1 教育投資の状況 171 2 教育財政の流れと規模 173
	第7章 少子高齢化と社会保障財政	1 社会保険料と社会保障給付の推移 207 2 社会保障の受益と負担 210 3 社会保障分野における国と地方の役割 213

II 歴史・理論を学ぶ	III 仕組み・政策・課題を学ぶ
1 日本財政の歴史　8 2 財政の体系化　10 3 政府の役割　13	1 財政の仕組みと予算　20 2 効率的・効果的な予算（歳出）構築に向けて　24 3 将来目指す財政構造・規模と課題　29
1 日本財政の歴史　40 2 財政赤字のマクロ経済理論　42	1 財政の持続可能性　49 2 財政再建と政治経済学　55
1 制度としての地方交付税　67 2 政府間財政移転の経済効果　70 3 補助金に対する錯覚と事後的補塡に対する期待　74	1 地方財政計画の役割　77 2 地方交付税算定の実際　78 3 地方公共団体の財政危機回避の仕組み　87
1 地方分権の歴史　109 2 地方分権化の理論　112 3 自治体競争・協調の歴史　114 4 自治体競争の理論　116	1 地方公共団体間競争の実態と課題　119 2 地方公共団体を超えたサービス提供（広域化）の取り組みと課題　120 3 地方公共団体が抱える今後の課題　127
1 社会資本整備の歴史　140 2 社会資本整備に関する理論　148	1 社会資本の概要　153 2 社会資本の整備・運営の仕組み　157 3 社会資本の整備・運営の方向性と課題　164
1 義務教育　178 2 高等教育　182 3 教育への政府関与の意義と方法　185	1 教育行政制度の概要　190 2 義務教育財政の仕組みと課題　192 3 高等教育財政の仕組みと課題　197 4 少子高齢化時代における教育のあり方についての将来像　201
1 社会保障の歴史　214 2 社会保障の理論　219	1 公的年金の仕組み　221 2 医療保険の仕組み　226 3 介護保険の仕組み　235

		Ⅰ　財政の今（国・地方の役割）
第3部 歳入	第8章 労働と税金	1　日本の税の今　244 2　労働に関わる税の今　248 3　社会保険料制度の実態　254
	第9章 暮らしと税金	1　暮らしに関わる課税の今　277 2　消費課税の今　279 3　相続課税の今　281 4　固定資産課税の今　284
	第10章 経済のグローバル化と企業課税・金融課税	1　企業課税の今　304 2　金融課税の今　308

練習問題解答　　337

索　引　342

Column 一覧

① 財政投融資　23
② 総債務と純債務　38
③ 地方債の食い逃げと地方債の中立命題　94
④ 規模の経済性　108
⑤ NPM　126
⑥ 高校生などへの就学支援の取り組み　202
⑦ 診療報酬制度　232
⑧ マイナンバー制度（社会保障・税番号制度）の導入について　272
⑨ 地方税原則　278
⑩ アメリカ政府はアップルの味方？？　331

Ⅱ 歴史・理論を学ぶ	Ⅲ 仕組み・政策・課題を学ぶ
1 税制の歴史　255 2 租税原則　257 3 中立と公平のトレードオフ　260	1 女性の労働と税・社会保険料の仕組み　265 2 所得控除から税額控除へ　268

1 課税バランスの変化と消費税拡大の歴史　285 2 消費税の理論　287 3 資産課税の歴史と理論　290 4 相続課税（遺産課税）の理論　292 5 固定資産課税の理論　293	1 消費税の仕組みと課題　294 2 資産課税の仕組みと課題　300

1 企業課税の歴史と理論　311 2 金融課税の歴史と理論　318	1 企業課税の仕組み　324 2 金融課税の仕組み　327 3 企業活動のグローバル化と国際課税の仕組み　328 4 少子高齢化と金融課税　332

本書のコピー，スキャン，デジタル化等の無断複製は著作権法上での例外を除き禁じられています。本書を代行業者等の第三者に依頼してスキャンやデジタル化することは，たとえ個人や家庭内での利用でも著作権法違反です。

第1部

財政の仕組み

第1章

政府の役割と財政

本章の目的

　本章では，政府の必要性の根拠の説明を通じて，「財政」という概念の重要性を理解することを目的とする。財政とは，政府の「お財布」である。まずは，この「お財布」の大きさ（規模）と，その中身（財政の仕組みと歳入・歳出バランス）がどのような状態にあるのかを把握し，その後，「お財布」の中身の問題点の改善に向けた仕組みについて紹介する。

　具体的には，PART Ⅰでは，政府の「お財布」の中身として，歳出と歳入の実態を把握する。PART Ⅱでは，「財政」の歩みを概観し，「財政」のあり方としての政府の役割（財政の3機能および公共政策の類型化）を学ぶ。PART Ⅲでは，財政の仕組みを学びながら，その仕組みをどのように改善することが望ましいのかについて，政策評価の視点で考えるとともに，日本の「お財布」はどのような方向に向かっていくべきなのかを，諸外国と比較しながら考えていく。

PART Ⅰ　財政の今（国・地方の役割）

1　財政とは何者か？

　財政という言葉は聞いたことがあるだろう。ただ，そのサイズや実態を実感する機会は少ないかもしれない。一方で，自分の「お財布」に関しては，つねに，その中身，とくに，どのくらいのお金が残っているのか，今後その中身がどうなるのかを意識していることであろう。「財政」は，確かに，現時点では，遠い存在であるかもしれない。しかし，この本を読み進むうちに，「財政」を「自分事」（自分の事として捉える）にすることの重要性を実感することになるに違いない。「財政」とは，自分を含む将来世代のお財布と大きく関係するもの

なのである。

　では,「財政」とは具体的に何であろうか。それは,「政府の経済活動の収入と支出」[1]であり,その収入と支出のあり方を議論するのが**財政学**である。とくに,政府（国や地方公共団体〔都道府県・市町村〕）が集めるお金（収入）を,**歳入**と呼び,支払うお金（支出）を**歳出**と呼ぶ。もちろん,主な歳入は租税であり,主な歳出は公共サービスであるが,支出を歳入でまかなえない場合には,資金を借り入れ,将来,利息をつけて返済することになる。その返済は,将来世代への課税（租税）でまかなわれることになる。

　このように収支は,長期的には,均衡せざるえない。そうでなければ,政府が破綻し,想像がつかないような混乱が生じることになる。ただ,短期的には,均衡しない方がよい場合もある。たとえば,長期的に利用できる財を提供する場合,一時点で資金が必要になる一方で,そのコストは,便益を得る主体が長期的に負担していく方がよいかもしれない。また,将来に便益を生み出す財の場合も同様である。

　また,政府の財政のサイズに関していえば,「求められる政府の役割が小さければ,これらの歳入や支出としての財政も小さくなるが,政府の役割が大きくなれば,財政も大きく」なる。近年,高齢化に伴う社会保障関係費の拡大により,政府の財政は大きく膨張しつつあるのが実態である。

2　歳出から見た政府の財政規模

　図 1-1 より,歳出から見た政府の**財政規模**（対 GDP 比）を見てみよう。ポイントは,以下の 3 つにまとめられる。まず,国際比較で見た場合,日本の財政規模は大きくない。次に,地方の負担割合（対 GDP 比）で見ると,日本と同様の他の**単一国家**（イギリス,フランス,イタリア,韓国）と比べ大きく,その割合は**連邦国家**（アメリカ,カナダ,ドイツ,スウェーデン）並みである。さらに,国

---

[1]　政府の範囲は,「国民経済計算」（SNA）という統計で整理されている。政府（公的部門）は,一般政府（中央政府,地方政府,社会保障基金）と,公的企業（政府が運営に関与する企業）に分けられる。政府の大きさはこの範囲で議論されることが多いが,「財政」という場合には,この範囲から,独立行政法人,日本銀行,公社などを省いたものを意味することが多い。

図1-1 政府歳出（社会保障基金を除く）の対GDPの国際比較（2013年）

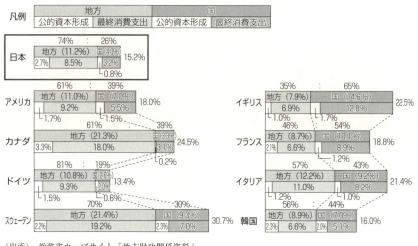

（出所）総務省ウェブサイト「地方財政関係資料」。

の割合と地方の割合の比率で見ても，他の単一国家に比べ，地方の負担の比率が大きく，連邦国家並みである。

このように，日本の財政規模は大きくなく，国際比較のデータから見る限り，政府の規模の拡大は必ずしも問題とはいえない。歳出拡大に対して反対が多いのは，日本国民による政府の歳出の中身・効果への信頼の低さによるものと考えられる。また，日本は，単一国家であるにもかかわらず，地方歳出の割合が大きい。住民に近い地方において歳出を行うことは望ましいが，一方で，地域間格差を生み出す原因にもなる。連邦国家では地域間格差の許容度は高いが，単一国家である日本において，どこまでの地域間格差が容認されるのかが，日本の地方の財政規模を考えるうえでの鍵となろう。

3　負担から見た政府の財政規模

図1-2より，負担から見た政府の財政規模（対国民所得比）を見てみよう。ポイントは，以下の2つにまとめられる。まず，日本の**国民負担率**（国民所得に対する租税負担と社会保障負担の合計額の比率）は，世界的に見て低いレベルにある。次に，2013年度と比較すると，2016年度の国民負担率は大きくなった

図1-2 国民負担率の国際比較

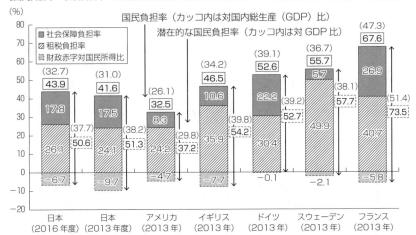

(注) 1. 日本は2016（平成28）年度見通し。諸外国は2013年実績。
    2. 財政赤字の国民所得比は、日本およびアメリカについては一般政府から社会保障基金を除いたベース、その他の国は一般政府ベースである。
(出所) 財務省ウェブサイト「国民負担率（対国民所得比）の内訳の国際比較（日米英独仏瑞）」。

ものの、いまだ、アメリカに続く、小さなレベルである。

このように、負担面から見ても、日本の財政規模は大きくなく、国際比較のデータから見る限り、国民の負担規模の拡大は必ずしも問題とはいえない。増税に対して反対が多いのは、やはり、日本国民による政府の歳出拡大への信頼の低さによるものと考えられる。今後、社会保障関係費が拡大していくことは避けられない。社会保障において、政府がどこまでのサポートを行っていくのかが、今後の財政規模を考えるうえでも重要である。

4 歳出と歳入（税収）の推移

図1-3より、国の**一般会計**[2]の歳出と歳入（税収）のバランスを見てみよう。ポイントは、以下の4つにまとめられる。まず、歳出は、継続して、拡大傾向

---

2) 本文で説明している「一般会計」に加え、特別の目的のために設置された「特別会

6　第1部　財政の仕組み

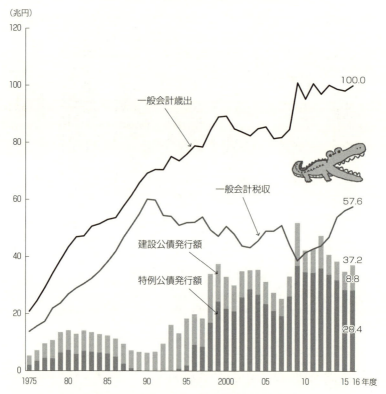

図1-3　歳出と歳入（税収）の推移

(注)　1. 2015年度までは決算，16年度は第2次補正後予算による。
　　　2. 公債発行額は，1990年度は湾岸地域における平和回復活動を支援する財源を調達するための臨時特別公債，94〜96年度は消費税率3％から5％への引き上げに先行して行った減税による租税収入の減少を補うための減税特例公債，2011年度は東日本大震災からの復興のために実施する施策の財源を調達するための復興債，12年度および13年度は基礎年金国庫負担2分の1を実現する財源を調達するための年金特例公債を除いている。
(出所)　財務省ウェブサイト「日本の財政関係資料」（2016年10月）。

にある。次に，税収は，（1990〔平成2〕年ごろの）バブル崩壊後に減少したが，最近は増加している。また，歳出が歳入を上回り，つねに赤字が続いている。さらに，差額は借金でまかなわれており，その差額の累積が，政府債務として

計」がある。規模が大きいものもあるが，一般会計との重複も多く，重複を除くと，規模は，相対的に小さい。「特別会計」については，PART Ⅲも参照。

積み上がり続けている。

　このように，バブル崩壊までは，歳出の拡大を追いかける形で税収も伸びており，**財政赤字**（歳出と歳入の差）は比較的小さく抑えられていたものの，バブル崩壊後には，歳出が増える一方，税収は減少し，財政赤字が拡大してきた。近年は，税収が伸びているものの，いまだその差額は大きく，借金に頼り続けており，累積としての政府債務は拡大し続けている。

　この形が，ワニの口に似ていることから，日本の歳出と税収の関係は，開いたままの「ワニの口」と比喩されることが多い。

5　歳出と歳入の中身（2016年度予算）

　本節では，国の一般会計における歳出と歳入の中身を，図1-4[3]から見てみよう。2016（平成28）年度一般会計予算における歳出のポイントは，以下の2点にまとめられる。まず，国の一般会計歳出をざっくり見ると，3分の1が社会保障関係費であり30兆円を超える。また，4分の1が国債費（借金への債務償還費と利払い費）であり20兆円を超える。この2つの費目のみで，全歳出の半分を超える。次に，残りの半分の歳出において，地方交付税交付金に15兆円が，また，公共事業・教育・防衛にそれぞれ5兆円ずつ支出されている。このように，削減の余地が限られる2つの費目（社会保障関係費と国債費〔図中の公債金〕）に半分以上の支出を割く状況にある。この2つの費目は，今後の拡大も避けられない状況にある。

　一方で，2016年度一般会計予算における歳入のポイントは，以下の2つにまとめられる。まず，歳入のうち税収は，所得税・法人税・消費税の3つの基幹税で，歳入の半分を占める。次に，税収全体でも，歳入の6割のみしか確保できない。3分の1は，借金（図中の公債金）に頼る。

　税収でまかなえない部分は，借金に頼らなければならないが，これは，将来世代への負担の先送りでもある。この先送りを減らすためには，歳出を削減するか，歳入の中の税収を増加させるしかない。

　3）　この図における「歳出」と「歳入」は，補正後予算ベースの値である。決算は異なる。決算と予算の関係は，PART Ⅲを参照。

8　第1部　財政の仕組み

図1-4　歳出と歳入の中身

(単位：億円)

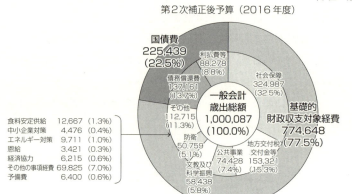

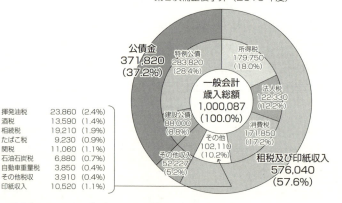

(出所)　財務省ウェブサイト「日本の財政関係資料」(2016年10月)。

PART Ⅱ　歴史・理論を学ぶ

1　日本財政の歴史

本節では，日本の財政の歴史を，歳出と負担の両面から振り返る。

1.1　歳出構造の推移

図1-5より，歳出構造の推移を見てみよう。ポイントは，以下の2つにまと

図1-5 歳出構造の変化

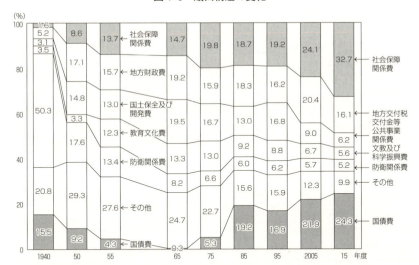

(注) 1. 2005年度までは決算，15年度は予算による。
2. 1940年度から55年度までは，一般会計歳出決算目的別分類による。以降は主要経費別分類に基づいて作成。両者で異なる項目については，「地方交付税交付金等」には「地方財政費」，「公共事業関係費」には「国土保全及び開発費」，「文教及び科学振興費」には「教育文化費」を用いて作成。
(出所) 中山ほか（2015）「日本の財政200年」財務省広報誌『ファイナンス』2015.11．

められる。まず，社会保障関係費と，国債費の割合が拡大し，（地方財政費〔地方交付税交付金等〕を除く）その他の歳出の割合が減少している。次に，公共事業関係費においては，最大割合のときと比べ，3分の1にまで減少している。このように，社会保障関係費の拡大は，他の歳出を圧迫することになり，他の歳出を維持しようと思えば，歳出の拡大が避けられない。国民が納得する歳出構造に向けて，それぞれの歳出の真の必要性を見直し続けることが必要である。

1.2 負担の推移

図1-6より，負担の推移を見てみよう。ポイントは，以下の2つにまとめられる。まず，国民負担率は拡大し続けている。次に，拡大の要因は，社会保障負担である。このように，負担は一貫して増え続けている。また，社会保障関係費の拡大が，その大きな要因である。今後も社会保障関係費は拡大し，負担も拡大していくことは避けられず，国民の理解が重要である。

図1-6 国民負担率および租税負担率の推移（対国民所得比）

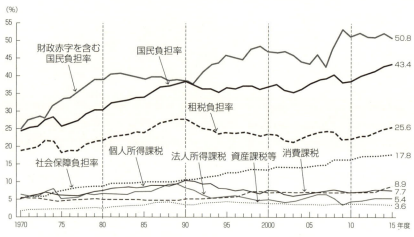

（出所）　財務省ウェブサイト「国民負担率及び租税負担率の推移（対国民所得比）」。

2　財政の体系化：財政の3機能

2.1　財政学と経済学の融合

　以下では，財政学と経済学の融合が実現するまでに展開された議論を振り返ってみよう。経済学の創始者と呼ばれるアダム・スミスが著した『国富論（諸国民の富）』（Smith, 1776。原題『諸国民の富の性質と原因の研究』*An Inquiry into the Nature and Causes of the Wealth of Nations*）で，すでに財政学につながる政府の役割についての議論がなされていた。アダム・スミス（Smith, 1776）は，王権による積極的な政府関与と保護を目指す**重商主義**の考えを否定し，経済における見えざる手が社会的利益を増進し，政府の役割は，国防・司法・公共施設など限定的なものとした（安価な政府・夜警国家とも呼ばれている）。この議論は，資本主義を強く意識し，政府の役割は「正義と平和」のみに限定するという，19世紀の「イギリス古典派」へとつながっていく（なお，アダム・スミスの主張の評価としては，堂目（2008）が興味深い）。

　一方で，16世紀ごろから，国家経営学としての**官房学**という学問が存在した。財政という概念が確立する前のことである。19世紀には大不況が起きたこともあり，この流れを継承する学問として，A. ワグナーの「財政学」4部作

(Wagner, 1877, 1880, 1883, 1990) が出され，政府に積極的な役割を求める「ドイツ財政学派」として登場した（現代国家はつねにその活動を拡大するという「ワグナーの経費膨張の法則」は有名である．福祉国家とも呼ばれている）．第2次世界大戦以前の日本の財政学は，まさに，このドイツ財政学の影響を受けたものであり，大学の講義もこれを継承していた．

アダム・スミスが主張した，限定的な国家の議論は，1930年代の大恐慌を契機とした J. M. ケインズ（Keynes, 1936）『一般理論』の登場によって大きく変わることになる．政府は不況に対して介入すべきであることを明確に指摘し，財政学における「景気安定化」機能の根拠を与えた．その後，政府の役割を議論する「経済学」と財政政策のあり方を議論する「財政学」は，R. A. マスグレイブ（Masgrav, 1959）によって体系化され，融合することになる．

新古典派経済学が発展し，経済学で市場を分析する体系および市場の課題を解決するための政策のあり方が議論されるようになった．すなわち，**公共経済学**の発展である．この要素を取り込み，財政学でこれまで議論されてきた「政府の機能・役割」について体系的な議論ができるようになった．「公共経済学」は，「財政学」の分野を分析するための新たな分析ツールとして位置づけられる[4]．

市場において生じているいろいろな課題に対して，それぞれどのような公共サービスを提供すればよいのか，すなわち，資源の効率的な配分のあり方に関して，新古典派経済学の理論は，説得的な議論を展開することに成功した．しかし，経済学において，財政に関わるすべての課題を解決する議論を展開するには限界がある．それは，個人間の厚生比較の問題および**財政の決定過程（政治プロセス）**の問題である（なお，政治が経済市場に及ぼす影響は，政治経済学の分野で分析されている）．非効率的な状態から効率的な状態に変化すれば，資源の

---

4) なお，新古典派経済学が重視する市場メカニズムのスピード（短期・長期）に関して，多様な考え方が展開されてきた．短期的な賃金の硬直性から生じる需要不足に着目し，裁量的な総需要管理政策を主張するケインズ経済学の考え方，マネタリー（貨幣的）な側面を重視し安定的な金融政策を主張するマネタリストの考え方，合理的期待形成を重視し政策の有用性を疑問視する考え方，市場の供給側に着目し小さな政府を主張するサプライサイド経済学の考え方，政府活動も万全ではない点（**政府の失敗**）に着目する**公共選択**の考え方などがある．

パイは増え，全員の厚生が改善される状態の実現は可能である。しかし，新たなパイをどのように分配すべきかを考える場合には，目の前に，多様な価値観から構成される公正および，それに基づく政治プロセスが立ちはだかる。この議論に対しては，財政社会学が貢献することになる。財政社会学は，歴史的な史実に基づき，「公正」および「政治プロセス」の背後にある論理を議論している。なお，この議論を経済学的に分析する政治経済学の発展も目覚しい。

本書では，財政社会学の分野には立ち入らず，新古典派経済学のツールを用いて，財政のあり方を学んでいくことにする（より詳細な財政学の歴史およびアプローチについては，神野（2007）に詳しい）。

2.2 マスグレイブの財政の体系化：財政の3機能

以下では，政府の役割を議論する「経済学」と財政政策のあり方を議論する「財政学」を体系化し融合したマスグレイブ（Masgrav, 1959）にさかのぼり，マスグレイブが主張した財政の3機能を紹介する。

マスグレイブ（Masgrav, 1959：邦訳）によれば，財政は，以下の3つの機能を持つとされる（なお，以下の機能の具体的な経済学的な根拠および意義については，次節「政府の役割：公共政策の類型化」で詳細に解説する）。

(1) 資源配分機能：機能 A（resource Allocation）

資源配分機能とは，経済資源を適切な用途に配分し，（個人レベルで見た）ミクロ的な資源配分の効率性を追い求めるタイプの財政機能である。市場の能力が最適状態を確保しえない状態（市場の失敗）であれば，政府に対して資源配分の調整をすることが求められる。資源配分機能を必要とする状態としては，具体的には，純粋競争ができない場合（費用逓減的な生産技術が存在し，独占が生じる場合）や，外部経済・不経済により市場の取引がなされずに個人間・企業間などで効果を及ぼし合う場合があげられる。このとき，資源配分機能が発揮され，資源配分の効率性が高められるのである。

(2) 所得再分配機能：機能 D（income reDistribution）

所得再分配機能とは，個人間において公平・公正な所得の（再）配分を行う機能である。市場取引は，効率性を達成することはあっても，公平・公正な所得の配分を実現することは難しい。その状態においては，政府に対して所得の再分配を行うことが求められる。所得再分配機能を必要とする状態としては，

具体的には，社会では好まれない所得格差が存在する場合があげられる。このとき，所得再分配機能を発揮し，所得格差を是正し，公平・公正な所得分配を通じて，国民が納得できる社会を実現するのである。

(3) 経済安定化機能：機能 S（macroeconomic Stabilization）

経済安定化機能とは，異時点間のマクロ的資源配分の効率性を高め，安定した経済社会を実現するための機能である。効率性を高めるという意味では，資源配分機能と重なるものではあるが，資源配分機能はミクロの効率性の向上を目的とするのに対して，経済安定化機能はマクロの効率性の向上を目的とした機能である。市場には，価格メカニズムが機能し完全雇用を生み出す力があるとしても，限界は存在し時間的コストがかかる。その状態においては，政府に対して，経済の安定化を行うことが求められる。経済安定化機能を必要とする状態とは，具体的には，民間経済停滞時や有効需要超過時があげられる。このとき，経済安定化機能を発揮し，失業およびインフレーションの調整を通じて貨幣価値を維持し，景気変動の振れ幅を縮小化し，世代を超えたマクロ的な資源配分の効率性を高めるのである。景気を自動的に安定させる仕組み（ビルトイン・スタビライザー）も存在する。所得が高くなるほど，納める税の割合が高くなる「累進所得税」は，この一例である。

3 政府の役割：公共政策の類型化

本節では，本間（1979）で整理された類型化をベースに，公共政策を類型化する。

3.1 混合経済体制の経済社会

日本の経済社会を考えるうえで検討すべき経済体制は，混合経済体制と呼ばれる。すなわち，家計と企業からなる民間セクターが活動する「市場」（的配分機構）と，それを補完・代替する公共セクターが活動する「非市場」（的配分機構）が混合する体制である。これら両者が混合して存在する体制をとる社会が資本主義社会である。市場を用いて，市場活動のメリットを最大限に活かし，足りない部分を非市場で補う体制である。ただし，この両者のバランスは，国によって異なる。

「市場」よりも，「非市場」が相対的に大きくなる国は，「大きな政府」を持つといわれ，「市場」での失敗を重視する。福祉政策を重視する国がその例である。一方で，「非市場」が相対的に小さくなる国は，「小さな政府」を持つとされ，「市場」の力を重視する。

3.2　市場機構と資源配分：厚生経済学の第一基本定理

アダム・スミス（Smith, 1776）が提唱したように，「市場」においては，経済における「見えざる手」が社会利益を増進し，政府の役割は限定される。しかし，そのような理想の社会の実現には前提が存在するということが，公共経済学の研究によって明らかにされてきた。経済における「見えざる手」によって市場機構のメリットを最大限享受できる理想社会は，完全競争均衡において実現する。

完全競争均衡とは，以下の3主体が，それぞれ以下の条件を満たす均衡のことである。第1は，家計主体の条件である。家計は，価格を所与として，効用を最大にするように行動（効用最大化行動）していることが前提となる。第2は，企業主体の条件である。企業は，価格を所与として，利潤を最大にするように行動（利潤最大化行動）していることが前提となる。第3は，市場の条件である。市場は，あらゆる財において，需要と供給が一致していることが前提となる。また，この均衡における価格体系は，一般均衡価格といわれている。

ここで，理想社会である「完全競争均衡」が成立している場合には，以下の定理が成立することが知られている。

厚生経済学の第一基本定理：「完全競争均衡」が実現すれば，資源配分は効率的となる。

ここで，資源配分の効率性とは，パレート効率性とも呼ばれ，「誰かの効用（満足度）を犠牲にしなければ他の誰かの効用を高めることができない状態」と定義される。仮に，市場において「完全競争均衡」が実現できるのであれば，効率性改善のために政府が介入する，すなわち，「非市場」は不要となるのである。

一方で，この定理は，「仮に，『完全競争均衡』が実現できないような市場であれば，効率性は達成されず，誰の効用も悪化させることなく，少なくとも1

人の効用を高めることができ,『非市場』として,政府が介入する必要性が出てくる」ことも示している。このように考えれば,関心は,どのようなときに,「完全競争均衡」の前提である3つの状況が成立するのかに移っていくであろう。以下では,その条件を成立させる環境を整理する。

3.3 市場機構と効率な資源配分を実現する経済環境

「完全競争均衡」を成立させるための基礎となるキーコンセプトは,**価格調整**という概念である。これは,さまざまな状況において,価格が柔軟に調整されることが必要であり,これは,**価格のパラメータ機能**(価格の伸縮性)と呼ばれている。では,「価格のパラメータ機能」を成立させるためには,何が必要であろうか? 以下では,その条件を3つに類型化して説明する。

◎類型Ⅰ:完全競争 (Perfect Competition)

第1の分類は,市場における主体の競争に関わる条件である。3つの前提条件が必要となる。

①前提 P (Price Taker):価格の独立性　市場に参加するあらゆる主体は,価格支配力を持たず,価格を所与として行動する状況である。その結果,価格は,需要と供給を一致させるように伸縮的に変化することになる。

②前提 S (Shiftability):財の完全移動性　すべての財が,企業間・地域間・産業間などを自由に移動し,必要とされる場所に瞬時に移動し全国で同一価格(一物一価)が実現する状況である。

③前提 F (Freedom of Entry):市場の参入・退出の自由　市場は,開放されており,市場に入ることを望むあらゆる主体は,参入や退出が自由にできる状況である。

◎類型Ⅱ:市場の所有性・普遍性

第2の分類は,市場の所有制および普遍性に関わる条件である。2つの前提条件が必要となる。

①前提 O (Ownership):私的所有性　すべての財産が保護され,市場での自由売買が可能となっている状況である。

②前提 M (Universality of Market):市場の普遍性　人間の効用・活動に影響を与えるすべての財に対して,市場が,必ず普遍的に成立している状況である。この状況下では,すべての活動は市場を通じて行われ,調整された適正な

価格を通じて，必要とされる場所に資源が配分されていくのである．
　◎類型Ⅲ：技術的環境・選好環境
　①前提C（Convex Environment）：凸環境（技術的環境・選好環境の凸性）　この条件は，適正な市場取引を行うための企業・家計主体の特徴を表したものである．技術的環境の凸性とは，企業の生産技術において，規模の経済性が存在しないことを保証する前提条件であり，このとき，あらゆる規模の生産において正の利潤が存在し，適正な競争が行われる．次に，選好環境の凸性とは，家計において，効用関数における限界代替率が逓減することを意味し，このとき需要が価格変化に対して連続的となり，市場取引がスムーズに行われることになる．

3.4　経済環境の崩壊と効率的な資源配分のための公共政策

　前項では，「完全競争均衡」の実現に向けて「価格のパラメータ機能」を成立させるための前提条件を整理した．しかし，現実的には前提の成立はきわめて困難なものであることが実感できたであろう．前提が成立しない場合には，政府は「資源配分機能」を発揮し，資源配分の効率性を高める活動を行うことになる．そこで以下では，その前提条件が崩壊した状況と，その対応策，すなわち，「非市場」としての政府の介入のあり方を整理することにする．
　◎類型Ⅰ：完全競争の崩壊
　前提P（価格の独立性）が崩壊すると，価格支配力が発生するとともに，価格調整力（伸縮力）が欠如し，需要と供給のギャップを埋めるように変化するという市場本来の機能が発揮されなくなる．また，同様に，前提F（市場の参入・退出の自由）が崩壊すると，市場取引も硬直的になる．このとき，政府は2つの側面から対応策をとることになる．まず，価格支配力があれば，公正な取引が実現されない．この場合，公正な取引を実現するため，ミクロ政策としての産業組織政策が必要となる．具体的には，独占禁止法を拠り所として，公正取引委員会に代表される行政監視機構を構築することになる．もちろん，自由な取引との調和も必要である．次に，価格調整力（伸縮力）が欠如する場合には，賃金も硬直的になるため失業が発生することになる．この場合，失業解消に向けた雇用対策が必要となる．さらに，マクロ的には，インフレーションの発生も予想される．この場合には，物価安定政策が必要となる．ただし，雇用

安定と物価安定の両立は困難な場合も多く，総合的な**経済安定政策**が求められる。

前提S（財の完全移動性）が崩壊すると，財の移動が不完全になる。まず，現実的には財が地域間を瞬時に移動することは不可能である。そのため，社会資本としての交通インフラ・通信インフラを構築し，できる限り移動をスムーズにすることが求められる。その結果，地域間格差の解消も実現され，地方の活性化も実現される。次に，産業間においても，経済社会の発展に伴う専門化により，人材の流動性が下がってきている。一方で，必要とされる産業・能力が時代とともに変化し，必要とされる産業の構築とそれを支える人材の集積が求められている。そのため，**産業構造政策**，**労働力流動化政策**がますます必要となってきている。具体的には，労働移動の不完全性解消のための雇用情報の提供，教育訓練，実物的援助（住居，保育所）などがあげられる。

◎類型Ⅱ：市場の所有性・普遍性の崩壊

まず，前提O（私的所有性）が崩壊すると，市場の所有性が不明確となり，市場の自由取引が適切に行われなくなる。このとき，政府は，**司法制度**（裁判所等）の確立を行うとともに，外交・防衛・警察を整備し，秩序を保つ政策を行うことになる。

次に，前提M（市場の普遍性）が崩壊すると，市場で取引されない財が存在することになる。市場で取引されないが，個人・企業の活動に影響を与える財が存在している場合には，価格のメカニズムが働かず，資源配分の効率性も実現しない。現実的には，このような例として，**外部性**の存在および**不確実性**の存在などがあげられる[5]。このとき，政府は，その財の特徴に合わせてさまざまな対応策をとることが求められる。

第1に，**負の外部性**が存在する場合には，その外部性を引き起こす活動を軽減することが求められる。具体的には，活動に対する課税政策，活動に対する規制，加害者と被害者間での取引の促進政策（市場の構築）としての環境政策があげられる。第2に，正の**外部性**が存在する場合には，その外部性を引き起

---

5) 外部性とは，市場を経由することなく付随的な影響を及ぼす性質のことである。望ましくない影響を及ぼすものを，「負の外部性」と呼び，環境汚染（公害）や騒音などがあげられる。また，望ましい影響を及ぼすものを，「正の外部性」と呼び，ボランティア活動がその例である

こす活動を促進することが求められる．具体的には，活動に対する補助政策，影響を及ぼしあう主体間での取引の促進政策（市場の構築）があげられる．ただし，図書館や都市公園のような大規模な「正の外部性」の性質を持つ財に対しては，補助政策や取引を促すことは不可能である．このときは，政府が，直接的に，その性質を持つ財（公共財）を提供することが求められ，いわゆる公共支出政策が導入される．

第3に，「不確実性」が存在し市場の取引がなされない場合には，リスクとしての不確実性を軽減することが求められる．具体的には，介護，医療，年金，災害対策などの分野に関して，社会保険制度を確立する政策があげられる．第4に，**将来情報の不完全性**が存在し市場の取引がなされない場合には，将来必要となる財（将来財）の取引が困難となる．そのため，将来の情報を構築することが求められる．具体的には，将来市場（先物市場）の構築や経済計画の構築を通じて，適切な貯蓄行動を促し，経済成長につなげていく対応策があげられる．

◎類型Ⅲ：技術的環境，選好環境の崩壊

最後に，前提C（技術的環境・選好環境の凸性）の崩壊時の対応について整理する．前提Cが崩壊すると，規模の経済性が発生し，規模の大きな企業のみが利潤をあげることができる状況が発生する．参入も困難となり，市場および価格の支配力が発生する．この状況は，前提Pの崩壊と同様の状況であり，公正な取引を実現するため，行政監視機構が必要となるが，大規模でなければ事業が成り立たない環境に直面しているのであれば，独占を前提としたうえで，料金規制や，公企業による経営などの対応策をとることが望ましい．

3.5 市場機構と分配政策：厚生経済学の第二基本定理

これまでは，マスグレイブの提示した3機能のうち，市場機構における効率性の限界に着目し，「資源配分機能」と「経済安定化機能」に関わる政府の役割を見てきた．しかし，市場機構は，公平性の面でも限界を抱えている．市場機構は，公平性に関しては，社会が望む方向をまったく明示してくれないのである．この背景には，社会が望む効率性は，市場が望む効率性と一致している一方で，社会が望む公平性は1つではなく，市場で実現される公平性とは一致しないからである．このとき政府は，分配面から資源配分を行う（分配政策）

ことを求められる。マスグレイブが提示した第2の機能である「所得再分配機能」がこれにあたる。

　通常時の所得の格差是正には，所得税の累進課税制度の政策が求められる。また，災害など不確実な状況により生じる所得の格差に対しては，**社会保険**（医療保険，失業保険，傷害保険，障害年金）の政策が求められる。ただし，社会で求められる公平性は，所得に基づくものだけではない。すべての国民が平等に生活できる状況を確保することも政府の役割である。そのためには，生活のためのセーフティネットとして，生活保護，公営住宅，義務教育などのナショナル・ミニマム・サービスも求められる。

　ここで，以下の定理が成立することが知られている。

　厚生経済学の第二基本定理：初期時点において，適切な所得再分配政策がなされれば，公平的でありかつ，効率的な競争均衡が実現できる（効率性と公平性の同時達成）。

　すなわち，「所得再分配機能」と「資源配分機能」の両方を適切に発揮することができれば，効率性と公平性の同時達成が可能となるのである。ただし，実際は，以下で述べるように，この両方の達成は容易ではない。

　個人活動の結果（事後と呼ぶ）として生じる所得や生活状況に対して平等性を重視し，所得再分配政策が実施されるとき，個人活動を行う段階（事前と呼ぶ）においては，努力をするインセンティブが阻害され非効率性が発生し，分配するべき総所得が縮小してしまう。これは，**効率と公平のトレードオフ**と呼ばれている。「事前」の段階での平等（機会の平等）は望ましいが，「事後」の段階での平等（結果の平等）は，このようなインセンティブ問題を内包していることに注意が必要である。事後の段階での平等（結果の平等）である所得課税は必要だとしても，その「事後」的な所得格差を生み出す原因を取り除くという意味での，「事前」の段階での平等（機会の平等）として，人材力強化および就業機会の提供などの「教育・労働政策」を追い求めていくことも大切である。

PART Ⅲ　仕組み・政策・課題を学ぶ

1　財政の仕組みと予算

1.1　財政の仕組み

　図1-7は，日本における国民と政府との間のお金の流れを図示したものである。お金は，以下の4つの流れからなる。1と2は，国民から政府への流れ，3と4は，政府から国民への流れである。

1：国民が支払う税金が直接政府に歳入として入り込む。
2：国民が金融機関に預ける預金の一部は，政府が発行する国債および，政府関係機関が発行する財投機関債の購入に充てられる。国民にとっての預金（資産）が，政府の借金と表裏の関係にあるのである。
3：政府に集まったお金のほとんどは一般会計に入り込み，特別会計や政府関係機関との間でお金のやり取り（繰り入れ）がなされる。
4：会計間の調整後，各会計での金額（予算）が確定し，その金額（予算）の執行（歳出）としての行政サービスの提供が行われる。

1.2　予算とは

　予算とは，あらかじ（予）め算定することである。会計年度（日本では，国の会計年度は，毎年4月1日に始まり，翌年3月31日に終わるものとされている）に必要なお金の流れを把握するため，年度ごとに歳入と歳出の計画を立てる（予算の単年度主義）。これがまさに予算であり，財政の鼓動を生み出す出発点である。また，予算とは，政府が作る**拘束力**のある収支計画でもある。政府は，民主的に強制力が担保された主体であり，その政府が作る予算としての収支計画は，強制的に執行される。民主主義に基づき，この予算は，議会の議決を経て決定される。したがって，家計や企業のように，随時，収支計画を変更することはできない。

1.3　予算原則

　予算に必要とされる原則は，予算原則と呼ばれている。予算原則には，定まったものがあるわけではないが，神野（2007）には，以下のようにまとめられ

図 1-7 財政の流れ

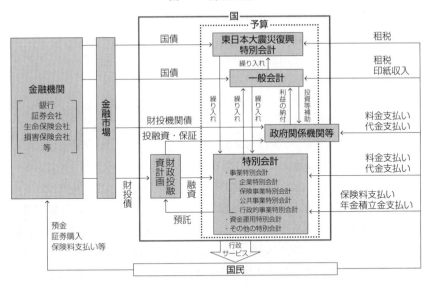

(出所) 大矢俊雄（2015）『図説 日本の財政（平成27年度版）』東洋経済新報社。

ている。

- 完全性の原則（予算内容）：予算には，漏れなくすべての歳出歳入が組み込まれていなければならない。
- 統一性の原則（予算形式）：予算は複数あってはならず，1つでなければならない。
- 明瞭性の原則（予算形式）：予算は，明瞭に理解される内容でなければならない。
- 厳密性の原則（予算編成）：予算では，予定の歳入と歳出が正確に見積もられていなければならない。
- 事前性の原則（予算編成）：予算は，会計年度が始まる前までにその編成を終え，議会によって承認されなければならない。
- 拘束性の原則（予算執行）：予算は，時間的な拘束（会計年度ごとに独立でなければならない：会計年度独立の原則），支出額の拘束（超過して支出してはいけない：超過支出禁止の原則），支出目的の拘束（他の目的に流用してはいけない：流用禁止の原則）を受ける。

● 公開性の原則（予算過程）：予算は，その情報・内容が，議会や国民に対して正確に公開されていなければならない。

予算では，これらの原則を守ることが求められているが，実際には，予算原則を厳格に適用することが困難な場合もあり，次項で説明するように，この原則を補完する制度も設定されている。

1.4 予算の構成

予算の中身については，財政法第16条において，「予算は，予算総則，歳入歳出予算，継続費，繰越明許費及び国庫債務負担行為とする」とされている。予算総則には，「歳入歳出予算，継続費，繰越明許費及び国庫債務負担行為に関する総括的規定」など予算の総括規定が設けられている。また，「継続費，繰越明許費及び国庫債務負担行為」とは，現在の財政運営が，予算原則を厳格に適用することが不可能になっていることに対処するために制度化されているものである。すなわち，継続費および繰越明許費は，実際の予算では，「会計年度独立の原則」を守れない場合への措置であり，国庫債務負担行為は，国の債務負担と国の歳出が年度内に一致しない場合への措置である。

予算原則の「統一性の原則」においては，「予算は1つでなければならない」とされているが，実際には，特別会計予算，政府関係機関予算，補正予算，財政投融資（詳しくはColumn①参照）などが存在する。それぞれの中身を見てみよう。

まず，**特別会計**について説明する。財政法第13条において，「国の会計を分つて一般会計及び特別会計とする」とされている。一般会計が，「国の一般的な歳入歳出を経理する会計」である一方，「特別会計」とは，「①国が特定の事業を行う場合，②特定の資金を保有してその運用を行う場合，③その他特定の歳入を以て特定の歳出に充て一般の歳入歳出と区分して経理する必要がある場合」に，設置されるものである。この会計における予算が特別会計予算である。

次に，**政府関係機関予算**について説明する。**政府関係機関**とは，予算に弾力性を持たせ企業的経営によって能率を上げるために，国から切り離して運営される，政府が全額出資する機関である。具体的には，「沖縄振興開発金融公庫」「日本政策金融公庫」「国際協力銀行」「国際協力機構有償資金協力部門」がある。

> **Column①　財政投融資**
>
> 　財政投融資とは，国による投融資活動であり，政策的に必要であり資金回収が見込め民間では対応困難なリスク分野に対し，長期・固定・低利の資金を供給する。具体的には3つの手法がある。
> 　①財政融資：国・地方公共団体，政府関係機関などに（確定利付の）融資。
> 　②産業投資：産業の開発および貿易の振興のための投資（出資）。
> 　③政府保証：政府関係機関や独立行政法人などが金融市場で発行する債権や借入金の元利払いに対して政府が行う保証。
> 　投融資活動は，経済・金融情勢の変化に応じて，適宜修正されるものであり，官民の役割分担・リスク分担，貸し手または出資者としてのガバナンスについての議論がなされ，2014年に今後のあり方についてまとめられた（財政制度等審議会財政投融資分科会「財政投融資をめぐる課題と今後のあり方について」2014年6月17日）。

　最後に，補正予算について説明する。事情の変化に柔軟に対応するため予算の調整をする仕組みとして，**暫定予算**，**補正予算**がある。国会の議決を経て成立するのが本予算である。本予算が年度開始までに成立しない場合に用いられるのが，暫定予算であり，本予算が成立後に失効する。本予算が執行された後，社会環境の変化に対応するべく，年度途中で本予算の内容を変更する形で，追加的に策定される予算が補正予算である。

1.5　予算の流れ

　以下では，予算の流れを見てみよう。**予算編成**から，**予算成立**までの流れ（2016〔平成28〕年度予算のケース）は，図1-8にまとめられている。上段に，毎年の大まかな流れが，また，下段に2016年度予算編成に関して行われたイベントの（2015年度の）日程が示されている。夏までに**概算要求**の方針が示され，夏の終わりに提出された各省の概算要求に基づき，年末に向けて，財務省主計局と各省庁が議論を行い，予算の中身が構築される。1月からは国会で審議される。衆議院での議決後に，参議院に送付され審議後に議決される。参議院が衆議院と異なった議決をした場合には，**両院協議会**が開かれるが，それでも意見が一致しないときは衆議院の議決が**国会の議決**となる。また，参議院が衆議

図1-8　予算編成のスケジュール

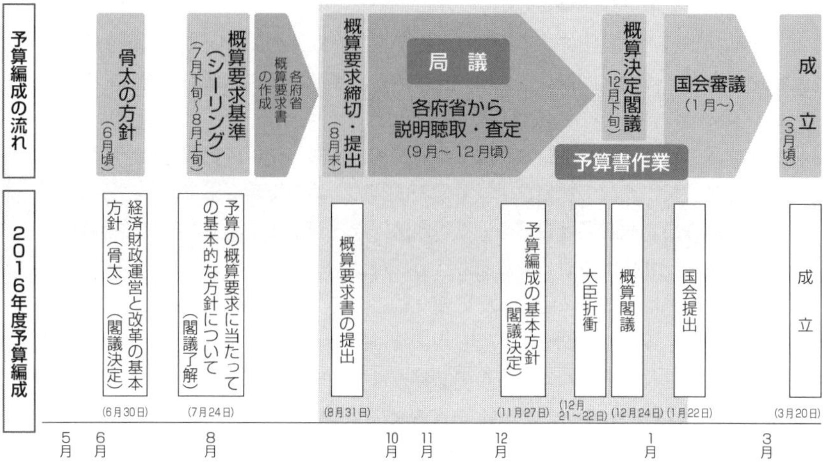

院で可決された予算案を受け取った後30日以内に議決しない場合も，衆議院の議決が国会の議決となる。

　通常は，3月末に予算が成立し，4月から予算が執行される。予算の成立後，国会の議決に従い，内閣から各省各庁の長に，執行すべき予算が知らされ，執行が始まる。各省各庁の長は，財務大臣からの承認を得ながら，執行を計画的に進める。

2　効率的・効果的な予算（歳出）構築に向けて：決算の評価と課題

　予算はあくまでも歳出の計画である。もちろん予算の策定段階で，効率的・効果的な歳出に向けた，さまざまな意見交換がなされるが，あくまでも予測に基づくものである。効率的・効果的な歳出を構築するためには，過去の施策の決算（2.2項で説明）に基づき，その効果を評価し，それを，予算に反映させていくというプロセスの繰り返しが必要である。

図1-9 PDCAサイクルを活用した評価の取組み

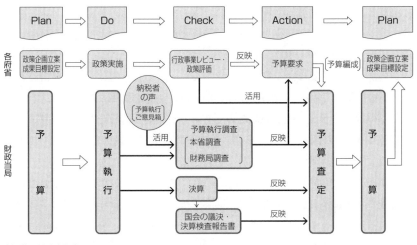

(出所) 財務省作成。

2.1 PDCAサイクルを活用した評価の取り組み

　過去に行った試みを今後の行動に活かしていくという概念は，官民問わず，PDCAサイクルという言葉で認識されている。PDCAとは，Plan・Do・Check・Actionのそれぞれの頭文字をとったもので，公的部門の予算におけるPDCAサイクルの活用は，図1-9[6]のようにまとめられる。

　具体的には，Plan段階が，予算の策定であり，Do段階が執行である。Check段階においては，すでに執行した歳出を評価する。その手法は，さまざまである。最後に，Action段階において，その評価を踏まえて改善した，新たな予算を策定する。このPDCAサイクルを繰り返すことで，時代に即した効率的効果的な予算が生まれてくるのである。また，最近では，Actionの進捗管理をするための手法として，KPI（Key Performance Indicator：重要業績評価指標）を用いることが広がっている[7]。以下では，さまざまな評価の仕組みを見ていこう。

---

　6) たとえば，2016年度予算における取り組みは，財務省主計局（2016）「予算編成におけるPDCAサイクルの取組み（平成28年度政府案）」平成28年1月に示されている。

　7) これは，企業経営の組織の管理における目標指標がベースとなっている。詳しくは，大西・福元（2016）を参照。

2.2 決算の評価と次年度予算への反映

決算とは，予算の執行状況をまとめたものである。執行年度が3月末に終了後，翌年度の冬に国会に提出される。予算と決算の違いおよび剰余金についてまとめたものが，図1-10である。

このように，決算は，予算とは一致しない。その背景には，制度設計時の予想と実態の違いや社会状況の変化などがある。決算を構築する意義は，もちろん予算の執行の状況を確かめるためでもあるが，実質的な意義は，決算の評価を通じて予算の課題を見つけ出し，次の予算審議に反映させ，PDCAサイクルを回すことで，効率的・効果的な予算の策定を進めることである。とくに，CAの部分の改善が重要である。決算において，多額の不用が生じていたり，施行後の状況に不具合がある事業に関しては，絶えず，次年度以降の予算の見直しに活かすことが大事である。ある年度の決算報告を，翌年度の予算に間に合わせる工夫も求められる。

2.3 予算執行調査（財務省）および行政評価局調査（総務省）とその反映[8]

まず，財務省主計局が行う調査に，**予算執行調査**がある。この調査は，財務省のウェブサイトによれば，「財務省主計局の予算担当職員や日常的に予算執行の現場に接する機会の多い財務局職員が，予算執行の実態を調査して，事業等の必要性・有効性・効率性について検証を行い，改善すべき点を指摘し，予算の見直しにつなげていく取組み」と説明されている。調査事案について4月に公表し，調査を開始する。2016（平成28）年度には，各省庁にまたがる52の調査が行われた。財務省では，PDCAサイクルを回し調査結果を翌年度予算へ反映し，効率的・効果的な予算を策定する試みを行っている。また，どのように予算に反映したのかに関して，毎年「予算執行調査の反映状況」を作成し公開している。

---

[8] 会計検査院は，予算執行の手続きが会計上的確に行われているのかを検査する機関であるが，予算の執行の有効性についての意見を取りまとめることも行っており，主要ではないが，予算執行調査や行政評価局調査と近い活動（検査）も行っているといえる。とくに必要がある場合に国会および内閣に対して随時行う「随時報告」および国会からの検査要請事項について検査した報告がこれにあたる。政策評価と会計検査の関係については，東（2015）に詳しい。

第1章 政府の役割と財政　27

図1-10　2014年度一般会計決算概要および剰余金

(単位：億円、単位未満切捨)

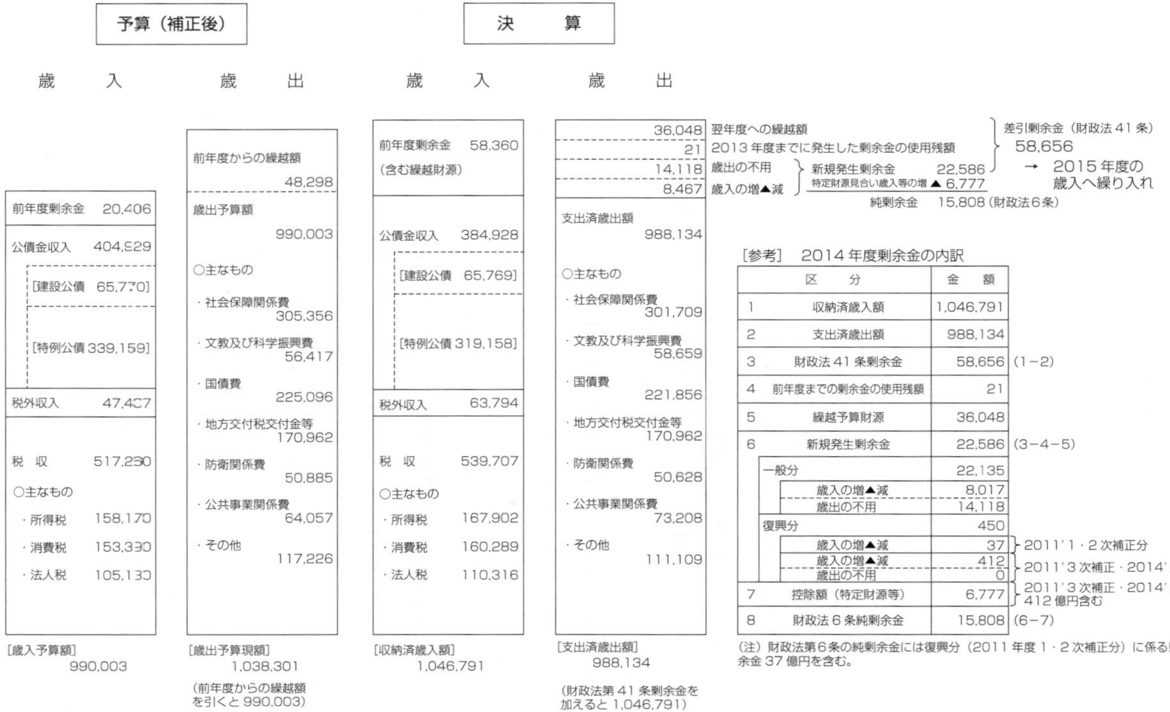

予算（補正後）

歳　入
- 前年度剰余金　20,406
- 公債金収入　404,929
  - [建設公債　65,770]
  - [特例公債　339,159]
- 税収入　47,427
- 税　収　517,250
  - ○主なもの
  - ・所得税　158,170
  - ・消費税　153,330
  - ・法人税　105,130

[歳入予算額]　990,003

歳　出
- 前年度からの繰越額　48,298
- 歳出予算額　990,003
  - ○主なもの
  - ・社会保障関係費　305,356
  - ・文教及び科学振興費　56,417
  - ・国債費　225,096
  - ・地方交付税交付金等　170,962
  - ・防衛関係費　50,885
  - ・公共事業関係費　64,057
  - ・その他　117,226

[歳出予算額]　1,038,301
(前年度からの繰越額を引くと990,003)

決　算

歳　入
- 前年度剰余金　58,360
  (含む繰越財源)
- 公債金収入　384,928
  - [建設公債　65,769]
  - [特例公債　319,158]
- 税外収入　63,794
- 税　収　539,707
  - ○主なもの
  - ・所得税　167,902
  - ・消費税　160,289
  - ・法人税　110,316

[収納済歳入額]　1,046,791

歳　出
- 支出済歳出額　988,134
  - ○主なもの
  - ・社会保障関係費　301,709
  - ・文教及び科学振興費　58,659
  - ・国債費　221,856
  - ・地方交付税交付金等　170,962
  - ・防衛関係費　50,628
  - ・公共事業関係費　73,208
  - ・その他　111,109

[支出済歳出額]　988,134
(財政法第41条剰余金を加えると1,046,791)

- 翌年度への繰越額　36,048
- 2013年度までに発生した剰余金の使用残額　21
- 歳出の不用　14,118
- 歳入の増▲減　8,467
- 差引剰余金(財政法41条)　58,656
- 新規発生剰余金　22,586 → 2015年度の歳入へ繰り入れ
- 特定震災復興特別会計歳入等への増　6,777
- 純剰余金　15,808(財政法6条)

[参考] 2014年度剰余金の内訳

	区　分	金　額	
1	収納済歳入額	1,046,791	
2	支出済歳出額	988,134	(1-2)
3	財政法41条剰余金	58,656	
4	前年度までの剰余金の使用残額	21	
5	繰越予算財源	36,048	(3-4-5)
6	新規発生剰余金	22,586	
	一般分 　歳入の増▲減 　歳出の不用	22,135 8,017 14,118	
	復興分 　歳入の増▲減 　歳出の不用	450 37 412	2011'1・2次補正 2011'3次補正・2014'分 2011'3次補正・2014'分
7	控除額(特定財源等)	6,777	412億円含む
8	財政法6条純剰余金	15,808	(6-7)

(注) 財政法第6条の純剰余金には復興分(2011年度1・2次補正分)に係る剰余金37億円を含む。

(出所) 財務省ウェブサイト(決算概要)。

次に，総務省行政評価局が行う調査に，**行政評価局調査**がある。この調査は，総務省のウェブサイトによれば，「行政評価局が政府内にあって施策や事業の担当府省とは異なる立場から，複数府省にまたがる政策や各府省の業務の現場における実施状況を実地に調査し，各府省の課題や問題点を実証的に把握・分析し，改善方策を提示する」仕組みと説明されている。また，管区行政評価局・行政評価事務所が全都道府県に設置されており，「地域計画調査」も行われている。「現地的な改善の必要がある行政上の重要課題について，独自に調査を行って改善を図る」ことを目的としている。調査後には，調査結果に基づく勧告が行われる。2015年度は12の勧告が出されている。

2.4 政策評価と「行政事業レビュー」

1つの政策の中に，施策があり，その中に，事業がある。まず，政策と施策のレベルに対しての**政策評価**としては，2001（平成13）年に制定された「行政機関が行う政策の評価に関する法律」に基づき，各行政機関が自ら政策の評価を行う仕組みがある。この評価に対して，総務省の行政評価局がそのための制度の基本的事項の企画立案および点検を行っている。

次に，事業レベルに対しての政策評価（事務事業評価とも呼ばれる）としては，内閣官房行政改革推進本部事務局が行う**行政事業レビュー**があげられる。「行政事業レビュー」とは，以下の3つの特徴を持つ政策評価の仕組みである。第1に，「約5000の国の事業の総点検を行う」という点である。これによりあらゆる角度から国の事業の意義や効果の総点検をすることが可能となる。第2は，「国のすべての事業について，レビューシートを作成・公表する」点である。事業の内容や成果，事業にかかったお金の使途・流れ，さらには，担当部局，担当者名までが記載されたレビューシートが公表され，事業の内容や，担当者の説明責任が明確になる。第3に，「公開と外部の視点を導入している」点である。一部の事業に関してではあるが，公開プロセスおよび秋のレビューという公開の場で議論する仕組みを導入している。この試みは，2009年9月に民主党政権発足時に設置された行政刷新会議が始めた**事業仕分け**がもととなっている。その後も，名前は「行政事業レビュー」に変化したものの，政策評価の仕組みの1つとして継続されてきている。この仕組みの導入によって，国民の政策への関心と，政策担当者の責任が向上したといえる。2016年秋には，初

第 1 章　政府の役割と財政　29

図 1-11　行政事業レビューの流れ

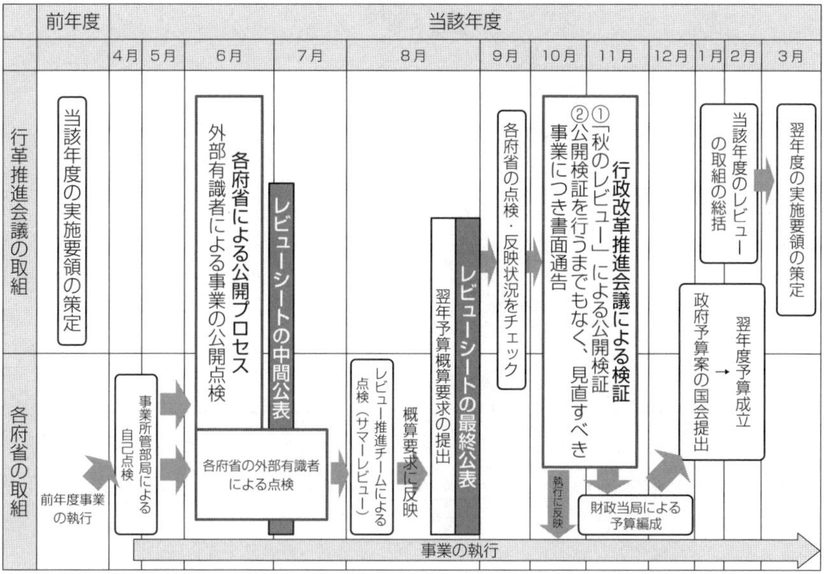

(出所)　内閣官房行政改革推進本部事務局ウェブサイト。

めて，東京以外で，かつ大学で開催された（大阪レビュー）。行政事業レビューの流れは，図 1-11 にまとめられる。今後は，これら 2 つの仕組みが有機的に連携していくことが求められている。

3　将来目指す財政構造・規模と課題

　本章では，日本の歳出と歳入の実態に加え，財政の仕組みとしての予算とその評価について見てきた。今後，日本経済をさらに成長させ，持続可能なものにするためには，これらの仕組みが効率的・効果的に構築されていなければならない。

　資源は有限である。限られた資源を有効に活用するために，政府は，どのような方法で税を徴収し，どのように歳出としての公共サービスを提供していくべきであろうか？　税も公共サービスも無駄は許されない。社会が成熟化するにつれ経済成長は難しくなってきている。一方で，高齢化・医療の高度化によ

図1-12 OECD諸国における社会保障支出と国民負担率の関係

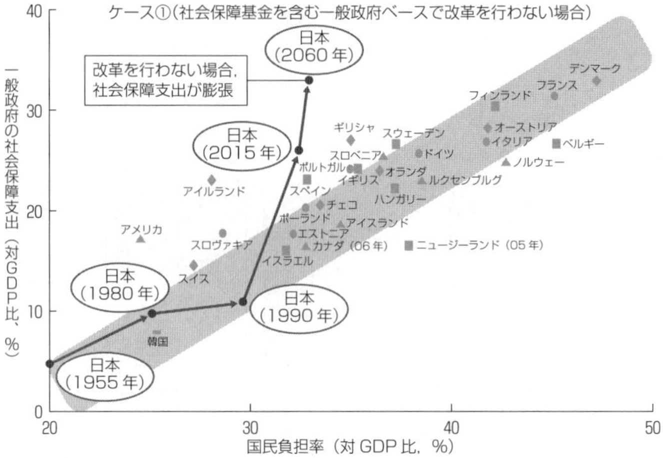

(出所) 財務省主計局調査課 (2015)「日本の財政200年」財務省広報誌『ファイナンス』2015.11.

り社会保障支出の拡大は続き，その持続的な財源確保に対しては，経済成長には頼りきれず，実質的に，国民負担の拡大も避けられない。社会保障サービスをどこまで提供するのか，国民はどこまで負担に耐えられるのかは，財政において，つねに問い続けなければならない課題である。図1-12は，世界各国における，この両者の関係を示したものである。世界の傾向を見る限り，どの程度の社会保障サービスと負担を選ぶのか，すなわち，**大きな政府と大きな負担**のセットと，**小さな政府と小さな負担**のセットのどちらを選ぶのかは議論が難しいところであるが，セットで選ばなければならないことは，図1-12からも明らかである。ところが日本は，2015年度でこのセットから乖離しつつあり，また，このまま進めばその乖離はさらに大きくなる。まずは，バランスをとり，世界のセットの流れに戻ることが，喫緊の課題であることがわかる。

高い経済成長が実現すれば，社会保障サービスのレベルを落とすことなく，図1-12における両者の比率は，小さくできる可能性がある。経済成長を実現するために，政府が積極的に政策を行うべきとの議論もあるが，政府の規模を拡大することで実現できるのであろうか？ 経済成長を促すために政府の政策はどうあるべきなのかに関しては，近年も数多くの研究が行われているが，結

論は明確ではない（茂呂（2004），Andreas and Henrekson（2011），篠原（2012），Susana and Veiga（2014），Stylianos and Karavias（2015），Sefa, Yew and Ugur（2015））。今後，高齢化や人口減少の問題が深刻化する。限られた予算を最大限に活かし経済成長を促すためにも，効率的・効果的な税・歳出のあり方をつねに問い続けなければならないのである。

■ 練習問題
Q1：以下の空欄にもっとも適切な語句を入れてみよう。
1.1 歳出と歳入の格差が広がる状況を，一般的に，「（ ① ）の口」と呼ばれている。
1.2 マスグレイブが体系化した「財政の3機能」とは，（ ② ），（ ③ ），（ ④ ）である。
1.3 PDCAとは，（ ⑤ ），（ ⑥ ），（ ⑦ ），（ ⑧ ）の略である。

Q2：以下の点について自分の意見をまとめてみよう。
2.1 PART Ⅲで説明したように，日本では，歳出が拡大する一方で，歳入の基礎となる負担は伸びていない。この背景にあるものを考えてみよう。
2.2 将来的には，「大きな政府」と「大きな負担」のセットや，「小さな政府」と「小さな負担」のセットなど，歳出と負担はセットで選ばない限り，財政は持続可能ではない。日本が目指すべき方向性を考えてみよう。

■ 参考文献
東信男（2015）「政策評価と会計検査──政策評価が有効性の検査に与えた影響」『会計検査研究』第51号，33～52頁。

大西淳也・福元歩（2016）「KPIについての論点の整理」財務省総合政策研究所，PRI Discussion Paper Series, No. 16A-04。

篠原健（2012）「政府の規模と経済成長──潜在的国民負担及び支出内容の両面からの分析」財務省総合政策研究所，PRI Discussion Paper Series, No. 12A-03。

神野直彦（2007）『財政学（改訂版）』有斐閣。

堂目卓生（2008）『アダム・スミス──「道徳感情論」と「国富論」の世界』（中公新書）中央公論新社。

持田信樹（2009）『財政学』東京大学出版会。

茂呂賢吾（2004）「政府の規模と経済成長──先進国パネル分析に見る負の相関の再検証」内閣府，ESRI Discussion Paper Series, No. 103。

本間正明（1979）「政府活動」『テキストブック財政学』有斐閣，第1章。

Andreas, B. and M. Henrekson（2011）"Government Size and Growth: A Survey

and Interpretation of the Evidence," IFN Working Paper No. 858, 2011.
Keynes, J. M.（1936）*The General Theory of Employment, Interest, and Money.*（塩野谷祐一訳『一般理論』〔原題：雇用，利子および貨幣の一般理論〕東洋経済新報社，1995 年）．
Musgrav, R. A.（1959）*The Theory of Public Finance.*（大阪大学財政研究会訳『財政理論——公共経済の研究』有斐閣，1961 年）
Sefa, A. C., S. L. Yew and M. Ugur（2015）"Does Government Size Affect Per-capita Income Growth?: A Hierarchical Meta-regression Analysis, Monach Business School," Department of Economics, ISSN 1441-5429 Discussion Paper 37/15 2015.
Smith, A.（1776）*An Inquiry into the Nature and Causes of the Wealth of Nations.*（大河内一男監訳『国富論』中央公論社，1976 年〔原題：諸国民の富の性質と原因の研究〕）
Stylianos A. and Yiannis Karavias（2015）"The Impact of Government Size on Economic Growth: A Threshold Analysis," Granger Centre Discussion Paper, June 2, 2015.
Susana, M. and F. J. Veiga（2014）"Government Size, Composition of Public Expenditure, and Economic Development," *International Tax and Public Finance*, August 2014, Vol. 21, Issue 4, pp. 578-597.
Wagner, A.（1877, 1880, 1883, 1990）*Finanzwissenschaft*（財政学），Leipzig.

■ 参考資料

大矢俊雄（2015）『図説 日本の財政（平成 27 年度版）』東洋経済新報社。
財政制度等審議会財政投融資分科会（2014）「財政投融資をめぐる課題と今後のあり方について」（2014 年 6 月 17 日）（http://www.mof.go.jp/about_mof/councils/fiscal_system_council/sub-of_filp/press_release/houdou260617.htm）。
財務省「決算概要」財務省ウェブサイト（http://www.mof.go.jp/budget/budger_workflow/account/index.html）。
財務省「国民負担率（対国民所得比）の内訳の国際比較（日米英独仏瑞）」財務省ウェブサイト（http://www.mof.go.jp/tax_policy/summary/condition/020.htm）。
財務省「国民負担率及び租税負担率の推移（対国民所得比）」財務省ウェブサイト（https://www.mof.go.jp/tax_policy/summary/condition/241a.htm）。
財務省「日本の財政関係資料（平成 28 年 10 月）」財務省ウェブサイト（http://www.mof.go.jp/budget/fiscal_condition/related_data/panfindex.html）。
財務省主計局（2016）「予算編成における PDCA サイクルの取組み（平成 28 年度政府案）」（平成 28 年 1 月）。
財務省主計局調査課（2015）「日本の財政 200 年」財務省広報誌『ファイナンス』2015 年 11 月。
内閣官房行政改革推進本部事務局「行政事業レビューの流れ」内閣官房行政改革推進

本部事務局ウェブサイト（http://www.cas.go.jp/jp/seisaku/gyoukaku/H27_review/H27_Review001/H27_Review001.html）。

総務省「地方財政関係資料」総務省ウェブサイト（http://www.soumu.go.jp/iken/11534.html）。

■ リーディングリスト
① 『図説 日本の財政（各年度版）』東洋経済新報社。

本書は，毎年度出版され，日本の財政（仕組みおよび歳出の中身）や国際比較がわかりやすく書かれており，財政の現状を理解するのに適した書物である。また，過去に発行されたものをたどれば財政の歴史をおおまかに理解できる点でも便利な書物である。

② 八田達夫（2008）『ミクロ経済学Ⅰ——市場の失敗と政府の失敗への対策』東洋経済新報社。
③ 八田達夫（2009）『ミクロ経済学Ⅱ——効率化と格差是正』東洋経済新報社。

本書の各章は，経済学を本格的に学習したことのない読者でも読み進められる内容・構成となっているが，より正しい理解のためには，基礎的なマクロ経済学とミクロ経済学の概念・知識は身につけておくことが望ましい。これまで経済学を学んだことのない人や基礎的な概念・知識の復習をしたい人にお勧めしたいのが，本書である。特筆されるのは，具体的な事象や政策を事例としてあげたうえで，理論や概念をきわめて丁寧に解説していることである。高度な数式は用いず，図表による説明がきわめてわかりやすい。

④ ジョセフ・E. スティグリッツ（2003）『スティグリッツ公共経済学——上 公共部門・公的支出（第2版）』（藪下史郎訳），東洋経済新報社。
⑤ ジョセフ・E. スティグリッツ（2004）『スティグリッツ公共経済学——下 租税・地方財政・マクロ財政政策（第2版）』（藪下史郎訳），東洋経済新報社。

現実のアメリカの制度や具体的な事例に基づいて，初学者向けに平明に解説されている。とくに，財が2種類存在する状況での課税に伴う社会的余剰の変化や死重損失の測り方についての説明が大変詳細で説得的である。地方財政固有のトピックスともいうべき地方公共財の最適供給，資本化仮説や政府間補助金の経済効果などを独立した章の中で取り扱っていることも推奨のポイントである。

第2章

財政赤字とマクロ経済

本章の目的

　第1章では，なぜ政府が必要なのか，政府が果たす役割は何なのかについて説明した（財政の3機能）。一方で，政府の直面している歳出額は増加の一途をたどるのに対し，歳入額はそれに追いついていないことも紹介した（「日本財政のワニの口」）。これらを一言でいえば，「政府はやるべき政策はあるけれども，政策を進めるためのお金が足りていない」ことを意味する。では，日本政府の資金繰りの状況はどのようなものだろうか？本章では，今の日本の財政が置かれている状況を把握することをねらいとし，財政の現状と今後の見通しに関して理解することを目的とする。

　具体的には，PART Ⅰでは現在の日本政府の財政が置かれている現状について，国債・政府債務という側面から学ぶ。PART Ⅱでは，戦前から日本政府の財政状況を振り返り，財政の現状への理解を深めるとともに，財政政策がマクロ経済全体にどのような効果を持つと考えられるかについて学ぶ。これにより，過去に行われた日本の財政運営に関する理解を深める。PART Ⅲでは，日本の財政の将来見通しについて理解する。そのために，内閣府の日本経済の将来見通しに関する推計や，近年の財政の持続可能性（どのような財政運営を続ければ，政府債務が膨らみすぎずに政府活動を継続できるか）に関する研究を概観する。

PART Ⅰ　財政の今（国・地方の役割）

1　日本の財政赤字

　第1章で見た「日本財政のワニの口」の議論から簡単に想像できることは何だろうか？　それは，「日本政府は，政策を進めるのに十分な収入が確保でき

図 2-1　日本政府の国債残高の推移

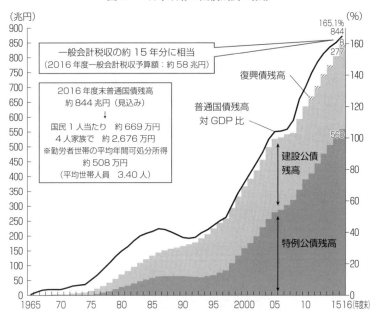

(注)　1. 国民1人当たりの普通国債残高は，2016年の総人口（国立社会保障・人口問題研究所「日本の将来推計人口」（2012年1月推計））で公債残高を除した数値。
　　　2. 可処分所得，世帯人員は，総務省「平成26年家計調査年報」による。
(出所)　財務省ウェブサイト「日本の財政関係資料」（2016年10月）。

ていない」ということである。この節では，日本政府の資金繰りについて，もう少し詳しく見てみよう。

　通常，私たちがお金を借りる際には，借用書という「確かにあなたからお金を借りました」という書類を貸し手に渡し，お金を受け取る。そして，借りたお金を返済したら，借用書を借り手が受け取って，やり取りはおしまいとなる。

　日本政府がお金を借りる際も，同様のことをしている。日本政府が資金不足になるとき，政府は民間主体から借金をし，財源を調達する。1年度の間に借りた金額の合計が日本政府の**財政赤字**の大きさとなる。そして借金をするときに借用書として発行されるのが，日本の国債である。ある時点での日本の国債の総額（借用書の総額）が，日本の**国債残高**となる。ちなみに，ある年度の間に日本政府が借金した金額の合計（財政赤字の大きさ）のように，ある期間内の経済活動を表す変数を**フロー変数**と呼ぶ。それに対して，ある時点での日本の

図 2-2　OECD 諸国の一般政府総債務（対 GDP 比）の推移

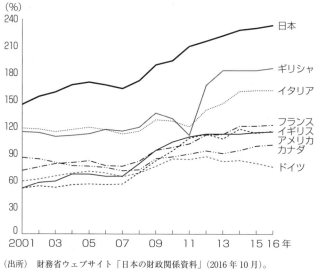

（出所）　財務省ウェブサイト「日本の財政関係資料」（2016 年 10 月）。

図 2-3　OECD 諸国の財政収支対 GDP 比の推移

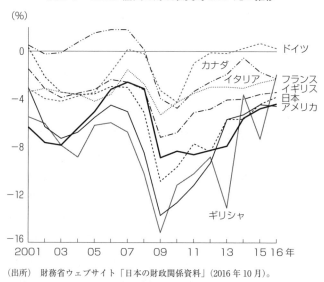

（出所）　財務省ウェブサイト「日本の財政関係資料」（2016 年 10 月）。

国債の総額（国債残高）のように，ある一時点の瞬間での経済の状態を表す変数をストック変数と呼ぶ。たとえば，ある年度間での財政赤字の大きさはフロー変数であり，ある一時点での国債残高の大きさはストック変数である。国債残高の例でもわかるとおり，現時点でのストック変数の大きさは，過去のフロー変数の変化の積み重ねの結果として決まると考えられる。たとえば図2-1は，日本政府が発行した国債の総額（残高）の推移を表している。これを見ると，1965（昭和40）年から日本の国債残高は増え始め，今年に至るまでの50年間，日本政府の借金はほぼ一貫して増え続けていることがわかる。

このような状況は，驚くべきことなのだろうか？　それとも実はよくあることなのだろうか？　これを見る1つの方法は，諸外国の政府債務残高の推移と比較をしてみることである。図2-2では，OECD諸国において，GDP（国内総生産）に対する政府債務の総額の割合が時間を通じてどう変化しているかを，グラフに描いている[1]。日本における政府債務の推移を他のOECD加盟国と比べると，政府債務が増加し続けており，類を見ないほど高い水準に達していることがわかる。債務が増え続けているということは，背後では資金が足りない状況（つまり財政赤字の発行）がずっと続いているはずである。図2-3では，財政赤字が続いている状況を確認することができる。

2　建設国債と特例国債

さて，図2-1をもう一度見てみよう。国債を大きく分けると，建設国債と特例国債（赤字国債）の2つに分けることができるようである。この2つはどう違うのだろうか？

実は日本の法律において「政府は好き勝手に借金をしてよいわけではない」ということが記されている。財政法という法律の第4条には「国の歳出は，公債又は借入金以外の歳入を以て，その財源としなければならない」と明記されている。これは，政府がお金を使うのであれば，借金以外の方法で調達しなけ

---

[1] 今までは日本政府の発行した国債残高について紹介した。それに対して，ここでは国だけでなく地方も含めた「一般政府」の債務を見ていることに注意してほしい。各国間での比較ができるようにOECDが定めた定義に従ったデータである。

Column②　総債務と純債務

　財政の持続可能性の議論において，政府債務の推移について見てきた。政府の保有している負債額自身を，**総債務**と呼ぶ。しかし実際には，政府は，負債（政府債務）だけでなく資産も持っている。たとえ政府が負債をたくさん抱えていたとしても，資産もたくさん保有しており，かつその資産を処分することにより負債を返済できるとすれば，政府債務は問題にならないかもしれない。そこで本来の政府債務の負担規模を考えるために，政府の総債務から政府資産を除いた**純債務**の額を政府債務の大きさとして用いることが多い。

　ここで，日本政府の負債と資産の関係について概観してみよう。2014年度末時点で，日本政府の負債の合計金額は約1170兆円である。これが日本政府の**総債務額**ということになる。しかし一方で，日本政府はさまざまな種類の資産も保有している。政府が保有している資産の合計は，約680兆円である。これらの数字を引き算することにより，政府の負債から資産総額を除いた純債務が約490兆円と計算できる。

　ここで読者の皆さんには1つの疑問が生じるだろう。政府債務のデータを参照する際に，総債務を見るべきなのだろうか？　それとも純債務を見るべきなの

図　日本政府の資産と負債

資産合計 679.8兆円

| 現金・預金 27.8兆円 |
| 有価証券 139.5兆円 うち外貨証券 128.7兆円（①） |
| 貸付金 138.3兆円 うち財政融資資金貸付金 112.0兆円（②） |
| 運用寄託金 103.7兆円（③） |
| 有形固定資産 179.6兆円（④） |
| 出資金 70.0兆円（⑤） |
| その他 21.1兆円 |

資産・負債差額　−492.0兆円

負債合計 1,171.8兆円

| 政府短期証券 99.2兆円（①） 外国為替資金証券 117.9兆円 その他 1.4兆円 内部保有 −20.1兆円 |
| 公　債 884.9兆円 建設国債 262.7兆円 特例国債 478.6兆円 財投債 99.0兆円（②） その他 44.8兆円 内部保有 −0.2兆円 |
| 借入金 28.9兆円 |
| 預託金 6.5兆円（②） |
| 公的年金預り金 113.7兆円（③） |
| その他 38.6兆円 |

（2014年末現在）

（出所）　財務省ウェブサイト「日本の財政関係資料」（2016年10月）。

> だろうか？この点について考える際には，負債や資産の内訳を見ていく必要があるだろう。たとえば政府の資産について考えてみよう。もし計上されたとおりの金額で，かつ処分したいときにすぐに売却することができる資産ばかりであれば，資産を処分することで債務を減らすことができるから，純債務の額が真の政府の抱えている債務だと解釈することができるかもしれない。しかし，すべての資産がこのような性質を満たしているとは限らない。
> - 有形固定資産（179.6兆円）には，河川や道路などの公共用財産が含まれる。これらの財産が計上されたとおりの金額で売却できるかは不透明である。そもそも，買い手がつくのかどうかさえも，明らかではないだろう。
> - 運用寄託金（103.7兆円）は，公的年金の預り金を資産運用しているものである。これらを処分するということは年金給付財源の一部がなくなるということを意味するため，処分となれば国民からの反対も起きるだろうし，いつでも資産を売却できるわけではなさそうだ。
>
> このような側面を踏まえると，たとえ資産といえども処分することで負債を帳消しにすることが難しいかもしれない。このような処分の難しい資産が多いのであれば，政府債務の大きさとしては総債務の額を見るべきということになるだろう。

ればならない，ことを意味している。ただし政策によっては，借金をして財源調達することが正当化されると考えられる場合がある。たとえば，国道を作るという公共事業を考えてみよう。国道建設は巨額の費用がかかることが多く，1年度間の予算だけでは費用をまかなうことがそもそもできないかもしれない。しかも国道が完成すれば，後世の人々にとっても利益があるだろうから，費用負担の一部を，借金を通じて将来の人々にお願いすることは正当化できると考えられる。このような考え方から，財政法第4条の続きにおいて「但し，公共事業費……の財源については，国会の議決を経た金額の範囲内で，公債を発行し又は借入金をなすことができる」と明記されている。つまり，公共事業など，莫大な費用がかかり，かつ将来の人々にも便益があると考えられる政策については，借金による資金調達をしてもよい，と認めている。この条文に基づいて発行された国債を建設国債という。1970年代は景気対策のための公共事業が数多く行われ，必要な資金を調達するために，建設国債がどんどん発行された経緯がある。

しかし1980年代に入ると、それ以外の歳出にかかる資金も国債発行によりまかなわれるようになる。これを特例国債と呼ぶ。何が特例かは、上の財政法第4条を読んでもらえればわかるだろう。本来は借金によりまかなえない資金を、特別にまかなえるようにしているので特例なのである。もちろん、このままだと財政法に違反することになってしまうので、政府は毎年、特例国債の発行を認める法律を別途制定し、国債発行をできるようにしている。特例国債の総額は年を経るごとに増えていき、近年では建設国債の総額を上回るほどまでになっている。

なぜ特例国債の発行がここまで大きくなってしまったのだろうか？　大きな理由の1つと考えられているのは、政府の景気対策である。1990年代に入りバブル景気が終わってから、日本経済は不況を迎えることになった。日本政府は裁量的な財政政策を通じて経済安定化機能を発揮しようとしたため、必要な資金を国債発行により調達する必要があった。その結果として、1990年代から2000年代初頭にかけて、国債残高が速いペースで増加していったと考えられている。

このような日本の財政の現状に直面し、多くの人が次のような疑問を持っている。「最近、他の国で類を見ないペースで政府の借金が増えているが、将来はどうなるのだろうか？」「政府が今までたくさん借金をしているが、なぜこんなに借金を増やしてきたのだろうか？」という疑問である。これらの疑問に少しでも答えようと、数多くの研究がなされている。これらの研究の結果はPART Ⅲで紹介したい。それらの結果を見る前に、日本財政の歴史や、経済学に基づく財政赤字の効果について学習しておくのは、有益であろう。PART Ⅱでは、日本財政の歴史と財政赤字に関するマクロ経済理論を学んでみることにしよう。

PART Ⅱ　歴史・理論を学ぶ

1　日本財政の歴史

現在の日本においては、政府の債務が他の国と比較しても類を見ない高い水準まで蓄積されていることを前節で確認した。では日本の歴史において、政府

図 2-4 戦前における日本政府の政府債務残高対 GDP 比の推移

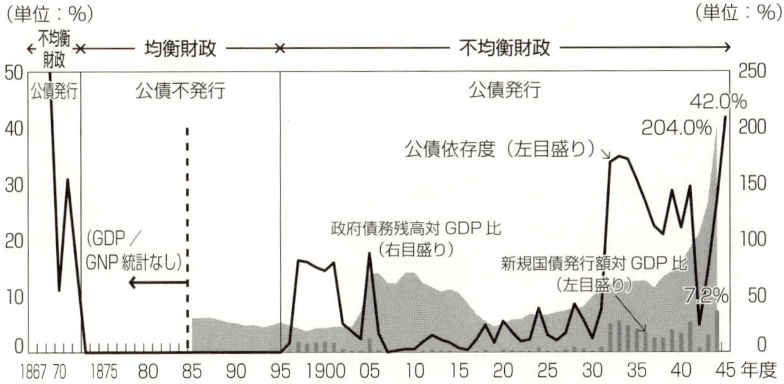

(出所) 財務省ウェブサイト「戦後の我が国財政の変遷と今後の課題」。

債務が今のように大きく積み上がった時期はあったのだろうか？

ここで，明治時代から昭和時代前期（終戦まで）にさかのぼり，政府債務の歴史を追ってみよう。図 2-4 では，明治時代以降の日本政府の政府債務総額の対 GDP 比を示している。これを見ると，政府債務の発行を始めた 1896 年度以降，政府債務は GDP の 30～70% 程度の水準で推移していることがわかる。この傾向は，昭和初期まで続く。つまりこのころまでは，著しい政府債務の蓄積が進んだとは，一概にはいえなさそうである。債務が蓄積される時期もあったが，財政再建に取り組まれた時期もあった。戦後の日本の財政の歩みとは異なる点といえるだろう。ところが，1938（昭和 13）年度以降，日本政府の債務残高が急増する。これは日中戦争・第 2 次世界大戦の勃発による戦費調達に迫られたのが大きな理由である。終戦直前には，政府債務残高は GDP の 204% にまで達した。なお終戦後は，日本経済を強烈なインフレーションが襲った。1946 年には，毎月，財の価格が 20～80% ずつ上がっていくほどのインフレーションが見られた。このような人々の間接的な負担の結果として，戦後の政府債務はほぼゼロにまで圧縮された。現在見られる規模の政府債務の累積は，第 2 次世界大戦の終戦直前の水準に匹敵する，といえる。もちろん，国債市場の環境など，1940 年代と現在をとりまく環境は大きく違うので，数字だけを見て比較できるとは限らない。ともかく，過去に現在ほどの政府債務水準があったのは終戦直前，そしてそれらの政府債務はハイパーインフレーションを通じ

て償還された，ということはいえそうである。過去のイベントを調べてみるのは，これからの財政運営を考えるうえでも有用であろう。

2 財政赤字のマクロ経済理論

2.1 財政赤字による財政政策と乗数効果

そもそも政府は，なぜ財政赤字を生み出す必要があるのだろうか？　みなさんは第1章において，財政の3機能を学んだ。この政府の役割を踏まえつつ考えてみよう。

まず，政府の「資源配分機能」と財政赤字の関係について考えてみよう。第1章で学んだとおり，公共財の供給は，市場に任せきりにすることなく，政府が介入することでより効率的になる可能性がある。道路などの公共資本と呼ばれる財は公共財の一種と考えられるため，政府による供給が行われていると考えられる。前節でも述べたとおり，莫大な費用を必要とする公共資本への投資の場合，借金による資金調達が正当化されることがある。ただし，日本の場合，このような状況に対応する建設国債のみならず，公共資本投資に必ずしも対応しない特例国債の発行が増えている。資源配分機能を十分に発揮する目的で財政赤字を生み出していることだけが理由とは，考えづらそうである。

別の理由として，経済安定化機能を発揮するために，財政赤字を生み出し続けてきたこともあげられるだろう。第1章でも見たとおり，政府は景気が悪いときには，財政赤字を生み，公共支出を増やしたり減税をしたりすることで，景気の悪化を緩和しようとすると考えられる。日本では1990年代から，経済状況が悪い時期が続いた。この時期に政府が国債発行を続けている。これは，経済安定化機能を発揮し続けようとしていたのかもしれない。経済学において，このような効果はなぜ生み出されると考えられているのだろうか？

ここで簡単なマクロ経済モデルを通じて，政府の経済安定化機能の効果がなぜ生まれるのかを考えてみよう。今，ある一国の経済全体を考えよう。この国には，財・サービスを購入し消費する家計，財・サービスを購入し投資に用いる企業，そして公共支出をする政府の3つの主体のみが存在しているとしよう。話を簡単にするために，海外との取引は考えないことにする。すると，この一国経済において，財・サービスの需要の合計は

$$\text{消費} + \text{投資} + \text{政府支出}$$

と表すことができる。これが，この国の経済における総需要である。仮に，この経済においては，財・サービスの生産能力は十分に存在し，需要があればそれに見合う分だけ財・サービスが生産されると考えよう。このとき，総需要に見合うだけの財・サービスがこの経済で生産されるから，

$$\text{GDP} = \text{消費} + \text{投資} + \text{政府支出}$$

という関係が最終的には成り立つと考えられる。ここまでは式を言葉で表現してきたが，今後の計算の表記を簡略にするために，文字を使った式を以下では使うことにしよう。上の関係式は，以下のように書くことができる。

$$Y = C + I + G$$

ここで，Y は GDP を表し，C は家計の消費支出額，I は企業の投資額，G は政府支出額をそれぞれ表す。議論を簡単にするために，投資と政府支出は，ある決まった値だとする。さらに，家計の消費行動についてもう少し詳しく考えてみる。家計の消費は，所得に依存して決まると想定しよう。また，GDPは，一定期間内に国内であげられた所得の総計と解釈することができる。なぜなら，国内で財やサービスが生産され販売されたということは，お金の取引を通じて国内の誰かがその所得を得ているはずだと考えられるからである。ちなみに，国内で財やサービスの取引が起こるには財やサービスの需要者が必要であるから，GDPは経済全体での総需要に対応するはずである。このように，GDPに3つの見方があることを**三面等価の原理**と呼んでいる（三面等価の原理に関するより詳細な説明や注意点は，マクロ経済学の教科書を参照してほしい。章末のリーディングリストの中にも，テキストを紹介している）。以上の議論から，

$$C = a + b(Y - T)$$

であると仮定する。ここで，a と b は定数であり，$0 < b < 1$ である。また，T は租税額でありこれは一定額としよう。したがって，$Y - T$ は家計の可処分所得を表すと考えらえる。このような消費関数を**ケインズ型消費関数**と呼ぶ。

このような経済において，総需要と総供給が一致するような GDP は，

$$Y^* = \frac{a - bT + I + G}{1 - b}$$

と表すことができる。ここで，Y^* は総需要と総供給を一致させる（均衡における）GDPである。上の式で求めたGDPの大きさが，実際の経済活動で得られるGDPに対応していると考えたうえで，経済安定化機能と財政赤字の関係を見てみよう。

今，何らかの外的要因により，ある国のGDPが減少した（上式の「均衡におけるGDP」が減少した）と想定する。政府は経済安定化機能を発揮するために，家計の所得を減らすことなく政府支出を増やす政策をとったとする。家計の所得を減らさない，ということは，増税ができないことを意味するから，国債発行により財源調達をすることになる。つまり財政赤字により政府支出を増やす状況を考えるのである。このように政府支出を1単位増やしたとすると，均衡におけるGDPは $\frac{1}{1-b}$ 単位だけ増えることになる。b は $0<b<1$ だから，政府支出を増やした以上にGDPを増やす効果があるという結果が得られる。このように，1単位の政府支出の増加が，より多くのGDPを生み出す効果を**乗数効果**と呼ぶ。また，1単位の政府支出の増加によりどれだけGDPが増えるかを**政府支出乗数**と呼ぶ。大きな乗数効果が現実の経済にも当てはまるとすれば，景気対策のために政府がお金を使うことで，より大きな額のGDPを生み出し，経済を回復させる効果があるということになる。このような議論のもと，不況期には景気対策として財政赤字を通じて政府支出を増やす政策がとられることが多く，日本においては国債残高が増加し続ける1つの要因となってきた。

2.2　乗数効果と中立命題

では，現実の経済において，乗数効果はあるのだろうか？　あるとしたら，どのくらいの規模の効果になるのだろうか？　乗数効果に関する実証研究は，アメリカや日本をはじめ，さまざまな国を対象に精力的に進められている。ここでは実証分析の方法に関する詳細は説明しないが，多くの実証研究では乗数効果は1前後，つまり「政府支出を1兆円増加させると，GDPもおよそ1兆円増加する」という結果が得られている。これは先に説明した簡単なモデルだと，$b=0$，つまり所得の増加分はすべて消費しない（貯蓄する）ような状況でないと現れない程度の小さな乗数効果となる。しかし現実の日本経済において，

図2-5 公債発行を通じた金融市場での資金需要の増加による効果

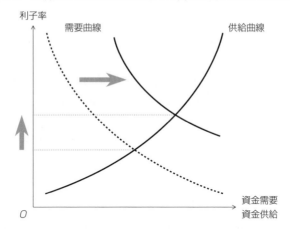

$b=0$ とは考えづらいため,「実際の経済では乗数効果は伝統的なマクロ経済モデルで見られるほど大きくないかもしれない。モデルでは描写できていない要因があるからだ」と考えるのが,自然な姿勢であろう。

なぜ乗数効果が小さくなってしまうかは,なぜ総需要を十分刺激できないかを考えてみるとよいだろう。いくつかの理由が考えられる。1つは,財政赤字によるクラウディング・アウト効果である。この効果について簡単に説明しよう。経済の中では,多くの資金供給者（資金の貸し手,主に家計を想定する）と,多くの資金需要者（資金の借り手,主に企業を想定する）が,金融市場を通じて資金の貸し借りをしている。そして,資金の需要と供給が釣り合うように,利子率が決まるとされると考えられる。政府が公債発行をし,資金を借り入れるときは,金融市場において資金の需要が増加すると解釈できる。したがって,金融市場での資金需給が逼迫するため,需要と供給の釣り合いをとるために利子率が上昇すると考えられる。図2-5は利子率が上昇する様子を描いている。この結果,資金の需要者である企業から見ると,資金調達の費用を高めるので,企業は資金の借入を控えるために民間投資を抑制してしまう,というのがクラウディング・アウト効果である。

別の理由として,家計が将来の増税を見越して消費を抑えてしまう効果が考えられる。家計のケインズ型消費関数に注目してみよう。ケインズ型消費関数を再掲すると,

$$C = a + b(Y - T)$$

であった。この関数は，現在の家計消費は現在の所得にのみ依存して決まることを暗黙のうちに仮定している。しかし，実際には家計は現時点の所得のみならず，将来得られるであろう所得，または生涯所得も考慮しつつ消費活動をしていると考えられる（ケインズ型消費関数だけを前提にして，住宅ローンを組んでマイホームを建てる家計の活動を説明できるだろうか？）。この仮定を少し変更し，家計は生涯所得（現在所得と将来所得の割引現在価値の総和）に基づいて消費量を決めると考えてみよう。

$$C = a + b[(Y^c - T^c) + (Y^f - T^f)]$$

ここで，Y^c は現在の所得，T^c は現在の租税額を表す。よって，$Y^c - T^c$ は現在の可処分所得である。同様にして，Y^f は将来の所得，T^f は将来の租税額を表し，$Y^f - T^f$ は将来の可処分所得の割引現在価値を表す[2]。家計がこのような消費関数に従って行動するとき，財政赤字により政府支出を増やす景気対策はどのくらいの乗数効果を生み出すかを考えてみよう。今年の景気対策は，今年の政府支出を増やすから，総需要を刺激する効果がある。したがって，現在所得を増加させる効果はあるため，家計の消費も増加し，乗数効果が発生するように見える。

しかし，この財政赤字により発行された国債を，将来に償還しなければならないとしたらどうだろうか？　政府の主な収入は租税収入だから，国債の償還のためには，増税が必要となる。つまり，現在の財政赤字は，将来の増税をもたらすかもしれない。家計がこのことを予想したとすると，（たとえ現在所得は増加するとしても）将来所得の減少を見込み，生涯所得はほとんど変化しないと考えるだろう。このとき，家計の消費はほとんど増加しないことになる。つまり，このようなモデルのもとでは，乗数効果はほとんど発生せず，**政府支出乗数はほぼ 1 になる**という結果が得られる。実は政府支出乗数が 1 になるのは，政府支出をすべて増税によって財源調達した場合の政策効果と同じであるとい

---

2) 金額はすべて割引現在価値（将来の金額を，利子率を使って現在の価値に換算したもの）で表されていると考えてほしい。

うことが知られている。つまり，同じ政府支出規模を伴う政策であれば，財源調達の手段を問わず，政策の効果は同一であることを意味している。このような結果を，中立命題と呼ぶ。

　結果をまとめると，たとえ政府が財政赤字により景気刺激策をとったとしても，家計が将来の増税を織り込んで行動するならば，中立命題が成り立ち，政策効果は小さくなるということになる。このような効果が強く働くならば，実証研究では小さな乗数効果しか得られなかったことも説明できるかもしれない。中立命題が成り立つかどうかは，数多くの研究がなされているが，断定的な結論には至っていない。ただ少なくとも，家計が将来の政策変更を織り込んで，乗数効果が小さくなってしまうことは十分にありうる，と考えられている。

2.3　バローの中立命題と財政錯覚

　逆にいえば，中立命題の議論を理解することで，どのような状況であれば政策効果が大きくなるかも検討することができる。直感的には，家計が現在の所得のみに応じて現在の消費を決めるような状況になれば，乗数効果が大きく生じるであろう，と予測できる。そのような状況の例を，ここでは3つ紹介する。

　まず1つは，将来の国債償還が先延ばしされる状況である。たとえば，今年，財政赤字を生み出して景気刺激策を実行したとする。しかし，今年発行された国債は，200年後に償還される予定だとしよう。だとすると，現在生きている世代の人たちにとっては，「国債償還の負担を負わなくてよさそうだ」ということを意味する。つまり，将来の所得は増税により減ることはなく，現在の所得は景気刺激策により増えることが期待できる。こうしたときには，現在世代の人たちの生涯所得は増加することになるだろうから，消費を刺激する効果は大きくなるかもしれない。

　ただし，たとえ自分の死後に増税が行われても，現在世代の個人が，自分の子，孫，ひ孫……とすべての将来世代の効用を自分の効用として認識する（利他心と呼ぶ）状況下では，たとえ自分の死後に増税が行われたとしても，遺産を通じて将来世代の個人に増税分の資産を残そうとするために，現在の消費は刺激されないことを証明することができる。この性質をバローの中立命題と呼ぶことがある。前述の例では，個人は将来世代に対する利他心を持っていないことを仮定しているため，死後の増税は現在の消費を増加させるという効果を

生む。

2つ目は，人々が政府の異なる時点間の予算制約を認識できないために，将来の税負担を認識せずに行動をしてしまう状況である。このような人々の行動を，**財政錯覚**と呼ぶ。人々が財政錯覚に陥っている状況では，政府が公債発行による財源調達を通じて政府支出を増やしても，それに伴う将来の増税を人々が予想できない。したがって，人々はあたかも将来の増税がないと思って現在の消費を増やそうとする。その結果，人々が合理的期待を持つ状況と比較して，乗数効果が大きくなることを示すことができる。

2.4 借入制約下に直面する家計と財政政策

もう1つのさらに重要と考えられる状況は，借入制約に直面して，現在の所得のほとんどを消費に回しているような家計である。借入制約とは，将来返済のために必要な所得が得られるであろうことが見込めるにもかかわらず，何らかの制度的な理由等により借入を受けることができない状況を指す。このような状況では，個人は「本来だったら借入を受けてでもたくさん消費をしたいのだけれど，借入を受けることができないので，せめて現在の所得をすべて消費に回して少しでも効用を高めようとする」という行動をとると考えられる。たとえば，生涯所得として3億円得られるが，30歳までには3000万円しか得ることができない個人がいるとしよう[3]。また，この個人にとって望ましい（生涯の効用を最大化する）行動は，30歳までに5000万円の消費支出をし，残りの2億5000万円を30歳以降で使うプランだとしよう。もし金融市場が十分に整備されており，個人が望むように借入を受けることができるならば，30歳までに2000万円を借り入れ将来に返済することで，望ましいプランに近い行動をとることができるだろう[4]。しかし，もし金融市場があまり整備されておらず，（個人に返済能力があるにもかかわらず）借入を受けられないとすれば，家計

---

[3] この個人の例では，金額はすべて割引現在価値（将来の金額を，利子率を使って現在の価値に換算したもの）で表されていると考えてほしい。

[4] この例では簡単化のため，貸借にかかる利子率がゼロであるケースを想定している。もちろん，この利子率は実際にはゼロではないだろうが，たとえ貸借に利子がかかっても，貸借を通じて，より望ましい消費プランを実行できることを，消費者の効用最大化問題から示すことができる。

は30歳までの消費支出を望ましい水準に近づけるために，すべての可処分所得を消費に回すであろう。このような個人の消費行動は，ケインズ型消費関数そのもので表現できる。したがって，このような行動をとる個人に対しては，財政赤字による総需要を喚起する政策が大きな効果を持つと考えられる。

以前は，このような家計はほとんどないだろうと考えられていた。しかしKaplan et al. (2014) の研究で，流動性の低い（すぐに売却して現金化することが難しい）資産を有しているために，現在の所得をほぼ消費に充てている家計が思っていた以上に存在する可能性が指摘された。日本経済においても，Hara et al. (2016) の研究で，このような家計が一定割合存在しており，家計の13%程度が現在所得のほぼすべてを消費に充てる活動をしていると考えられる結果が得られている。

以上で見たとおり，一言で景気対策といっても，政策の効果をめぐる議論が数多くなされている。そして，政策効果の分析を進めていくうえでは，個人レベルの経済活動にまで立ち返っていくことが求められている。このような議論を充実させ，政策効果が発揮されるような状況を明らかにしていくことで，現実の経済における景気対策がより効果的なものになると期待できる。

PART Ⅲ　仕組み・政策・課題を学ぶ

1　財政の持続可能性

1.1　日本の財政の将来見通し

PART ⅠからPART Ⅱまでで，日本の財政の置かれている現状と，マクロ財政政策をめぐる歴史と理論を学んできた。これらの内容を踏まえたうえで，今後の日本の財政について見ていくことにしよう。

まずは，日本政府の保有する債務残高が今後どう推移していくかを見てみよう。PART Ⅰで見たとおり，日本政府は多くの国債をすでに発行している。多くの人々からは，「こんなに借金が増えて将来の財政は大丈夫なのか？」という声も出ている。また，将来の日本財政の見通しについて，いろいろな人たちが調査・研究を進めている。

まずは内閣府が公表している，将来の日本財政の見通しについて紹介しよう。

図2-6 国・地方の基礎的財政収支（対GDP比）の見通し

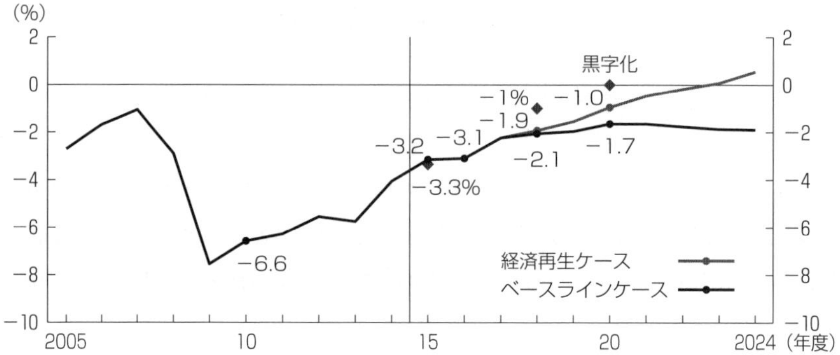

(出所) 内閣府ウェブサイト「中長期の経済財政に関する試算」(2016年7月)。

　図2-6は，国と地方を合わせた政府の基礎的財政収支の予測を表している。
　基礎的財政収支とは，政府の税収・税外収入から償還にかかる費用を除く歳出を引いたものと定義する[5]。言い換えると，借金がいっさいないとしたら，歳入と歳出の差がどれだけあるかを表すのが，基礎的財政収支である。図2-6は，**経済再生ケース**であれば2020年度にGDPに対して1.1%の基礎的財政赤字になり，やがて基礎的財政収支が黒字化する見込みであることを示している。一方ベースラインケースでは，2020年度に2.2%の基礎的財政赤字になり，その後も基礎的財政収支は赤字であり続ける見込みであることを示している。「経済再生ケース」と「ベースラインケース」の大きな違いは，経済成長率（GDPの成長率）に関する仮定である。前者のケースでは後者のケースに対し，より高い経済成長率が実現すると仮定をしている。これらの分析からわかることは2点である。第1に，政府は「2020年度までに**基礎的財政赤字をゼロにする**」目標を掲げているが，この目標達成ができるかは不透明であるという点である。今回の見通しでは，2020年度の基礎的財政赤字はGDPの1.1%と見積もられており，5兆〜6兆円程度の歳入増または歳出減が必要となる。第2に，高い経済成長率が実現すると想定しなければ，基礎的財政赤字が減少しな

---

5) 基礎的財政収支は，英語表記から「プライマリー・バランス (primary balance)」と表記することもある。いずれの表記であっても，定義は同一である。

図 2-7 国・地方の公債等残高（対 GDP 比）の見通し

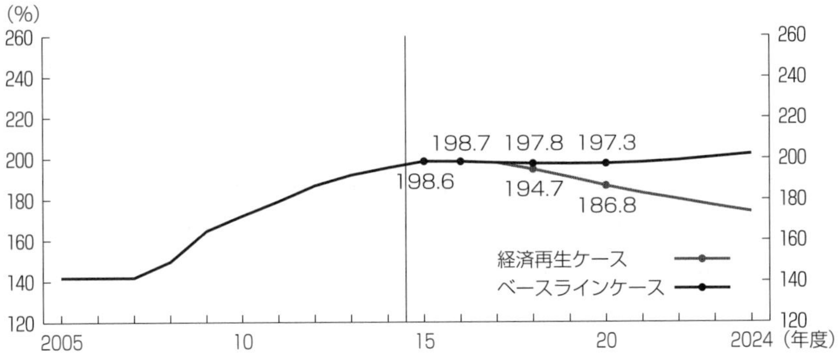

(出所) 内閣府ウェブサイト「中長期の経済財政に関する試算」(2016 年 7 月)。

いという点である。これらの結果を見ると，将来の日本の財政は予断を許さない状況であるといえる。図 2-7 は，国と地方を合わせた政府の公債等残高（対 GDP 比）の推移を表している。図 2-6 と対応させつつ見るとわかりやすいだろう。基礎的財政赤字の対 GDP 比が徐々に下がっていく「経済再生ケース」では債務が少しずつ減少している。一方，基礎的財政赤字対 GDP 比が改善しない「ベースラインケース」では，政府債務の増加に歯止めをかけることができない結果となっている。

1.2　財政の持続可能性の理論分析

では，どのような財政運営をすれば，将来にわたってその財政運営を続けることができるのだろうか？　このようなことを調べるのが，**財政の持続可能性の分析**である。分析の考え方を簡単に紹介してみよう。鍵になるのは，以下の政府の予算制約式と呼ばれる関係式である。

　　今年度末の公債残高
　　　＝ (1 ＋ 利子率) × (昨年度末の公債残高) ＋ 今年度の基礎的財政赤字

この式は，「今年の公債償還にかかる費用と基礎的財政赤字の分だけ，今年度末に公債残高が積み上がる」ことを意味している。注意してほしいのは，この式は政府がどのような政策をとったとしても，つねに成り立つ恒等式であるという点である。

ここまでは式を言葉で表現してきたが，以下では今後の計算の表記を簡単にするために，文字を用いた式を使うことにしよう。政府の予算制約式は，以下のように書くことができる。

$$B_t = (1+r_t)B_{t-1} + PB_t$$

ここで，B_t は t 年度末における公債残高，r_t は t 期における（公債）利子率，PB_t は t 年度における基礎的財政赤字の大きさ，をそれぞれ表す。

この式の両辺を GDP で割ってみよう。すると，

$$\frac{B_t}{Y_t} = (1+r_t)\frac{B_{t-1}}{Y_t} + \frac{PB_t}{Y_t}$$

となる。しかしこのままだと，昨年度末の公債残高は今年度の GDP との比率になっており，昨年度末時点の GDP に対する公債残高の比率となっていないため，問題がある。そこで，$t-1$ 年度から t 年度にかけての経済成長率 g_t に関する関係，

$$g_t = \frac{Y_t - Y_{t-1}}{Y_{t-1}} = \frac{Y_t}{Y_{t-1}} - 1$$

を使って式を書き直すと，

$$\frac{B_t}{Y_t} = (1+r_t)\frac{B_{t-1}}{Y_{t-1}}\frac{Y_{t-1}}{Y_t} + \frac{PB_t}{Y_t}$$

となる。見やすくなるように書き直せば，

$$\frac{B_t}{Y_t} = \frac{(1+r_t)}{(1+g_t)}\frac{B_{t-1}}{Y_{t-1}} + \frac{PB_t}{Y_t}$$

という関係を得る。これが財政の持続可能性の分析に用いる基本的な関係式である。上記の GDP との比率で書き直した予算制約式から，利子率が高くなるほど，また今年度の基礎的財政収支対 GDP 比が悪化するほど，今年度の GDP に対する公債残高の比率がより高まることがわかる。利子率が高いほど財政の負担は大きくなるし，基礎的財政収支が悪化すればその分公債発行によって財源を調達するしかないからである。また，高い経済成長率が達成されるほど，今年度の公債残高対 GDP 比を抑えられることがわかる。たとえ同じ規模の公債残高があったとしても，経済がより成長して規模が大きくなれば，相対的な公債の規模は小さく見積もられることを意味する。

今年以降の基礎的財政赤字対 GDP 比はずっと同じ値で推移するように財政運営を行い，また利子率と経済成長率も一定の値をとり続けると仮定しよう。この仮定のもとでは，現時点の公債残高対 GDP 比がわかれば，政府の予算制約式を繰り返し用いることで，将来の公債残高対 GDP 比を計算することができる。たとえば，2015 年度末時点での公債残高対 GDP 比は 200%，2016 年度以降，公債の利子率は 2% のまま，経済成長率は 3% のまま推移，2016 年度以降，基礎的財政収支対 GDP 比は 1% の赤字で推移するとしよう。このとき，2016 年度末時点での公債残高対 GDP 比は

$$b_{2016} = \frac{1+0.02}{1+0.03} \times 2 + 0.01 = 1.990...$$

を得て，2016 年度末の公債残高対 GDP 比は約 199% となる。この計算を繰り返し行うことで，$b_{2017}, b_{2018}, b_{2019}, \cdots$ も同じように計算できる。

　将来の公債残高対 GDP 比を計算した結果，値が際限なく大きくなっていったとしよう。これは，経済規模に対して非常に多くの公債が発行されていることを意味するが，現実の経済においては，このような状況になることはないだろう。つまり，このような状況は現実の経済において実現することはなく，将来のどこかの時点で財政運営が切り替わると考えられる（増税や歳出カットにより基礎的財政収支が改善する，債務不履行となり政府債務が帳消しとなる，インフレーションが起こり実質的な政府債務がゼロになる，など）。このような状況は，現在の財政運営を続けることができないという意味で，財政は持続不可能な状況であるという。逆に，遠い将来においても，公債残高対 GDP 比がある一定の値をとり続けたとしよう。そのような状況であれば，現在の財政運営を将来にわたって続けることが可能であると考えられる。このような状況を，財政は持続可能な状況であると呼ぶ。現在の経済環境と財政運営が将来にわたってずっと続けられるのか否かを調べるのが，財政の持続可能性の分析である。

　最近の研究結果に触れる前に，政府の予算制約式から得られる帰結について少し触れておこう。第 1 に，利子率よりも経済成長率が高いときには，時間を経るにつれて公債残高対 GDP 比はある一定の値に近づいていることがわかる。つまり，経済成長率が利子率より高い状態が続くのであれば，基礎的財政赤字が続く状況でも財政は持続可能であろうと考えられる。第 2 に，利子率が経済成長率よりも高いときには，ある規模以上の基礎的財政黒字を継続しない限り，

公債残高対GDP比は際限なく増え続けてしまうことがわかる[6]。言い換えると，持続可能な財政運営を考えるうえでは，基礎的財政収支のみならず，経済成長率や利子率のような経済環境も重要であることがわかる。

1.3 日本財政に関する持続可能性の研究

　上の議論を踏まえたうえで，近年の財政の持続可能性の研究について見てみよう。Sudo and Imrohoroglu (2011) や Arai and Ueda (2013) では，基礎的財政収支を赤字のまま持続可能な状況を継続するには，年率6％以上の経済成長が必要であることを，マクロ経済モデルを使った数値計算により示している。また，Ko and Morita (2015) では，実証分析により，財政を持続可能にするには，2％以上の経済成長が必要であることを示している。これらの研究結果の違いは，利子率に関する仮定の違いから生まれている。前者の研究では，公債残高が増加するとクラウディング・アウト効果を通じて利子率が上昇する効果を，モデルを通じて織り込んでいる。それに対して後者の研究では，利子率は現在の水準から変化しないと想定している。これらの研究から，財政再建を経済成長率の引き上げだけで達成するのは難しいのではないかと考えられる。また，Ihori et al. (2006) や Hansen and Imrohoroglu (2016) など，かなり大規模な財政再建策をとらないと，持続可能な財政運営が難しいことも複数の研究で示されている。これらの分析は，どのようなマクロ経済モデルに基づくか，どのような手法で分析するか，により結果が左右されることも知られている。したがって，1つの研究結果を鵜呑みにするのではなく，いろいろな研究結果を比較しつつ，共通して得られる結果は何かを考えることが重要である。

　この節の締めくくりとして，財政の持続可能性の意味するところについて，もう少し考えてみよう。たとえば，基礎的財政収支をゼロに保つような財政運営が「持続不可能」と結論づけられたとしよう（すなわち，基礎的財政収支をゼロに保ち続けると，公債残高対GDP比がいくらでも大きくなってしまうことが示されたとしよう）。この結果は何を意味するのだろうか？　「財政が持続不可能である」という結果をもって，「このままでは財政が破綻する」と考えてもよいだろうか？

---

6) これらの結果を指して，しばしば「ドーマーの定理」と呼ばれることがある。

厳密には「財政が持続不可能である」ことと**財政破綻**は必ずしも対応する概念ではない。上の質問の答えは，「財政破綻」という言葉の定義による。「財政破綻」が「政府が債務の返済をしない（債務不履行，デフォルト）」を指しているとするならば，「財政が持続不可能である」からといって「財政が破綻する」とはいえない。「財政が持続不可能である」ことは，将来のどこかの時点で財政運営・政策ルールを変えなければならない，という意味にすぎない。債務を返済できないということをただちには意味しない。「財政破綻」が「何らかの形で大規模な財政再建が行われる」という意味であれば，それは正しいかもしれない。

ただし，「財政が持続不可能である」ということは，現状の財政運営を続けることができないということだから，放置しておけば将来のどこかでそのツケが回ってくることになるだろう。それが大規模な増税なのか，日本でも戦後に見られた金融封鎖とハイパーインフレーションによる清算なのか，あるいは別の手段となるのか，それはわからない。今の私たちに必要なことは，想定されるシナリオにおいて誰にどのような負担が発生するのかを理解し，どのような手段によって将来まで持続可能な財政運営を達成するかを一人一人が考えていくことではないだろうか。もちろん，どのような負担が発生するのかをきちんとした分析により明らかにするのは，研究者の大事な仕事ということになってくるだろう。

2 財政再建と政治経済学

現実の財政運営では，財政を持続可能にするための財政再建策が実際に実行できるかどうかが，大事な問題として立ちはだかる。どの程度の財政再建策が必要なのかは，徐々に明らかになりつつあるが，これは多かれ少なかれ，誰かに経済的な負担を強いる政策になる。このような政策が実際の**政治過程**を通じて支持されるのかが課題となる。

財政再建策を進める１つの方法として，**財政規律**をルールとして定める方法が考えられる。具体的には，

- 財政赤字，政府支出額などのフロー変数や公債残高のストック変数などのマクロ経済変数に関して制約を課す

- 支出に関するシーリングや，より詳細な支出に関して制約を課す
- 予算編成プロセスを見直す

などの方法が考えられる。現実でも主に先進国においてこのような取り組みがなされ，財政再建に対して一定の効果をあげているという研究もある（例：田中, 2009）。

しかし，いくら政策に関する議論を行っても，その政策が政治過程で選ばれるのかはまた別の問題である。また財政規律ルールのような政策を定めたとして，制度がどの程度守られるのか，どのくらい維持されるのかも検討すべき課題である。たとえば，Mendoza and Ostry（2008）の論文の中では，先進国・途上国を含めた多くの国のデータセットを用いて，各国の財政スタンス（この論文では現在の政府債務残高の量に対して，どの程度の基礎的財政収支を選ぶのか，を指す）は各国間で異なることを主張し，その理由の1つとして政治過程の違いによりもたらされる可能性を指摘している。

このような動機のもとで，政治経済学のアプローチによる研究もどんどんと進んでいる。たとえば，Persson and Svensson（1989），Alesina and Tabellini（1990）などの研究では，与党が政権交代で政権を失う確率が高いと，現在の財政赤字を過大に発生させる政策が支持されやすいことを，理論モデルを通じて示している。また Acemoglu et al.（2008）や Yared（2010）などの研究では，政治家がレント・シーキング活動を行う状況下では，政治家が自分たちの（政治家になることで得られる）利益（レント）を得るために，税制度の変更や公債の発行を行う傾向になることを示している。一方で，Song et al.（2012）では，異なる世代の人たちが投票により政策を決めることで，政府債務が大きくなる／小さくなる条件について議論をしている。これらのアプローチが示唆するのは，政策をめぐる投票者の好みや行動，あるいは政治家の行動や政治体制などが，財政政策・運営の決定に大きな影響を与えうるということである。こうしたアプローチによる分析を進めることで，同じように持続可能な財政運営であったとしても，どのような財政運営であれば，政治過程を通じて支持されるのか，を考えることができるようになるだろう。これは，将来の日本の財政の道筋について考えるうえで，欠かすことのできない視点である。

■ 練習問題

Q1：以下の空欄にもっとも適切な語句を入れてみよう。

1.1　日本政府は（　①　）という法律によって，原則として国債の発行は禁止されている。ただし，公共資本の整備のために必要な資金調達のためならば，（　②　）の発行が認められている。また実際には，毎年特例法を成立させることで（　③　）の発行を通じて借入を続けているのが現状である。

1.2　政府が1単位政府支出を増やしたときにGDPがどれだけ増えるかを（　④　）と呼ぶ。財政赤字の増加に対して，人々が将来の増税を見込むときは，（　④　）の大きさは増税を通じ政府支出を増やしたときと同じだけの政策効果しかない。この結果を（　⑤　）と呼ぶ。一方で，人々が政府の異時点間の予算制約を認識できない（　⑥　）に陥っていたり，自由に資金調達ができない（　⑦　）に直面していたりすると，（　④　）はより大きくなると考えられる。

1.3　政府が現在の財政運営を続けたときに，公債残高対GDP比が収束するか否かを分析するのが，（　⑧　）に関する分析である。利子率より経済成長率が高い状況が続けば，公債残高対GDP比は（　⑨　）する。利子率が経済成長率より高い状況が続くと，公債残高対GDP比は（　⑩　）する。

Q2：以下の点について自分の意見をまとめてみよう。

2.1　日本財政の現状はどのようなものだろうか。内閣府の発表している「中長期の経済財政の試算」などの政府による試算や，研究論文などを探しながらまとめてみよう。

2.2　政府が現在の財政運営を続けた場合，日本財政は持続可能か否かを検討してみよう（ヒント：基礎的財政収支や経済成長率などの財政・経済データは2.1で調べた試算などをもとに設定し，それらの値がずっと将来まで続くと想定すれば財政の持続可能性に関する分析が可能となる）。また検討したうえで得られた持続可能性に関する結論を現実の経済に当てはめるときに，何か注意する点はないか考えてみよう。

■ 参考文献

田中秀明（2009）「財政ルールと財政規律——予算制度の計量分析」『一橋大学経済研究所世代間問題研究機構ディスカッション・ペーパー』CIS-PIE DP No.461。

Acemoglu, D., Golosov, M. and A. Tsyvinski (2008) "Political Economy of Mechanisms," *Econometrica*, 76 (3), pp. 619-641.

Alesina, A. and G. Tabellini (1990) "A Positive Theory of Fiscal Deficits and Government Debt," *Review of Economics Studies*, 57 (3), pp. 403-414.

Arai, R. and J. Ueda (2013) "A Numerical Evaluation of the Sustainable Size of the Primary Deficit in Japan," *Journal of the Japanese and International Economies*, 30, pp. 59-75.

Domar, E. D. (1944) "The 'Burden of the Debt' and the National Income," *American*

Economic Review, 34 (4), pp. 798-827.

Hansen, G. D. and S. Imrohoroglu (2016) "Fiscal Reform and Government Debt in Japan: A Neoclassical Perspective," *Review of Economic Dynamics*, 21, pp. 201-224.

Hara, R., T. Unayama and J. Weidner (2016) "The Wealthy Hand to Mouth in Japan," *Economics Letters*, 141, pp. 52-54.

Ihori, T., R. Kato, M. Kawade and S. Bessho (2006) "Public Debt and Economic Growth in an Aging Japan," in K. Kaizuka and A. Krueger eds., *Tackling Japan's Fiscal Challenges*, Palgrave Macmillan.

Kaplan, G., G. Violante and J. Weidner (2014) "The Wealthy Hand-to-Mouth," *Brookings Papers on Economic Activity*, Spring 2014, pp. 77-138.

Ko, J. H. and H. Morita (2015) "Fiscal Sustainability and Regime Shifts in Japan," *Economic Modelling*, 46, pp. 364-375.

Mendoza, E. G. and J. D. Ostry (2008) "International Evidence on Fiscal Solvency: Is Fiscal Policy "Responsible" ?," *Journal of Monetary Economics*, 55, pp. 1081-1093.

Persson, T. and L. E. O. Svensson (1989) "Why a Stubborn Conservative Would Run a Deficit: Policy with Time-inconsistent Preferences," *Quarterly Journal of Economics*, 104 (2), pp. 325-345.

Song, Z., K. Storesletten and F. Zilibotti (2012) "Rotten Parents and Disciplined Children: A Politico-Economic Theory of Public Expenditure and Debt," *Econometrica*, 80 (6), pp. 2785-2803.

Sudo, N. and S. Imrohoroglu (2011) "Will a Growth Miracle Reduce Debt in Japan?" *Keizai Kenkyu*（経済研究）, 62 (1), pp. 44-56.

Yared, P. (2010) "Politician, Taxes and Debt," *Review of Economic Studies*, 77, pp. 806-840.

■ 参考資料

財務省ウェブサイト「日本の財政関係資料（平成 28 年 10 月）」（http://www.mof.go.jp/budget/fiscal_condition/related_data/panfindex.html）。

内閣府ウェブサイト「中長期の経済財政に関する試算（平成 28 年 7 月）」（http://www5.cao.go.jp/keizai2/keizai-syakai/shisan.html）。

財務省ウェブサイト「戦後の我が国財政の変遷と今後の課題」（https://www.mof.go.jp/about_mof/councils/fiscal_system_council/sub-of_fiscal_system/proceedings/material/zaiseia270930/01.pdf）。

■ リーディングリスト

①齊藤誠・岩本康志・太田聰一・柴田章久(2016)『マクロ経済学(新版)』有斐閣。

本章で触れたマクロ経済モデルやデータについてより深く勉強したい人は,マクロ経済学の教科書でしっかり勉強することを勧める。数多くのテキストがあるが,本書は学部で最初に学ぶ内容から学部上級・大学院初級の内容までを説明してくれている。マクロ経済データに関しても丁寧な解説があり,よい教科書だといえる。

②齊藤誠(2014)『父が息子に語るマクロ経済学』勁草書房。

本書は,マクロ経済学の副読本・ワークブックに近い本だといえる。対話形式での説明をゆっくりと(手を動かしながら)追いかけることで,マクロ経済学に関する理解をより深めることができるだろう。これ一冊で勉強するというよりは,他の教科書と合わせて読むことを勧める。

③富田俊基(2006)『国債の歴史 ── 金利に凝縮された過去と未来』東洋経済新報社。

本章の PART Ⅱで紹介した,国債に関する歴史に興味がある読者に勧める。18・19世紀以降の欧米諸国ならびに日本における国債の歴史を金利という切り口で追いかけることにより,国債の市場がいかに発達したか,過去にどのような出来事があったのか,を学ぶことができる。

④寺井公子・肥前洋一(2015)『私たちと公共経済』有斐閣。

本章の PART Ⅲで紹介した政治経済学のアプローチに興味がある読者に勧める。政治経済学に関するトピックを丁寧に説明している。本書を読み終わった読者はさらに発展的な学習に進むこともできる。

第3章

政府間財政移転と地方財政

本章の目的

　本章では，国と地方の関係に注意を払いながら，地方財政を支える制度とその経済効果についての正しい知識を得ることを目的とする。とくに，重きを置くのは，地方公共団体が何を拠り所として財政運営を行っているのか，そのための財源はどのようにして確保されているのか，財政危機に陥ることを回避するためにどのような仕組みが採用されているのかを理解することである。

　具体的には，PART Iでは，地方公共団体の歳入，歳出の総額規模と内訳，財政収支の現状について学ぶ。PART IIでは，地方交付税や国庫支出金など国からの財政移転に関する制度の歴史と，その経済効果についての理論を学ぶ。PART IIIでは，地方財政計画の役割，地方交付税制度，地方債制度，地方財政健全化制度の実際を学ぶ。

PART I　財政の今（国・地方の役割）

1　国と地方の関係

　2016年4月1日現在，日本には，北海道から沖縄県まで47の都道府県があり，それぞれの都道府県の中に存在する市，町，村を合計すると，総数は1718市町村にも達する。行政単位，行政組織としての都道府県と市町村は地方公共団体[1]と呼ばれ，そのあり方や責務，行財政運営の基本原則は，地方自治法，地方財政法，地方交付税法，地方公共団体の財政の健全化に関する法律

---

1) 地方自治法第1条の3の定めによる。厳密には，普通地方公共団体である。他に，特別地方公共団体として，特別区（東京23区），財産区，一部事務組合，広域連合がある。

(以後,「地方財政健全化法」と略記)などに定められている。国から支援を受けたり,他の地方公共団体と協調的に行動したり,競争したりすることを含めて,地方公共団体による財政的な選択は,これらの法令によって定められた制度やルールに従っている。地方公共団体の財政活動において,とりわけ重要なのが国との関係であり,制度の設計や現実の運用に際しては,個別団体と国との関係だけでなく,集合体,総体としての地方公共団体[2]と国との関係が考慮に入れられている。

国と地方の役割分担という意味では,日常の生活に密着した行財政サービスの提供など住民に身近な行政は,地方公共団体にできる限り委ねられている。国際社会における国家としての存立に関わる事務,全国的に統一することが望ましい活動,全国的な規模,視点に立って行わなければならない施策・事業の実施など,国でなければ果たすことのできない役割を重点的に担っているのが国である。その詳細は,第4章で学ぶ。

2　国と地方の財政規模と財政収支の実際

2.1　国と地方の財政規模

前節で述べた役割分担のもとでの国と地方の財政活動の結果は,歳出の規模と財政移転の金額に反映されている。たとえば,2016年度予算においては,重複部分を控除した純計ベースの歳出額に関して,国の歳出額(70.0兆円)と地方の歳出額(97.8兆円)の比率は,おおむね4：6であった。一方,歳入の中心にある税収に関しては,国税(57.8兆円)と地方税(36.0兆円)の比率はおおむね6：4であった。したがって,歳出の規模が適切なものであるならば,国から地方への移転を中心とした財源調整が必ず生ずることになる。

そして,国と地方の税源の調整は,地方交付税を中心に地方譲与税や地方特例交付金を含めて,国から地方への**財政移転**として行われる。また,特定施策や財政援助のための補助金は,国庫支出金として国から地方へ交付される。地

---

[2]　本書では,総体としての地方公共団体,地方公共団体の集合概念を単に「地方」と表記する。また,モデル分析など国と地方の関係を理論的に考察する場合には,国を「中央政府」,地方を「地方政府」と表記することが一般的である。

方債の国家資金（財投資金）による引き受けも，地方の歳入を支えている。逆に，直轄事業分担金など，地方から国への移転も存在するが，国から地方への移転と比べて，金額はきわめて小さいものである。

ただし，国税と地方税を合わせた税収総額では国と地方の歳出の全額をまかなえるレベルにはほど遠いため，国は国債を，地方は地方債を発行することで財源を確保している。

2.2　国と地方の財政収支

これまで国と地方が行ってきた財政活動は公債発行を伴うものであり，これに対する償還のペースが緩やかであったため，大きな債務を残すこととなった。国と地方を合わせた政府全体[3]の債務残高に関して，名目GDPに対する割合が先進国の中でも日本が突出して高い水準にあるのは，第2章で見たように1990年代以降に財政赤字を続けてきたからである。

図3-1は，**国民経済計算**（SNA）における**財政収支**の推移を，国と地方に分けて見たものである。明らかなことは，第1に，1990年代半ばまでは，国も地方も財政赤字が拡大していたこと，第2に，90年代末からは地方の財政赤字は大幅に縮小して，年度によっては黒字を計上するほどになったのに対して，国は依然として大きな赤字を続けていることである。財政収支から利子の純受取（受け取りと支払いの差額）を除外した**基礎的財政収支**（プライマリー・バランス）で見ると，地方は2003年度以降，黒字を維持しており，地方全体の財政状況は，最悪期から脱して，大きく改善している。

地方公共団体の普通会計決算統計における収支は，これらとは概念的に異なるものであるが，主要な歳入と歳出から注意深く項目を選んで差額を計算すれば，国民経済計算ベースの基礎的財政収支とほぼ同じ推移を示す系列が得られ，地方の改善が歳入サイドと歳出サイドのいずれで生じたのかを検討することができる。

まず，歳入サイドに着目した図3-2においては，国から地方への財政移転の

---

[3]　国民経済計算は，「中央政府」，「地方政府」，「社会保障基金」の総計として，「一般政府」を定義している。一般に，これら政府の「純貸出（純借入）」が財政収支として利用される。また，国民経済計算年報では，基礎的財政収支はプライマリー・バランスと表記されている。

図 3-1 国と地方の財政収支の推移

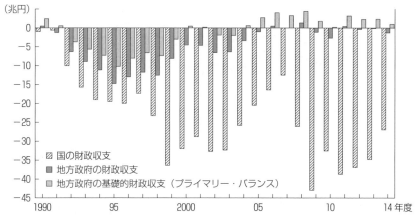

(出所) 内閣府「国民経済計算年報」より筆者作成。

項目としてとくに金額の大きい地方交付税と国庫支出金の合計額が，1999年度をピークに2007年度まで減少を続けていたことが確認できる。しかも，基礎的財政収支は，この期間とほぼ同時期に趨勢的な改善をしている。地方交付税は，地方税や地方譲与税の増収をもたらす税制改正が行われた後や自然増収となる景気拡大期には減額され，地方税や地方譲与税が減少する不況時に増額される仕組みがあるが，実際の金額を見ても，地方税・地方譲与税の合計額と地方交付税と国庫支出金の合計額は，一部の例外的な時期を除いて，ほぼ逆方向に動いている。これらの結果から，地方の財政収支改善の主因が歳入サイドにはなかったことは明らかである。とくに，国から地方への財政移転の金額が増えたのが原因であるということはできない。

一方，図3-3は，基礎的財政収支の変化を歳出サイドの変化に関連づけたものである。注目されるのは，普通建設事業費・災害復旧事業費等の公共事業に関する経費が1990年代末から激減し，近年ではピーク時である90年代半ばの水準の半分以下にまで低下していること，こうした公共事業費の動きが基礎的財政収支の変化ときわめて高い相関を示していることである。つまり，地方の財政収支改善は，歳入サイドではなく，歳出サイドにおける変化，とくに公共事業の縮減を主因とするものである。

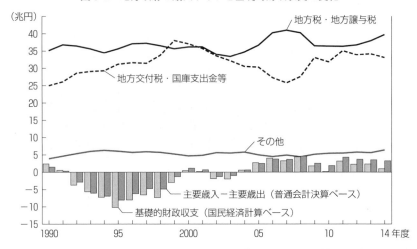

図3-2 地方政府の歳入サイドと基礎的財政収支の変化

(注)「主要歳入」は地方債,財産運用収入,貸付元利金収入等を除いた歳入額。「主要歳出」は,公債費,貸付金,積立金,投資・出資金を除いた歳出額。
(出所) 総務省「地方財政統計年報」および内閣府「国民経済計算年報」より筆者作成。

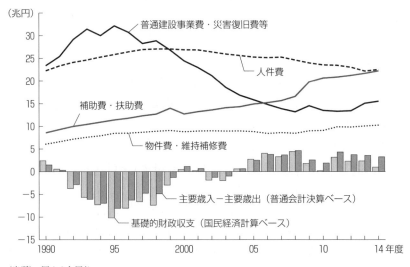

図3-3 地方政府の歳出サイドと基礎的財政収支の変化

(出所) 図3-2と同じ。

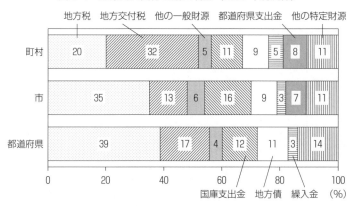

図 3-4 地方公共団体の歳入項目（2015 年度決算）

（出所）総務省「都道府県決算状況調」および総務省「市町村決算状況調」より筆者作成。

3 地方公共団体の歳入と歳出

3.1 歳　入

　以上で述べた地方公共団体全体の歳入額と歳出額の長期的推移は，個別の地方公共団体にほぼ共通して当てはまる。しかも，総額に占める割合に関しても，都道府県，市，町村の間で，違いが顕著に現れる歳入項目は少ない。その例外が，**地方税**と**地方交付税**である。地方交付税は，国の想定する水準で行政を実現するのに必要な歳出をまかなうための一般財源を保障する目的で，地方税の乏しい地方公共団体に交付される。

　一般財源とは，資金使途に制限を受けず，どのような経費にも使用できる財源のことで，地方税，地方交付税のほか，**地方譲与税**，**地方特例交付金**などがある。これに対して，資金使途が特定の目的に限定される財源を**特定財源**と呼び，国庫支出金，地方債，使用料・手数料，寄付金，繰入金，繰越金，投資・出資金，積立金などが該当する。このうち，**国庫支出金**とは，特定分野に対する国による負担金，委託費，特定施策の奨励金や財政援助のための補助金のことである。

　図 3-4 は，主要歳入項目の構成割合を示したものである。地方税は，地方公共団体全体として見れば，歳入の最大項目であるが，町村では 20% を占めるにとどまっている。それをカバーするため，町村には地方交付税が厚く交付さ

図 3-5　地方公共団体の性質別歳出（2015 年度決算）

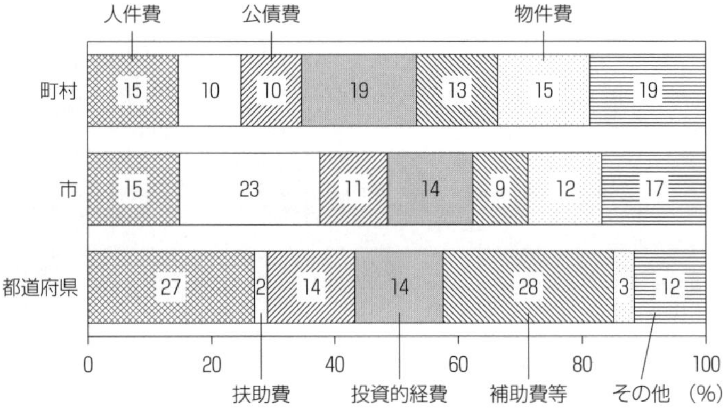

	人件費		公債費			物件費		
町村	15	10	10	19	13	15	19	
市	15	23	11	14	9	12	17	
都道府県	27	2	14	14	28	3	12	

　　　　　　　　　扶助費　投資的経費　補助費等　その他 (%)

（出所）総務省「都道府県決算状況調」「市町村決算状況調」より筆者作成。

れ，歳入の 32% に達している。都道府県や市においても，地方交付税は国庫支出金と並んで地方税に次ぐ割合を占めている。これらに続くのが地方債である。

3.2　歳　　出

　歳出の分類方法には，**目的別歳出**による分類と**性質別歳出**による分類とがある。

　目的別歳出による分類とは，どのような行政目的で経費が使用されたかに着目する考え方によるもので，議会費，総務費，民生費，労働費，衛生費，農林水産業費，商工費，土木費，警察費，消防費，教育費，災害復旧費，公債費，諸支出金などに分類される。

　性質別歳出による分類とは，経費使用の目的は問わずに，経済的な性質を横断的に着目する考え方によるものであり，**義務的経費**，**投資的経費**，その他の経費に大別される。義務的経費とは，地方公共団体の歳出のうち，任意に削減できないきわめて硬直性が強い経費を指し，具体的には，**人件費**，**扶助費**，**公債費**が該当する。投資的経費は社会資本の整備に要する経費で，普通建設事業費，災害復旧事業費，失業対策事業費がある。その他の経費には，物件費，維持補修費，補助費等，積立金，投資及び出資金，貸付金，繰出金，前年度繰上充用金がある。

ここで性質別歳出に着目すると，図3-5のとおり，行政分担に応じて，都道府県，市，町村の間で各項目が歳出に占める割合は異なっている。たとえば，所轄業務をカバーするための職員数の多さを反映して，人件費の割合は都道府県が高い。また，扶助費の割合の大きさは生活保護給付を担当する社会保険事務所を持っている度合い（市，町村，都道府県の順）に対応している。しかし，人件費と投資的経費（普通建設事業費）の割合が高いことは共通している。目的別歳出の実際は，第4章で学ぶ。

PART II 歴史・理論を学ぶ

1 制度としての地方交付税

1.1 地方交付税制度の歴史

日本においては，政府間財政移転の中心にあるのは地方交付税である。そのルーツは，1940年に創設された**地方分与税制度**にさかのぼることができる。地方分与税は，国が徴収した額を地方に全額還付するという**還付税**と，国税の一定割合を総額として，課税力と財政需要に応じて地方公共団体に分配する**配付税**とからなっていた。

戦後の1948年には，地方財政計画が戦後初めて策定される一方，還付税は廃止されて，地方分与税制度も**地方配付税制度**に改称された。しかし，翌1949年には，ドッジ・プランのもとで厳格な均衡予算原則が貫かれ，配付税率が半分以下の水準に引き下げられたことで大きな混乱が生じた。他方では，来日したシャウプ使節団によって，総額を国税の一定割合とすることに伴う配付税額の不安定性の問題や，地方公共団体の財政力や財政需要が配付税に十分に反映されていないという問題点も指摘された。

このシャウプ勧告を受けて，1950年に地方配付税制度に代わる制度として創設されたのが，**地方財政平衡交付金制度**である。この制度では，国税の一定割合を財源とするという仕組みは採用されず，平衡交付金の総額は個別地方公共団体の基準財政需要額と基準財政収入額の差である財源不足額を積み上げるというルールであった。しかし，関連法令の未整備など算定技術上の問題があって，実際の平衡交付金総額は地方財政計画をもとに計算され，現実の財源不

足額を大きく下回った。そのため，毎年，総額をめぐって，国と地方の間で激しい対立が起こった。

そして，地方財政平衡交付金制度創設のわずか4年後の1954年には，それに代わる制度として，**地方交付税制度**がスタートした。従前の制度のもとでは十分な水準の平衡交付金が交付されなかった反省を踏まえて，再び，交付財源を国税にリンクさせる考え方が採用されるとともに，国税の一定割合だけでは不足する場合には別途調整される条項が盛り込まれた。その調整とは，国税の割合（法定率）の引き上げや地方財政対策による財源措置であり，今日の地方交付税制度を支える重要な仕組みとなっている。

地方交付税制度は，その金額の決定や後述の財源保障機能において，マクロの側面とミクロの側面があり[4]，前者は地方分与税の考え方を継承した総額決定のための概念，後者は平衡交付金の理念を踏まえた個別地方公共団体の交付額算定のための概念といえる。Part Ⅲでは，これらをマクロの地方交付税とミクロの地方交付税として解説する。

1.2 地方交付税の目的と機能

地方交付税法は，第1条において，その目的が，地方公共団体が自主性を損なわずに，財源の均衡化を図り，交付基準の設定を通じて地方行政の計画的な運営を保障することによって，地方自治の実現に資すること，その独立性を強化することを述べている。これを踏まえて，個別地方公共団体における地方交付税は，財源の均衡を図るという**財源調整機能**と財源の保障を行う**財源保障機能**を持つものと理解されている。

財源調整機能とは，地方公共団体の間に存在する財政力の格差を是正するために，地方交付税を通じて，過不足を調整するという機能である。

財源保障機能とは，マクロ面では，国税5税（所得税，法人税，消費税，酒税

[4) 自治省財政局編（1996）は，「財源保障機能は，地方財政全体を通じての財源保障に関する機能と各地方団体に対する交付額の算定を通じての個別財源保障に関する機能の二つの側面を有する」と説明している（237頁）。同様に，地方交付税制度研究会編（2016）は，財源保障機能を「マクロ」と「ミクロ」に分けている（13頁）。また，井堀・土居（2001）は，交付税額の決定に関して，「マクロの配分ルール」と「ミクロの配分ルール」と表現している（200頁）。

の一定割合と地方法人税の全額）に基づいて交付税総額が決定されること，地方財政計画の策定を通じて，その交付税によって，国が期待する水準で地方行政を遂行することに伴って生ずる歳出額をまかなえる歳入額を確保することをいう。

　一方，ミクロ面では，いかなる地方公共団体も地方行政の計画的な運営が可能になるように，基準財政需要額と基準財政収入額という基準の設定を通じて，地方公共団体ごとの算定を行うことで必要財源を確保することをいう。算定過程では行政分野ごとに財政需要の積算が行われるが，結果としての交付税の使途には制限が課せられない。

　また，国税と地方税の収入比率が6：4，国と地方の歳出規模の割合は4：6というアンバランスな構造がある中で，地方交付税がそのギャップを埋める役割，すなわち，国と地方の税財源の配分を調整する役割を果たすという**財源配分機能**も地方交付税の機能に加える整理の仕方もある。

　ところで，住民1人当たりで見た税収は都市部と地方部の間には大きな格差があるが，地方公共団体相互の財政力格差，地域間の財政力格差を是正・解消することは，地方分与税制度の時代からの永年の課題とされてきた。この財政力格差とは，端的にいえば，税収格差のことであり，税源が地域的に偏在していることに起因している。

　しかし，地方税に地方交付税を合算した額を住民1人当たりで見た場合には，格差の構造が逆転する傾向があるため，交付税による財源調整は行き過ぎであるという批判もなされる。もちろん，人口と関わりなく一定規模で敷設を要する地域社会資本がある場合は，1人当たりで見た整備費用は地方部ほど大きくなって，地方交付税の算定過程での基準財政需要額には，そのような要素も反映されている。論点となるのは，地方交付税による財源調整の仕組みやその規模が妥当なものであるか否かである。過度な交付となっている場合は，地方税の徴税率を高める意欲を阻害したり，行政のスリム化による歳出の抑制や収支の改善に取り組むインセンティブを失わせたりしている可能性があり，制度改正が求められる。

　もし，格差是正を地方交付税制度でのみ行おうとすれば，財源調整の度合いが大きくなって，地方公共団体が持つ元来の自主性が損なわれたり，財政的選択に際してのインセンティブが歪められたりする懸念がある。税収格差の問題

を解決するには，国税と地方税とを合わせた税制の抜本的な改革を伴ったうえで，地方交付税制度のあり方を問うという視座が必要である。こうした観点から，論者によっては，現行の交付税制度が持つ財源調整機能と財源保障機能に関して，2つの機能を分離した方がよりよい制度を構築できるという提言もなされている[5]。

2 政府間財政移転の経済効果：社会的厚生に及ぼす効果

日本の地方財政制度においては，補助金といえば，通常は国庫支出金を指すが，地方交付税を含め，概念的には，政府から政府，政府から企業，政府から家計への所得移転はすべて補助金として捉えることができる。ここでは，政府間財政移転，とくに，中央政府から地方政府に交付する補助金に焦点を当てる。

2.1 各種補助金の分類

理論的に考察する場合，補助金は，資金使途が特定分野に限定されるか否かという区分，あるいは，金額が固定されているのか，補助対象となる支出に対する補助金の割合（補助率）が固定されているのかという区分で分類される。資金使途が限定されない補助金は**一般補助金**，特定分野に限定される補助金は**特定補助金**に分類される。金額が固定されている補助金は**定額補助金**，金額は固定されずに補助対象となる支出に対する補助金の割合が固定されている補助金は**定率補助金**に分類される。

これらを総合して，資金使途が限定されない定額の補助金は**一般定額補助金**，資金使途が特定分野に限定される定額の補助金は**特定定額補助金**，資金使途が限定されない定率補助金は**一般定率補助金**，資金使途が特定分野に限定される定率の補助金は**特定定率補助金**と呼ぶ。さらに，定率補助金に関して，上限額が設定されているかどうかで，**制限付き定率補助金**と**制限なし定率補助金**に分類する考え方もある。

上記分類に現実の国庫支出金や地方交付税を照らし合わせると，特定定率補助金に近いのが国庫支出金，一般定額補助金に近いのが地方交付税である。た

---

5) 代表的な提言として，赤井ほか (2010a)(2010b) がある。

だし，国と地方公共団体が共同で行う普通建設事業のうち，性質的に国主導でその事業が進められる場合は，交付される国庫支出金は補助金というよりは分担金に近い性格を帯びている。資金使途が限定されない地方交付税はさらに複雑である。たとえば，個別地方公共団体の算定過程では，過去の事業支出の結果として敷設されている道路の距離（延長）や面積なども積算の要素として用いられるため，交付額が当該地方公共団体の選択とは無関係に決まるという定額性は厳密には満たされていない。近年は対象・金額が減らされているが，普通建設事業費をまかなうための地方債の元利償還金の一定部分（事業費補正）も地方交付税への算入対象とされており，その部分は特定定率補助金とみなすことができる。

2.2 特定定率補助金が社会的厚生を損なうケース

中央政府から地方政府に交付する補助金の経済効果を考えるに当たっては，地方政府は，所与の予算制約のもとで，地域住民の効用を最大化するように，各事業分野に対する支出額の最適な組み合わせを選択するという枠組みを採用することができる。

一般定額補助金や一般定率補助金は，地方政府が直面する相対価格をまったく変えないため，所得効果のみが発生して，価格効果（代替効果）は発生しない。特定定額補助金は少し複雑であるが，補助金がない場合の当該分野に対する支出額より補助額の方が少ない場合は，一般定額補助金と同じように機能する。これに対して，特定定率補助金は補助が与えられる分野の単価を下げるのに等しい変化をもたらすので，価格効果と所得効果が発生する。

特定定率補助金の補助率を定めるのは中央政府であるが，その補助金の額は地方政府の選択行動の結果として決まる。特定定率補助金による補助金の額は，同じ効用水準を実現するのに必要な一般定額補助金より多額になり，特定定率補助金による補助金と同額の一般定額補助金であれば，より高い効用水準を実現できる。

図3-6は，地方政府の事業量選択の結果として，補助金のない場合の均衡点 E_0，特定定率補助金がある場合の均衡点 E_1，一般定額補助金によって E_1 と同じ効用水準を実現する場合の均衡点 E_2，E_1 における特定定率補助金と同額の一般定額補助金が交付される場合の均衡点 E_3 を比較したものである。横軸に

図3-6 特定定率補助金による厚生上の損失

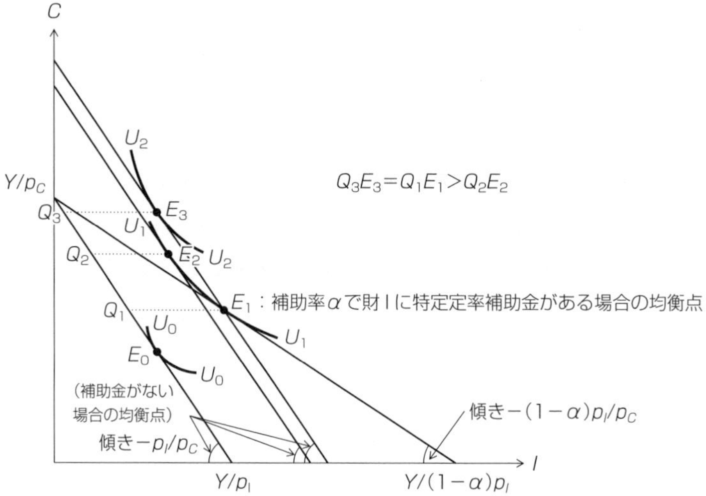

投資的経費の事業量 I を，縦軸に非投資的経費の事業量 C をとっている。補助金がない場合の事業単価はそれぞれ p_I と p_C，歳入総額を Y，投資的経費に対する補助金の補助率を α とする。補助金がない場合の予算制約線は Y/p_C と Y/p_I を結ぶ線分，特定定率補助金が交付される状況下では，予算制約線は Y/p_C と $Y/(1-\alpha)p_I$ を結ぶ線分である。地方政府が投資的経費と非投資的経費を支出することによって得られる住民の効用を表す無差別曲線は U_0U_0，U_1U_1，U_2U_2 で表している。

特定定率補助金は，均衡点を E_0 から E_1 へとシフトさせるが，これは，所得効果を表す E_0 から E_2 へのシフトと価格効果（代替効果）を表す E_2 から E_1 へのシフトに分解することができる。このとき，線分 Q_1E_1 の長さは線分 Q_2E_2 の長さを上回っていることから，E_1 に対応する特定定率補助金の額は，一般定額補助金によって E_1 と同じ効用水準を実現する場合に要する補助金額よりも大きいことがわかる。また，図3-6から明らかなように，点 E_3 を接点に持つ無差別曲線 U_2U_2 は無差別曲線 U_1U_1 より上方に位置するので，E_1 における特定定率補助金と同額の一般定額補助金の方が高い効用水準を実現できる。

このように，地方政府の合理的な選択を前提としたうえで，特定定率補助金は，一般定額補助金を用いた場合の効用の一部を喪失させるという意味で，社

会的厚生を損なう。

なお，制限付き特定定率補助金の上限額が小さくて実態的には一般定額補助金として機能する場合は，所得効果のみが発生し，価格効果による厚生上の損失はまったく生じない。

2.3 特定定率補助金が社会的厚生を改善するケース

公共財の供給という観点から見ると，純粋公共財は，中央政府（国）が供給することが望ましく，私的財に近い性質も有する準公共財である地方公共財は地方政府（地方）が供給することが望ましい。日常の生活に関する住民の嗜好・選好は地域によって異なる可能性があること，国よりも都道府県や市町村の方が住民の嗜好・選好を正しく把握していると考えられることから，地方公共財は中央政府が画一的に供給するよりも，それぞれの地方政府が供給する方が効率的であるからである。

しかし，この地方公共財の供給に，中央政府が特定補助金を通じて介在した方がよい場合がある。たとえば，外部性のある地方公共財が過少供給となる場合には，中央政府が地方政府に特定定率補助金を交付することによって，過少供給を解消し，住民の効用水準を高められる可能性がある。その具体例が，便益がスピルオーバー（漏出・波及）する地方公共財に対する中央政府によるピグー補助金である。

地方公共財は，当該地域に住まなければ，その便益を享受することができないが，近隣の住民であれば，移動コストを伴わずに便益を享受することのできるケースもある。地方公共財の便益が他地域にスピルオーバーしているのに，自地域の住民の便益だけを考えて地方公共財の供給水準を決定していれば，限界外部便益に見合う分は供給されない。そのときに，限界外部便益に等しいピグー補助金を中央政府が交付すれば，最適な供給水準が実現する。図3-7はその関係を示したものである。

もちろん，ピグー補助金によって最適供給量が真に実現するためには，中央政府は，地域1の限界便益曲線，社会全体の限界便益曲線と限界費用曲線の構造を正しく把握している必要がある。

図 3-7　地域間外部便益効果と地方公共財の過少供給

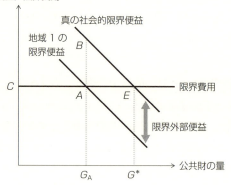

3　補助金に対する錯覚と事後的補塡に対する期待

3.1　一般定額補助金とフライペーパー効果

　理論的には，一般定額補助金には所得効果しか発生せず，相対価格は変化しないため，代替効果は発生しないが，アメリカでの実証研究によって，現実には一般定額補助金でも価格効果が発生している可能性が示唆されている。正確には，私的財と地方財政支出から効用を得る個人に対して，減税を通じて個人所得を増加させる政策と中央政府からの地方政府に対する一般定額補助金とは等価であるにもかかわらず[6]，実証的にはその等価性が検証されない，すなわち，地方政府に対する一般定額補助金の増加は，減税による個人所得の増加よりも，財政支出を拡大させる効果が大きいという結果が得られている。

　この現象は，フライペーパー効果と呼ばれる。誘引剤が付けられた「ハエ取り紙」にハエが引き寄せられるかのように，地方政府にとっての一般定額補助金の方が歳出を増やす効果を持っているからである。こうしたフライペーパー効果が起きるメカニズムについては諸説あるが，その多くは，何らかの財政錯覚によって，公共財の相対価格変化に等しい効果が生じているというものである。

　日本においては，地方交付税が一般定額補助金に位置づけられているが，理

　6）ブラッドフォード・オーツの等価定理と呼ぶ。Bradford and Oates（1974）を参照。

論的には，地方交付税の方が特定定率補助金より効率的であったとしても，フライペーパー効果が起きていれば，特定定率補助金を地方交付税に替えることが好ましいとは限らない。こうした文脈で行われている日本での実証研究の結果は，フライペーパー効果が認められるというものと認められないというものと両方があって，結論は定まっていない。

地方交付税額が，地方公共団体の過去の選択に依存して決まっている部分があること以外にも，純粋な一般定額補助金と異なる面がある。資金使途が制約されないとはいえ，算定過程では，行政分野ごとに基準財政需要額が積算される。つまり，国が想定する標準的な歳出の水準をまかなうための財源保障として交付税が交付される以上，地方公共団体がそれらをまったく考慮に入れずに，自由に歳出を決めていることはないと考えられる。

また，国と地方公共団体の共同事業では，国庫支出金が交付される一方，残りの財源には地方税や地方交付税を充てなければならない。国庫支出金以外のその財源のことは俗に**裏負担**と呼ばれるが，このような言葉が存在すること自体，地方交付税が資金使途にまったく制約のない一般補助金とは限らないことを示すものである。

3.2 事後的な補塡に対する期待とソフトな予算制約

中央政府，地方政府，企業，家計を問わず，その支出の決定は，所与の予算制約のもとで行われることは共通している。地方政府が地方債を発行すれば，地方債以外の歳入を上回る歳出を実現できるが，将来，その地方債の償還をしなければならない。通時的には，償還費以外の歳出は，地方債発行を除いた歳入の範囲でしか行えない。

しかし，こうした厳格な予算制約に従わずに，歳出が決定される状況も起こりうる。図3-6でいえば，予算制約線の上方に位置する点が選択されるような状況であり，それが成り立つためには，事後的に中央政府からの補助金によって不足額がファイナンスされる必要がある。この状況は，**ソフトな予算制約**と呼ばれている。

ソフトな予算制約という概念は，もともとは破綻した公営企業を考察対象とするものであり，この概念の生みの親であるJ.コルナイは，価格，租税システム，国庫補助金，信用供与，外部からの投資金融という5つの観点から，予

算制約がハードかソフトかを分かつ条件を検討している[7]。ソフトな予算制約を特徴づける条件としては，無償の国庫給付，継続的な赤字の補塡，不断の補助金，返済の見込みがなくても受けられる融資，債務不履行や支払遅延の容認などが当てはまる。

事後的な赤字補塡を例にとれば，事前的には赤字補塡はされないというルールがあって，赤字を出さない健全経営が最適であっても，事後的には，中央政府がルールを覆しても赤字補塡をよしとすれば，あるいは，中央政府がそのような判断を下すことがあらかじめわかっていれば，赤字を出して補塡を受けることが選択される[8]。

普通会計の場合，決算で赤字となれば，翌年度の歳出に**前年度繰上充用金**を計上するルールがあるため，予算編成段階で歳出削減や歳入増加の圧力がかかる。しかし，**出納整理期間**（4～5月）に得た新年度の歳入を前年度の歳入であったかのように処理したり，予算外で一時借入金を利用したりすれば，赤字の顕在化が先送りされ，償還財源の裏付けを伴わない借入金が膨張していく。こうした不正経理による隠れ赤字・隠れ借金が続けられた事例では，国による事後的補塡や補助金への強い期待があったとされる[9]。

現行制度には，事後的な赤字補塡や事後的救済を容認するようなルールは存在しない。しかし，ソフトな予算制約という概念が提起している問題は，現実のルールが厳格そうに見えても，中央政府がそのルールを覆してでも補塡や救済を行うと地方政府や公営企業が予期すれば，ルールのもとでの最適な選択は事前的にもなされないという点にある。

---

7) Kornai（1980）第5，6章を参照。5つの観点については，盛田・門脇編訳（1982）における訳語に従った。

8) ソフトな予算制約の問題は，事前と事後では最適な選択が変わるため，時間を通じて整合的な選択ができないという時間的非整合性（時間的不整合性）の問題として捉えることができる。

9) 実際に，このような状況は夕張市で生じ，新聞社による綿密な取材によってさまざまな事実が明らかにされた。詳しくは，読売新聞東京本社北海道支社夕張支局（2008）第2章および北海道新聞取材班（2009）第1，2章を参照されたい。

図3-8 国の予算と地方財政計画の関係（2016年度当初予算）

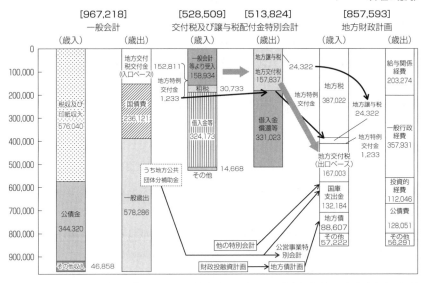

（出所）財務省「平成28年度予算及び財政投融資計画の説明」および総務省「平成28年度地方財政計画」より筆者作成。

PART III 仕組み・政策・課題を学ぶ

1 地方財政計画の役割

　地方財政計画とは，地方交付税法第7条に定められた「翌年度の地方団体の歳入歳出総額の見込額に関する書類」のことで，毎年2月に内閣によって作成された後，国会へ提出され，一般公表もされる。この地方財政計画は，いわば地方全体の予算に相当するもので，①地方財政運営の指針，②国の施策との整合性確保，③地方公共団体に対する財源の保障という役割を担っている。

　図3-8は，資金の流れに留意して，国の一般会計，交付税及び譲与税配付金特別会計（以後，「交付税特会」と略記），財政投融資計画，地方債計画と地方財政計画の関係を示したものである。このうち，地方財政計画の最終版が公表されるのは2月であるが，骨格部分の数値は前年の12月末には固まっている。国の一般会計予算，交付税特会予算，財政投融資計画の政府（内閣）案が決定

される12月末は，地方財政計画や地方債計画との最終調整の時期でもあり，調整後の国家予算案が，年末に公表されている。

地方交付税や国庫支出金は地方にとっての重要な歳入であると同時に，国の一般会計にとっての大きな歳出でもある。また，財政投融資計画においては，政府系金融機関や特殊法人に対する投融資と並んで，地方債の引き受けが計画の一部を構成している一方，国によって策定される地方債計画においては，財政投融資資金による地方債の引き受けは重要な柱でもある。それらがすべて地方財政計画には反映されているから，国の施策と整合性がとれているのは当然である。

一方，個別地方公共団体の予算はそれぞれの地方議会で決定されるが，そのガイドラインとなるのが，地方財政計画である。平均的な地方公共団体においては，地方交付税，国庫支出金，地方債の合計額は歳入の4割以上を占めるので，国から地方交付税や国庫支出金をどれだけ受け取れるのか，地方債はどの程度発行可能なのかを見きわめることなしに，予算編成はできない。その際，国（内閣）による地方全体の歳入と歳出の見積もりに基づいて策定された地方財政計画において示された考え方や結果としての数値が個別地方公共団体に対する指針として機能する。

その歳出額には，地方行財政に対して国が期待する水準が反映されている。当然ながら，それに必要な財源が確保されなければ，実現できない。そして，国家予算と連動する形で策定された計画の上で，歳入総額と歳出総額は完全に一致しているから，地方に対する財源保障がなされていることを意味する。

このような地方財政計画策定過程において，特別な対策を講じなければ，財源に不足が生ずる場合——実際は，その状況が毎年度生じているが，当該の不足額を解消するのに必要な措置が講じられる。それが**地方財政対策**と呼ばれるもので，国家予算案を最終調整する年末に総務省と財務省の協議を通じて決定され，その結果が最終的な地方財政計画に反映されている。

2 地方交付税算定の実際

地方交付税の算定はマクロの地方交付税とミクロの地方交付税に分けて考えることができるが，実際にはマクロ（総額）はミクロ（個別地方公共団体におけ

第3章 政府間財政移転と地方財政   79

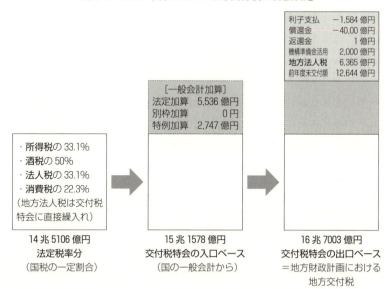

図 3-9 2016 年度における地方交付税の総額決定

（出所）　財務省「平成 28 年度予算及び財政投融資計画の説明」より筆者作成。

る地方交付税）の積み上げによって算定されているのではない。以下では，両者の関係について解説する。

2.1　マクロの地方交付税の決定ルール

(1)　地方交付税の法定率分

　マクロの地方交付税とは，地方財政計画における地方交付税総額を指す。しかし，法定された財源による金額は，地方にとって必要とされる地方交付税の額を恒常的に下回っている。

　地方交付税法第 6 条は，現在，国税のうち，所得税と法人税の 33.1％，酒税の 50％，消費税の 22.3％ と地方法人税の全額を交付税に充てることを定めている。これによって算定される額は**法定率分**と呼ばれる。図 3-9 に示すとおり，2016 年度は，法定率分のうち所得税・法人税・酒税・消費税に由来する金額だけで 14.5 兆円もあり，最終的な地方財政計画上の地方交付税額 16.7 兆円との差額は 2.2 兆円にとどまった。しかし，地方交付税額の 16.7 兆円という数字は，2.3 項で述べる地方財源不足額 5.6 兆円のうちの 3.8 兆円分が**臨時財政対策**

80 第 1 部 財政の仕組み

債に振り替えられた後の数字である。臨時財政対策債とは，その元利償還金を後年度に国が実質的に全額補塡することを前提に，国が地方交付税を増額することに替えて，地方公共団体が発行することができる地方債である。地方財政法第 5 条の例外として発行される地方債であり，資金使途には制限が課されない，いわゆる赤字地方債である。後述のとおり，不要な起債を抑止する観点から現実の起債額と起債可能な上限額とを峻別する目的で，後者は発行可能額と呼ばれ，地方公共団体ごとの金額は国によって決定されている。地方交付税額に臨時財政対策債発行可能額を合わせた金額は「広義の地方交付税額」とみなされ，その総額は，2016 年度の場合，20.5 兆円もあったのである。

(2) マクロの地方交付税とマクロの臨時財政対策債の算定

地方交付税の総額と臨時財政対策債（発行可能額）の総額を実質的に決めているのは地方財政対策である。地方財政対策は地方財政計画を最終確定させるためのものといってもよい。国税 5 税による法定率分で地方交付税の全額をまかなうことはできないので，地方財政対策を通じて不足分に対する財源確保を行い，多額の臨時財政対策債（発行可能額），少額の財源対策債でまかなう額と交付税特会の中で調整する額を控除すれば，最終的に地方交付税の総額が確定する。このように，地方交付税の総額と臨時財政対策債（発行可能額）の総額は，地方財政計画というマクロの歳入・歳出の積算プロセスのみで決まっている。

(3) 普通交付税と特別交付税

普通交付税は，積算された基準財政需要額が基準財政収入額を上回る地方公共団体を対象に，その差額が交付されるのに対して，特別交付税は，災害などによる当該年度固有の財政需要のほか，当該地方公共団体の歴史的条件・地理的条件によって普通交付税には反映しきれない財政需要をもとに算定されるという意味で大変個別性の強い財源である。

地方交付税法は，地方交付税総額の 94％分を普通交付税，6％分を特別交付税とすることを定めている。この比率は，マクロの地方交付税に当てはまることであって，ミクロの地方交付税においては，普通交付税よりも特別交付税の方が多い地方公共団体もある点に注意が必要である。重要なのは，個別地方公共団体に対する普通交付税が決定されるのは 7 月[10]，特別交付税が決定されるのは 12 月と翌年 3 月という点であり，マクロの地方交付税の算定がミクロの

地方交付税の算定に先行していることである。ミクロの地方交付税の積み上げの結果として，マクロの地方交付税が決まるという方式を採用していないことは明らかである。

また，ミクロの普通交付税が決定されるのと同じタイミングでミクロの臨時財政対策債発行可能額が決定されている。臨時財政対策債が地方交付税と一体のものとして算定されることに関しては，マクロとミクロで共通している。

2.2 ミクロの地方交付税の決定ルール

普通交付税が交付される地方公共団体は**交付団体**と呼ばれ，交付団体は全地方公共団体の96%を占めている。普通交付税が交付されない地方公共団体は**不交付団体**と呼ばれるが，不交付団体であっても，特別交付税が交付される場合がある。普通交付税や，その前提となる基準財政需要額，基準財政収入額の基本的な考え方は，以下に述べるとおりである。

(1) 普通交付税算定の仕組み

図3-10は，普通交付税に焦点を当てて，ミクロの地方交付税算定の基本的な構造を示したものである。

個別地方公共団体における普通交付税は，地方交付税法において，基準財政需要額と基準財政収入額の差額（交付基準額）として算定されることが定められている。ただし，基準財政収入額が基準財政需要額を上回る**財源超過**の場合には，負の交付税によって，地方公共団体から国に納付するというような考え方は，採用されていない。

(2) 基準財政需要額

基準財政需要額は地方公共団体の財政需要を合理的に測定したものという位置づけがなされており，各行政分野の経費分類ごとに「**単位費用×測定単位×補正係数**」の積算額として算定される。単位費用とは，測定単位1当たりの費用を表し，測定単位には人口や面積などが採用される。また，補正係数は，当該地方公共団体の状況に応じた調整率・調整係数を表す。この補正係数は地方公共団体によって適用数値が著しく異なり，結果としての普通交付税の違いを

---

10) 地方交付税法第10条3項では，8月31日までに決定されなければならないと定められている。

82　第1部　財政の仕組み

図3-10　ミクロの地方交付税の算定

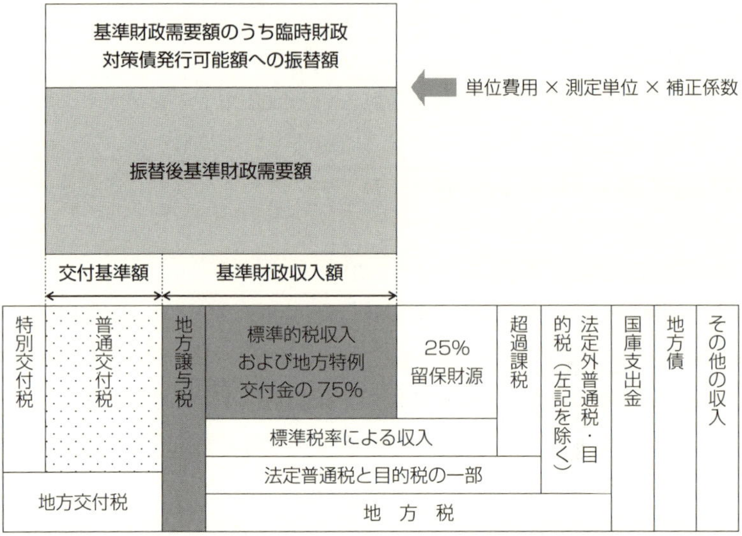

```
┌─────────────────────────────────────┐
│  基準財政需要額のうち臨時財政         │
│  対策債発行可能額への振替額           │ ← 単位費用 × 測定単位 × 補正係数
├─────────────────────────────────────┤
│                                     │
│         振替後基準財政需要額          │
│                                     │
├──────────┬──────────────────────────┤
│ 交付基準額│      基準財政収入額       │
├───┬──────┼───┬────────┬─────┬───┬───┬───┬───┬───┐
│特 │普    │地 │標準的税収入│25％ │超 │法定│国 │地 │そ │
│別 │通    │方 │および地方特│留保 │過 │外普│庫 │方 │の │
│交 │交    │譲 │例交付金の  │財源 │課 │通税│支 │債 │他 │
│付 │付    │与 │75％        │     │税 │・目│出 │   │の │
│税 │税    │税 ├────────────┤     │   │的税│金 │   │収 │
│   │      │   │標準税率による収入│   │（左│   │   │入 │
│   │      │   ├──────────────────┤   │記を│   │   │   │
│   │      │   │法定普通税と目的税の一部│除│   │   │   │
├───┴──────┼───┴──────────────────┴───┴────┴───┴───┴───┤
│  地方交付税  │              地　方　税                    │
└──────────────┴────────────────────────────────────────────┘
```

もたらす大きな要因である。

　ここで，基準財政需要額とは，国が標準的と考える水準の歳出額全体を指すのではなく，特定財源によってまかなわれる部分は除外したうえでの概念であることに注意する必要がある。言い換えると，「標準的な水準の歳出額のうち一般財源でまかなわれるべき部分」が基準財政需要額である。したがって，行政分野ごと，経費分類ごとの基準財政需要額を見ても，国が当該地方公共団体に期待している歳出額の水準が直接把握できるわけではない。**地方交付税等関係計数資料**という地方公共団体ごとの大変詳細な数値を掲載した資料も公表されているが，国が標準的と考える水準の歳出額も，それに対する特定財源の額も示されていないので，望ましい歳出額を確保するための財源保障という地方交付税が果たしている役割は見えにくい。

(3)　**基準財政収入額**

　基準財政収入額は地方公共団体の財政力を合理的に測定したものという位置づけがなされており，具体的には，普通税と一部の目的税を対象に超過課税分を除外した部分の75％，地方特例交付金の75％と地方譲与税の100％の合計額として算定される。地方税のうち基準財政収入額には算入されない25％分

は留保財源と呼ばれる。別の言い方をすれば，基準財政需要額には算入されない歳出のうち，特定財源によってまかなわれない分をまかなうための一般財源が留保財源である。

基準財政収入額に算入する地方税を標準税率分のうちの75%にとどめ，100%としない理由は，次のように説明される。

第1の説明は，基準財政需要額では捕捉しきれない歳出や，任意の事業，付加的な歳出を行ううえで必要な財源も確保するためには，地方交付税の算定過程から除外される地方税を残しておく必要があるというものである。ただし，元利償還金のうち交付税措置がない部分の償還財源もこの留保財源でまかなわなければならないので，留保財源をすべて任意の歳出に充てることはできないことには注意する必要がある。

第2の説明は，地方公共団体が税収を増やしたとしても，増収額の全額が地方交付税の減額をもたらす算定方式であれば，税収を増やす意欲を失わせるという考え方である。交付団体の場合，税収が増えても，総歳入の増加につながるのは増えた税収の25%分だけである。逆に，税収が減った場合は，総歳入の減少につながるのは減った税収の25%分だけである。地方税の基準財政収入額への算入率が高ければ高いほど，歳入の安定性は高まるが，その反面，税収を増やすインセンティブが阻害される可能性も高まる。

(4) 2種類の基準財政需要額と臨時財政対策債発行可能額

交付基準額は，基準財政需要額と基準財政収入額の差額として定義されるが，その場合の基準財政需要額は臨時財政対策債発行可能額への振替額を控除したものであり，厳密には，**振替後基準財政需要額**という呼称がある。控除する前の基準財政需要額は，**振替前基準財政需要額**と呼ばれる。単に基準財政需要額とのみ表記された場合は，振替後基準財政需要額を指すのが慣例となっているが，振替前の概念か，振替後の概念かが峻別できるように，本来は正確に記すべきところである。

臨時財政対策債発行可能額への振替は，その分だけ本来の基準財政需要額を減額することで，算定される交付基準額を小さくする。とくに，財政規模の大きい道府県に対しては，臨時財政対策債発行可能額への振替額が相対的に大きくなる仕組みが採用されているため，見掛け上の地方交付税額が小さくても，臨時財政対策債発行可能額を合わせた広義の地方交付税額は大きいというケー

スがある。このミクロの臨時財政対策債発行可能額の算定方法は、毎年改正される総務省令の中で定められている[11]。

(5) マクロとミクロの関係

ミクロの普通交付税算定で用いられる単位費用と測定単位は、例年3月末に改正される地方交付税法に盛り込まれている。地方財政計画に対応する分野ごとの歳出額を測定単位で除すことによって、新しい単位費用が算定され、それが改正交付税法に反映される。

一方、補正係数は、毎年7月下旬に改正される**普通交付税に関する省令**に盛り込まれている。そして、個別地方公共団体に対する普通交付税と臨時財政対策債発行可能額の決定額の公表と当該省令の改正は、同じタイミングで行われている。ミクロの臨時財政対策債発行可能額は、マクロの臨時財政対策債発行可能額を一定の算式に従って按分されることで算定される。

一連の流れを整理すると、2月公表の地方財政計画において、マクロの地方交付税とマクロの臨時財政対策債発行可能額が確定した後、ミクロの地方交付税（普通交付税）とミクロの臨時財政対策債発行可能額の算定ルールが決まり、7月にミクロの普通交付税と臨時財政対策債発行可能額が最終決定される。異なった考え方に基づいて算定されているマクロの地方交付税とミクロの地方交付税に関して、ミクロの集計値がマクロに一致するのは、両者を一致させるようにミクロのルールの方を調整しているからである。

ミクロの算定ルールはマクロの地方交付税を決めるための積み上げルールではなく、マクロからの配分ルールである。このミクロのルールが基準財政需要額を過小評価している場合など、地方交付税が妥当な水準を下回っていれば、現実の歳出をまかなうためには、留保財源の一部を充当せざるをえない。国庫支出金の補助率が過小なために不足が生ずる状況は「超過負担[12]」と呼ばれるが、同様のことは地方交付税でも起こりうる。つまり、予算執行と決算を通じて、ミクロの算定ルールはその現実的妥当性の検証を受けている。

(6) ルールと現実からのフィードバック

したがって、国が地方財政計画を策定する際には、個別地方公共団体におけ

---

11) 地方財政法第33条の5の2第1項の額の算定方法を定める省令。
12) 経済学において、死重損失と同義で用いられる超過負担とは、まったく関係がない。

る歳出の実態も踏まえたうえで，歳出額を想定し，その結果がマクロの交付税額に反映されていると考えられる。マクロの地方交付税の決定がミクロの算定ルールに先行しつつ，ミクロの算定ルール適用による現実が翌年度以降のマクロの地方交付税決定にフィードバックされる関係として理解することができる。

しかし，それを問題視する立場もある。代表的な批判は，補正係数には国による個別裁量性が入り込む余地が大きいというものや，算定ルールや算定額を自らに有利にするロビー活動を地方公共団体が行う誘因が生じるというものである。

特定の地方公共団体にのみ適用される有利なルールを個別地方公共団体が誘導することが本当に可能か否かは定かではないが，地方公共団体全体に対するルールであっても，現実を事後的に追認するような形で寛容なルールが翌年度以降に適用されることを期待する地方公共団体が多数存在する状況に至れば，**予算制約のソフト化**が起きてしまう。こうした可能性を排除するには，マクロの地方交付税決定の段階でその算定根拠を明確にすること，算定プロセスの透明性と説明性を高めることが求められる。

また，ミクロの特別交付税は，経費ごとの算定根拠を非常に詳細に定めた**特別交付税に関する省令**を拠り所としているが，普通交付税とは異なり，詳細な算定基礎資料は公表されていない。この点もただちに改められるべきである。

2.3　地方財源不足額と地方財政対策における臨時財政対策債

何ら対策を講じなかった場合に地方財政計画上で生じてしまう**地方財源不足額**を解消するための財源対策が地方財政対策である。誤解してはならないのは，対策を講じているために，その「不足額」は現実には存在しないことである。また，ミクロの普通交付税の交付基準額も財源不足額と表記されることがあるため，混同されやすいが，ここでの地方財源不足額とは，必要交付税総額と国税5税に基づく法定率分との差額に相当する概念であって，ミクロの財源不足額の集計値とは異なる。

この地方財源不足額と，その主たる解消手段である臨時財政対策債について，景気変動との関係を見たものが，図3-11である。とくに，2000年代以降，景気変動を表すGDPギャップ率と地方財源不足額は非常に高い連動性を示している。たとえば，不況期には国税も地方税も税収は減少するので，交付税財源

図 3-11　地方財源不足額および臨時財政対策債と景気変動の関係

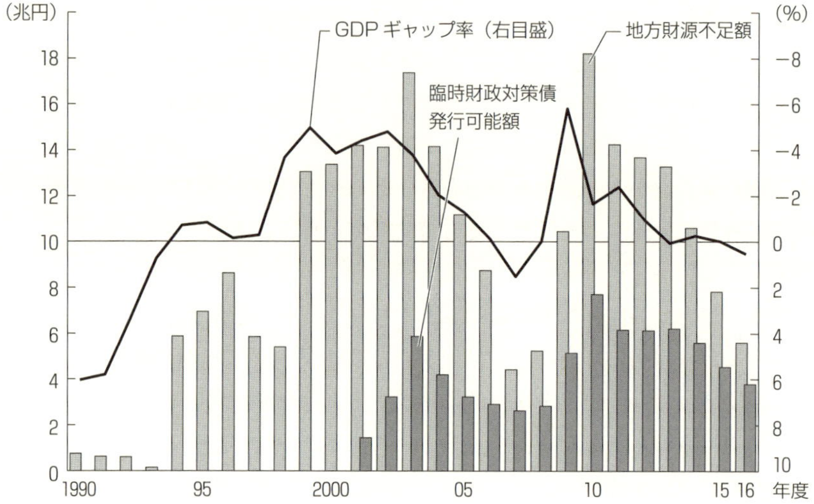

（出所）　総務省「地方財政計画」および OECD「Economic Outlook No.100」より筆者作成。

である法定率分の減少と必要交付税額の増加が同時に起こる。そのため，両者の差に由来する地方財源不足額は不況期に拡大し，好況期に縮小する性質を持つ。

　リーマン・ショック後の深刻な不況の影響を受けた2010年度は，地方交付税総額16.9兆円に対して，法定率分は9.6兆円しかなかった。しかも，別途，臨時財政対策債発行可能額7.7兆円が計上されるなど，潜在的な財源不足額は18.2兆円もあった。

　財源不足解消における中心的手段は，かつては，交付税特会による新規借入であったが，透明性に欠けることや会計間操作と変わらないことが批判され，この借入額が地方公共団体には負債として認識され難いことも問題視された。そこで，交付税特会借入に代わる方策として，2001年度から導入されたのが臨時財政対策債である。交付税特会による新規借入は，2003年度以降は通常収支分について，2007年度以降は全面的に停止されて，臨時財政対策債への依存度が高まっていった。

　前掲の図3-9にも示したとおり，地方交付税総額決定に際して，必要交付税額と法定率分の差額から臨時財政対策債分を控除した後の残余は，主として，

法定率分に対して法定加算，特例加算，別枠加算を上乗せする形で一般会計上の交付税額を増額することで対処される。もともと赤字国債に依存しなければならない国が，地方交付税増額という形で歳出額を拡大するのであるから，これらの加算部分は赤字国債の増発によってまかなわれることを意味する。建設事業に充てられる地方債の上限割合（充当率）を引き上げる形の**財源対策債**という地方債も割り当てられるが，それでも残る部分は交付税特会上で調整される。

臨時財政対策債については，地方財源不足額解消の中心的手段として用いられる性格上，不況時に発行額が増えるのは当然であるが，他方では，後年度の地方交付税算定過程で自らの元利償還金が新たな臨時財政対策債発行可能額に全額算入されるため，発行可能額は趨勢的に増加している。もともと臨時財政対策債は地方交付税に準ずる位置づけで発行されるものであるため，その元利償還費も実質的に地方に負担が生じないようにする趣旨で，後年度の基準財政需要額に算入し，その全額を新たな臨時財政対策債発行可能額へと振り替えているのである。臨時財政対策債の残高増大に伴って，元利償還金も増えていくから，国税の法定率の引き上げや地方税の増税などをしない限り，地方財政計画上で減少する歳出項目がない場合には，臨時財政対策債の元利償還費が地方財源不足額の拡大要因となる。それを踏まえて，地方財政計画の動向を見守る必要がある。

3　地方公共団体の財政危機回避の仕組み

3.1　地方公共団体の会計原則と赤字を抑止する仕組み

地方公共団体の会計は，民間企業の会計とは異なって，現金主義的性格が強く，また，単式簿記方式で記録されている。民間企業会計であれば，損益勘定に計上される経常的な歳出も，資本勘定に計上される負債の取り入れも，単一の勘定に記録される。たとえば，公共事業の実施に伴って地方債を発行した場合，同一の経済活動を実物面から捉えた普通建設事業費は歳出に，これを金融面から可能にした地方債は歳入に計上される。したがって，決算における歳入と歳出の差額として計算される形式収支や形式収支から翌年度への継続費逓次繰越額を控除した実質収支が債務残高の変化分を表していないことは自明であ

り，国民経済計算ベースの財政収支とは概念的に異質なものである。形式収支や実質収支によって捕捉されるのは「手持ち現金残高」に相当し，キャッシュフローや短期の資金繰りの状態を示す財政指標として位置づけることができる。

3.3項で述べる地方財政健全化制度が本格施行されたのは2009年度からであり，それまでは，旧来の**地方財政再建促進特別措置法**（旧再建法）に基づく財政再建制度が戦後50年間にわたって維持されていたが，**普通会計**，もしくはこれに準ずる会計[13]の実質収支が重視されている点は，昔も今も変わらない。その赤字が一定規模に達したら，基本的には，財政再建団体，もしくは財政再生団体となって，自らの財政的な選択の幅を著しく制限する形で財政再建に取り組む責務が課されることも共通している。

その理由は，実質収支が赤字にならないような仕組みや配慮が制度の中に幾重にも施されているため，赤字が生じているというだけで，不適切な財政運営の十分なシグナルとみなせるからである。根拠は以下に述べるとおりである。

第1に，地方交付税制度によって，留保財源分を除外したうえで，国が求める水準での業務遂行が可能な歳出額をまかなうのに必要な一般財源が確保されているため，よほど特殊な歳出を計上していない限り，歳入不足に陥る状況は生じにくいからである。

第2に，地方公共団体の普通会計，一般会計では，決算の結果としての純剰余金も**繰越金**として，翌年度の歳入の一部とすることができるため，前年度までの黒字によって，単年度の赤字を相殺することは十分に可能だからである。純然たる期間収支を表す**実質単年度収支**が赤字でも，実質収支は黒字を維持することは珍しくない。

第3に，歳入の変動に対するバッファー機能を担っている**財政調整基金**を利用して，その積立金の取り崩しを行うことで歳入総額を増やせるからである。とくに，予算編成時に基金からの繰入金を除く歳入では歳出を十分まかなえな

---

[13] 普通会計は，地方公共団体によって各会計の範囲が異なっているため，財政状況の統一的な把握や比較のために，仮想的に作成されている会計区分であり，一般会計のほか，特別会計のうち地方公営事業会計以外の会計の純計を指す。普通会計においては，一般会計上で経理している公営事業の収支も特別会計によるものとして扱うが，この扱いをしないで各会計を集計した場合は**一般会計等**と呼ぶ。一般会計等は，地方財政健全化制度において，**実質赤字比率**を定義する場合の会計区分として利用される。

いような状況が見込まれるのならば，積立金取り崩し額を基金からの繰入金として加えることで，赤字予算を避けられる。

　つまり，設立法人が経営破綻し，金融機関からの借入に対する損失補償契約が履行されて，弁済を地方公共団体が行ったケースや，元利償還金に対する交付税措置される割合が低い地方債を債務償還能力と比べて過大に発行したケースなど，よほど特殊な事由がない限り，実質収支が一定規模を超える赤字を計上する状況は，生じない。

3.2　地方債の協議・許可制度と起債の管理

　地方公共団体が債務を取り入れる際，唯一選択可能な手段が地方債の発行である。会計年度内における一時借入金が例外的に認められているが，年度内の歳入と歳出のタイミングのずれを調整するための一時的なものであり[14]，本質的な借入とは異なる。

　したがって，地方債の発行と償還が無理なく行われていれば，地方公共団体が持続可能でない財政状況に陥るリスクはほとんど排除できるものと考えられる。

(1) 起債管理の必要性

　地方債を発行すれば，その償還義務は長期にわたって続くから，デフォルトでもしない限り，元利償還から逃れることはできない。多額の償還費は，他の歳出に振り向けることのできる金額を減らしてしまう。そのような状況に陥らないように，起債時点で債務償還能力に見合った発行額にとどめることが重要である。

　平時においては，金融機関や投資家の地方公共団体全体に対する信頼はきわめて厚い反面，夕張市の不正経理が発覚したときのように，1団体でも信頼を損なう行動をとった場合は信認の低下が地方債市場全体に及ぶ可能性がある。地方公共団体による発行額に国が直接制限を課す制度を採用するのか，地方公共団体が適切な起債額を選択するような自己規律を重視する制度を採用するの

---

[14]　地方自治法第235条の3において，歳出予算内の支出をすることに目的が限定されること，当該会計年度の歳入で返済しなければならないこと，借入限度額が予算に記される必要があることが定められている。

かは別にしても，後年度の償還が無理なく行われる水準に発行額をとどめるという意味での起債管理の仕組みがすべての地方公共団体に適用されることは不可欠である。

(2) 地方債許可制度から地方債協議制度への移行

2005年度までの地方債制度は，「原則，発行不可。条件を満たす場合のみ発行許可」という許可制度に拠っていた。つまり，許可が得られなければ地方債発行はできなかった。

その状況は，2006年度の協議制度移行によって，「原則，発行自由。例外的に発行制限」という枠組みへと全面的に転換された。条件を満たす場合には，事前協議によって，国の同意が得られれば，元利償還金に対する財源保障を伴う形で発行が可能である。同意が得られなくても発行は可能であるが，国の財源保障の枠外となる。不同意債を発行した地方公共団体はこれまでに1例もないので，協議を通じて，起債に対する緩やかな国の関与が続いている。条件が満たされなければ，従来と同様に，許可制度が適用される。

2012年度には，さらに発行体の自主性を尊重する方向で協議制度の改正がなされ，「条件を満たす場合，事前届出のみで協議は不要」という届出制度が一部導入された。

このように発行体としての地方公共団体の自主性，自己規律をより尊重する方向へと制度は変化してきたが，「条件を満たす場合」が「財政状況が良好な場合」であることは変わらず，一貫している。その財政状況を測る指標としては，「元利償還金に対する交付税措置額を除外した際，一般会計がどれだけ重い償還費負担をしているか」を測る起債管理のための指標として，2005年度までは起債制限比率が，2006年度からは実質公債費比率が採用されてきた。起債制限比率が純粋な公債費のみを集計対象としたのに対して，実質公債費比率では，満期一括償還方式地方債の償還に備える目的で減債基金へ毎年積み立てるべき標準的な金額や，公営企業債の元利償還費の一部を一般会計が負担している場合の毎年の負担額など，公債費に準ずる費用（準公債費）も集計対象に加えられており，地方債協議制度移行時には実質公債費比率を導入することで，一段ときめ細かな起債管理が行われることとなった。

さらに，2009年度からは，地方財政健全化法が本格施行され，財政健全化のための仕組みと地方債管理の仕組みの一体性がいっそう高まった。地方財政

健全化法は，旧再建法の時代から継承した実質赤字比率と前述の実質公債費比率に，連結実質赤字比率と将来負担比率を加えた4指標を健全化判断比率として定めているが，その4指標が起債管理のための指標としても用いられている。実質赤字比率は，一般会計等における実質収支が赤字だった場合の赤字の相対的な大きさを測る指標である。また，連結実質赤字比率と将来負担比率は新設の指標であり，前者は実質赤字比率概念を全会計ベースに拡張した指標，後者は実質公債費比率概念をストックベース（実質債務残高）に拡張したうえ，公営企業，地方公社，第三セクター法人に由来する一般会計負担見込額や職員の退職手当見込額なども算入した指標である。表3-1に示すとおり，これらの指標を用いて，財政状況が良好なほど発行体が高い自由度を得られるように制度設計されており，「届出制（協議不要）」「協議制（公債費負担適正化計画等不要）」「許可制（公債費負担適正化計画等策定要）」「許可制（財政健全化計画策定）」「許可制（財政再生計画策定）」という5段階の区分に従う形となっている。

(3) **国債と地方債**

財政法上では，第4条において，国は国債以外の歳入をもって財源としなければならないことが定められ，ただし書きの規定によって建設国債が発行可能となっている。

一方，地方公共団体についても，地方債以外の歳入をもって財源としなければならないこと，建設事業費をまかなう建設地方債が発行可能であることが地方財政法第5条に定められている。同時に，借換債も発行可能であることや，他の条文によって，第5条の特例として各種の赤字地方債が発行可能であることまで定められている点は，国債と財政法にはないものである。

国の赤字国債が発行可能なのは，当該年度限りの特例法案と一般会計予算案が一体のものとして国会で承認されて成立しているからであり，実態的には，建設国債による収入も含めても歳入に不足する分をすべて赤字国債でまかなうことができる。これに対して，臨時財政対策債は赤字地方債だといっても，その発行可能額は国によって決定されていて，地方公共団体が任意に設定することはできない。つまり，臨時財政対策債発行可能額は個別地方公共団体の財政運営の姿勢とは無関係であるという点で，国にとっての赤字国債発行額とは持つ意味が異なっている。

臨時財政対策債に対して地方公共団体ができることは，発行可能額の枠内で

表 3-1 4種類の健全化判断比率と地方債制度および地方財政健全化制度の関係

(単位:％)

地方債制度		届出制 (協議不要)	協議制	許可制 (早期是正)	許可制	
地方財政健全化制度					財政健全化	財政再生
都道府県	実質赤字比率	～0	0～2.5	2.5～3.75 実質赤字額解消計画	3.75～5 財政健全化計画	5以上 財政再生計画
	連結実質赤字比率	～0	0～8.75	←設定なし→	8.75～15 財政健全化計画	15以上 財政再生計画
	実質公債費比率	～18	←設定なし→	18～25 公債費負担適正化計画	25～35 財政健全化計画	35以上 財政再生計画
	将来負担比率	～400	← 設定なし →		400以上 財政健全化計画	―
市町村	実質赤字比率	～0	0～10 (0～2.5)	10～15 (2.5～11.25) 実質赤字額解消計画	15～20 (11.25～20) 財政健全化計画	20以上 財政再生計画
	連結実質赤字比率	～0	0～20 (0～16.25)	←設定なし→	20～30 (16.25～30) 財政健全化計画	30以上 財政再生計画
	実質公債費比率	～18	←設定なし→	18～25 公債費負担適正化計画	25～35 財政健全化計画	35以上 財政再生計画
	将来負担比率 (政令市)	～400	← 設定なし →		400以上 財政健全化計画	
	将来負担比率 (政令市以外)	～350	← 設定なし →		350以上 財政健全化計画	
公営企業	資金不足比率	～0	0～10	10～20 資金不足等解消計画	20以上 経営健全化計画	

(注) ( ) があるケースは標準財政規模の水準によって適用される率が異なり, ( ) 内は標準財政規模の大きい (500億円以上) 市町村に適用される率を, ( ) なしは標準財政規模の小さい (50億円以下) 市町村に適用される率を例示。
(出所) 筆者作成。

実際に起債する額を決めることである。後年度の基準財政需要額には,元利償還費の全額が算入されるが,その算入額は起債額ではなく,発行可能額に基づいて算定されるため,算入措置を享受する目的で不要な起債をするというような行動を抑止する設計となっている。

3.3　地方公共団体の財政破綻法制と地方財政健全化法

(1)　地方公共団体の破綻法制の有無

　日本では，地方公共団体の財政破綻を定義したうえで，その後の処理を定めるというような破綻法制は存在せず，地方財政健全化法においても，地方公共団体の破綻に関する定義や記述はいっさいない。また，額面どおりのデフォルト（債務減免や債務返済・利子支払いの繰り延べ）も，地方公共団体本体では過去にも起きていない[15]。もっとも，持続可能ではない財政状況に陥り，国の関与のもとで財政再建に取り組んだ市町村は過去にいくつか存在する。

　それも踏まえて，地方分権を尊重しつつ，財政危機が起こらないようにするのが，現行の地方財政健全化制度であり，地方公共団体の財政破綻を認定したうえで，破綻後の清算手続きを定めるといういわゆる「清算型」の考え方には拠らずに，住民に対する基礎的な行政サービスの提供は継続しながら，財政危機に陥った地方公共団体が再生して財政健全化を図るという「再生型」の考え方に基づいている。さらに重要なのは，危機的な状況に陥ること自体を未然に防ぐことにも重きが置かれていることであり，その点は「清算型」とは異なるものである。

(2)　旧再建法と地方公共団体財政健全化法

　旧再建法のもとでの財政再建制度と比べた現行の地方財政健全化制度の特徴としては，以下の点をあげることができる。

　第1に，従前の再建団体に相当する**財政再生団体**に関する基準（財政再生基準）に加えて，**財政健全化団体**に関する基準（早期健全化基準）が設けられていることである。財政悪化が相当程度進んでいるが，深刻化の度合いが財政再生基準よりは軽度だというのが早期健全化基準である。"イエローカード"の基準が存在するだけでも，さらに重い"レッドカード"に相当する行為を抑止する効果が働くはずである。しかし，旧再建法のもとでは，"イエローカード"の基準が存在しなかった。

　第2に，財政悪化が進んだ地方公共団体，すなわち，健全化判断比率が早期

---

[15]　地方債の償還に際して，地方公共団体が債務減免を受けた事例や支払遅延をした事例は，過去に1例もない。ただし，地方公共団体が設立した土地開発公社や住宅供給公社に関しては，債務減免を受けた事例がそれぞれ1例と3例ある。

Column③　地方債の食い逃げと地方債の中立命題

　地方債の発行によって社会資本の整備が行われた地域の住民が，地方債償還に伴う地方税の増税という形で受益に対応する負担を求められる前に，他地域に転出する状況は，**地方債の食い逃げ**と呼ばれる。論点は，こうした行動によって本当に受益に対する負担を逃れられるか否かにある。食い逃げしているように見える人も，どこかでしっかりと対価を払わされるようなメカニズムが働くのであれば，地方分権と地方財政の健全化のいずれに対しても，こうした行動が脅威となることはないからである。結論を先取りしていえば，地方債の食い逃げが実質的に成立するか否かは条件次第である。

　地方債の食い逃げの成否を論ずることは，実は，**地方債の中立命題**が成立するか否かを論ずることでもある。地方債の中立命題とは，R.バローによる公債の中立命題（第2章参照）の枠組みに地域という概念を導入して，地域ごとに異なった地方政府が存在し，住民の地域間移動が可能と仮定した場合に導き出される地方債の負担に関する命題である。

　バローの中立命題が成立する状況下では，いくつかの追加的な条件が満たされれば，地方債の食い逃げは成り立たない。その追加的条件とは，第1に，地方債が発行された地域の住民がすべて当該地域の土地を所有していることである。第2に，債務残高が大きい地域，言い換えると，増税を将来に先送りしている地域では，将来の増税による土地の収益性低下が現時点の地価に正しく体化されることである（これを**資本化**と呼ぶ）。

　これらの条件も満たされれば，地方債発行で社会資本整備が実施された地域の住民が，償還が始まる前に他地域に転出したとしても，所有土地の地価下落という"報復"を受けるため，負担を逃れることはできない。当該地域に在村地主として住み続けるのか，転出して不在地主となるのかの違いは，本質的な負担の違いをもたらさない。

　ただし，地方債の償還財源が土地に対する課税の増税によってではなく，個人住民税の増税によってまかなわれる場合は，転出によって課税客体も地域を離れるので，負担を逃れることが可能である。土地に対する固定資産税の増税で償還財源のすべてがまかなわれる場合でも，土地を所有していない住民は，負担をしないことになる。

　また，資本化が不十分なケースでも，地価が適正な水準に下がる前に土地を売却してしまえば，負担の一部を逃れることができる。

　このように地方債の中立命題が成立するための前提条件に即して考えると，地方債の償還負担を回避することを目的として他地域へ転出しようとする住民が多

数存在する場合には，地方債の食い逃げを抑止するは容易ではないように思われる。

しかし，新しい地域へ転出することは，直接の移動費用を必要とするだけでなく，1つの地域に生活基盤を確保する過程で必要となる費用という意味で，これまで住んだ地域に対して投下した埋没費用の回収を放棄することをも意味する。したがって，償還負担を回避することを主目的とした転出が大規模に起こるのかどうか，食い逃げ額が深刻視されるほどの金額に達するかどうかは定かではない。

現実に人口流出という現象が起きているとしても，償還負担の回避を目的とした行動によるものとは限らないし，負担に先行する受益が本当にあったかどうかも問われる必要がある。これらの点の検討を含めて，地方債の食い逃げも地方債の中立命題も，その現実的妥当性が実証分析によって検証されることが期待されている。

（注）公債の中立命題によって提起された問題を地方債の中立命題という文脈に捉え直した理論的考察としては，Akai（1994）がある。また，日本を対象とした地方債の中立命題に関する実証分析の嚆矢には，赤井（1996）がある。

健全化基準に達した地方公共団体，財政再生基準に達した地方公共団体には，例外なく適用されるルール，事後的に全うすべき責務が明確化されていることである。前者は財政健全化団体となって**財政健全化計画**を，後者は財政再生団体となって**財政再生計画**を策定・実施しなければならない。

第3に，財政健全化計画，財政再生計画は，首長・議会によって決定されなければならないことが定められており，計画の策定・実施に対する首長と議会の関与責任を明確にすることで，計画の実効性が担保されている。

大幅な歳出削減や起債抑制などを伴う計画を策定することは，予算編成と政策運営に対して地方公共団体本来の選択に自ら縛りをかけることを意味する。早期健全化基準に近い水準まで悪化が進んでいる地方公共団体はこれを回避するために，前もって財政健全化を進めることが期待できる。

第4に，地方公共団体が現実に負っている財政責任に見合うように財政状況のチェック指標を拡充する観点から，新設2指標を含む4種類の健全化判断比率を採用したことである。

第5に，指標算定に対する第三者によるチェックや情報開示に関わるルール

を具体的に示したことである。決算審査を行う監査委員に健全化判断比率算定の際の基礎資料の提出と報告が義務づけられた一方，監査委員には，当該資料に基づく監査と議会への報告書提出が求められている。

また，算定された健全化判断比率の結果に関しては，まず，個別の地方公共団体が自地域の住民に対する公表義務を負っている。そのうえで，都道府県は域内の全市町村について，国は全地方公共団体についてとりまとめて公表するルールがある。

このように，地方財政健全化制度が備える特徴は，旧再建法のもとでの制度では不十分だった点や弱点を補強すべく設計されたものである。とくに，健全化判断比率に関するルールによって，次の効果をもたらしていると考えられる。

第1に，会計間操作をしても，4指標のすべてを見掛けだけ改善させるというようなことは難しく，厳格な指標のもとでハードな予算制約が貫徹する効果である。

第2に，住民によるモニタリング・コストが下がり，地方公共団体やその首長が住民の利益に反した行動をとることを抑制する効果である。

第3に，地方公共団体のインセンティブを重視することで，自発的な財政健全化を促進する効果である。

第4に，他の地方公共団体と財政状況の比較が容易になり，よい競争を通じて財政健全化を促進させる効果である。

実際のところ，地方財政健全化法施行後は，地方公共団体の財政健全化が着実に進んでいる。早期健全化基準以上の地方公共団体は，2007年度決算に基づく最初の健全化判断比率が算定されたときは43団体もあったが，その後は順調に減って，2013年度決算以降は夕張市のみとなった。その夕張市も，債務残高を大幅に圧縮し，2026年度までの財政再生計画を進めている。また，地方公共団体全体の健全化判断比率の平均値も大幅に低下している。

■ 練習問題

Q1：以下の空欄にもっとも適切な語句を入れてみよう。

1.1 地方交付税の（ ① ）機能とは，ミクロ面において，地方公共団体の間に存在する財政力の格差を是正するために，地方交付税を通じて過不足を調整する

という機能である。
- 1.2 （ ② ）機能とは，マクロ面においては，国税5税に基づいて交付税総額が決定されること，その地方交付税によって，国が期待する水準での地方行政の遂行に伴って生ずる歳出額をまかなえる歳入額を確保していることである。
- 1.3 個別地方公共団体ごとの地方交付税（普通交付税）の算定は，（ ③ ）と（ ④ ）という基準額の差に基づいて行われ，いかなる地方公共団体に対しても必要な財源を確保していることが，ミクロ面における（ ② ）機能である。

Q2：以下の点について自分の意見をまとめてみよう。

中央政府が地方政府に交付する特定定率補助金について，その経済効果を説明してみよう。

- 2.1 中央政府から地方政府に対して，特定分野に限定した定率の補助金を交付することが望ましい状況とはどのようなケースか，また，どのようなメカニズムが期待できるか，考えてみよう。
- 2.2 上記のような特殊な条件が当てはまらない一般的な状況においては，特定定率補助金は社会的厚生を低下させると説明されるのはなぜか，その理由について，考えてみよう。

■ 参考文献

赤井伸郎（1996）「地方債の中立命題：住民の合理性の検証——日本の地方交付税制度を考慮した分析」大蔵省財政金融研究所『フィナンシャルレビュー』第40号，65～94頁。

赤井伸郎・岩本康志・佐藤主光・土居丈朗（2010a）「提言：『地域主権』の実現に向けた地方財政抜本改革——ナショナルミニマム保障のための『一括交付金』の導入，財政調整に特化した地方交付税の包括算定化」。

赤井伸郎・岩本康志・佐藤主光・土居丈朗（2010b）「提言：『地域主権』の実現に向けた地方税改革——融合型から分離型へ，財源確保に説明責任を，地方消費税の分離化と地方交付目的税の創設」。

赤井伸郎・佐藤主光・山下耕治（2003）『地方交付税の経済学——理論・実証に基づく改革』有斐閣。

石原信雄（2016）『新地方財政調整制度論（改訂版）』ぎょうせい。

井堀利宏・土居丈朗（2001）『財政読本（第6版）』東洋経済新報社。

岡本全勝（1995）『地方交付税 仕組と機能——地域格差の是正と個性化の支援』大蔵省印刷局。

佐藤主光（2001）「ソフトな予算制約と税源移譲の経済効果」井堀利宏・岡田章・伴金美・福田慎一編『現代経済学の潮流2001』東洋経済新報社，所収。

自治省財政局編（1996）『地方財政のしくみとその運営の実態』地方財務協会。

地方交付税制度研究会編（2016）『平成28年度 地方交付税のあらまし』地方財務協会。

地方債制度研究会編（2016）『平成 28 年度地方債のあらまし』地方財務協会。
土居丈朗（2007）『地方債改革の経済学』日本経済新聞出版社。
北海道新聞取材班（2009）『追跡・「夕張」問題──財政破綻と再起への苦闘』講談社。
読売新聞東京本社北海道支社夕張支局（2008）『限界自治 夕張検証──女性記者が追った 600 日』梧桐書院。
Akai, N.（1994）"Ricardian Equivalence for Local Government Bonds: Budget Constraint Approach," *Economics Letters*, 44, pp. 191-195.
Bradford, D. F. and W. E. Oates（1974）"Towards a Predictive Theory of Intergovernmental Grants," *American Economic Review*, 61, pp. 440-448.
Kornai, J.（1980）*Economics of Shortage*, North-Holland（盛田常夫・門脇延行編訳『反均衡と不足の経済学』日本評論社，1982 年）。
Oates, W. E.（1972）*Fiscal Federalism*, Harcourt Brace Jovanovich（米原淳七郎・岸昌三・長峯純一訳『地方分権の財政理論』第一法規出版, 1997 年）。

■ 参考資料

財務省ウエブサイト「平成 28 年度予算及び財政投融資計画の説明」（http://www.mof.go.jp/budget/budger_workflow/budget/fy2016/sy280122.htm）。
総務省ウエブサイト「市町村決算状況調」（http://www.soumu.go.jp/iken/kessan_jokyo_2.html）。
総務省ウエブサイト「地方財政計画」（http://www.soumu.go.jp/iken/zaisei.html）。
総務省ウエブサイト「地方財政統計年報」（http://www.soumu.go.jp/iken/zaisei/toukei.html）。
総務省ウエブサイト「都道府県決算状況調」（http://www.soumu.go.jp/iken/kessan_jokyo_1.html）。
総務省ウエブサイト「平成 28 年度地方財政計画」（http://www.soumu.go.jp/main_content/000397821.pdf）。
内閣府ウエブサイト「国民経済計算年次推計」（http://www.esri.cao.go.jp/jp/sna/data/data_list/kakuhou/files/files_kakuhou.html）。
OECD ウエブサイト「OECD. Stat: Economic Outlook No. 100」（http://stats.oecd.org/index.aspx?DataSetCode＝EO）。

■ リーディングリスト

①赤井伸郎・佐藤主光・山下耕治（2003）『地方交付税の経済学──理論・実証に基づく改革』有斐閣。
　地方財政に関する制度自体の解説書はほかにもいくつか存在するが，制度が持つ意味や経済効果を標準的な経済学の枠組みで解説・検討したうえで，制度改革に向けた提言にまで踏み込むという，他書にはない特色を持った専門書である。地方交付税制度を対象に，その機能と問題点を理論と実証の両面から網羅的に分析している。地方

公共団体の行動インセンティブを重視する姿勢が貫かれているため，ミクロ経済学の考え方を実践的に学ぶという観点からも推奨できる1冊である。

②佐藤主光（2011）『地方税改革の経済学』日本経済新聞出版社。

本章では掘り下げた解説を行っていない地方税を考察の対象に据えた専門書として，お勧めしたい図書である。地方税の機能と効果について，地方分権や国からの財政移転との関係も考慮に入れたうえで経済学的な論考を行うことによって，問題点を明らかにし，望ましい地方税体系を構築するための具体策を示している。改革に向けた政策提言は，制度上の規定と統計データを踏まえた実態の把握，理論的な分析と検討というステップを経たものであり，地方税のどのような側面に着目すべきか，どのような切り口で理論分析を行うべきかの指南書としても読むことができる。

③土居丈朗（2007）『地方債改革の経済学』日本経済新聞社。

現行の地方債制度について，経済学的な実証分析の成果をとりまとめた専門書である。章ごとのテーマに応じて，制度自体の概説に続いて，実証分析の目的と分析結果が平易な言葉で記述されているため，専門書ながら，専門知識がない人でも読み進めることができる。各章のコラムや最終章の政策提言も充実している。

第4章

自治体運営（再編・競争）と財政

本章の目的

　本章では，地方分権化の流れを習得することや，競争政策と再編政策を把握することをねらいとし，地方分権化のメリットやデメリットを理解することを目的とする。

　具体的には，PART Ⅰでは，国と地方の行政サービスの役割分担を学び，地方政府の規模と事務の関係について学ぶ。PART Ⅱでは，日本における地方分権改革の歴史を学び，分権化の理論的なバックグラウンドを学ぶ。また，日本の競争政策について学び，地方政府間の競争モデルである租税競争について学ぶ。PART Ⅲでは，租税競争や福祉競争など地方政府の競争政策の実態を学び，広域行政に焦点を当てて地方政府の再編について学ぶ。

PART Ⅰ　財政の今（国・地方の役割）

1　行政サービスにおける国と地方の役割分担

1.1　国内総生産と地方財政

　国民経済計算上の日本の政府部門の大きさは，中央政府が約22.8兆円であるのに対して，地方公共団体は約58.1兆円となっている（図4-1）。日本が中央集権体制をとっていることや，一国の経済活動の大きさを示す国内総生産が約490兆円であることを考えれば，地方公共団体の日本経済における規模が大きなものであることがわかる。

　表4-1は，国（中央政府）と地方（地方公共団体）の行政事務の分担を示している。中央政府と地方公共団体で役割分担が行われているとはいえ，公共資本

第 4 章　自治体運営（再編・競争）と財政　101

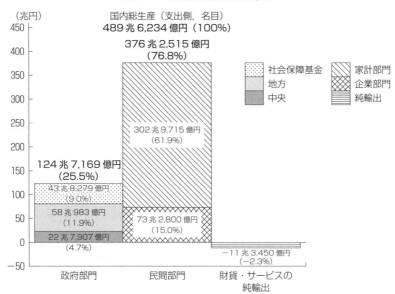

図 4-1　国内総生産と地方財政

（注）「国民経済計算（内閣府経済社会総合研究所調べ）」による数値およびそれをもとに総務省において算出した数値。
（出所）総務省ウェブサイト「平成 28 年度版　地方財政白書」。

分野から教育分野，福祉分野，そしてその他の分野に至るまで，地方公共団体も中央政府と同じくフルセットで行政サービスを担っている。1 つのまとまりのある国家として海外と向き合わねばならない事務や，広域に便益が及ぶ行政事務であったり，全国一律の基準で実施することが望ましい行政事務は国が行い，それ以外は地方が担当する形になっている。分類上は中央政府の担当になっているが，地方公共団体に役割が委譲されている場合もある。

公共資本では，全国的な基盤交通の整備は中央政府が行うのに対して，各地域の生活に根ざした交通整備は地方公共団体が行っている。また，都道府県をまたぐような河川管理は中央政府が，それ以外の河川は都道府県や市町村が管理を担っている。なお，一部の国道や一級河川については，都道府県に管理が委ねられることもある。

また，教育も高等教育の提供や支援は中央政府が担う一方で，義務教育や中等教育はそれぞれ規模に応じて市町村や都道府県が担っている。なお，都道府

102　第1部　財政の仕組み

表4-1　国と地方との行政事務の分担

分野		公共資本	教　育	福　祉	その他
国		・高速自動車道 ・国道（指定区間） ・一級河川	・大学 ・私学助成（大学）	・社会保険 ・医師等免許 ・医薬品許可免許	・防衛 ・外交 ・通貨
地方	都道府県	・国道（その他） ・都道府県道 ・一級河川（指定区間） ・二級河川 ・港湾 ・公営住宅 ・市街化区域，調整区域決定	・高等学校・特殊教育学校 ・小・中学校教員の給与・人事 ・私学助成（幼〜高） ・公立大学（特定の県）	・生活保護（町村の区域） ・児童福祉 ・保健所	・警察 ・職業訓練
	市町村	・都市計画等（用途地域，都市施設） ・市町村道 ・準用河川 ・港湾 ・公営住宅 ・下水道	・小・中学校 ・幼稚園	・生活保護（市の区域） ・児童福祉 ・国民健康保険 ・介護保険 ・上水道 ・ごみ・し尿処理 ・保健所（特定の市）	・戸籍 ・住民基本台帳 ・消防

（出所）　総務省ウェブサイト「地方財政関係資料」。

　県や市町村が設置主体となって大学を設置する場合もあり，高等教育の提供を地方公共団体が担う場合もある。

　福祉分野では，全国一律で運営することが望ましい年金保険などの社会保険は中央政府が提供するのに対して，生活保護や児童福祉などの公的扶助は地方公共団体が担っている。それに加えて福祉分野においては，保健所の設置や上下水道，ごみ処理など保健衛生に関わるものも市町村ないし都道府県が担当している。

　それ以外の分野においても，国として対外的にまとまりを持った対応が必要な外交や防衛は中央政府が担うのに対して，暮らしの安心や安全を支える警察や消防は地方公共団体が担っている。

1.2　目的別に見た国と地方の歳出規模

　図4-2は目的別に見た国と地方の歳出規模を比較したグラフである。グラフ

第4章 自治体運営（再編・競争）と財政　103

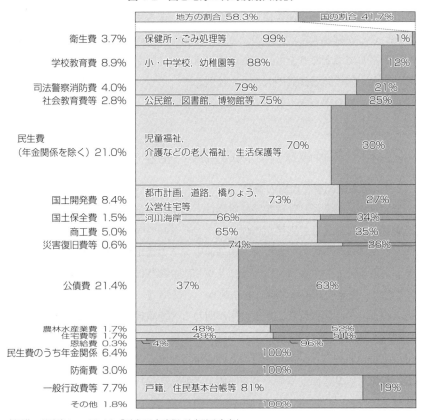

図4-2　国と地方の目的別歳出規模

（出所）　総務省ウェブサイト「平成28年度版 地方財政白書」。

の縦方向には，衛生費，学校教育費に始まり一般行政費，その他までの目的別歳出の比率が示されている。たとえば，衛生費は3.7％と記載されているが，これは国と地方を合わせた歳出合計のうち3.7％が衛生目的に支出されたことを示している。最大の歳出項目は公債費21.4％であり，年金関係を除く民生費21％がそれに次ぐ歳出規模であることが確認できる。グラフの横方向には，地方公共団体と中央政府の歳出割合が示されている。たとえば，衛生費全体の99％を地方公共団体が支出し，1％を中央政府が支出したことを示している。

図4-2のグラフ全体を見て，保健所やごみ処理などの衛生費，小，中学校などの学校教育費，暮らしの安全や安心を支える警察費や消防費，児童福祉や老

人福祉，生活保護などの民生費，さらには道路や橋りょう，河川や海岸の護岸整備などの国土開発や国土保全に関わる費用に至るまで，地方公共団体の割合が高いことが確認できる。その一方で，年金や防衛のように，全国一律の基準や国家としてまとまりをもって対応すべき事業は国が全面的に支出を行っている。また，国の債務残高の大きさを反映して，借金の返済に相当する公債費は中央政府の割合が大きくなっている。

2 自治体行政サービスの規模と格差

2.1 法定受託事務と自治事務

地方自治法第2条に，法定受託事務は「法律又はこれに基づく政令により都道府県，市町村又は特別区が処理することとされる事務のうち，国が本来果たすべき役割に係るものであつて，国においてその適正な処理を特に確保する必要があるものとして法律又はこれに基づく政令に特に定めるもの」と規定されている[1]。法定受託事務には，義務教育，生活保護，児童福祉，障害者福祉，老人福祉，公衆衛生費など本来は国が関わるべき項目があげられる。

次に，自治事務は法定受託事務ではない事務として残余的に規定されている。自治事務の名称から，自分で治めている事務と規定されている事務であっても，国の法律や政令に従って地方公共団体が処理しなければならない事務は多く存在している。

2.2 一般財源と目的別歳出

図4-3は，都道府県の財政力指数別に見た目的別歳出への充当財源の割合を示したグラフである。東京都のほか，財政力指数ごとに5つのグループ分けがされている。棒グラフが左右に分割されていて，左側は地方税や地方交付税などの一般財源の割合，右側は目的別歳出の割合が示されている。東京都は一般財源の80％を超える金額を地方税で集めており，財政力指数の高いグループ

---

1) ここでは，国が本来果たすべき役割で都道府県や市町村，特別区が処理をする「第一号法定受託事務」を記した。このほかに，都道府県が本来果たすべき役割で市町村や特別区が処理をする「第二号法定受託事務」もある。

図 4-3　財政力指数別に見た目的別歳出充当一般財源等割合（都道府県）

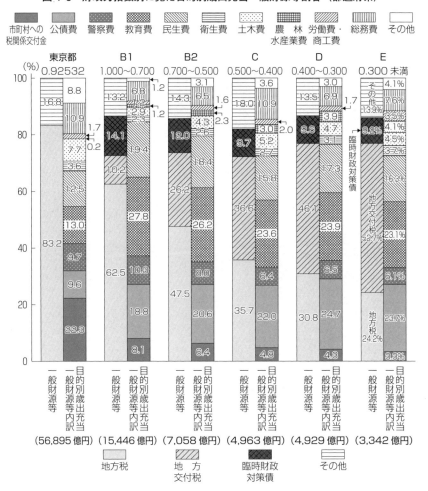

(注)　1　東京都以外の道府県は，財政力指数によるB〜Eのグループごとの加重平均である。
　　　2　グループ別の該当団体
　　　　　B1　愛知県，神奈川県，千葉県，埼玉県，大阪府
　　　　　B2　静岡県，茨城県，兵庫県，福岡県，栃木県，群馬県，広島県，三重県，宮城県，京都府，滋賀県，岐阜県
　　　　　C　岡山県，福島県，長野県，石川県，香川県，富山県，新潟県，山口県，奈良県
　　　　　D　北海道，愛媛県，山梨県，福井県，熊本県，大分県，山形県，岩手県，青森県，佐賀県，和歌山県，鹿児島県，宮崎県，長崎県
　　　　　E　徳島県，沖縄県，秋田県，鳥取県，高知県，島根県
　　　3　（　）内の金額は，各グループごとの一団体平均の一般財源等の額である。
(出所)　総務省ウェブサイト「平成28年度版　地方財政白書」。

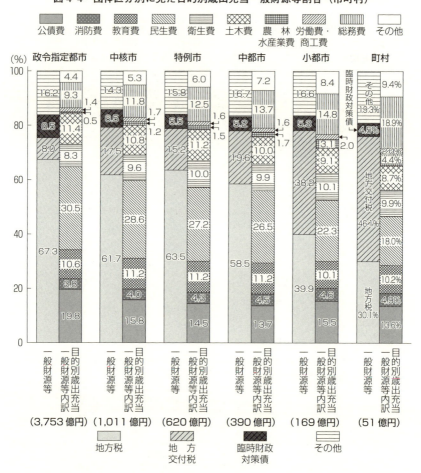

図4-4 団体区分別に見た目的別歳出充当一般財源等割合（市町村）

(注) 1 政令指定都市：政令で指定する人口50万人以上の市
中核市：政令で指定する人口30万人以上の市
特例市：政令で指定する人口20万人以上の市
中都市：政令指定都市，中核市及び特例市以外の市のうち人口10万人以上の市
小都市：政令指定都市，中核市及び特例市以外の市のうち人口10万人未満の市
2 （　）内の金額は，各団体区分ごとの一団体平均の一般財源等の額である。
(出所) 総務省ウェブサイト「平成28年度版 地方財政白書」。

から低いグループになるにつれて，地方税の割合が減り，地方交付税の割合が多くなっている。地方税と地方交付税の合計が，どのグループでもおおむね70％程度になっており，地方交付税の財政調整機能が十分に発揮されている

ことがここでも確認できる。

　棒グラフの右側は目的別歳出が積み上げグラフで示されている。下から，市町村への税関係交付金，公債費，警察費，教育費，民生費，衛生費と経常経費が積み上げられ，その上に，土木費や農林水産費などの投資的経費，その他の経費が積み上げられている。

　地方税の豊かな東京都や財政力指数の高い地方では，経常経費のかなりの部分を自前の地方税でまかなえている一方で，財政力指数の低い地方，とくにEグループでは，地方税で公債費ですらまかなえていないことが確認できる。

　図4-4は市町村の団体区分別に見た目的別歳出への充当財源の割合を示したグラフである。市町村の規模別に，政令指定都市，中核市，特例市，10万人以上の中都市，10万人未満の小都市そして町村に分類され，棒グラフの左側に一般財源，右側に目的別歳出の割合がそれぞれ示されている。

　一般財源は，市町村の規模が大きくなるにつれて，地方税の割合が大きくなっていることがうかがえる。その一方で，財政調整機能を有する地方交付税によって，市町村規模が小さくなるにつれて地方交付税の割合が大きくなっている。地方交付税の財政調整機能を反映して，地方税と地方交付税の合計は，市町村の規模にかかわらず約80％となっている。

　目的別歳出においては，規模の大きな市町村で民生費が大きな割合を占めているのに対し，規模の小さな市町村では総務費が大きな割合を占めている。総務費の傾向は，総務費が規模の経済性の働きやすい費目であると考えられることと整合的である。

　中都市以上の規模を持つ団体では，公債費，消防費，教育費，民生費のような市民の暮らしに必要不可欠な費用を地方税でまかなえているのに対し，小都市や町村では，地方交付税なくしては民生費もまかなえない状況になっている。

　このように市町村の基本となる行政サービスは同じであり，一部の行政サービスには規模の経済性が働くものが存在している。加えて，一般財源の面でも，地方税収の割合は規模の大きな団体ほど大きくなる傾向がある。こうした歳入歳出と市町村規模の関係が，後の節で触れる市町村合併や広域行政の背景となっている。

Column④　規模の経済性

　本文で述べた広域化のメリットは，**規模の経済性**（economics of scale）という概念で理解できる。「規模の経済性」とは，投入量を α 倍にしたときに生産量が α 倍以上になる生産技術のことである。このような状態を，規模に関して収穫逓増と呼ぶこともある。なお，投入量を α 倍したときに生産量もちょうど α 倍になる状態を規模に関して収穫一定，生産量が α 倍を下回る状態を規模に関して収穫逓減と呼ぶ。

　規模の経済性は費用逓減産業が存在する原因の 1 つとなる。**費用逓減**とは生産量が増えるに従って平均費用が減少することをいう。**平均費用**とは生産にかかる総費用を生産量で割った金額である。通常は，鉄道事業や電力事業など巨額の固定費用が必要となる産業が費用逓減産業に相当するとされる。これらに加えて，規模の経済性がある場合でも，生産量の拡大に伴って平均費用が減少する。規模の経済性がある場合には，投入に関わる費用と比べて生産量が上回るので，総費用を生産量で割った平均費用は逓減していくことになる。

　規模の経済性と平均費用の関係を以下の表の数値例で見てみよう。規模の経済性がない場合，すなわち規模に関して収穫逓減の場合には，平均費用は投入量（もしくは生産量）が増加するにつれて増加していく。一方で，規模の経済性がある場合，すなわち規模に関して収穫逓増の場合には，平均費用は投入量や生産量が増加するにつれて減少していくことが確認できる。

　なお，規模の経済性とよく似た概念として，**範囲の経済性**（economics of scope）と呼ばれる概念も経営学を中心に使用される。範囲の経済性とは，個

表　規模の経済性と平均費用

投入量 x		1	4	8	16
生産量 y	収穫逓減	1	2	3	4
	収穫一定	1	4	8	16
	収穫逓増（規模の経済性）	1	16	64	256
平均費用 c	収穫逓減	10	20	28.3	40
	収穫一定	10	10	10	10
	収穫逓増（規模の経済性）	10	2.5	1.3	0.6

生産量 y，投入量 x，平均費用 c として，
収穫逓減：$y=\sqrt{x}$，
収穫一定：$y=x$，
収穫逓増：$y=x^2$，
平均費用：$c=10x/y$，としてそれぞれ数値例を求めた。

別に行っていた生産を集約することで費用が抑えられる生産技術のことである。たとえば，企業の多角化経営の優位性を説明する概念であるといえる。

　一部事務組合や広域連合，市町村合併などの広域行政には，規模の経済性による平均費用の低下や範囲の経済性による行政基盤の改善や強化が期待されている。筆者らが関わった最近の研究においても，広域連合や市町村合併の直後には調整費用が発生する一方，長期的には平均費用の減少が確認されている。

PART Ⅱ　歴史・理論を学ぶ

1　地方分権の歴史：これまでの取り組み

　1990年代に始まる日本における地方分権改革は，大きく2つの期間に分けられる。第1次地方分権改革と第2次地方分権改革である。そして第1次地方分権改革と第2次地方分権改革の間に挟まれる形で，いわゆる三位一体の改革が実施された。第1次地方分権改革と第2次地方分権改革とが事務や権限移譲などであったのに対し，三位一体の改革は，税源移譲と国庫支出金改革，そして地方交付税の見直しの3つの改革を同時に実施した地方財政改革であった。

1.1　第1次地方分権改革

　1993年6月に衆議院，参議院の両院で地方分権の推進に関する決議がされたことを受け，99年に地方分権一括法が成立した。第1次地方分権改革では，機関委任事務の廃止，法定外普通税の協議制への移行，地方債の協議制への移行[2]などが実現した。

　機関委任事務制度とは，地方公共団体の執行機関（首長など）に，国の事務を委任する制度である。この制度によって，地域住民の代表である首長が「国の機関」の側面を持たされてしまい，長らく中央集権の象徴的な制度とされてきた。機関委任事務の廃止に伴い，国によって直接執行される事務や廃止された事務のほか，一部は法定受託事務として，それ以外は自治事務へと再構成された。なお，法定受託事務への移行によって，機関委任事務にあった「包括的

---

2)　地方債の協議制への移行については，第3章90〜91頁を参照。

指揮監督権」という法令による規定が必要とならない強い国の関与はなくなったものの,代執行などによる国の関与は残されている。また,自治事務とは,地方公共団体が行う法定受託事務以外の事務であり,国の関与は是正要求までとされた。

　地方税の拡充としては,法定外普通税の許可制から協議制への移行,法定外目的税の創設が行われた。日本国憲法では租税法律主義が掲げられており,地方税であったとしても,国の法律である地方税法に基づいて課税されている。法定外税とは,地方税法にない税目で,地方が独自に条例を制定して課税するものである。許可と協議の違いは,許可が事柄に関する決定権が国にあるのに対し,協議は地方に決定権があって,その内容について国が同意や不同意の判断を下すことになる。使途の定めのない法定外普通税として,核燃料に関わる税が代表的である。使途の定めのある法定外目的税として,産業廃棄物に関わる税が代表的である。

　また,この時期に平成の大合併が行われた。市町村合併は地方分権の受け皿として基礎的な地方公共団体である市町村の行政基盤や財政基盤の強化を目的として実施された。詳細は PART Ⅲ で紹介するが,市町村合併に対する抵抗を軽減するために,地方交付税を通じた財政上の優遇措置や市への昇格要件の緩和などさまざまな合併特例を設けて合併が促進された。

1.2　三位一体改革

　三位一体改革とは,2003年から2006年にかけて実施された税源移譲と補助金改革,地方交付税の見直しの3つの税財源改革のことである。国から地方への税源の移譲と,補助金の削減,地方交付税の削減が同時に実施された。3年間の改革の結果,税源移譲は3兆円規模,補助金の削減は4.7兆円規模,地方交付税の削減は約5.1兆円規模となった。税源移譲は所得税（国税）の一部が個人住民税（地方税）に移譲されることで実現した。補助金の削減4.9兆円のうち,3.1兆円は税源移譲と関連づけられており,残りの1兆円は行政改革によるスリム化による削減,残り0.8兆円は交付金化され引き続き国から支出されることになった。地方交付税の削減分は,行財政の効率化で対応することとなった。この結果,土木費などの投資的経費がまず削減された後,義務的経費の中では人件費が削減されることになった。職員給与の削減や定年退職者の補

表4-2 地方分権改革についての年表

西 暦	事 項	補 足
1993年 1995～2001年	地方分権の推進に関する決議 地方分権推進委員会 第1次勧告（'96），第2次勧告（'97），第3次勧告（'97） 第4次勧告（'97），第5次勧告（'98）	第1次分権改革
1999年	地方分権一括法	
2003～2006年	三位一体改革 （税源移譲，補助金改革，地方交付税の見直し）	
2007～2010年	地方分権改革推進委員会 第1次勧告（'08），第2次勧告（'08），第3次勧告（'09） 第4次勧告（'09）	第2次分権改革
2011年	第1次一括法（注） 第2次一括法	
2013年	地方分権改革推進本部 地方分権改革有識者会議 第3次一括法	
2014年	第4次一括法	提案募集方式
2015年	第5次一括法	提案募集方式
2016年	第6次一括法	提案募集方式

(注)　「地域の自主性及び自立性を高めるための改革の推進を図るための関係法律の整備に関する法律」。第2次一括法以降も同じ。
(出所)　筆者作成。

充をしない職員定数管理などの対応がとられた。

　三位一体改革の影響を都市部と地方部の視点から見てみよう。住民税の税源は通常，人口の多い都市部に集中しており，税源移譲の結果，都市部に税収がもたらされた。一方で，財政調整機能を担っていた地方交付税が削減されたことで，税収不足を地方交付税で補っていた地方部は深刻な財源不足に陥った。また，個人住民税の税源移譲と合わせて，個人住民税の税率がフラット化された結果として，都市部であっても芦屋市などの高所得者を住民として抱える地方公共団体では税収が減少し，交付団体に移行するといったことも起きている。

1.3 第2次地方分権改革

第1次地方分権改革の後，2003年からの三位一体改革を挟んで，2007年から第2次地方分権改革が推進されている。第2次地方分権改革も当初は地方公共団体に対する規制緩和が行われた。ここでの規制緩和とは，地方公共団体の一定種類の活動に対する義務づけや地方公共団体の活動について手続きや判断基準の枠付けを緩和することである。「地域の自主性及び自立性を高めるための改革の推進を図るための関係法律の整備に関する法律」が2011年の第1次一括法以降，最新の第6次一括法まで，ほぼ毎年にわたって施行されている。

第2次地方分権改革の特徴として，第4次一括法（2014年）から導入された地方からの提案募集型の地方分権改革があげられる。これまでは，どのような項目について権限移譲を行うかということについても国主導で，すなわち中央集権的に行われてきた。2014年以降は地方公共団体からの具体的な支障事例をもとに地方が国に対し相談提案し，国の関係省庁が支障に対する解決策を提示することを通じて，権限移譲につなげる仕組みに変更された。

提案募集型の地方分権改革で実現したものとして，農地利用の権限移譲（国→都道府県）や地方版ハローワークの実現などがあげられる。また，工場の緑地面積率の制定についても市町村が行えるようになった。市町村の判断で，企業にとって負担となっている緑地確保を軽減することで地元の企業を支援，ひいては地域経済の活性化を実施することが可能となった。そうした反面，たとえば兵庫県臨海部の市町村では，緑地面積率の引き下げ競争が行われているとの報道（神戸新聞，2016）もあり，第3節で触れるような自治体競争も観察されている。

2　地方分権化の理論

地方分権化の理論として，**分権化定理**がよく知られている。分権化定理は，地方政府が権限を持って自地域のことを決めていく理論的な土台を提供してくれる。

図4-5は，部分均衡モデルを用いて地方公共財供給量を示すものである。南北に細長い日本などは地方ごとに地方公共財に対する**限界評価**が異なることは容易に想像できる。たとえば，地方政府が実施する地方公共財として除雪作業

図4-5 分権化定理

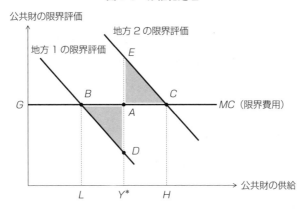

を考えてみよう。除雪作業は雪の少ない地方1においては，相対的に低い限界評価額となるのに対し，雪の多い地方2においては，相対的に高い限界評価額となるであろう。

まず，国が中央集権的に地方公共財を提供する場合を考えよう。国による地方公共財供給は，全国一律であることが期待されるため，たとえばY^*の水準の地方公共財が地方1，地方2にそれぞれ供給される。

一方で，地方がそれぞれの限界評価に基づいて地方公共財を供給するのであれば，限界評価と**限界費用**が一致する点で供給が行われる。地方公共財に対する限界評価が相対的に低い地方1は，Lの水準の地方公共財を提供する（地方1の限界評価と限界費用がB点で交わっていることを確認せよ）。地方公共財に対する限界評価が相対的に高い地方2は，Hの水準の地方公共財を提供する（先ほどと同様に，地方2の限界評価と限界費用がC点で交差していることを確認せよ）。

では，国が中央集権的にY^*の水準の地方公共財を一律供給する場合と地方が地方分権的にそれぞれの限界評価に基づいてLやHの水準を供給する場合の余剰を比較してみよう。まず，Y^*の水準で一律供給された場合には，地方1にとってはLを超える量の地方公共財については限界費用が限界評価を上回っている。この部分（$\triangle ABD$）については，余剰の損失が発生している。また，地方2にとっては，Hを下回る量の地方公共財については，限界評価が限界費用を上回っており，ここでも余剰の損失（$\triangle ACE$）が発生している。その一方で，地方政府がそれぞれLやHの水準を供給した場合には，各地方の限界

評価と限界費用が一致しているため，余剰の損失は発生していない。

このように，地方ごとに地方公共財に対する限界評価が異なる場合には，中央集権的に一律供給するよりは，分権的に各地方が供給する方が余剰の面から見て望ましいことがわかる。これは分権化定理と呼ばれ，地方分権を推進する1つの根拠となっている。

3 自治体競争・協調の歴史

3.1 地方政府間の税競争は可能か？

日本国憲法第84条において「あらたに租税を課し，又は現行の租税を変更するには，法律又は法律の定める条件によることを必要とする」と定められており，地方税も地方税法という国の法律に基づいて定められている。すなわち，日本においては地方税であっても原則的には国によって決定されるのである。地方税法の中で，全国一律の税率となる一定税率が定められている税（地方消費税，自動車取得税など）は，地方税ではあるが地方の裁量の余地はない。また，標準税率が定められ上限が定められている税（自動車税，軽自動車税など），標準税率が定められているものの制限のない税（固定資産税など）は，国によって税率の基準が定められている。これらの税目においては，地方政府が独自に超過課税を行う場合は，条例を制定する必要がある。このほか，地方税法に定めのない課税ベースに地方が独自に課税する法定外課税の制度もあるが，適用範囲はそれほど広くない。

このように，日本の地方政府にとって地方税を操作することは不可能ではないが，それほど自由度があるわけでもない。とくに，地方税法で定められた標準税率を下回る税率を設定することは，地方交付税の交付額に影響するため，地方政府としては標準税率を下回る税率の設定は難しい現状となっている。

3.2 補助金支出競争

こうした背景のもと，地方政府間の競争政策としては，企業誘致に補助金を出す場合がしばしば観察される。税と補助金は，一見すると異なる財政活動に見えるがマイナス税率による課税と考えれば，租税競争（詳細な定義は次節参照）と捉えることも可能である。有名な事例としては，三重県が液晶テレビ工

場を誘致する際に，県から90億円，地元自治体から45億円の補助金を出したものや，兵庫県がプラズマテレビ工場を誘致する際に，県から38.4億円の補助を出したもの，千葉県が液晶パネル工場を誘致する際に，県から20.3億円，地元の地方政府から13.5億円の補助金を出したものがあげられる。これらは工場を誘致し，従業員の流入などによって地元経済の活性化と，住民税（個人，法人），固定資産税などの増収を期待したものである。しかし，日本全体で見れば，この**補助金支出競争**は，お互いに財政を痛めるだけであり，メリットはなく，企業への補助金を増額しているにすぎないことにも注意が必要である。競争が過熱すると，財政問題へと発展しかねないのである。

一方で，日本を越えた国外と国内の競争を考えれば，日本国内のある地方政府での補助金支出が国内誘致に成功しているのであれば，価値はあるのかもしれない。ただし，補助金を与えたことによって，企業活動への歪みが生じている可能性がある。補助金がなかった場合には，企業は費用最小化と利潤最大化を目指して，別の土地に工場を立地させたかもしれないし，工場の規模も補助金によって大きくなって，最適な規模から乖離してしまったかもしれない。このように企業の経営に悪影響が及んでしまう可能性がある。事実，企業誘致のいくつかの事例では，当初は成功を収めたかに見えたが，長期的には経済状況の変化などで誘致した企業の撤退などが起きてしまっている。

3.3 「ふるさと納税制度」と返礼品支出競争

2008年4月に公布された「地方税法等の一部を改正する法律」により，ふるさと納税制度と呼ばれる，寄付税制を利用した地域貢献制度が導入された。この制度も競争政策の文脈で捉えることができる。ふるさと納税とは，所得に基づく上限の範囲内で，追加的な負担がほとんどない状態で国民が自由に地方政府への寄付ができる制度である。負担がほとんどない理由は，ふるさと納税額（寄付額）の大部分が所得税，住民税の控除対象となるためである。具体的には，2000円の実質負担で，寄付者の所得にもよるが数万円分の寄付が可能となる。寄付先は必ずしも出身地など寄付者に関わりのある土地（ふるさと）である必要はない。

地方政府は，ふるさと納税の寄付先になることを目指して競争を行うことになる。本来のふるさと納税の趣旨は，「見返りを求めない」という**利他的動機**

を理由とした「寄付」であり、寄付者は見返りを求めるものではないとされている。しかし、実際には、「見返りがあれば寄付を増やす」という利己的動機に基づき行動する個人も存在する。そのとき、ある地方政府が、寄付に対する見返りとして、地域の特産品などを「返礼品」として提供する場合、寄付を多く集めることが可能となると考えられる。寄付者は 2000 円以上の返礼品がもらえるのであれば、寄付をするインセンティブがあり、地方政府が他の地方政府との競争環境を念頭に戦略的な行動をとるのであれば、寄付額ギリギリの金額を返礼品に充当するまで、返礼品支出競争は過熱することになる。

4 自治体競争の理論

4.1 足による投票

地方政府の行動を住民が監視する方法として、通常は選挙があげられる。首長選挙や議会選挙を通じて、住民の意思が地方政府に反映される。地方政府の行動が住民の意思と異なる場合は、選挙で住民の意思が示され、現職の落選などを通じて政策の変更につながる。

一方で、住民は地方政府間の移動をすることで自らの意思や選好を示すことができる。自地域の政策が好ましくないのであれば、他地域に引っ越しをすればよいわけである。また、他地域の行政サービスが自分にとってより好ましい場合、移動を行うことで、自らの効用を高めることができる。こうした地域間移動を通じた住民の意思表明を足による投票と呼ぶ。

選挙による投票や足による投票によって、地方政府は他の地方政府との競争環境に置かれ規律づけが行われる。他の地方政府の行政サービスを基準（物差し）として、地方政府が行政サービスの水準で競争することをヤードスティック競争という。

4.2 租税競争

租税競争とは、地方政府が移動可能な課税客体を自地域に誘導するために、他地域よりも低い税率を課そうとして行う競争のことである。市場の失敗がない場合や、公平性や倫理性に反しない場合には、競争は望ましいものと考えられる。租税競争は自地域の税率設定が他地域の税収などに影響を及ぼすため、

第4章 自治体運営（再編・競争）と財政　117

表 4-3　租税競争（利得表）

		地方 2	
		10%	7%
地方 1	10%	10, 10	0, 14
	7%	14, 0	7, 7

市場の失敗の1つである外部性，とくに**財政的外部性**として捉えられている。

租税競争を簡単な標準形ゲームで表現してみよう。単純化のために，地方1と地方2の2地域を考える。各地域は地方税収を獲得するために，地方税率を設定する。地方税率は単純化のために10%と7%の地方法人税を課すものとする。

もともと，両地方には，利益100を生み出す企業が1社ずつ存在するとする。企業は生産拠点を自由に移動することができると仮定する。企業は両地方の地方法人税率を見て，税率の低い地域に移動することができる。もしも両地方の税率が同じであるのであれば，どちらで生産をしても租税負担は同じであるので，ここではもともと生産拠点のあった地域から移動をしないものと仮定する。

地方1と地方2の租税競争における利得表は表4-3のようになる。ここでは単純化のために，地域が取りうる税率は10%と7%の2つである場合を考える。もし仮に両地方がさまざまな税率をとりうる場合を想定しても，定性的な結論は変化しない。

地方1が10%，地方2が10%の税率を設定した場合，税率が同じであるため両地方から企業は移動をせず，地方1は10（＝企業利益100×税率10%），地方2は10（＝企業利益100×税率10%）の利得（税収）を得る。これらの利得は，表内の左上の10%と10%が交わる欄に（10, 10）として表記されている。ここでは，欄内の左の数字を地方1の利得，右の数字を地方2の利得である。同様に，たとえば，地方1が10%，地方2が7%の税率を課した場合，企業は税率の安い地方2に移動してしまうため，地方1は0（＝企業利益0×税率10%），地方2は14（＝企業利益200×税率7%）の利得を得る。その他の税率の組み合わせについても，同様に利得が計算できる。

ここで，ナッシュ均衡を復習しておこう。ナッシュ均衡は，最適反応の組み合わせとして定義される。最適反応とは，相手の行動を所与として自分にとっ

表4-4　租税競争における最適反応（利得表）

		地方2	
		10%	7%
地方1	10%	10, 10	0, ⑭
	7%	⑭, 0	⑦, ⑦

て最善の反応のことである。お互いがお互いに最適な反応をしあっているので，それ以上変化の余地がない状態，すなわち均衡となる。

　それでは，表4-4を使って，租税競争モデルの均衡を求めてみよう。地方2が10%を選択した場合の地方1の最適反応は，7%の税率を選択することである。なぜならば，もし地方1が税率10%を選択した場合の利得は10，税率7%を選択した場合の利得は14になり，税率を7%に設定する方が利得が大きいからである。

　次に，地方2が7%を選択した場合も，同様に地方1は税率7%が最適反応となる。この場合，地方1は税率10%を選択した場合の利得0と税率7%を選択した場合の利得7とを比較して大きい利得が得られる7%の税率を選択する。

　地方2の最適反応についても同様の考察が可能であり，地方1が10%を選択しても，7%を選択しても，税率を7%に設定する方が利得が大きく最適反応となる。

　租税競争のナッシュ均衡として，両地方は低い税率（7%）を設定することになり，利得は（7, 7）となる。これは，両地方が高い税率（10%）を設定した場合よりも，少ない税収となっている。多くの場合，地方政府は財源不足に陥っており，租税競争によって，本来必要とされる公共財供給や行政サービスの提供が滞る可能性がある。

　なお，政治経済学や公共選択論の文脈で指摘されるように政治家の利益誘導的な行動によって，地方歳出がそもそも拡大している可能性もある。そのような場合においては，租税競争の結果として歳出が抑制されるのであれば，競争による規律づけがうまく機能している例として捉えることが可能となる。

　本節では，国内の地方政府同士の租税競争として捉えられるが，同様のフレームワークで国家間の租税競争を捉えることも可能である。国家間の租税競争

によって，本来得られるべき税収が獲得できずに公共サービスが低下することを，**底辺への競争**（race to the bottom）と呼ぶ。

2016年に大きな話題を呼んだ機密文書（通称「パナマ文書」）には，租税回避地（タックス・ヘイブン）を利用して課税逃れをしていた可能性のある個人や法人の情報が記されていた。租税回避地の存在は，租税競争モデルの現実妥当性が高いことを示しており，国家の枠組みを超えた国際的な対応が求められる[3]。

PART Ⅲ　仕組み・政策・課題を学ぶ

1　地方公共団体間競争の実態と課題

地方公共団体間では，租税競争，企業誘致・人口（若者世帯）誘致のための補助金支出競争が行われている。

租税競争については，地方税法という国の法律で基準が定められているため，それほど研究が行われているわけではない。数少ない日本の租税競争の実証研究では，法人税において他地域の法人税率の平均と自地域の法人税率とが正の相関，すなわち他地域が税率を下げれば自地域も下げる傾向があることが指摘されている（田中, 2013）。**福祉競争**については，老人福祉費や児童福祉費などが対象として分析されている。おおむね正の相関が認められるとの指摘や，無相関であるといった研究結果もあり，分析対象によって結果が分かれている。なお，仮に正の相関が確認されていたとしても，これはあくまでも自他地域の税や支出項目について同じ方向への動きが観察されただけであり，租税競争やヤードスティック競争が実際に発生しているのかは今後の研究の進展が待たれるところである。

また，ふるさと納税制度に関する議論として，橋本・鈴木（2016）の整理によると，ふるさと納税制度が地方税原則の1つである応益性を満たしていない点や，返礼品が高額になってしまう点が指摘されている。ふるさと納税に関する先行研究では，ふるさと納税によってその他の寄付が抑制されたわけではな

---

3) タックス・ヘイブンを利用した租税回避とその国際的対応については，第10章 329～332頁を参照。

いことが示されつつも，ふるさと納税に期待される地域間格差の是正には規模の面から効果が小さいことが指摘されている。また，その背景として，ふるさと納税制度は，本来，利他的動機による寄付を期待して創設されたものの，実際には，返礼品を目当てとして利己的動機による寄付が行われていることも明らかとなっている。その結果，返礼品競争が過熱する状況になっており，監督官庁である総務省から是正するように通知が出される状況となっている。(西村ほか, 2017)

2 地方公共団体を超えたサービス提供（広域化）の取り組みと課題

　広域化とは，行政サービスを提供する地域を拡大する取り組みであり，具体的には，市町村が提供するすべての公共サービスを統合して行う**市町村合併**と，一部のサービスを統合する**広域行政**がある。以下では，この2つを解説する。

2.1 市町村合併の取り組み

　1つ目の広域化の手法として，「市町村合併」があげられる。第1次地方分権改革を受けて，基礎地方公共団体の行財政基盤の強化を目指して市町村合併が行われた。1999年から2006年度末まで集中的に行われた市町村合併を「平成の大合併」と呼ぶ。地方公共団体はそれぞれに首長や議会を有しているが，市町村合併によってそれらが合併に参加した地方公共団体間で統合される。短期間のうちに全国規模で市町村合併が実行されており，世界的にも珍しい事例であるといえる。

　市町村合併の背景には，(1)少子高齢化，(2)住民ニーズの多様化・複雑化，(3)住民の生活圏の拡大，(4)国や都道府県からの権限移譲の受け皿，(5)行財政改革，(6)広域的な地域整備への対応が必要であったことがあげられる。少子高齢化への対応とは，少子高齢社会の到来に対して，社会保障を安定的に供給することである。住民ニーズの多様化・複雑化への対応とは，生活水準の向上や情報技術の発展に伴って，市町村が担うべき仕事が複雑になり，より専門的な対応が必要となったことである。住民の生活圏の拡大への対応とは，モータリゼーションによって増えた住民の移動距離に合わせた市域の設定が求められ

ることである。そして，地方分権の流れを受けて，国からの**権限移譲**をするために一定の規模が必要であると考えられたことである。地方公共団体の組織を変更することで行財政の基盤強化につなげること，最後に，複数ある公共施設の再配置や道路整備，河川整備などの1つの市町村では範囲が狭いことで対応ができない事業への対応を市町村合併に求めたという背景がある。

市町村合併を促進するために，**合併特例法**が定められた。合併特例法には，(1) 合併特例債，(2) 市制への移行要件の緩和，(3) 議員特例，(4) 地方交付税の合併算定替，(5) 地方税の不均一課税などがあげられる。(1) **合併特例債**とは，合併後の地域の統一感を醸成するために行う事業の費用の95%まで地方債で充当することができ，元利償還金の70%が基準財政需要額に算入される地方債である。通常の地方債と比べてかなり有利な条件の地方債であるといえる。(2) **市制への移行要件の緩和**とは，町村の合併を促進するため，市制移行の要件が人口5万人であるところを合併団体に限り3万人に要件が緩和されたことである。(3) **議員特例**には，在任特例と定数特例の2つがあり，在任特例は現職議員が合併後も議席が維持できる特例，定数特例は合併後の選挙における定数を最大2倍にまで引き上げることができる特例である。(4) **地方交付税の合併算定替**とは，合併後の基準財政需要額と，合併前の各団体の基準財政需要額の合計を比較して，多い方の金額を利用して，交付額を決定する特例である。合併後10年間までは合併算定替で交付額が決定され，その後5年間をかけて，合併後の基準財政需要額（一本算定）に向けて段階的に縮小される制度である。これは，合併による地方交付税の減少を先延ばしすることで，市町村合併に対する抵抗感を弱めるために実施された。(5) **地方税の不均一課税**とは，合併前の市町村間で地方税率が異なる場合に合併直後に統一することで不都合が大きくなる場合には，5年間に限って不均一課税を認める特例である。

市町村数は1999年の3232団体から，2010年度には1727団体にまで減少した。図4-6には，日本地図に市町村数の減少率が網かけの濃さで示されている。西日本を中心に合併が進められ，広島や長崎のように70%を超える市町村数の減少を経験した都道府県もある。一方で，東京や大阪など，それぞれ1件の合併にとどまった都道府県もある。

図4-7は，市町村合併による規模の経済性の有無を歳出総額の側面から分析した結果である。市町村合併が一段落した2006年度決算値と平成の合併開始

122　第1部　財政の仕組み

図4-6　「平成の合併」による市町村数の変化

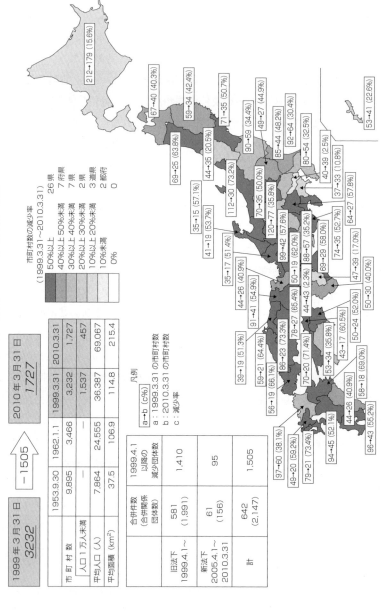

(出所) 総務省ウェブサイト「市町村合併資料集」。

図 4-7　市町村合併における未合併団体と合併団体の歳出総額の違い

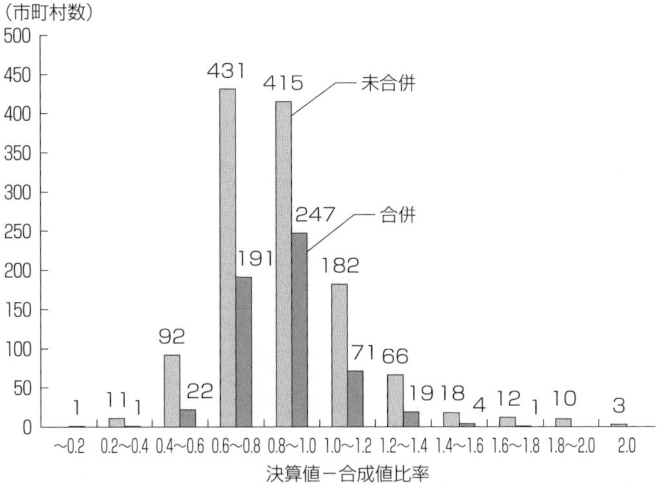

（市町村数）
500
450
400
350
300
250
200
150
100
50
0
未合併
合併
1
11
1
92
22
431
191
415
247
182
71
66
19
18
4
12
1
10
3
~0.2
0.2~0.4
0.4~0.6
0.6~0.8
0.8~1.0
1.0~1.2
1.2~1.4
1.4~1.6
1.6~1.8
1.8~2.0
2.0
決算値－合成値比率

（出所）　広田・湯之上（2013）。

前年である 1998 年度の類似団体平均の合計値（合成値）との比率を，合併団体と未合併団体とで比較したグラフとなっている。合成値の算出方法は，広田・湯之上（2013）に譲るが，市町村合併を行った結果である決算値と，もし市町村合併を行わなかった場合の仮想的な数値の比較を行っている。比較の対象とした類似団体とは，人口や産業構造が似通ったグループに分類された市町村群のことである。同一のグループに分類された市町村間において歳出水準などを比較する際に利用されてきている。

2006 年度は三位一体改革と時期が重なっているため，未合併団体において歳出削減努力が行われたこともあり，類似団体の 0.6～0.8 倍程度の歳出規模が最頻値となっている。一方で，合併団体は 2006 年度が合併直後であったこともあり，類似団体と比較して 0.8～1.0 倍の歳出規模となっている。

こうした結果は，合併が一段落した 2006 年度という 1 年分のデータを比較したことによって得られたものである。図 4-8 には，市町村合併後の決算値－合成値比率の平均値に関する年次推移のグラフが示されている。合併団体と未合併団体を比較すると，合併後間もない時期（2001 年ごろ）には，合併団体の方が未合併団体に比べて歳出規模が大きくなっているが，年を経るごとにその差は縮小し，2006 年度には平均値で見れば合併団体は未合併団体を下回る歳

図4-8 未合併団体と合併団体の歳出総額の推移

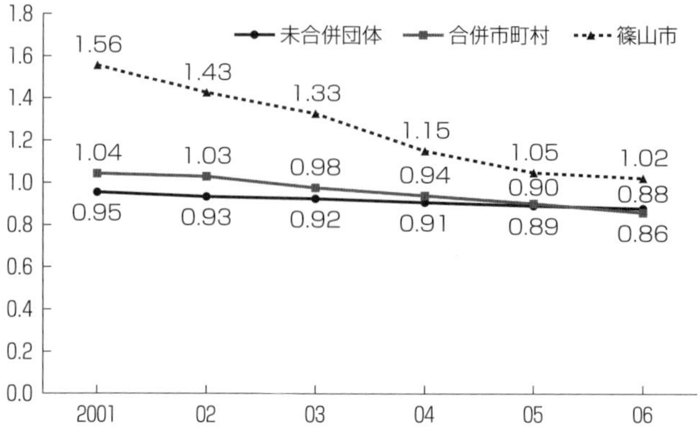

折れ線グラフ：
- 篠山市：1.56（2001）、1.43（02）、1.33（03）、1.15（04）、1.05（05）、1.02（06）
- 合併市町村：1.04（2001）、1.03（02）、0.98（03）、0.94（04）、0.90（05）、0.88（06）
- 未合併団体：0.95（2001）、0.93（02）、0.92（03）、0.91（04）、0.89（05）、0.86（06）

(出所) 広田・湯之上 (2013)。

出規模となっている。これは、三位一体改革を受けて行財政改革が急激に進んだこともあるが、規模の経済性が発揮された結果であると評価できる。なお、平成の合併第1号となる兵庫県篠山市は、合併特例債の使用などで歳出が大きくなり、類似団体と比較して1.5倍程度の歳出規模であったが、合併後7年が経過した2006年度には、ほぼ類似団体と同等の水準にまで歳出削減が進んでいる。

2.2 広域行政の取り組み

2つ目の広域化の手法として、「広域行政」があげられる。市町村合併という組織や市域の変更を伴わずに、既存の行政区域のまま、地方公共団体が行う広域行政の方法として、**一部事務組合**と**広域連合**の2つがあげられる。一部事務組合は、地方公共団体の事務の一部を他の地方公共団体と共同で処理する際に設立される。通常は個別の行政サービスごとに設立される。一方で、広域連合は、複数の行政サービスを処理するために設立され、多角的な対応ができるとされている。また、広域連合は上位政府からの権限移譲の受け皿になることも可能である。一部事務組合や広域連合の設置状況は、比較が可能な2006年度で比較すると、一部事務組合が1429団体であるのに対し、広域連合は107団体であった。

図4-9は、規模の経済性が発揮されやすいと考えられる介護費の総務費につ

第4章 自治体運営（再編・競争）と財政 125

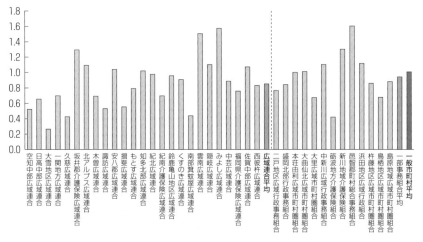

図 4-9 介護保険における総務費の決算値 - 合成値比率比較

(出所) Hirota and Yunoue (2008) より 2005 年度で再計算。

いて，一部事務組合および広域連合における値（一部事務組合および広域連合の決算値を，一部事務組合や広域連合が存在しないと想定した場合の合成値で除したもの）を比較したグラフである。団体ごとにバラツキはあるものの平均すると広域連合の方が総務費を抑制できていることが見てとれる。また，広域連合ほどではないが，一部事務組合も一般市町村と比較すると平均的に総務費が抑制傾向にある。

2.3 広域化の課題

広域化の課題として，地域間の統一感の醸成がなかなか進まない点があげられる。その背景の1つは行政サービスの負担のあり方にあると考えられる。直接的な費用として，行政サービスの経費を地域ごとに均等に割り振るのか，たとえば人口比で配分するのかで，負担感が異なってくる。また，間接的な費用として，仮に公共施設の統廃合が進んだとして，周辺地域の住民にとって中心部にある公共施設へのアクセスで時間的・金銭的な費用が発生してしまう。また，歴史的経緯で別々の地方公共団体であったものが，共同で，もしくは合併して行政サービスを行うためには，いろいろな利権や慣行，慣習を乗り越えていかねばならず，たとえば規模の経済性が働きうる水道事業において広域化が

Column⑤　NPM

　新しい公共経営（New Public Management: NPM）とは，民間活力の活用と行政管理手法の視点を取り入れて，行政サービスを工夫して提供していくことである。これは1980年代から欧米で取り組みが始まり，日本でも住民サービスの充実と財政再建の目的から取り組まれてきている。

　民間活力の活用として，行政サービスの民営化や指定管理者制度，Private Finance Initiative（PFI）などがあげられる。民営化は，文字どおり，政府が行っていた仕事を民間で実施することである。たとえば，交通事業などで民営化が検討実施されているし，国レベルでも交通事業（日本国有鉄道→JR各社），電信電話事業（日本電信電話公社→NTT各社），たばこなどの専売事業（日本専売公社→JT），郵便事業（日本郵政公社→日本郵政各社）などの民営化がある。指定管理者制度は，日本型の競争入札制度ともいわれ，公共部門が所有する施設の管理運営を民間に委ねる制度である。たとえば，駐車場や公園の管理，スポーツセンターやレクリエーション施設の管理などにこの手法が用いられている。第5章でも詳細に取り上げるPFIは，公共施設の建設から管理運営までを民間の資金や経営技術を用いて実施する手法である。学校や公民館，庁舎などと商業施設を併設して，公共目的を達成しつつ，民間の収益事業として成立するように工夫されている。民間資金の活用事例としては，**第三セクター**（地方公共団体と民間との共同出資法人）の設置があるが，第三セクターとは，組織の名前であり，手法であるPFIとは異なる。また，第三セクターでは，官民が明確な契約を交わすことなく事業が行われてきたが，PFIは公共部門との明確な契約に基づいて事業が運営される点が特徴である。

　また，従来の監査（外部監査を含む）に加え，新しい行政管理の方法として，行政評価の導入や公会計の改革などがあげられる。第1章PART Ⅲでは，国の行政評価について述べているが，地方公共団体においても同様である。行政評価の例としては**事務事業評価**があり，事務事業にかかった経費と生産物（アウトプット）や成果物（アウトカム）の大きさを比較して事業の妥当性を評価するものである。最近では，公開で事業のあり方を議論する**事業仕分け**や**行政事業レビュー**が話題になったが，これも行政評価の1つの形態である。公会計改革の特徴としては，**複式簿記**の導入や現金主義から発生主義への転換があげられる。複式簿記を導入することにより，資金の収支や流れ（フロー）だけでなく，資産や債務（ストック）を記載することで，全体的な財務状況の把握が可能になる。また**現金主義**から**発生主義**へ転換することで，債務の状況などを正しく捉えることが可能となる。たとえば，職員を採用した段階で将来の退職金が「発生」す

> るが，現金主義では退職金の負債を把握できない。なお説明責任の観点では，現金の出納をその都度記載する現金主義にも一定の合理性がある点は留意すべきであろう。

進まないことは，こうした課題の一例である。

3　地方公共団体が抱える今後の課題

　今後の課題として，**地方分権のトレードオフ**について押さえておく必要があるだろう。分権化定理で見たように地方のことは地方で行うことが効率的である一方で，租税競争や補助金競争，福祉競争のように地方間の競争が時として最適ではない結果をもたらすこともある。日本の地方公共団体が抱える問題への万能の解決策が地方分権改革ではないものの，利点と欠点の双方を踏まえて，制度設計を考えていく必要がある。

　地方分権を進展させていくと，権限移譲に加えて国から地方への財源移譲をした場合，三位一体改革で経験をしたように，都市部と地方部での財政力格差が拡大してしまう。Saito and Yunoue (2009) でも，簡単なシミュレーションを用いた分析で，都市部，とくに東京都に税収が集中してしまう，いわゆる東京問題が指摘されている。現状のようなフルセットの行政サービスを市町村が担うべきなのか，あるいは上位政府との補完的な関係で行政サービスを提供していくのかは，国民的な議論が必要である。

　地方公共団体が抱える近々の課題として，第5章 PART Ⅲ 第3節で詳細に触れるが，インフラの維持更新費用の増大があげられる。市町村合併の目的の1つであった広域的な地域整備が今まさに求められている。国・地方ともに多額の債務残高を抱える現状に加え，人口減少による財政負担能力が低下する近い将来を踏まえれば，合併前の各市町村がそれぞれに持っていた公共施設の統廃合が求められる。総論としての公共施設の統廃合には賛成でも，地元にある公共施設の廃止は一般的にどの地域住民も反対であり，総論賛成・各論反対の論調の中で，合併後の市町村には広域的な調整が期待される。

■ 練習問題

Q1：以下の空欄にもっとも適切な語句を入れてみよう。

　以下のような利得表で，地域Aと地域Bとが租税競争を行う。たとえば，地域Aが高税率を選択し，地域Bが高税率を選択した場合の地域Aの利得は（　①　），地域Bの利得は（　②　）となる。ナッシュ均衡とは，（　③　）の組み合わせとして定義される。まず，地域Aの最適反応について考える。地域Bが高税率を採用したときの地域Aの最適反応は（　④　）で，地域Bが低税率を採用したときの地域Aの最適反応は（　⑤　）となる。次に，地域Bの最適反応を求める。地域Aが高税率を採用したときには，地域Bの最適反応は（　⑥　），地域Aが低税率を採用したときには，地域Bの最適反応は（　⑦　）となる。したがって，ナッシュ均衡は（　⑧　，　⑨　）となる。

租税競争（利得表）

		地域 B	
		高税率	低税率
地域 A	高税率	14, 8	6, 10
	低税率	15, 0	10, 4

Q2：以下の点について自分の意見をまとめてみよう。

2.1　本文中で取り上げた企業誘致（たとえば，三重県）の取り組みを調べてみよう。企業誘致によって，地元経済や地方公共団体にどのような影響があったのかを考えなさい。また，企業が撤退してしまった結果，地元の地方公共団体の財政にどのような影響があったのかを考察しなさい。

2.2　合併が進んだ地域，合併が進まなかった地域はどこか。どうして進捗状況に差が出たのか，それぞれの地域の特徴などに触れながら理由を述べなさい。

■ 参考文献

神戸新聞（2016）「工場緑地率緩和バトル」『神戸新聞』2016年5月18日付朝刊。
田中宏樹（2013）『政府間競争の経済分析』勁草書房。
西村慶友・石村知子・赤井伸郎（2017）「ふるさと納税（寄付）のインセンティブに関する分析——個別自治体の寄付受け入れデータによる実証分析」日本地方財政学会編『日本地方財政研究叢書　第24号』勁草書房。
橋本恭之・鈴木善充（2016）「ふるさと納税制度の現状と課題」『会計検査研究』第54号，13～38頁。
広田啓朗・湯之上英雄（2013）「平成の大合併と歳出削減——規模の経済性と合併後の経過年数に関するパネルデータ分析」『地域学研究』第43巻第3号，325～340頁。
Hirota, H. and H. Yunoue (2008) "Does Broader-Based Local Government affect Ex-

penditure on Public Long-Term Care Insurance? The Case of Japan," *Economics Bulletin*, 8 (11), pp. 1-20.

Saito, S. and H. Yunoue (2009) "The Reform of Japanese Local Governments," S. Ichimura and R. Bahl ed., *Decentralization Policies in Asian Development*, World Scientific.

■ 参考資料

総務省ウェブサイト「地方財政関係資料」（http://www.soumu.go.jp/main_content/000150449.pdf）。

総務省ウェブサイト「平成 28 年度版 地方財政白書」（http://www.soumu.go.jp/menu_seisaku/hakusyo/chihou/28data/index.html）。

総務省ウェブサイト「市町村合併資料集」（http://www.soumu.go.jp/gapei/gapei.html）。

■ リーディングリスト

①中井英雄・齊藤愼・堀場勇夫・戸谷裕之（2020）『新しい地方財政論（新版）』有斐閣。

第3章，第4章で扱った地方財政に関して，豊富な事例やデータを用いながら，制度・理論・実証をバランスよく取り入れた教科書である。分析例も多く，学部のレポートや卒業論文の準備にも参考書として最適である。学部初級から上級にかけて，学生の習熟度に応じてそれぞれ味わいがあるので，繰り返し読んで欲しい教科書である。

②佐藤主光（2009）『地方財政論入門』新世社。

第4章で扱った地方分権改革を中心に捉えながら，地方財政制度と地方財政の理論を体系的に解説した教科書である。経済理論に基づいて解説が加えられており，経済学の応用範囲の広さを味わいながら最後まで読み進めることができるテキストである。地方財政論に興味を持ってくれる学生の裾野を広げる教科書といえる。

③松本睦（2014）『租税競争の経済学──資本税競争と公共要素の理論』有斐閣。

第4章で触れた租税競争について，より深く体系的に勉強したい人は，この本で勉強することをお勧めする。学部中級から大学院初級向けの教科書で，網羅的なサーベイがなされているので，卒業論文や修士論文で租税競争を扱いたいと考えている学生にとっては，必読書である。

第 2 部

歳　出

第5章

社会資本と公共事業

本章の目的

本章では，日本における家計・企業の経済活動に必須の社会資本とその整備である公共事業の状況を把握する。

そして，その効率的な整備，維持・管理を行ううえでの基準となる経済学的考え方や，それに基づく具体的な手法の理解を目的とする。

具体的には，PART Ⅰでは，空港，港湾，道路などの社会資本をその定義から把握し，現在の整備状況の投資額や整備主体の違いをデータから学ぶ。PART Ⅱでは，これまでの社会資本整備が政府のどのような計画のもとで行われてきたのか，そしてその整備にかかる投資額がどのように推移してきたのか，現状ではどの程度の社会資本が存在しているのかを学ぶ。さらに，その社会資本の効率的整備，維持・管理の基準となる経済学的考え方であるサミュエルソン条件とそれをもとにした社会資本整備の基準の1つである費用便益分析を学ぶ。PART Ⅲでは，いくつかの社会資本を具体例に，整備の現状と整備主体・財源内訳（財源負担を誰がするのか）を把握する。そして，現在の社会資本を取り巻く課題と解決の方向性を民間活用の視点からを学ぶ。

PART Ⅰ　財政の今（国・地方の役割）

1　社会資本・公共事業とは？

1.1　社会資本の定義

本章では社会資本の整備・運営とそれらに関わる資金について取り上げる。社会資本とは，英語でインフラストラクチャー（infrastructure）と呼ばれている。そして社会資本（インフラストラクチャー）は，国土交通省（2014）『国土交

通白書 2014　平成 25 年度年次報告』によると「古代ローマ人が使用したラテン語の『下部』を意味する『インフラ』と，『構造』を意味する『ストゥルクトゥーラ』から合成されたものであると言われている」と紹介されており，国民生活の基盤となる公共施設（例として，ローマの街道や水道が紹介されている）であるといえる。

　しかし，国土交通省（2014）『国土交通白書 2014　平成 25 年度年次報告』によると，「社会インフラ」と呼ばれる場合の社会資本（インフラストラクチャー）は，「各種公共サービスや制度一般を含めて論じられることもある」と紹介されており，本章では，「物理的な施設」のみを対象として「社会資本」と呼ぶ。

　また，「資本」は経済学では人々に直接の便益を与える消費財としてだけでなく，生産要素の 1 つとしても扱われ，「物的資本」，「人的資本」，そして「社会関係資本（ソーシャル・キャピタル）」という 3 つに分類することもできる。このとき，「物的資本」は整備・運営主体の別で「社会資本」と「民間資本」に分けられる。したがって，前述の「社会資本」は「物的資本」の分類の 1 つといえる。そして，「社会資本」に似た言葉として存在する「社会関係資本」は稲葉（2011）で紹介されているように，「人々の間の協調的な行動を促し，『信頼』『互酬性の規範』『ネットワーク（絆）』」といった社会的な仕組みを意味する。つまり，複数の個人からなるコミュニティが存在しなければ存在せず，その人間関係の違いが生産に影響を与えると考える「社会関係資本」は，「社会資本」とは異なる概念の資本といえ，本章の考察の対象外とする。

　「社会資本」はその時点で存在する資本としてのストックを意味する用語であるのに対し，一定期間の社会資本の増減としてのフローを意味する用語として，**公共事業**および**行政投資**が存在する。まず「公共事業」とは，本章では道路や港湾といった公共部門による社会資本の施設の整備を意味する。また，「行政投資」とは，社会資本の整備，運営にかかる投資のことである。この言葉の整理に基づくと，たとえば港湾における公共事業は，行政投資の事業別の項目（「港湾」）として把握することができる。すなわち，両者とも，社会資本ストックの追加的な整備としての「社会資本の変化分」（フロー）を意味することになる。なお，以下では，「公共事業」と「行政投資」を同義の言葉として

扱うことにする[1]。

1.2 社会資本の分類

本章では,「平成25年度 行政投資実績」から社会資本のフローの金額である公共事業(行政投資の実績)を,また,「日本の社会資本2012」から社会資本ストックの金額を把握するが,理解を深めるために,事業別や事業目的別の分類について説明する。

まず「平成25年度 行政投資実績」では,事業別に道路,港湾,空港,国土保全,農林漁業,住宅,都市計画,環境衛生,厚生福祉,文教施設,水道,下水道,工業用水,その他の14種に分類されている。また,「日本の社会資本2012」では,道路,港湾,航空,鉄道(①鉄道建設・運輸施設整備機構等,②地下鉄等),公共賃貸住宅,下水道,廃棄物処理,水道,都市公園,文教施設(①学校施設・学術施設,②社会教育施設・社会体育施設・文化施設),治水,治山,海岸,農林漁業(①農業,②林業,③漁業),郵便,国有林,工業用水道の17種に分類されている。さらに,米原・砂川(1994)では,公共部門によって整備される社会資本について,その役割から,事業目的別に生産基盤関係社会資本と生活基盤関係社会資本,国土保全関係社会資本の3部門に分けている。

しかし,事業目的別に関しては,本章では各年度の「行政投資実績」を公表する際に用いられている事業目的別の5部門(生活基盤投資,産業基盤投資,農林水産投資,国土保全投資,その他の投資)を採用する。以下では5部門に分けた社会資本(ストック)の特徴を説明する。

第1に,住民の便益を高めるための資本が**生活基盤社会資本**である。生活基盤社会資本は主に,地方公共団体の政策として地域の方針に従って整備・運営されている。そのため,この資本には,整備状況や運営方法において地域差が

---

[1] 長峯・片山(2001)18~20頁で指摘しているように,公共投資(本章でいう,社会資本の整備)に関するデータには,(1)国の一般会計予算上の「公共事業関係費」,(2)財政法上の建設公債発行の対象という点から定義される「一般公共事業費」,(3)国だけでなく地方公共団体による公共投資も合わせた「行政投資」,(4)国民経済計算の中で計算される公的総固定資本形成,などといった複数の種類が存在する。それぞれ,対象としている政府部門の範囲の違いや費目の違い(とくに用地費を含むか否か)があり,データを利用する際には目的に合わせて選択する必要がある。

第 5 章　社会資本と公共事業　　135

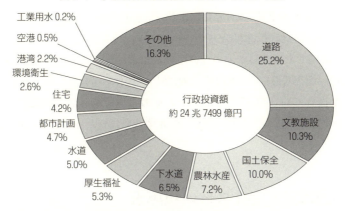

図 5-1　事業別行政投資額の構成比（2013 年度）

（出所）　総務省ウェブサイト「平成 25 年度 行政投資実績」15 頁。

存在する。第 2 に，社会の生産性を高めるための資本が**産業基盤社会資本**である。産業基盤社会資本は，空港，港湾，道路など，運営を国が行う場合と地方公共団体が行う場合があるものの，これまで主に，国の政策の一部として整備されてきた経緯がある。第 3 に，農道や林道，農地の区画，漁港の整備，といった第 1 次産業の生産性を高めるための資本が**農林水産社会資本**である。第 4 に，災害や環境汚染からの被害の縮小や防止を促進するため，治山，治水，海岸保全のための投資によって整備された資本が**国土保全社会資本**である。第 5 に，その他の社会資本は鉄道，地下鉄，電気，ガス等に関する資本である。

2　公共事業（行政投資）の今：フローの状況

図 5-1 には 2013 年度の公共事業（行政投資）費の総額と事業別の構成比が示されている。国と地方を合わせて，総額で約 24 兆 7499 億円[2] の投資が行われている。道路で約 6 兆 2262 億円（25.2％），港湾で約 5481 億円（2.2％），空港で約 1154 億円（0.5％），国土保全で約 2 兆 4727 億円（10.0％），農林水産で約 1 兆 7831 億円（7.2％），住宅で約 1 兆 328 億円（4.2％），都市計画で約 1 兆 1601 億

---

2)　東日本大震災・復興分の 9973 億 8900 万円を含む。

円 (4.7%), 環境衛生で約 6375 億円 (2.6%), 厚生福祉で約 1 兆 3059 億円 (5.3%), 文教施設で約 2 兆 5578 億円 (10.3%), 水道で約 1 兆 2454 億円 (5.0%), 工業用水で約 434 億円 (0.2%), その他で約 4 兆 219 億円 (16.3%) となっている。

前節で説明した事業目的別の 5 部門で確認すると, 生活基盤投資で約 11 兆 7652 億円, 産業基盤投資で約 4 兆 7069 億円, 農林水産投資で約 1 兆 7831 億円, 国土保全投資で約 2 兆 4727 億円, その他の投資で約 4 兆 219 億円になる。47.5% が生活基盤投資であり, 19.0% の産業基盤投資と合わせて, 66.5% を占めることになる。

3 社会資本の今：ストックの状況

日本における社会資本のストックは 2009 年度では 785 兆 8734 億 8200 万円である。内訳は, 表 5-1 で示されている。金額の割合で見ると, 道路が全体の 30% 以上を占める以外は, 下水道が唯一 10.4% である以外, いずれの社会資本ストックも 10% 未満である。日本における社会資本ストックは国土に張りめぐらされた道路が多くを占めていることがわかる。

4 国と地方の社会資本整備の分類

表 5-2 には事業目的別に, 事業主体別の行政投資額と構成比が示されている。2013 年度の事業主体別で見て国は約 5 兆 5970 億円（全体の 22.6%）, 都道府県は約 7 兆 8438 億円（同 31.7%）, 市町村は約 11 兆 3089 億円（同 45.7%）の投資を行っている。また, これを経費負担別で見ると, 国費は約 9 兆 5981 億円（全体の 38.8%）, 都道府県費は約 6 兆 3192 億円（同 25.5%）, 市町村費は約 8 兆 8324 億円（同 35.7%）になっている。なお, 国の事業費である約 5 兆 5970 億円に対して, 経費負担主体で見て, 国費の負担は 4 兆 7808 億円になっている。このことは, 国の事業として国費以外にも都道府県と市町村とが負担していることを意味する。さらに, 国の事業費以上の国費が使われていることも確認できる。

加えて, 表 5-2 には, 事業目的別に, 国と地方の経費負担も示されている。たとえば, 表 5-2 で経費負担別に見た事業目的別行政投資額で生活基盤社会資

表 5-1　2009 年度における社会資本の粗ストック（2005 年暦年基準）の金額

社会資本名			粗ストック（単位：兆円）(2005 暦年基準)	構成比（単位：%）
1		道路	254	32.3%
2		港湾	30	3.9
3		航空	4	0.5
4	①	鉄道（鉄道建設・運輸施設整備機構等）	6	0.8
	②	鉄道（地下鉄等）	10	1.3
5		公共賃貸住宅	47	6.0
6		下水道	82	10.4
7		廃棄物処理	15	1.9
8		水道	45	5.7
9		都市公園	10	1.3
10	①	文教施設（学校施設・学術施設）	73	9.2
	②	文教施設（社会教育施設・社会体育施設・文化施設）	17	2.2
11		治水	65	8.3
12		治山	12	1.6
13		海岸	7	0.9
14	①	農林漁業（農業）	74	9.4
	②	農林漁業（林業）	12	1.6
	③	農林漁業（漁業）	13	1.7
15		郵便	1	0.1
16		国有林	4	0.6
17		工業用水道	3	0.3
合　計			786	100.0

(出所)　内閣府ウェブサイト「日本の社会資本 2012」より筆者作成。

本への都道府県の投資額は約 2 兆 464 億円であった。この金額は表 5-2 の国・都道府県・市町村のそれぞれが実施する事業の中の都道府県費として記載されている金額の合計額に一致する。また産業基盤社会資本への投資額において国の事業費よりも経費負担の方が少なくなっており，逆に市町村の事業費よりも経費負担の方が多くなっていることがわかる。産業基盤社会資本に分類される事業（道路等）においては，市町村の経費負担が事業費よりも大きいことが原因である。また，産業基盤社会資本において，国の実施する事業に対して市町村の負担する経費は約 900 億円であり，市町村が主体的に実施する事業への市

表 5-2 事業目的別で見た事業実施主体別投資額内の経費負担

実施主体	経費負担主体	国の実施 合計	国費	都道府県費	市町村費
生活基盤	金額（単位：兆円）	3.00	3.00	0.00	0.00
	構成比（％）	100.0	99.9	0.0	0.0
産業基盤	金額（単位：兆円）	3.24	2.74	0.42	0.09
	構成比（％）	100.0	84.5	12.8	2.7
農林水産	金額（単位：兆円）	0.97	0.91	0.04	0.02
	構成比（％）	100.0	94.4	3.7	1.9
国土保全	金額（単位：兆円）	1.63	1.40	0.20	0.02
	構成比（％）	100.0	86.0	12.6	1.4
その他	金額（単位：兆円）	1.58	1.55	0.02	0.01
	構成比（％）	100.0	98.1	1.4	0.4
合計	金額（兆円）	5.60	4.78	0.68	0.14
	構成比（％）	100.0	85.4	12.2	2.4

実施主体	経費負担主体	市町村の実施 合計	国費	都道府県費	市町村費
生活基盤	金額（単位：兆円）	8.77	1.82	0.30	6.66
	構成比（％）	100.0	20.7	3.4	75.9
産業基盤	金額（単位：兆円）	0.10	0.02	0.00	0.08
	構成比（％）	100.0	19.0	4.3	76.8
農林水産	金額（単位：兆円）	0.47	0.13	0.08	0.27
	構成比（％）	100.0	27.6	16.0	56.4
国土保全	金額（単位：兆円）	0.14	0.02	0.01	0.10
	構成比（％）	100.0	15.9	8.3	75.8
その他	金額（単位：兆円）	1.82	0.32	0.06	1.44
	構成比（％）	100.0	17.3	3.5	79.2
合計	金額（単位：兆円）	11.31	2.30	0.45	8.55
	構成比（％）	100.0	20.4	4.0	75.6

（出所）総務省ウェブサイト「平成25年度 行政投資実績」より筆者作成。

町村の負担する経費である約800億円とほぼ同額の経費を負担していることがわかる。

　表5-3には，主要事業別で見た実施主体別および経費負担別の行政投資額が示されている。主要な個別事業で見ると，港湾と空港においてのみ，国の行政投資額を国の経費負担額が下回っていることがわかる。港湾においては市町村

主体別行政投資額（2013 年度）

都道府県の実施			
合計	国費	都道府県費	市町村費
2.30	0.49	1.75	0.06
100.0	21.3	75.8	2.8
2.13	0.74	1.36	0.02
100.0	35.0	64.2	0.9
0.92	0.45	0.43	0.04
100.0	48.6	46.7	4.7
1.18	0.45	0.71	0.01
100.0	38.2	60.8	1.0
1.32	0.38	0.93	0.01
100.0	29.0	70.6	0.4
7.84	2.51	5.19	0.14
100.0	32.1	66.1	1.8

合計			
合計	国費	都道府県費	市町村費
11.77	3.00	2.05	6.72
100.0	25.5	17.4	57.1
4.71	2.74	1.78	0.19
100.0	58.1	37.9	4.0
1.78	0.91	0.54	0.33
100.0	51.1	30.4	18.5
2.47	1.40	0.93	0.14
100.0	56.7	37.7	5.6
4.02	1.55	1.02	1.45
100.0	38.6	25.3	36.1
24.75	9.60	6.32	8.83
100.0	38.8	25.5	35.7

が，空港においては都道府県が多くの経費を負担していることが原因である。この背景には，費用負担の制度が関係している（詳細な制度については Part Ⅲ の第 2 節を参照）。たとえば，港湾の管理は地方公共団体が行っている。とくに横浜港や神戸港といった国の重要な港湾を横浜市や神戸市といった市が管理している。国の直轄事業も国がすべての費用を負担しているわけではないため，結

表 5-3 主要事業別で見た実施主体別，経費負担別

	事業別行政投資額 （単位：兆円）	行政投資額（単位：百万円）（下段は構成比（%））			
		合計	国	都道府県	市町村
道路	6.23	6.23 100	2.08 33	2.29 37	1.87 30
港湾	0.55	0.55 100	0.30 54	0.16 30	0.09 16
空港	0.12	0.12 100	0.10 88	0.01 11	0.00 1
国土保全	2.47	2.47 100	1.16 47	1.18 48	0.14 6
農林水産	1.78	1.78 100	0.39 22	0.92 52	0.47 27
住宅	1.03	1.03 100	0.24 23	0.27 26	0.52 50
都市計画	1.16	1.16 100	0.03 2	0.27 23	0.86 75
環境衛生	0.64	0.64 100	0.02 3	0.05 8	0.57 89
厚生福祉	1.31	1.31 100	0.02 2	0.37 28	0.92 70
文教施設	2.56	2.56 100	0.38 15	0.36 14	1.82 71
合計	24.75	24.75 100	5.60 23	7.84 32	11.31 46

（出所）　表 5-2 と同じ。

果として管理主体である市町村の経費負担が多くなっていると考えられる。空港にも同様の背景がある。

PART Ⅱ　歴史・理論を学ぶ

1　社会資本整備の歴史

1.1　計画の歴史

日本全体の社会資本の整備方針は，1962 年に国による国土全体の開発計画

行政投資額（2013 年度）

経費負担別に見た行政投資額（単位：百万円）(下段は構成比（%）)			
合計	国	都道府県	市町村
6.23	2.95	1.82	1.46
100	47	29	23
0.55	0.29	0.16	0.10
100	53	29	19
0.12	0.10	0.01	0.00
100	87	12	1
2.47	1.40	0.93	0.14
100	57	38	6
1.78	0.91	0.54	0.33
100	51	30	19
1.03	0.42	0.19	0.42
100	41	19	40
1.16	0.30	0.23	0.63
100	26	20	54
0.64	0.11	0.06	0.47
100	17	9	73
1.31	0.11	0.52	0.67
100	9	40	52
2.56	0.83	0.35	1.38
100	33	14	54
24.75	9.60	6.32	8.83
100	39	26	36

である**全国総合開発計画**（一全総）が閣議決定されたことに始まる。そして，この計画は 1998 年の「21 世紀の国土のグランドデザイン」（第 5 次全国総合開発計画，五全総）まで続くことになった[3]。

その後，国土総合開発計画は，急激な人口減少，高齢化，グローバル化の進展，東アジア諸国の発展，情報通信技術の発展を背景に**国土形成計画**（全国計

---

[3] 全国総合開発計画については，長峯・片山（2001）47～52 頁において，理念と結果がまとめられている。また奥野ほか（1994）22～25 頁では，全国総合開発計画とは別に，公共投資（本章では社会資本整備と呼ぶ）の各時代の理念やその展開を国の経済計画をもとに解説している。

図5-2 社会資本に関する公共

道路整備五箇年計画	1次 1954～1958年度	→→	11次 1993～1997年度	→
港湾整備五箇年計画 （9次から七箇年計画）	1次 1961～1965年度	→→	8次 1991～1995年度	→
下水道整備五箇年計画 （8次から七箇年計画）	1次 1963～1967年度	→→	7次 1991～1995年度	→
空港整備五箇年計画 （7次から七箇年計画）	1次 1967～1971年度	→→	6次 1991～1995年度	→
海岸事業五箇年計画 （6次から七箇年計画）	1次 1970～1974年度	→→	5次 1991～1995年度	→
特定交通安全施設等整備事業五箇年計画 （「交通安全施設等整備事業に関する緊急措置法」下での旧1次から旧2次までは三箇年計画，その後「交通安全対策基本法」下では五箇年計画，6次から七箇年計画）	旧1次 1966～1968年度	→→	5次 1991～1995年度	→
都市公園等整備七箇年計画 （6次から七箇年計画）	1次 1972～1976年度	→→	5次 1991～1995年度	→
急傾斜地崩壊対策事業五箇年計画	1次 1983～1987年度	→→	3次 1993～1997年度	→
治水事業七箇年計画 （9次から七箇年計画）	1次 1960～1964年度	→→	8次 1992～1996年度	→

（出所）　内閣府ウェブサイト「日本の社会資本2012」より筆者作成。

画）に名を変え，2008年に最初の計画が策定された。2015年には，巨大災害への対策や既設の社会資本の老朽化，食料・水・エネルギーの制約，地球環境問題といった背景も加えて考慮された新たな国土形成計画（全国計画）が策定され，現在の社会資本整備もこの計画に沿って行われている。

　なお，国土利用計画に基づき，3つの大都市圏整備計画（首都圏では首都圏基本計画と首都圏整備計画，事業計画，近畿圏では近畿圏基本整備計画と事業計画，中部圏では基本開発整備計画と事業計画）と地方開発計画（東北開発促進計画，北陸地方開発促進計画，中国地方開発促進計画，四国地方開発促進計画，九州地方開発促進計画）も策定されていた。その後，3つの大都市圏整備計画については，事業計

事業関係長期計画の推移

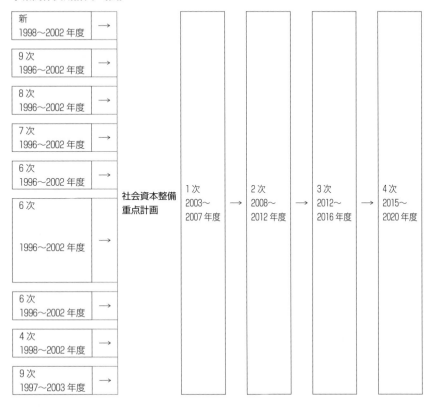

　画が廃止され，2006年に首都圏基本計画と首都圏整備計画は統合され首都圏整備計画に，2005年に近畿圏基本整備計画は近畿圏整備計画に，同じく2005年に中部圏基本開発整備計画は中部圏開発整備計画に変更になった。そして，2008年に全国総合開発計画から国土形成計画に変更になったことを受け，各地方開発計画は2009年に国土形成計画（広域地方計画）に吸収された。なお，大都市圏整備計画は国土利用計画を基本に，国土形成計画（広域地方計画）と調和するように策定されている。

　さらに，1950年代から策定された事業分野ごとの公共事業関係の長期計画には，道路整備五箇年計画などがあり，これらの計画をもとに社会資本の整備

が進められてきた。しかし，これらの長期計画に対して，資源配分を硬直化するなどの問題が指摘されたことを契機に，2001年度以降，順次見直しが行われ，それまでの16計画から6計画に統合された。とくに，図5-2で示すように，道路整備，港湾整備，下水道整備など，社会資本整備に関する9事業は社会資本整備重点計画に統合されている。2016年時点では，社会資本整備重点計画は第3次計画の途中であったが，①加速するインフラ老朽化，②脆弱国土（切迫する巨大地震，激甚化する気象災害），③人口減少に伴う地方の疲弊，④激化する国際競争，といった課題への対応として，2015年度から2020年度を計画期間とした第4次計画が作成，施行されている。

1.2 公共事業（行政投資）の推移

「平成25年度 行政投資実績」でこれまでの日本の公共事業の金額を確認する。まず，1958年度からの行政投資額は，81年度まで増え続け，その後は減少し，85年度を境に再び増加してバブル経済を迎えた。そして，バブル経済崩壊後も1993年をピークに若干の増減はあるものの，45兆円を超える一定の金額を維持していた。1998年度以降は全体的に減少傾向にあった。しかし，2012年度以降は2年連続で前年度を上回る行政投資額になっている。

表5-4には，1994年度以降の行政投資実績の金額と構成比が示されている。まず，事業別の行政投資額の推移を見ると，減少していた総額が2008年度以降は横ばいになっていることがわかる。また，1994年度と2013年度を比較すると，総額では約23兆789億円，約44％の減少になっている。事業別に見ると金額では道路の約5兆9824億円，農林水産の約2兆6120億円，下水道の約2兆7374億円の減少になっている。割合で見ると，空港の約74％，住宅の約65％，下水道の約63％の減少を確認できる。下水道への投資については減少額でも，減少率でも他の事業に比べて大きいことがわかる。

次に，表5-4から，直近20年分（1994年度以降）の行政投資実績の各年度の総額に占める事業別の構成比を見てみよう。その構成比は，約20年の間，ほぼ変わっていないことがわかる。

表5-5には，社会資本ストックに関して金額と構成比の推移が示されている。まず，総額は，「日本の社会資本2012」に掲載の最古のデータである1953年度の約15兆6167億円から2009年度の約785兆8734億円まで，約50倍にな

表5-4　事業別行政投資額の総額と構成比の推移

(単位：兆円，下段は構成比（％）)

区分	年度											
	1994	1995	2000	2005	2006	2007	2008	2009	2010	2011	2012	2013
道路	12.21 25.5	12.85 25.2	11.67 28.2	6.93 27.2	6.68 27.7	6.48 28.1	6.18 27.6	6.52 27.3	5.75 26.1	5.50 25.6	5.44 24.9	6.23 25.2
港湾	0.97 2.0	1.09 2.1	0.87 2.1	0.53 2.1	0.50 2.1	0.47 2.0	0.51 2.3	0.57 2.4	0.53 2.4	0.42 1.9	0.44 2.0	0.55 2.2
空港	0.44 0.9	0.47 0.9	0.25 0.6	0.17 0.7	0.21 0.9	0.31 1.4	0.35 1.5	0.37 1.5	0.24 1.1	0.10 0.4	0.09 0.4	0.12 0.5
国土保全	4.18 8.7	4.45 8.7	4.05 9.8	2.53 9.9	2.43 10.1	2.30 10.0	2.17 9.7	2.37 9.9	2.04 9.3	1.91 8.9	1.93 8.8	2.47 10.0
農林漁業	4.40 9.2	4.81 9.5	3.75 9.1	2.13 8.4	1.96 8.1	1.76 7.6	1.65 7.4	1.80 7.5	1.52 6.9	1.42 6.6	1.45 6.6	1.78 7.2
住宅	2.92 6.1	2.94 5.8	1.84 4.4	1.05 4.1	0.98 4.1	0.96 4.1	0.96 4.3	0.97 4.1	0.86 3.9	0.75 3.5	0.81 3.7	1.03 4.2
都市計画	2.45 5.1	2.72 5.4	2.11 5.1	1.39 5.5	1.36 5.6	1.32 5.7	1.29 5.8	1.30 5.5	1.09 4.9	0.97 4.5	0.99 4.5	1.16 4.7
環境衛生	1.48 3.1	1.44 2.8	1.32 3.2	0.73 2.9	0.64 2.6	0.58 2.5	0.53 2.4	0.58 2.4	0.55 2.5	0.57 2.7	0.58 2.6	0.64 2.6
厚生福祉	2.11 4.4	2.33 4.6	1.90 4.6	1.05 4.1	0.98 4.1	0.84 3.6	0.85 3.8	0.97 4.1	1.16 5.3	1.64 7.6	1.29 5.9	1.31 5.3
文教施設	4.10 8.6	4.09 8.0	2.84 6.9	1.89 7.4	1.82 7.5	1.84 8.0	1.84 8.2	2.36 9.9	2.32 10.6	1.99 9.3	2.16 9.9	2.56 10.3
水道	1.66 3.5	1.72 3.4	1.58 3.8	1.20 4.7	1.21 5.0	1.14 4.9	1.17 5.2	1.18 5.0	1.20 5.5	1.14 5.3	1.20 5.5	1.25 5.0
下水道	4.34 9.1	4.50 8.8	3.92 9.5	2.39 9.4	2.23 9.2	2.11 9.2	2.01 9.0	1.92 8.1	1.71 7.8	1.61 7.5	1.61 7.4	1.60 6.5
工業用水	0.09 0.2	0.10 0.2	0.08 0.2	0.05 0.2	0.05 0.2	0.04 0.2	0.05 0.2	0.04 0.2	0.04 0.2	0.04 0.2	0.04 0.2	0.04 0.2
その他	6.49 13.6	7.38 14.5	5.21 12.6	3.42 13.4	3.11 12.9	2.91 12.6	2.82 12.6	2.91 12.2	2.99 13.6	3.42 15.9	3.83 17.5	4.02 16.3
総額	47.83 100.0	50.89 100.0	41.39 100.0	25.47 100.0	24.15 100.0	23.06 100.0	22.39 100.0	23.86 100.0	21.99 100.0	21.47 100.0	21.87 100.0	24.75 100.0

(出所)　内閣府ウェブサイト「日本の社会資本2012」より筆者作成。

表 5-5 社会資本ストックの総額

区分	年度						
	1953	1954	1955	1960	1965	1970	1975
道 路	2.58 16.5	2.65 16.3	2.72 16.0	3.74 16.5	8.62 21.6	18.73 25.3	34.62 25.9
港 湾	1.29 8.2	1.31 8.1	1.34 7.9	1.65 7.3	2.66 6.7	4.34 5.9	7.09 5.3
航 空	0.01 0.0	0.01 0.0	0.01 0.0	0.01 0.1	0.04 0.1	0.19 0.3	0.55 0.4
鉄道（鉄道建設・運輸施設整備機構等）	0.00 0.0	0.00 0.0	0.00 0.0	0.00 0.0	0.05 0.1	0.47 0.6	1.65 1.2
鉄道（地下鉄等）	0.14 0.9	0.14 0.9	0.14 0.8	0.23 1.0	0.56 1.4	1.33 1.8	2.38 1.8
公共賃貸住宅	0.91 5.8	1.01 6.2	1.13 6.6	2.03 9.0	3.88 9.7	7.72 10.4	14.12 10.6
下水道	0.69 4.4	0.73 4.5	0.79 4.7	1.01 4.5	1.49 3.7	2.89 3.9	7.23 5.4
廃棄物処理	0.01 0.1	0.01 0.1	0.01 0.1	0.04 0.2	0.21 0.5	0.49 0.7	1.27 1.0
水 道	0.63 4.0	0.66 4.1	0.70 4.1	1.05 4.6	2.09 5.2	4.02 5.4	8.29 6.2
都市公園	0.50 3.2	0.53 3.2	0.53 3.1	0.57 2.5	0.63 1.6	0.78 1.1	1.15 0.9
文教施設（学校施設・学術施設）	4.05 25.9	4.10 25.1	4.14 24.4	4.50 19.9	5.82 14.6	8.57 11.6	14.19 10.6
文教施設（社会教育施設・社会体育施設・文化施設）	0.10 0.6	0.10 0.6	0.10 0.6	0.11 0.5	0.19 0.5	0.74 1.0	2.00 1.5
治 水	1.94 12.4	2.03 12.5	2.13 12.5	2.72 12.0	4.24 10.6	7.07 9.5	11.62 8.7
治 山	0.31 2.0	0.34 2.1	0.37 2.2	0.54 2.4	0.92 2.3	1.55 2.1	2.47 1.8
海 岸	0.36 2.3	0.37 2.3	0.38 2.3	0.56 2.5	0.98 2.5	1.36 1.8	1.91 1.4
農林漁業（農業）	0.99 6.3	1.10 6.7	1.21 7.1	1.96 8.7	4.04 10.1	8.06 10.9	14.46 10.8
農林漁業（林業）	0.66 4.2	0.69 4.3	0.72 4.2	0.91 4.0	1.27 3.2	1.93 2.6	2.85 2.1
農林漁業（漁業）	0.25 1.6	0.26 1.6	0.27 1.6	0.38 1.7	0.64 1.6	1.07 1.4	1.90 1.4
郵 便	0.03 0.2	0.03 0.2	0.03 0.2	0.04 0.2	0.05 0.1	0.11 0.1	0.19 0.1
国有林	0.19 1.2	0.22 1.4	0.26 1.6	0.53 2.3	1.14 2.9	1.90 2.6	2.54 1.9
工業用水道	0.00 0.0	0.01 0.0	0.01 0.0	0.07 0.3	0.37 0.9	0.73 1.0	1.27 0.9
総 額	15.62 100.0	16.32 100.0	16.99 100.0	22.66 100.0	39.89 100.0	74.04 100.0	133.74 100.0

（出所）　内閣府ウェブサイト「日本の社会資本 2012」より筆者作成。

と構成比の推移

(単位：兆円，下段は構成比（％）)

	1980	1985	1990	1995	2000	2005	2006	2007	2008	2009
	54.77	80.60	113.45	155.97	200.81	235.39	240.42	245.14	249.11	253.98
	25.6	26.6	28.2	29.4	30.4	31.5	31.7	31.9	32.1	32.3
	9.74	13.33	17.34	22.59	26.90	29.38	29.64	29.87	30.08	30.42
	4.5	4.4	4.3	4.3	4.1	3.9	3.9	3.9	3.9	3.9
	0.98	1.55	2.01	2.90	3.41	3.56	3.62	3.68	3.75	3.83
	0.5	0.5	0.5	0.5	0.5	0.5	0.5	0.5	0.5	0.5
	3.59	4.74	5.22	5.65	6.01	6.36	6.33	6.30	6.31	6.39
	1.7	1.6	1.3	1.1	0.9	0.9	0.8	0.8	0.8	0.8
	3.76	5.31	6.64	8.28	9.45	10.21	10.26	10.31	10.31	10.29
	1.8	1.7	1.7	1.6	1.4	1.4	1.4	1.3	1.3	1.3
	20.43	25.55	30.06	36.44	42.64	45.91	46.32	46.66	46.96	47.29
	9.5	8.4	7.5	6.9	6.4	6.1	6.1	6.1	6.0	6.0
	15.02	23.10	33.66	47.94	63.80	75.84	77.70	79.33	80.78	82.00
	7.0	7.6	8.4	9.0	9.7	10.1	10.2	10.3	10.4	10.4
	2.47	3.61	4.89	7.60	12.27	15.56	15.60	15.57	15.40	15.23
	1.2	1.2	1.2	1.4	1.9	2.1	2.1	2.0	2.0	1.9
	13.34	18.82	24.57	31.80	39.32	43.79	44.28	44.64	44.90	45.15
	6.2	6.2	6.1	6.0	5.9	5.9	5.8	5.8	5.8	5.7
	1.85	2.92	4.59	7.07	9.17	10.01	10.03	10.02	10.00	9.99
	0.9	1.0	1.1	1.3	1.4	1.3	1.3	1.3	1.3	1.3
	23.75	34.32	42.94	53.59	62.18	68.73	69.58	70.37	71.15	72.55
	11.1	11.3	10.7	10.1	9.4	9.2	9.2	9.2	9.2	9.2
	3.71	5.93	8.36	12.83	15.54	16.77	16.90	16.99	17.05	17.18
	1.7	2.0	2.1	2.4	2.4	2.2	2.2	2.2	2.2	2.2
	18.06	25.45	34.22	44.74	55.51	62.10	62.88	63.55	64.12	64.99
	8.4	8.4	8.5	8.4	8.4	8.3	8.3	8.3	8.3	8.3
	3.69	4.96	6.54	8.52	10.48	11.78	11.93	12.04	12.13	12.21
	1.7	1.6	1.6	1.6	1.6	1.6	1.6	1.6	1.6	1.6
	2.64	3.41	4.27	5.34	6.43	7.09	7.20	7.26	7.31	7.39
	1.2	1.1	1.1	1.0	1.0	0.9	0.9	0.9	0.9	0.9
	23.44	32.59	41.99	53.68	66.32	72.68	73.22	73.55	73.71	73.78
	10.9	10.7	10.4	10.1	10.0	9.7	9.6	9.6	9.5	9.4
	4.14	5.40	6.83	8.68	10.81	12.04	12.13	12.18	12.18	12.19
	1.9	1.8	1.7	1.6	1.6	1.6	1.6	1.6	1.6	1.6
	3.34	4.98	6.76	8.93	11.08	12.47	12.65	12.80	12.93	13.07
	1.6	1.6	1.7	1.7	1.7	1.7	1.7	1.7	1.7	1.7
	0.32	0.46	0.54	0.72	0.89	0.85	0.83	0.83	0.80	0.77
	0.2	0.2	0.1	0.1	0.1	0.1	0.1	0.1	0.1	0.1
	3.41	4.33	4.97	5.28	5.24	4.81	4.72	4.62	4.53	4.46
	1.6	1.4	1.2	1.0	0.8	0.6	0.6	0.6	0.6	0.6
	1.77	2.10	2.39	2.71	2.86	2.84	2.81	2.77	2.73	2.69
	0.8	0.7	0.6	0.5	0.4	0.4	0.4	0.4	0.4	0.3
	214.23	303.48	402.21	531.23	661.12	748.17	759.04	768.49	776.27	785.87
	100.0	100.0	100.0	100.0	100.0	100.0	100.0	100.0	100.0	100.0

っていることがわかる。とくに，増加の大きな事業として，道路は1953年度から約98倍，金額で見て約251兆4034億円の増加となっている。このほか，航空が約599倍，約3兆8233億円，鉄道（鉄道建設・運輸施設整備機構等と地下鉄等の合計）が約121倍，約16兆5449億円，下水道が約120倍，約81兆3165億円，廃棄物処理が約1475倍，約15兆2212億円，文教施設（社会教育施設・社会体育施設・文化施設）が約177倍，約17兆805億円，工業用水道が約809倍，約2兆6888億円の増加となっている。一方，都市公園は約20倍，約9兆4856億円，文教施設（学校施設・学術施設）は約18倍，約17兆905億円，農林漁業（林業）は約18倍，約11兆5280億円の増加と，増加割合の小さい事業である。

次に，表5-5から，社会資本ストックの構成比の推移を見てみよう。1953年度から2009年度までで，構成割合がもっとも大きくなった事業は道路であることがわかる（約16%ポイントの増加）。続いて下水道が6%ポイントの増加となっている。反対に，文教施設（学校施設・学術施設）は約17%ポイント減少し，港湾と治水もそれぞれ約4%ポイントの減少となっている。

以上より，道路や下水道は他の社会資本と比べて金額で見ても多くの資本が蓄積されてきており，構成比も大きくなっていることがわかる。また，文教施設（学校施設・学術施設）は他と比べて，ストックの金額の増加幅が小さく，構成比も小さくなっていることがわかる。

2　社会資本整備に関する理論

2.1　公共財の最適供給条件：サミュエルソン条件

政府により整備される公共財の供給量が望ましい水準かどうかを評価する基準が必要であろう。そのため，本節では，まず公共財の最適供給条件を理論的に導出する。

公共財とは，消費の非競合性と非排除性という2つの特徴を持つ財である。このうち，非競合性は複数の住民にとって財を等量消費できるような正の外部性（外部便益）を持つことを意味する。そして，非排除性は財の消費をフリーライド（ただ乗り）できることを意味する。したがって，住民の効用が私的財と公共財の消費量の増加によって高まると仮定すると，すべての住民が等しく

図5-3 公共財の最適供給

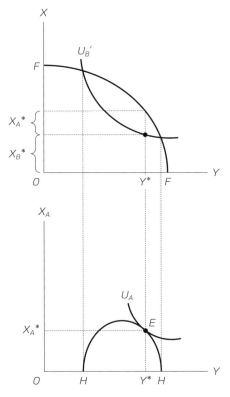

(出所) 西村・水谷 (1993) より筆者作成。

公共財を消費することになる。

このような特徴を持つ公共財の効率的な供給を行うための条件(最適供給条件:パレート最適な状態の達成条件)は、**サミュエルソン条件**と呼ばれている。ここでは、私的財と公共財が1種類ずつ存在する状態を仮定し、サミュエルソン条件について図を用いて説明する。なお、企業数は1社、2種類の生産物(Xを私的財、Yを公共財、ともに消費量の増加により効用が高まる上級財とする)を1つの資源 (w) を用いて生産し、生産可能性集合として $f(X, Y, w) = 0$ を想定する。このとき、資源 (w) をすべて使い切って生産できる私的財と公共財との組み合わせが生産可能性曲線になる。

図5-3(上図)では縦軸に私的財 (X)、横軸に公共財 (Y) の消費量を示して

いる。そして，曲線 FF は生産可能性曲線を示す。この曲線の傾きは，私的財で測った公共財の限界的な生産費用，つまり一定の資源のもとで公共財を1単位増加させるために，何単位分の私的財の生産をあきらめるかを意味する。これは生産の**限界変形率**（MRT：Marginal Rate of Transformation）と呼ばれる。いま，2人の消費者が存在している状況を考え，それぞれを消費者 A，B とする。また，消費者 A と B の私的財と公共財の消費量の組み合わせをそれぞれ (X_A, Y_A)，(X_B, Y_B) とする。なお，経済全体の私的財の生産量を X，公共財の生産量を Y とすると，財の性質から $X_A + X_B = X$，$Y_A = Y_B = Y$ が成り立つ。そして，各消費者の無差別曲線を U_A，U_B とする。無差別曲線の傾きはそれぞれの消費者にとって，公共財の消費量を1単位増加させたときに何単位の私的財を減少させることで効用水準を一定に保つことができるかを意味する。これは私的財と公共財の**限界代替率**（MRS：Marginal Rate of Substitution）と呼ばれ，消費者 A と B の限界代替率をそれぞれ MRS_A，MRS_B と表記する。

このような条件下での，パレート最適な状態は「ある消費者の効用を所与として，別の消費者の効用を最大にする資源配分の状態」である。ここで，消費者 B の効用水準を一定（U_B'）として図 5-3（上図）に書き込む。このとき消費者 A の私的財の消費可能な量は，経済全体で生産可能な財の量を示す生産可能性曲線 FF から垂直方向に U_B' を差し引いた量になる。公共財の消費量は消費者 A，B ともに Y^* である。なぜなら，Y は公共財であり，全員で等量消費できるからである。そして消費者 A の私的財と公共財の消費可能な量は**残余曲線**といい，図 5-3（下図）の中では曲線 HH で示される。さらに，消費者 A にとって消費可能な私的財と公共財の組み合わせの中で効用を極大化できる財の組み合わせは，消費者 A の無差別曲線と残余曲線とが接する点 E になる。このとき，消費者 A は (X_A^*, Y^*) を消費し，消費者 B は (X_B^*, Y^*) を消費する。なお，残余曲線 HH の傾きは，生産可能性曲線の傾き（MRT）から家計 B の無差別曲線の傾き（MRS_B）を差し引いたもの（$MRT - MRS_B$）である。また，点 E では残余曲線 HH と消費者 A の無差別曲線 U_A が接していることから，パレート最適な状態では，残余曲線 HH と消費者 A の無差別曲線 U_A の傾き（MRS_A）は等しくなる。したがって，点 E において $MRT - MRS_B = MRS_A$ が成立する。これを書き換えると，

$$MRS_A + MRS_B = MRT$$

になる。つまり,各消費者の限界代替率の和(社会全体での限界代替率)が限界変形率に等しい状態がパレート最適な状態を示しており,これがサミュエルソン条件といわれている。

このサミュエルソン条件が満たされないような状態,たとえば各消費者の限界代替率の和が限界変形率よりも小さい場合は公共財の過剰供給,大きい場合は過少供給を意味する。これは,限界変形率の和が公共財1単位の増加による効用の増加分を私的財の量で測ったものであり,限界変形率が公共財を1単位増加させたときの機会費用の増加分を私的財の量で測ったものであることから考えられる。たとえば,過剰供給の場合は公共財を減らすことで効用は減少するが,私的財の消費量をその分増やすことで,最終的に公共財の減少により減った効用を上回るだけの効用を得ることが可能である。なお,過少供給の場合も同様の考え方で説明可能である。

社会資本は公共財の性質を持ち,複数年間にわたって住民に便益を及ぼす消費財(主に,生活基盤関係)または企業の生産に用いる生産要素(主に,産業基盤関係)である。この社会資本の最適供給条件は Arrow and Kurz (1970) をはじめ,日本語の文献においても井堀(1996)や奥野ほか(1994)などで一般均衡理論分析および,日本のマクロ分析により詳細な解説がなされている。しかし,社会資本整備(公共事業)による便益と機会費用とが一致する水準が最適な供給状態であるという,最適供給条件の本質は公共財の場合と同じである。

2.2 費用便益分析

以下では,社会資本の整備を個別プロジェクトで行う場合に,現在,実行の可否を判断するために用いられる**費用便益分析**について紹介する。

この費用便益分析の基本的な考え方は,前述の社会資本の最適供給条件と同じである。まず,便益と費用について,政策の実施に必要な**社会的費用**と,その政策によって発生する**社会的便益**とを貨幣価値で測り比べる。次に,費用と便益を比較した複数の政策の中から優先順位をつける。その結果を受けて,政策実施の是非を決めることになる。つまり,費用便益分析とは,ある社会資本の整備において,限界便益の和が限界費用を上回るかどうか(過少供給状態

かどうか）を計算し，他の社会資本の整備における同様の計算結果と比較することで，もっとも効果的な社会資本の整備の仕方を選択できる方法である。

費用便益分析の理解を深めるために，例をあげて説明する。いま，政府がある社会資本の整備についての是非を考えているとする。今年度（1年目とする）に整備する社会資本から得られる社会的便益を B_1，そのための社会的費用を C_1 とする。T 年度（T 年目）までその社会資本が存在するとして，そのときの社会的便益を B_T，社会的費用を C_T とする。このとき，1年目の純便益（社会的便益から社会的費用を引いた値）は B_1 と C_1 の差（B_1-C_1）で計算できる。また，T 年目の純便益は B_T と C_T の差（B_T-C_T）になる。そして，社会資本の整備を行うかどうかの意思決定を今年度に行うため，今年度から T 年度までの純便益を足した値を計算して，社会資本の複数年度にわたる社会への影響を測ることになる。

ここで気をつけねばならないことは，評価を1年目に行うためには，2年目以降に評価される費用と便益の金銭価値について，1年目の値に変換する必要性である。多くの人は今年度に100万円もらう状況と，来年度に100万円もらう状況との選択ができるとしたら，今年度にもらった方が「お得」に思うだろう（今年度100万円もらって預貯金すれば，来年度には少なくとも元利合計で100万円以上にはなっているため，来年度に100万円もらうよりはましである）。したがって，2年目以降の純便益については社会的割引率 r を使って割引現在価値化した値を用いることになる。以上より，t 年度までの純便益の割引現在価値は

$$(B_1-C_1)+\frac{(B_2-C_2)}{(1+r)}+\frac{(B_3-C_3)}{(1+r)^2}+\cdots+\frac{(B_T-C_T)}{(1+r)^{T-1}}=\sum_{t=1}^{T}\frac{(B_t-C_t)}{(1+r)^{t-1}}$$

になる。予算の範囲内で，この値がゼロより大きいこと，そして，他の社会資本の整備よりも大きな値であることが，この社会資本を整備するかどうかの判断基準になる[4]。

---

4) なお，社会的便益の測定については**補償需要（ヒックス型需要関数）**を用いた消費者余剰の計測によって行われることが望ましいが，観測が困難であるため，実際にはマーシャル型需要関数が用いられることになる。

PART III　仕組み・政策・課題を学ぶ

1　社会資本の概要

　この節では，日本の社会資本の中でも構成割合の大きい，生活基盤社会資本と産業基盤社会資本の一部について，「公営企業年鑑　第62集」および総務省 (2016)『平成28年版　地方財政白書（平成26年度決算）』より，具体的な資本の数量（施設数など）を紹介する。

1.1　生活基盤社会資本：水道，公共施設

　以下では，生活基盤関係社会資本を構成する主要な事業として，水道，公共施設のうちの道路，公営住宅等，公園，下水処理施設，などを取り上げ，その概要を説明する。

(1)　水　　道

　2013年度において地方公共団体が経営する水道事業の数は2112事業，そのうち上水道事業は1352事業，簡易水道事業は760事業となっている。

(2)　公共施設

　公共施設とは，①道路，②公営住宅等，③公園，④下水処理施設，⑤ごみ処理施設，⑥保育所，⑦高齢者福祉施設，⑧教育施設，⑨文化および体育施設に分けられる。以下で，主要な公共施設の整備状況を概観する。

　①道路（市町村道）　2015年4月1日における地方道の実延長は115万6253 km，面積は8480.9 km^2 となっている。そのうち，行政投資実績において生活基盤関係社会資本に分類される市町村道の実延長は102万7955 km，面積は6648.8 km^2 となっている。

　②公営住宅等　2014年度末における公営住宅等（「公営住宅法」〔昭和26年法律第193号〕に定める公営住宅，「住宅地区改良法」〔昭和35年法律第84号〕に定める改良住宅および地方公共団体が独自に建設する単独住宅）の総戸数は約240万戸である。

　③公　　園　2014年度末における都市公園等（地方公共団体等が都市計画区域内において設置し，管理している施設で，公園としての実態を備え，一般の利用に供しているものを含む。なお，児童遊園は除く）の数は13万772箇所で，その面積

は 1356.0 km² となっている。都市公園等を設置者別に見ると，市町村が設置したものが 12 万 9776 箇所，1080.2 km² で，総箇所数の 99.2％，総面積の 79.7％ を占めている。

また，その他の公園（都市計画区域外に設置されている街区公園，運動公園等の公園。なお，自然公園は除く）の数は 6608 箇所で，その面積は 170.5 km² となっている。このうち市町村立の公園の数は 6344 箇所で，その面積は 134.3 km² となっている。

④下水処理施設　汚水（し尿および生活雑排水）および雨水を処理する施設としては，公共下水道，農業集落排水施設，漁業集落排水施設等があり，また，汚水を処理する施設としては，合併処理浄化槽等がある。これらの下水処理施設のなかでも中心的な施設である公共下水道について見ると，2014 年度末における現在排水人口（供用開始している排水区域内の人口）は，約 9881 万人である。

⑤ごみ処理施設　ごみの処理は，焼却処理，埋立処理，高速堆肥化処理等の収集処理のほか，自家処理により行われている。2014 年度末における収集処理人口は約 1 億 2787 万人で，その年間総収集量は約 4089 万トンとなっている。

⑥保育所　2014 年 10 月 1 日における公立の保育所数（季節保育所を除く）は 1 万 248 箇所，延面積は約 772 万 m² となっている。

⑦高齢者福祉施設　2014 年 10 月 1 日における公立老人ホーム数は 781 箇所である。各施設の箇所数の老人ホーム総数に占める割合を種類別に見ると，居宅において養護を受けることが困難な 65 歳以上の者を養護する「養護老人ホーム」が 42.0％ となっている。そのほか，常時の介護を必要とし，かつ，居宅においてこれを受けることが困難な 65 歳以上の者を養護する「特別養護老人ホーム」が 48.7％ になる。また，60 歳以上の単身者または夫婦のどちらか一方が 60 歳以上であることを入居条件として，無料または低額な料金で食事の提供その他日常生活上必要な便宜を供与する「軽費老人ホーム」（A 型・B 型・ケアハウス〔C 型〕）が 9.3％ となっている。

⑧教育施設　2015 年 5 月 1 日における公立高等学校数は 3604 校である。また，1 つの学校において一体的に中高一貫教育を行う中等教育学校は 31 校である。

⑨文化および体育施設　2014年度末の公立の文化施設の状況は，次のとおりである。県民会館，市民会館および公会堂は3344箇所で，延面積は1404万m^2となっている。また，図書館は3267箇所，博物館（美術館，動物園，水族館等を含む）は851箇所となっている。

2014年度末の公立の体育施設の状況は，次のとおりである。体育館は6587箇所，陸上競技場は1060箇所，野球場は4129箇所，プールは3754箇所となっている。

1.2　産業基盤関係社会資本：空港・港湾・道路

以下では，産業基盤関係社会資本を構成する主要な事業としての空港，港湾，道路を取り上げ，その概要を説明する。

(1)　空　港

2016年の時点で，日本の空港は97箇所を数える。内訳は，成田国際空港や大阪国際空港などの拠点空港[5]が28箇所，花巻空港，静岡空港などの地方管理空港が54箇所，その他の空港が7箇所，共用空港[6]が三沢飛行場など8箇所になる。

航空法が制定された1952年，国内空港の数は6箇所であったが，その後，高度経済成長期を迎え，空港整備法の制定された56年には15箇所，安定成長期に入る73年には67箇所，そしてバブル景気の中の90年には87箇所となった。なお，空港の整備水準を滑走路延長で確認したところ，1975年では93.4km，80年では123.3kmであったが，2005年では215.6km，2010年では232.1kmと，35年間で約1.5倍に伸びている。1975年以降に拠点空港として成田国際空港，新千歳空港，関西国際空港，中部国際空港の4箇所が新たに開港し，18箇所の地方管理空港が開港している。このほか，6箇所のその他の空港も開港している。また，航空機の大型化やジェット化への対応を理由に，従来の都心部に近い立地から郊外部へ移設した空港も秋田空港や北九州空港，青森空港のように存在している。

---

5)　国土交通省航空局（2016）によると，拠点空港とは，「国際航空輸送又は国内航空輸送網の拠点となる空港」を意味する。このほか，地方管理空港は「国際航空輸送網又は国内航空輸送網を形成する上で重要な役割を果たす空港」を意味する。

6)　共用空港は，自衛隊ならびにアメリカ軍と共同利用している空港である。

(2) 港　湾

　2016 年の時点で，日本の港湾は 994 箇所を数える。港湾の種類[7]による分類の内訳は，**国際戦略港湾**が 5 箇所（そのうち，都道府県が港湾管理者の港湾は東京港の 1 箇所，市町村は横浜港，川崎港，大阪港，神戸港の 4 箇所），**国際拠点港湾**が 18 箇所（都道府県管理が 11 箇所，市町村管理が 4 箇所，一部事務組合管理が 3 箇所），**重要港湾**が 102 箇所（都道府県管理が 82 箇所，市町村管理が 16 箇所，港湾局管理が 1 箇所，一部事務組合管理が 3 箇所），**地方港湾**が 808 箇所（都道府県管理が 504 箇所，市町村管理が 304 箇所）になる。そして，56 条港湾が 61 箇所になる。

　1950 年に港湾法が制定され，51 年には港湾法施行令によって国内港湾の種類（港格）は重要港湾（特定重要港湾を含む）と地方港湾に分けられるようになった。1951 年の重要港湾の数は 63 箇所（そのうち 8 箇所が特定重要港湾）であった。その後，港湾区域の統合[8]や港格の変更[9]が行われたことにより数の変更はあった。そして，港湾の種類が現行のものになった 2011 年の「港湾法施行令の一部を改正する政令案要綱」が公布・施行される直前では，重要港湾は 125 箇所（そのうち 23 箇所が特定重要港湾）となった。なお，2011 年から重要港湾の中で特定重要港湾に分類されていた港湾が国際戦略港湾と国際拠点港湾に分かれ，その他の重要港湾とは異なる種類として分類されている。

　「日本の社会資本 2012」によって，港湾の整備水準を国際海上コンテナバースの港湾岸壁延長で確認したところ，1975 年では 4.8 km であったが，2010 年

---

7) 国土交通省港湾局（2016）94 頁によると，国際戦略港湾とは，「長距離の国際海上コンテナ運送に係る国際海上貨物輸送網の拠点となり，かつ，当該国際海上輸送網と国内海上輸送網とを結節する機能が高い港湾であって，その国際競争力の強化を重点的に図ることが必要な港湾として政令で定めるもの」である。また，国際拠点港湾は「国際戦略港湾以外の港湾であって，国際海上輸送網の拠点となる港湾として政令で定めるもの」である。重要港湾は「国際戦略港湾及び国際拠点港湾以外の港湾であって，海上輸送網の拠点となる港湾その他の国の利害に重大な関係を有する港湾として政令で定めるもの」である。地方港湾は「国際戦略港湾，国際拠点港湾及び重要港湾以外の港湾（概ね地方の利害に係る港湾である）」である。そして，56 条港湾とは「港湾区域の定めのない港湾で，都道府県知事が水域を公告したもの」である。

8) 2008 年に日立港，大洗港，常陸那珂港の 3 港が統合され，茨城港になった。また，2012 年に石巻港が仙台塩釜港に統合されている。

9) 2000 年に石狩港，大湊港，福井港，八幡浜港，青方港，水俣港の 6 箇所の港湾は重要港湾の指定を解除され，地方港湾となっている。

では 24.8 km と，35 年間で約 5.2 倍に伸びている。

(3) 道路（高速自動車国道，一般国道，都道府県道）

「道路統計年報 2015」によれば，日本における道路の整備状況は，2014 年 4 月 1 日時点で見て，産業基盤関係社会資本の高速自動車国道で 8427.7 km，一般国道で 5 万 5626.3 km（このうち国が管理する指定区間（直轄国道）は 2 万 3708.9 km，指定区間外（補助国道）は 3 万 1917.5 km），都道府県道で 12 万 9301.4 km（このうち主要地方道は 5 万 7872.2 km，一般都道府県道は 7 万 1429.2 km）になる。そして，生活基盤関係社会資本として分類される市町村道で 102 万 5416.2 km になる。これらの合計 121 万 8771.6 km（一般道路では 121 万 343.9 km）が整備されている。

「日本の社会資本 2012」によると，「改良済み（車道幅員 5.5 m 以上）かつ混雑度 1.0 未満の延長を道路実延長で除した率」である国道整備率は，1980 年では 61% であったが，2010 年では 65.8% と，30 年間で 4.8% ポイント増えている。また，高速自動車国道と一般国道自動車専用道路とを合わせた，高規格幹線道路の供用延長でも確認したところ，1990 年では 5074 km だったが，2010 年では 9855 km と，20 年間で約 1.9 倍に延伸していることがわかる。

2　社会資本の整備・運営の仕組み[10]

2.1　整備主体

表 5-6 には，主要な社会資本の整備主体がまとめられている。日本における社会資本の整備主体は，国，都道府県，市町村のほか，独立行政法人や民間企業等も考えられる。このうち，国と地方の役割分担については，基本的に住民に身近な社会資本の整備は地方が，便益が広域に及ぶ社会資本の整備は国が主体となって行っている。これは社会資本の便益のスピルオーバーを考慮し，各社会資本の便益の及ぶ範囲に対応する形で供給主体の選ばれることが効率性の観点から望ましいという地方公共財の理論[11]に基づく考え方に合致する。

---

10) 本節は「日本の社会資本 2012」をもとにしている。
11) 詳しくは第 3 章を参照。

表 5-6　主要な社会

種類		整備主体
道路	◇一般道路	
	・国道	国，都道府県，政令市
	・都道府県道	都道府県，政令市
	・市町村道	市町村
	◇有料道路	各高速道路株式会社，地方道路公社等
港湾	◇港湾	国，港務局，地方公共団体
航空	◇空港	国，地方公共団体，成田国際空港株式会社，関西国際空港株式会社，中部国際空港株式会社
鉄道	◇鉄道	民間事業者，第三セクター，(独)鉄道建設・運輸施設整備支援機構
	◇公共賃貸住宅	
	・公営住宅	地方公共団体
	・特定優良賃貸住宅	地方公共団体
水道	◇水道	市町村等
下水道	◇下水道	都道府県，市町村
	◇廃棄物処理	
	・一般廃棄物	市町村等
	・産業廃棄物	民間事業者等
文教	◇学校（小，中，高等学校，大学，高等専門学校，幼稚園等）	国，都道府県，市町村，学校法人，国立大学法人，公立大学法人，(独)国立高等専門学校機構
治水	◇治水	
	・河川	
	一級河川	国，都道府県・政令市（指定区間）
	二級河川	都道府県・政令市
	準用河川	市町村
	・砂防	国，都道府県，市町村
治山	◇治山	国，都道府県等
海岸	◇海岸	国，都道府県，市町村等
農業漁業	◇農業基盤	土地改良区，国，都道府県，市町村等
	◇林道，造林	国，都道府県，市町村等
	◇漁港，沿岸漁場整備	国，地方公共団体等
厚生福祉	◇保険医療施設	
	・保健所	都道府県，政令市
	・病院	国，都道府県，市町村，医療法人等
電気通信	◇電気通信	民間事業者

（出所）　内閣府ウェブサイト「日本の社会資本 2012」15 頁および総務省ウェブサイト「平成 25 年度　行政

資本の整備主体

主な根拠法	行政投資実績事業目的別の5部門
道路法	
	産業基盤投資
	産業基盤投資
	生活基盤投資
道路整備特別措置法	「行政投資実績」には含まず
港湾法	産業基盤投資
空港法，成田空港株式会社法，関西国際空港株式会社法，中部国際空港の設置及び管理に関する法律	産業基盤投資
鉄道事業法，軌道法，全国新幹線鉄道整備法	その他の投資
公営住宅法	
公営住宅法	生活基盤投資
特定優良賃貸住宅の供給の促進に関する法律	生活基盤投資
水道法	生活基盤投資
下水道法	生活基盤投資
施設廃棄物の処理及び清掃に関する法律	
	生活基盤投資
	「行政投資実績」には含まず
学校教育法	生活基盤投資
河川法	国土保全投資
砂防法，地すべり等防止法，急傾斜地の崩壊による災害の防止に関する法律	
森林法，地すべり等防止法	国土保全投資
海岸法	国土保全投資
土地改良法	農林水産投資
森林法	農林水産投資
漁港漁場整備法	農林水産投資
	生活基盤投資
地域保健法	
医療法	
電気通信事業法	その他の投資

投資実績」より筆者作成。

表 5-7　都道府県と市町村による普通建設事業費

区　分	性質別内訳					
	都道府県		市町村		純計額	
	金額	構成比	金額	構成比	金額	構成比
補助事業費	4,122,707	57.4	3,945,208	47.6	7,741,615	52.4
単独事業費	2,425,577	33.8	4,172,121	50.3	6,336,425	42.9
国直轄事業負担金	635,468	8.8	65,090	0.8	700,557	4.7
県営事業負担金	−	−	111,280	1.3	−	−
合　計	7,183,751	100.0	8,293,698	100.0	14,778,598	100.0

(出所) 総務省 (2016)『平成 28 年度 地方財政白書 (平成 26 年度決算)』より筆者作成。

2.2　整備費用の負担

　社会資本の整備は，各種法令等に基づき，費用を整備主体および他の関係する主体間で分担する事業と，整備主体単独で負担する事業に分かれる。国が負担する事業については，**直轄事業**と**補助事業**があり，直轄事業といえども便益を地域住民が受ける場合に地方公共団体も一定の費用を負担することがある。国の直轄事業における地方公共団体の負担を，**国直轄事業負担金**と呼ぶ。また，都道府県も県営事業のうち一定の費用を市町村に負担させており，これを県営事業負担金と呼ぶ。なお，負担率は事業ごとに定められている。また，「負担率については，国の施策としての事業の重要性・緊急性，事業の特性及び規模，受益の範囲，同種事業の補助率等とのバランスを総合的に勘案し，適切な率を設定する」(「日本の社会資本 2012」16 頁より引用) とされている。

　表 5-7 には，都道府県と市町村による普通建設事業費の性質別内訳と財源別内訳が示されている。地方公共団体の社会資本整備のための**普通建設事業費** (2014 年度) は，都道府県で 7 兆 1837 億 5100 万円，市町村で 8 兆 2936 億 9800 万円になる。都道府県と市町村の性質別内訳を見ると，それぞれの地方公共団体の単独事業費以外に，先ほど説明した補助事業費，国直轄事業負担金と県営事業負担金を確認できる。都道府県は性質別の歳出内訳を見ると，補助事業がもっとも多い。また，財源で見ると国庫支出金が一般財源より多い金額になっ

の性質別内訳と財源別内訳（2014年度）

(単位：百万円, %)

区 分	財源内訳					
	都道府県		市町村		純計額	
	金額	構成比	金額	構成比	金額	構成比
国庫支出金	1,980,178	27.6	1,343,954	16.2	3,324,263	22.5
分担金,負担金,寄附金	127,218	1.8	39,401	0.5	90,809	0.6
財産収入	18,177	0.3	12,706	0.2	30,885	0.2
地方債	2,312,333	32.2	2,917,753	35.2	5,272,036	35.7
その他特定財源	1,247,384	17.2	1,769,988	21.3	2,412,373	16.3
一般財源等	1,498,461	20.9	2,209,896	26.6	3,648,232	24.7
合 計	7,183,751	100.0	8,293,698	100.0	14,778,598	100.0

ていることがわかる。

なお，2010年6月に地域主権戦略大綱が閣議決定されて以降，市町村への権限移譲，国庫支出金（ひも付き補助金）の一括交付金化，直轄事業負担金制度の見直し等の取り組みが進められた。また，補助制度の改革に関しては，「平成22年度に国土交通省所管分野で社会資本整備総合交付金が，農林水産省所管分野で農山漁村地域整備交付金が創設され，平成23年度には投資補助金を所管するすべての省庁の補助金を一括化する地域自主戦略総合交付金が創設され，これまでの個別事業ごとの補助制度から，地方公共団体にとって自由度が高く，創意工夫を生かせる総合的な交付金制度への移行が進んでいる。また，直轄事業負担金制度については，平成22年度に事務費に関するもの，平成23年度には維持管理に関するものが廃止され，地方の負担が軽減されている」（「日本の社会資本2012」16頁より引用）。

以上のように，社会資本の整備に関しては，国と地方との費用負担の改革の行われている様子がうかがえる。そこで，次に港湾と空港を例に，国と地方公共団体での整備費の負担について確認する。表5-8および表5-9には，港湾および空港に関する整備事業等の国の負担率と補助率が示されている。

表5-8および表5-9より個別の事業を確認すると，港湾も空港も役割によって細かく国の補助率や負担率について決められていることがわかる。なお，

表 5-8 港湾整備事業等の負担率，補助率

所管	事業区分			水域・外郭施設		係留施設	
港湾局	国際戦略港湾	直轄	2/3	国際海上ターミナルに関わる航路・防波堤，耐震強化岸壁	7/10	国際戦略港湾における高規格コンテナターミナルにかかる耐震強化岸壁（水深16m以深）	
					2/3	国際戦略港湾における高規格コンテナターミナルにかかる耐震強化岸壁（水深14m〜16m未満）	
			5.5/10	—	5.5/10	—	
			5/10	港湾法第52条第1項第5号に基づく直轄工事にかかるもの	5/10	港湾法第52条第1項第5号に基づく直轄工事にかかるもの	
		補助	5/10	—	5/10	—	
			4/10	小型船だまり等にかかる小規模な施設	4/10	小型船だまり等にかかる小規模な施設	
	国際拠点港湾	直轄	2/3	国際海上ターミナルに関わる航路・防波堤，耐震強化岸壁	2/3	国際海上ターミナルに関わる航路・防波堤，耐震強化岸壁	
			5.5/10	—	5.5/10	—	
			5/10	港湾法第52条第1項第5号に基づく直轄工事にかかるもの	5/10	港湾法第52条第1項第5号に基づく直轄工事にかかるもの	
		補助	5/10	—	5/10	—	
			4/10	小型船だまり等にかかる小規模な施設	4/10	小型船だまり等にかかる小規模な施設	
	重要港湾	直轄	5.5/10	—	5.5/10	—	
			5/10	港湾法第52条第1項第5号に基づく直轄工事にかかるもの	5/10	港湾法第52条第1項第5号に基づく直轄工事にかかるもの	
		補助	5/10	—	5/10	—	
			5.5/10	原子力発電施設等立地地域の振興に関する特別措置法に基づく施設整備にかかるもの	5.5/10	原子力発電施設等立地地域の振興に関する特別措置法に基づく施設整備にかかるもの	
			4/10	小型船だまり等にかかる小規模な施設	4/10	小型船だまり等にかかる小規模な施設	
	地方港湾	補助	4/10	—	4/10	—	
	避難港	直轄	2/3	—			
			5/10	港湾法第52条第1項第5号に基づく直轄工事にかかるもの			
		補助	5/10	—			
北海道局	国際拠点港湾	直轄	8.5/10	—	2/3		
	重要港湾	—	—	—	—		
	地方港湾	補助	7.5/10	—	6/10		

（注）国土政策局（離島），国土政策局（奄美），内閣府沖縄振興局の所管する港湾を除く。
（出所）国土交通省港湾局（2016）『数字で見る港湾2016』135頁より筆者作成。

第 5 章 社会資本と公共事業

一覧（2016 年度）

臨港交通施設		港湾施設用地等	
2/3	—	2/3	国際戦略港湾における国際海上コンテナターミナルにかかる水深 16 m 以深の耐震強化岸壁に付随する荷捌き地
5/10	港湾法第 52 条第 1 項第 5 号に基づく直轄工事にかかるもの	—	—
5/10	—	—	—
4/10	小型船だまり等にかかる小規模な施設	—	—
2/3	—	—	—
		—	—
5/10	港湾法第 52 条第 1 項第 5 号に基づく直轄工事にかかるもの	—	—
5/10	—	—	—
4/10	小型船だまり等にかかる小規模な施設	—	—
5.5/10	—	—	—
5/10	港湾法第 52 条第 1 項第 5 号に基づく直轄工事にかかるもの	—	—
5/10	—	—	—
5.5/10	原子力発電施設等立地地域の振興に関する特別措置法に基づく施設整備にかかるもの	—	—
4/10	小型船だまり等にかかる小規模な施設	—	—
4/10	—	—	—
—	—	—	—
	—	—	—
2/3	—	2/3	—
	—		—
6/10	—	6/10	—

表 5-9 空港整備事業等の負担率, 補助率一覧 (2016 年度)

空港の種類		設置管理者	負担補助の別	施設	新設または改良		災害復旧	地方空港整備特別事業
					一般	北海道		
拠点空港	東京国際空港	国土交通大臣	負担	基本施設	100%	—	100%	—
				附帯施設	100%	—	100%	—
	上記空港を除く国管理空港	国土交通大臣	負担	基本施設	2/3	85%	80%	—
				附帯施設	100%	100%	100%	—
	特定地方管理空港	(設置)国土交通大臣	負担	基本施設	55%	2/3	80%	—
		(管理)地方公共団体	補助		—	—	—	40%以内
			補助	附帯施設	55%以内	2/3以内	80%以内	0%
地方管理空港		地方公共団体	負担	基本施設	50%	60%	80%	—
			補助		—	—	—	40%以内
			補助	附帯施設	50%以内	60%以内	80%以内	0
自衛隊共用空港		防衛大臣	負担	基本施設	2/3	85%	80%	—
				附帯施設	100%	100%	100%	—

(注) 離島, 奄美, 沖縄の空港を除く。
(出所) 国土交通省航空局 (2016)『数字で見る航空 2016』182 頁より筆者作成。

「港湾の施設の技術上の基準を定める省令」によると, 表 5-8 の水域・外郭施設とは, 航路, 泊地, 防波堤, 防砂堤, 導流堤, 護岸などである。また係留施設とは岸壁, 物揚場, 船揚場, 桟橋, 浮桟橋などである。そして臨港交通施設とは, 道路, 橋梁, 運河などである。そして, 表 5-9 の基本施設とは, 滑走路, 着陸帯, 誘導路およびエプロンである。附帯施設とは, 排水施設, 照明施設, 護岸, 道路, 自動車駐車場, 橋および政令で定める空港用地のことを指す。

港湾では, 国際戦略港湾や国際拠点港湾の直轄事業への負担が多く, 空港では, 国管理施設を中心に, 東京国際空港および国管理空港 (附帯施設) において国が 100% を負担している。

3 社会資本の整備・運営の方向性と課題

3.1 社会資本の老朽化

日本は高度経済成長期の持続的な人口増加と市街地拡大に伴い, 教育, 文化, 教養, スポーツ, 医療, 福祉などの公共サービス需要が増大した。そして, 需要に応えるために, 学校や図書館, 公民館, 体育館, ホール等さまざまな公共

施設を大量に整備した。しかし，その集中的に整備された公共施設が，いまいっせいに老朽化し始め，対応を迫られている。

国土交通省（2015）『国土交通白書 2015 平成 26 年度年次報告』には「耐用年数から公共施設やインフラ資産の老朽化状況を調査した結果，公共施設では約 43% が老朽化しており，橋梁等他のインフラと比較して老朽化が進んでいる」と書かれている。また，総務省ウェブサイト（2012）においても，公共施設はすでに約 4 割が老朽化していて，それら老朽化した公共施設の更新費用と現在の既存更新額の比率を求めた結果，将来の 1 年当たりの更新費用が既存更新額の 2 倍以上になることが明らかになっている。

今後，膨大な額にのぼる公共施設の更新財源を，財政難のもとでどのように確保していけるかは不確定であり，地方公共団体は難しい局面に立たされている。このため，すでに国の省庁や先進的な地方公共団体等では，社会資本の長寿命化，アセット・マネジメントに関する取り組みが進められている。

国土交通省（2016）『国土交通白書 2016 平成 27 年度年次報告』では，将来更新費について，2013 年度には 3.6 兆円だったが，10 年後の 2023 年度には約 4.3～5.1 兆円，20 年後の 2033 年度には約 4.6～5.5 兆円になると推計されている。また，国土交通省は，2013 年をメンテナンス元年として設定し，老朽化対策を行っている。具体的には，インフラ長寿命化基本計画を策定し，2014 年に国土交通省インフラ長寿命化計画（行動計画）を作成した。その後，関係省庁において行動計画の策定が進められることになった。また，地方公共団体等においても 2016 年度までの行動計画の策定が進められた。国土交通省では，「これらの計画の実行により，既存の社会資本の安全確保とメンテナンスに係るトータル・コストの縮減・平準化を両立できるよう，戦略的なメンテナンスを徹底する必要がある」としている。

3.2 民間資金の活用

官民の役割分担については，従来，社会資本の特徴を踏まえるとその整備を市場経済原則に委ねることは不可能または不適当であると判断されていたため，主として公的主体が整備してきた。しかし，各分野の整備主体のあり方については，各時代の経済社会的な要請やソフト面・ハード面の技術進歩に応じて政策的に判断されることも多く，これまでも絶えず見直されている。たとえば，

表 5-10　PFI を導入する意義

●政府等が直接供給するよりも効率的かつ効果的に公共サービスを提供できる可能性がある。また，VFM（Value for Money：支出に対して得られる価値）の向上も見込める。
●同じ事業者が事業を総合的に行うこと（包括的契約）により，効率化をねらえる。
●契約により事業の質の保証が担保される。
●設計から運営まで同一の事業者が行うことで「範囲の経済」が得られる。
●公共施設の建設だけで終わるのではなく，サービスを含めた事業とすることで，より大きな VFM を達成できる可能性がある。
●包括的な契約で，さまざまな事態への対応が明確になりつつも，第三セクターと比較し，責任が明確である。
●新しい事業，さらには新しい産業の創出が期待できる。
●公共施設等の運営権の売却を伴うコンセッションにより，公共サービスの供給システムが変化することで，施設整備・運営の費用負担メカニズムが変わる。それにより現在の利用者と将来の利用者の時間的な負担の平準化が達成される。

（出所）　山内（2014）13〜15 頁より筆者作成。

　かつて公的主体により運営されてきた電気通信や鉄道の分野では，適切，公平，安定的なサービスの提供の確保を目的とした許認可制度等の法令に基づく一定の公的関与のもと，民間主体による整備が行われている。通常であれば公的主体が整備主体となる社会資本であっても，民間の資金や能力を活用して整備することが望ましいと考えられる場合には，今後も，民間資金の活用が期待されている（「日本の社会資本 2012」14 頁を参考に一部引用）。

　とくに現在の日本では歳入を増加させる手段が限られている中，社会資本のための公的資金が絶対的に不足しているといわれている。しかし，新しい社会資本整備だけでなく，老朽化が進んだ社会資本の大規模維持・更新投資を行う必要があり，簡単に歳出額を減らすことも困難である。

　そのような状況下で，PFI（Private Finance Initiative）はこれまで公的主体によって行われてきた施設整備・公共サービスの提供を，事業方式という形で包括的に民間事業者に委ねることを可能にした手法である。PFI 事業には，一括発注，長期契約，性能発注といった特徴がある。PFI の意義は，表 5-10 にまとめられている。

　では，実際の事業を概観してみよう。この制度の起源は 1990 年代初頭のイギリスであるといわれ，現在まで国内外の道路，鉄道，学校，病院，刑務所の

整備運営事業など幅広い分野で採用されてきた。日本においては1999年の民間資金等の活用による公共施設等の整備等の促進に関する法律（通称PFI法）が制定されたことを契機に国民の認知が広がり、10年目の2008年度末までの累計で330事業（金額で3兆2722億円）が実施された（「PFIの現状について」）。

しかし、日本で多く実施されたいわゆるサービス購入型のPFI（ハコモノを民間資金によって建設させたうえで、15年から20年にわたって維持・管理させ、発注者側がその間に施設建設費と維持・管理・運営費の代金を割賦で支払う方式）は、山内（2014）7頁では「本来ならば公的負債であったものを民間に付け替えただけであると批判を浴びた。（中略）気がつけば『後年度負担の増加』と呼ばれる借金返済問題が財政を更に硬直化させるというジレンマに陥っている。それが日本のPFIの実態なのかもしれない」と指摘されている。費用の面でも、公共サービスの充実という面でも、あまり効果をあげず、民間資金を導入するも、結局は財政の後年度負担の増加という結果になったケースがあることが示唆される。

2011年のPFI法改正において、**公共施設等運営権事業**いわゆるコンセッション制度が導入された。コンセッションは、民間事業者へ事業リスクを移転するもので、擬似的な市場を公共サービスの供給に導入し、市場の効率化機能を活用する方法である。また、財政を通じた費用負担から、直接的な利用者負担に転換し、財政と事業自体の効率化を促すものである。

2015年度までにPFIの手法を用いた事業数の累計は572件、金額では4兆8965億円になっており、今後も増加が期待されている。とくに、今後のPFI事業として具体的に話の進んでいる社会資本の分野として空港があげられる。2014年度から2016年度までに但馬空港、関西国際空港（と大阪国際空港）、仙台空港、高松空港、神戸空港、静岡空港、福岡空港の6空港でPFI事業が行われる見込みである。とくに、関西国際空港（と大阪国際空港）では、新関西国際空港株式会社が2016年4月1日から2060年3月31日までの44年間、ターミナル・ビルや滑走路の運営権を民間企業に売却している。運営権を民間企業は購入し、その対価を払う一方で、運営から得る利益はその民間企業が得る仕組みになっている。また、仙台空港は2016年7月1日より、同じくPFI事業として民間企業に**運営権の売却**を行っている。このほかの空港についても、具体的な民営化の時期は確定していないが、マーケット・サウンディング（民間

事業者の意見を募集する投資意向調査）や事業者の募集要項の公表など，着実にPFI事業を進めている。

　以上のように，公共部門の効率化（財源負担の抑制とサービスの向上）の手法としてPFIへの期待は高い。PFIへの理解を深めていくことが求められる。

■ 練習問題

Q1：以下の空欄に最も適切な語句を入れてみよう。
1.1　公共財の特徴は，（　①　）性と（　②　）性という2つの特徴を持つことである。
1.2　政府が供給する社会資本のうち，住民の便益を高めるためのものを（　③　）社会資本といい，社会の生産性を高めるためのものを（　④　）社会資本という。
1.3　個別の社会資本の整備を実行するかどうかを判断するために用いられる分析を（　⑤　）分析という。

Q2：以下の点について自分の意見をまとめてみよう。
2.1　社会資本の老朽化について，「少子高齢化」と「財政再建」というキーワードをもとに，あなたの考えをまとめてみよう。
2.2　社会資本の維持・管理に関して，「民営化」と「広域化」が現在のキーワードになっている。あなたの関心のある社会資本が何かを示した後で，それが「民営化」と「広域化」とにどのように関わっているのかをまとめてみよう。

■ 参考文献

稲葉陽二（2011）『ソーシャル・キャピタル入門——孤立から絆へ』（中公新書）中央公論新社。
井堀利宏（1996）『公共経済の理論』有斐閣。
奥野信宏・焼田党・八木匡編著（1994）『社会資本と経済発展——開発のための最適戦略』名古屋大学出版会。
国土交通省（2014）『国土交通白書2014　平成25年度年次報告』日経印刷。
国土交通省（2015）『国土交通白書2015　平成26年度年次報告』日経印刷。
国土交通省（2016）『国土交通白書2016　平成27年度年次報告』日経印刷。
国土交通省航空局（2016）『数字でみる航空2016』航空振興財団。
国土交通省港湾局（2016）『数字でみる港湾2016』日本港湾協会。
総務省（2016）『平成28年版 地方財政白書（平成26年度決算）』日経印刷。
長峯純一・片山泰輔編（2001）『公共投資と道路政策』勁草書房。
西村久・水谷守男（1993）『入門現代財政』晃洋書房。
米原淳七郎・砂川良和（1994）『財政』有信堂。

山内弘隆編著（2014）『運輸・交通インフラと民力活用——PPP/PFI のファイナンスとガバナンス』慶應義塾大学出版会．

Arrow, K. J. and M. Kurz（1970）*Public Investment, the Rate of Return, and Optimal Fiscal Policy*, Johns Hopkins University Press.

■ **参考資料**

総務省ウェブサイト（2012）「公共施設及びインフラ資産の将来の更新費用の比較分析に関する調査結果　平成 24 年 3 月」総務省自治財政局財務調査課（http://www.soumu.go.jp/main_content/000153119.pdf）．

総務省ウェブサイト（2016a）「平成 25 年度　行政投資実績」総務省自治行政局地域振興室（http://www.soumu.go.jp/menu_news/s-news/01gyosei09_02000046.html）．

総務省ウェブサイト（2016b）「地方公営企業年鑑　第 26 集」（http://www.soumu.go.jp/main_sosiki/c-zaisei/kouei26/index.html）．

国土交通省ウェブサイト（2014）「道路統計年報 2015」（http://www.mlit.go.jp/road/ir/ir-data/tokei-nen/）．

内閣府ウェブサイト（2012）「日本の社会資本 2012」内閣府政策統括官（経済社会システム担当）（http://www5.cao.go.jp/keizai2/jmcs/docs/jmcs_document_list.html）．

内閣府ウェブサイト（2016）「PFI の現状について」内閣府民間資金等活用事業推進室（http://www8.cao.go.jp/pfi/pfi_genjyou.pdf）．

■ **リーディングリスト**

（社会資本全般）

①宇都正哲・北詰恵一・浅見泰司・植村哲士（2013）『人口減少下のインフラ整備』東京大学出版会．

　本書は，日本の戦後の社会資本整備の制度に関する歴史の解説，いくつかの社会資本の整備の根拠法整備と制度設計の紹介，が詳細にまとめられている．日本の社会資本について関心の高い読者は，本章と合わせて一読することをお勧めする．

　なお，財務総合政策研究所により刊行されている『フィナンシャル・レビュー』の平成 27 年（2015 年）第 4 号（通巻第 124 号）の特集は「社会インフラの再検討」であり，経済学者による最新の社会資本研究が掲載されている．経済学による社会資本研究の最先端を知るうえで，有用であるため一読をお勧めする．

（最近の社会資本に関するトピックス）

②根本祐二（2011）『朽ちるインフラ——忍び寄るもうひとつの危機』日本経済新聞出版社．

　本書は，近年の社会資本の老朽化についての問題提起を簡潔にまとめており，広く社会の関心を集めた書籍である．将来の社会資本の更新費用が膨大な金額になることを社会に示した．

③山内弘隆編著（2014）『運輸・交通インフラと民力活用―― PPP/PFI のファイナンスとガバナンス』慶應義塾大学出版会。

　本書は，近年発展した経済学の契約理論や組織の経済学，情報の経済学，などを用いて，社会資本整備のための効率的な制度設計についてまとめた書籍である。また，日本の社会資本の現状と課題，他国の状況の紹介も行われているため，幅広い知識を得ることができる。経済学の視点から PPP や PFI を学びたい読者に一読を勧める。

第6章

教育と政府の役割

本章の目的

　本章では，教育の制度および財政の実態について，主に義務教育と高等教育を取り上げながら解説することをねらいとし，日本の教育に政府がどのような役割を果たしているのかについて制度面・理論面・実証面から理解することを目的とする。具体的には，PART Iでは，日本において教育にどれくらいのお金が使われているのかについて国際的な視点で概観したのち，国および地方公共団体における教育への歳出状況を学ぶ。PART IIでは，戦後の日本における義務教育制度および高等教育制度の主要な変遷と，国による財政負担の歴史を解説する。また，政府が教育サービスに関与する理論的背景についても学ぶ。PART IIIでは，日本の教育行政制度を概観し，それぞれの行政機関の主要な役割を解説する。また，義務教育および高等教育の財政の仕組みと財源措置の実態を紹介したうえで，義務教育財政および高等教育財政が抱える課題について学ぶ。

PART I　財政の今（国・地方の役割）

1　教育投資の状況

　経済協力開発機構（Organisation for Economic Co-operation and Development: OECD）では，加盟国を対象に教育支出や教育機会・在学・進学の状況，学習環境などを調査して指標を作成し，『図表で見る教育（Education at a Glance: OECD Indicators）』に公開している。国ごとに異なる教育制度の構造をできる限り考慮したうえで教育統計が整備されており，ある程度の国際比較が可能となっている。

　国や地方公共団体が主に税金を財源として支出する公財政支出に，家計によ

図 6-1 初等・中等・高等教育の教育機関に対する支出の対 GDP 比（2012 年）

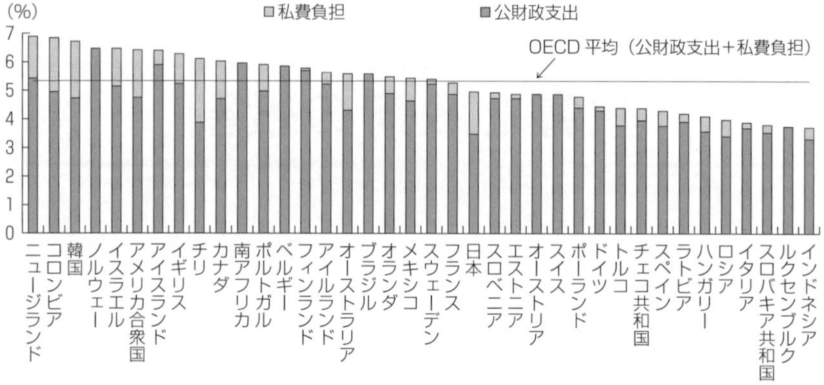

凡例：私費負担、公財政支出、OECD 平均（公財政支出＋私費負担）

横軸（左から右）：ニュージーランド、コロンビア、韓国、ノルウェー、イスラエル、アイスランド、アメリカ合衆国、イギリス、チリ、カナダ、南アフリカ、ポルトガル、ベルギー、アイルランド、オーストラリア、オランダ、ブラジル、メキシコ、スウェーデン、フランス、日本、スロベニア、エストニア、オーストリア、スイス、ポーランド、ドイツ、トルコ、チェコ共和国、スペイン、ラトビア、ハンガリー、アイスランド、イタリア、スロバキア共和国、ルクセンブルク、インドネシア

（出所）OECD『図表でみる教育 OECD インディケータ（2015 年版）』より筆者作成。

る授業料などの直接支出や民間企業による寄付などの私費負担を加えた教育投資の現状を見る。2012 年度時点では，日本の初等から高等教育段階までの教育機関に対する支出額の対 GDP 比は 5.0％ であり，OECD 平均の 5.3％ より若干下回っている（図 6-1）。

しかし，総人口に占める学齢人口の割合が小さい日本では，教育支出の対GDP 比は諸外国に比べて少なくなるという見方もある。国による人口・在学者の規模を考慮するため，GDP ベースの購買力平価指数で除して米ドル換算した在学者 1 人当たりの公財政支出・私費負担を見ると，2012 年度はすべての教育段階を合計すると，1 万 1671 ドルであり，OECD 平均の 1 万 220 ドルを若干上回る水準である。小学校などに相当する**初等教育段階**では 8595 ドル（OECD 平均 8247 ドル），中学校・高等学校などに相当する**中等教育段階**では 1万 170 ドル（同 9518 ドル）である。大学などに相当する**高等教育段階**では，研究・開発活動に対する支出も含めて 1 万 6872 ドル（同 1 万 5028 ドル）である。いずれの教育段階についても，在学者 1 人当たりで見ると OECD 平均を若干上回っている。

公私負担割合に着目すると，OECD 諸国では，初等教育から高等教育段階に至る教育機関への支出のうち平均 83％ が公財政でまかなわれている一方，日本の公財政負担率は 70％ にとどまり，データの存在する 30 カ国の中でも低い水準となっている。初等・中等教育への機関支出の公財政負担率は，日本も

OECD 平均並みの 90% 強であるが，高等教育段階については OECD 平均 69.7% に比べて日本は 34.3% にとどまっており，国際的に見て日本の高等教育は私的部門，とくに家計に依存する割合が大きくなっている。また，幼稚園に相当する**就学前教育**についても，機関支出の公的財源が占める割合は，OECD 平均 80% に比べて日本は 44% と，私的部門への依存が顕著である。

　教育費の公私負担のあり方はつねに論争となる。初等・中等教育の公的負担水準については国際的にもある程度の共通認識があるが，高等教育や就学前教育に対して政府がどこまで財源負担すべきかについては意見が分かれやすい。なお，政府が教育費を負担することの理論的背景は PART II において解説する。

2　教育財政の流れと規模

2.1　教育財政の流れ

　日本では，就学前から高等教育の各段階において，公私の役割分担を通じた教育財政の資金配分システムが構築されている。ここでは，公的部門の役割に焦点を当て，国と地方（都道府県および市町村）から，各教育機関に対する財政措置の主要な流れを，国公私立の設置形態別に概観する（図 6-2）。

　学校教育法によると，**国立学校**とは国の設置する学校を，**公立学校**とは地方公共団体の設置する学校を，**私立学校**とは学校法人の設置する学校を指す。ここでいう国には，国立大学法人および独立行政法人国立高等専門学校機構が含められており，国立学校とは，具体的には，それぞれの国立大学法人が設置・運営する大学およびそれらの附属学校と，独立行政法人国立高等専門学校機構が一括で運営する高等専門学校のことを指す。現在では，国は，これらの学校を直接設置・運営するのではなく，国立大学法人や独立行政法人高等専門学校機構に対して，運営に必要な基盤的経費である運営費交付金や，計画的な施設設備の推進に必要な施設整備費などを，一般会計経由で交付している。

　公立学校については，原則として各教育段階の学校設置者である都道府県と市町村が管理運営に関わる経費を支出している。後述するが，小・中学校などの義務教育段階に対しては，都道府県が教職員人件費の 3 分の 2 相当分を支出し，国は残りの 3 分の 1 相当分について**義務教育費国庫負担制度**を通じて補助

174　第2部 歳　出

図6-2　教育財政の主要な流れ

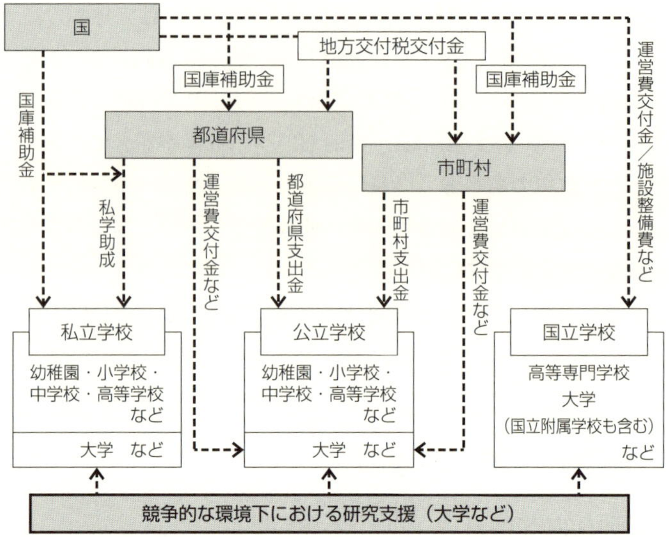

```
                国
   ┌──────┬──────┴──────┬──────────────┬──────────────┐
国庫補助金  国庫補助金   地方交付税交付金   国庫補助金    運営費交付金／施設整備費など
   │      ↓                ↓                ↓                │
   │   都道府県                          市町村               │
   │      │                                │                 │
   │  私学助成  運営費交付金  都道府県支出金  市町村支出金  運営費交付金など  │
   ↓      ↓        ↓          ↓              ↓          ↓     ↓
┌─────┐         ┌─────┐                           ┌─────┐
│私立学校│         │公立学校│                           │国立学校│
│幼稚園・小学校・│  │幼稚園・小学校・│                    │高等専門学校│
│中学校・高等学校│  │中学校・高等学校│                    │大学│
│など│              │など│                                │(国立附属学校も含む)│
│大学 など│        │大学 など│                          │など│
└─────┘         └─────┘                           └─────┘
        ↑              ↑                                  ↑
        └──────競争的な環境下における研究支援（大学など）──────┘
```

（出所）　筆者作成。

している。公立大学については，2004年度より公立大学法人への移行が可能となった。国立大学とは異なり，公立大学の法人化は地方公共団体の判断に依存している。法人に移行しない場合は管理運営費などが各地方公共団体の会計に組み込まれ直接運営されるが，法人化すると，各設立団体から公立大学法人に運営費交付金などが交付される形となる。

　私立学校に対しても，国や地方は経常経費や施設設備経費などを助成している。その大部分は経常経費補助であり，私立学校振興助成法によると，私立の幼稚園から高等学校までの各段階の学校を設置する学校法人に対しては都道府県が助成を行うことが定められている。ただし国も，教育環境の整備や就学上の経済的支援，経営基盤の安定化などのため，都道府県が交付する助成金を一部補助する形で私立高等学校等経常費補助金を交付している。私立大学に対しても，国は日本私立学校振興・共済事業団を通じて**私立大学等経常費補助金**を交付し，経常費助成を行っている。

　国による財政措置としてはほかにも，国庫補助金の裏財源ともいわれる一般財源の地方交付税が多くの都道府県・市町村に交付されており，公立・私立学

校に対する支出金の財源の一部となっている。ただし，地方交付税を国の財源とみなすか地方の財源とみなすかは議論が分かれるところである。

また，大学や短大，高等専門学校などに対しては，国公私立を横断して競争的に配分される資金が国から措置されている。

2.2 国の文教関係予算

国による教育支出について，その具体的な資金規模と内容を概観する。2016年度における国の一般会計歳出総額は96兆3420億円であり，そこから国債費と地方交付税などを控除した一般歳出額は57兆3556億円である。主要経費の項目のうち，文教及び科学振興費としては5兆3580億円が計上されており，一般歳出の約9.3%を占めている。近年は漸減傾向にあるものの，国全体の財源が限られるなか，文教及び科学振興費の規模は，おおむね9〜10%台の水準を維持し推移している。

図6-3は一般会計における文部科学省所管の文教及び科学振興予算を示す。文教及び科学振興費は文教関係予算と科学技術振興費に分けられ，予算額5兆3216億円のうち76%にあたる4兆557億円を文教関係費が占める。2016年度予算の内訳を見ると，公立の義務教育諸学校に要する教職員給与や施設整備費のために国が負担する**義務教育費国庫負担金**が1兆5271億円ともっとも大きい。次に，国立大学法人の運営に必要な基盤的経費である**国立大学法人運営費交付金**が1兆945億円と続き，これらだけで文教関係費予算額の半分を占める。そのほか，幼稚園から大学に至る私立学校の振興を図るための私学助成が4280億円，高校生等への就学支援（高等学校等就学支援金制度と都道府県が独自で実施する高校生などへの奨学給付金事業に対する補助金からなる）が3819億円計上されており，比較的大きな割合を占めている。

2015年10月に発足した第3次安倍晋三改造内閣のもとでは，「一億総活躍国民会議」が設置され，「一億人総活躍社会の実現に向けて緊急に実施すべき対策」が議論された。その具体的施策として，2016年度は幼児教育の無償化の推進（345億円）や，無利子奨学金の対象拡大（880億円）などへの予算が前年度より増額措置され，家計や個人の経済状況にかかわらず希望する教育を受けられるための環境整備がいっそう進められている。

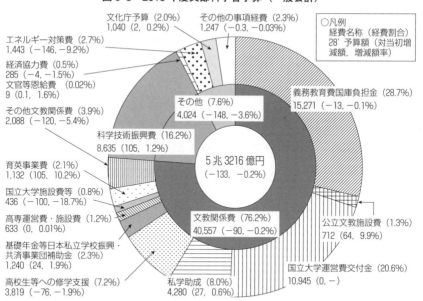

図6-3 2016年度文部科学省予算（一般会計）

(出所) 財務省ウェブサイト（平成28年度予算政府案「平成28年度文教費及び科学技術振興費のポイント」）。

2.3 国と地方の教育費

　国に加えて地方における教育への支出状況も含めて捉え，国と地方の財政負担について，決算ベースで概観する。文部科学省「地方教育費調査」によると，2013年度における国と地方を通じた文教費総額は22兆9722億円であり，国と地方の総行政費164兆4602億円の14.0%を占める（対前年度伸び率2.1%）。ここでいう文教費総額とは，学校教育，社会教育および教育行政のために国と地方公共団体が支出した金額の純計を表す。なお，社会教育費とは，地方公共団体が条例で設置し教育委員会が所管する社会教育施設（公民館や図書館，博物館など）の経費を，教育行政費とは教育委員会の事務や運営のための経費を指す。2013年度の文教費の分野別支出状況は，学校教育費（74.6%），社会教育費（7.0%），教育行政費（18.5%）となっている。学校教育費への支出が大部分であるが，とくに小・中・特別支援学校の義務教育段階の学校経費が文教費総額の45%近くを占める。

　2013年度において，文教費総額のうち国が負担した教育費は10兆9884億

表 6-1 国と地方の文教費負担（実額）

(単位：億円)

年度	総行政費	文教費総額	国が負担した教育費		地方が負担した教育費	
			実額	割合	実額	割合
1998	1,523,323	240,183	102,406	43%	137,777	57%
1999	1,550,218	239,228	107,026	45%	132,201	55%
2000	1,525,367	242,959	116,133	48%	126,826	52%
2001	1,492,277	241,368	112,643	47%	128,725	53%
2002	1,476,846	240,204	111,788	47%	128,416	53%
2003	1,456,631	236,358	108,253	46%	128,105	54%
2004	1,476,685	228,769	100,611	44%	128,157	56%
2005	1,477,840	231,229	101,475	44%	129,754	56%
2006	1,426,633	224,633	93,116	41%	131,517	59%
2007	1,470,982	227,316	95,472	42%	131,844	58%
2008	1,491,145	225,102	96,451	43%	128,650	57%
2009	1,659,122	234,588	107,065	46%	127,522	54%
2010	1,591,605	228,177	105,252	46%	122,924	54%
2011	1,647,718	228,804	106,778	47%	122,026	53%
2012	1,610,409	227,231	106,561	47%	120,669	53%
2013	1,644,602	229,722	109,884	48%	119,838	52%

(出所) 文部科学省ウェブサイト「地方教育費調査」より筆者作成。

円（文教費総額に占める割合48%），地方が負担した教育費は11兆9838億円（同52%）となっている。ここで，「地方教育費調査」によると，**国が負担した教育費**とは，文部科学省所管一般会計歳出決算額と国立大学法人等の歳出決算額の純計に，他府省補助金をはじめ，各種国庫補助金などの地方教育費補助金，地方交付税の教育費充当額を加えた額を指す。また，**地方が負担した教育費**とは，地方における文教費に，公立大学・短大などの経費と，私立学校への地方公共団体補助金を合計した額から，地方交付税の教育費充当額を控除した額のことである。

国と地方の文教費推移を示した表6-1を見ると，地方の負担が若干大きく，とくに2004年度から2008年度にかけて地方の負担割合が大きくなっている傾向が目立つ。この背景には三位一体改革の一環として，2004年度の義務教育

教職員に対する退職手当および児童手当の国庫負担の一般財源化[1]や，2006年度に義務教育費国庫負担割合が2分の1から3分の1へ引き下げられた影響などがある。これら国庫負担割合の引き下げに相当する費用は，全額が地方交付税を通じて補填される仕組みになっていた。しかし，地方交付税の総額が大幅に削減されたことで都道府県の一般財源に組み込まれる地方交付税が減り，結果として地方の持ち出しを増加させた実態が指摘されている（小川，2010）。

なお，表6-1においては，地方交付税に占める教育費充当額は国が負担する教育費に含められていることに留意する必要がある。仮に地方交付税を地方の財源とみなすのであれば，教育費の地方負担割合はより大きいといえよう。

PART Ⅱ　歴史・理論を学ぶ

1　義務教育：制度と財政の歴史

1.1　義務教育に対する国庫負担の歴史

日本国憲法第26条（1946年公布）において国民の基本的人権の1つとして「教育を受ける権利」が規定され，義務教育の無償原則が明文化された。現在の義務教育における主要な制度の根幹は，1950年代に制定されたものが多い。

1951年には，教科書の無償給与がはじめて部分的に実施された。その後，義務教育課程の教科書はすべて無償とすべきとの声が高まり，1962年に「義務教育諸学校の教科用図書の無償に関する法律」が成立して以降，国公私立の義務教育諸学校の全児童生徒が使用するすべての教科書は原則無償給与されることとなる。

また1952年には**義務教育費国庫負担法**が制定され，現在の教職員人件費の国庫負担に関する制度の根幹が整備された。この制度は教育の機会均等と教育水準の維持向上を図るため，都道府県が負担する公立小・中学校などの教職員（県費負担教職員）の給与費などについて，その一定割合を国が負担することを

---

[1] 一般財源化とは，それまでは国庫支出金といった特定の目的のみに使用できる特定財源の形で充当されていたものが，地方税の拡充や国からの税源移譲，地方交付税措置といった使途の自由度が高い一般財源による充当に変更されることをいう。

表6-2 義務教育費国庫負担制度と義務標準法における主要な変更点

年	義務教育費国庫負担制度	義務標準法
1952	「義務教育費国庫負担法」制定	
1956	恩給費が国庫補助の対象に追加（これ以後，複数の費目が国庫補助の対象に追加がなされる）	
1958		「公立義務教育諸学校の学級編制及び教職員定数の標準に関する法律」制定（50人学級）
1964～68		第2次定数改善計画（45人学級へ）
1980～91		第5次定数改善計画（40人学級へ）
1985	旅費と教材費の**一般財源化**（これ以後，複数の費目が一般財源化がなされる）	
2001		義務標準法の改正（都道府県の判断で**特例**的に40人以下学級編成が可能に）
2004	**総額裁量制の導入**	総額裁量制の導入（加配定数の弾力化）
2006	三位一体改革により，国庫負担割合が3分の1へ引き下げ	
2011		義務標準法の改正（小学校1年生は35人学級へ）

（出所）筆者作成。

規定する。あわせて，学校施設関係の整備に法定根拠を与える公立学校施設費国庫負担法も制定された。

1958年には，学級編成と教職員定数標準について必要事項を定めた，「公立義務教育諸学校の学級編制及び教職員定数の標準に関する法律」（以下では，義務標準法と記載する）が制定された。この制度は，日本の義務教育水準を維持するためのナショナル・ミニマムを規定するものであり，教育における機会の均等と義務教育水準の維持向上を保障する。義務教育に対する国庫負担制度の中でも重要な位置を占める，義務教育費国庫負担制度と義務標準法の主要な変遷は表6-2に示すとおりである。以下1.2項ならびに1.3項では，これらの制度変遷の詳細を見ていく。

1.2 義務教育費国庫負担制度の歴史

終戦以降，義務教育諸学校の教職員給与費と戦災復旧および新学制実施に伴

う校舎建築費が地方財政に大きな圧迫を与え，財源確保の問題が大きな懸念事項となっていた。そのような背景から1952年に義務教育費国庫負担法が制定され，このときには，教職員の給与や旅費，教材費の一部が国庫負担の対象と定められた。さらに高度経済成長期には，各種国庫補助金の実施により，教育諸条件の整備・充実も進められた。たとえば，1956年には恩給費が，62年には公務員の共済費，74年には学校栄養職員の給与費なども国庫補助の対象となった。

　1973年，79年の2度にわたる石油危機を経験する中で，75年度から多額の国債発行が行われ，歳入における国債への依存度が高まるようになった。国の財政が苦しくなる中で，義務教育費国庫負担金について見直しが行われるようになる。1985年には，旅費と教材費に対する地方公共団体への国庫負担が廃止され，一般財源化された。また1986年には，恩給費および共済費の追加費用について3年間の暫定措置として，国庫負担率の引き下げが行われた。さらに1989年には恩給費が，93年には退職年金などが，2003年には共済費長期給付などが一般財源化され，2004年は退職手当などの一般財源化と税源移譲予定特例交付金による財源措置が講じられた。

　2004年からは，総額裁量制が導入された。この制度は，義務教育費国庫負担金の総額の範囲内で，給与額や教職員配置に関する地方の裁量を大幅に拡大する仕組みである。総額裁量制の導入前は，給料・諸手当の費目ごとに国の水準を超える額は国庫負担の対象外であったが，導入により，費目ごとの国庫負担限度額が撤廃され，総額の中で地方が給与水準を自主的に決定できるようになった。また，導入前は，教職員定数を超える部分は国庫負担の対象外であり，給与水準を引き下げると国庫負担額も減少したが，導入後は，給与水準の引き下げにより生じた財源で教職員数を増やすことが可能になった。その後2006年には，三位一体改革の一環として，義務教育費国庫負担金の国負担の割合が2分の1から3分の1へと引き下げられた。

1.3　義務標準法の歴史

　義務標準法は，第1次ベビーブーム世代の小・中学校入学に伴い，就学児童数の増加による教育条件の悪化が懸念される状況で，学級規模と教職員の配置の適正化のため1958年に制定された。

制定当初，1学級の上限は50人という学級編成からスタートした。この法律が施行される前の1956年には，小学校で1学級の児童数が51人を超える学級数が全体の34%あった（文部科学省ウェブサイト「わが国の教育水準（昭和34年度）」参照）。しかし，同法施行後の1959年には，この比率が29%にまで低下している。この傾向は中学校において顕著で，1956年には40%であったが，59年には20%にまで低下し，いわゆる「すし詰め学級」の解消に義務標準法の制定は大きく寄与した。

1964年から68年にかけての第2次定数改善計画では，学級編成の上限が45人に定められ，80年から91年にかけての第5次定数改善計画において，40人学級が実現された。教育関係者にとって，学級編成基準を欧米諸国並みの40人以下に引き下げることは，長年の要望であった。この5次にわたる改善計画により，公立小中学校の1学級当たりの生徒数は大きく改善し，2001年以降の第7次定数改善では，**少人数指導**や**習熟度別指導**などきめ細かな指導を行うための加配定数[2]の拡充を実施するなど，さらなる教職員定数の改善が推進された。

さらに，2001年には義務標準法が改正され，それまでの「全国一律40人を標準とする」基準から，各都道府県教育委員会が独自の判断で学級規模の基準を特例的に40人以下に定めることが認められるようになった。これを受けて，2001年には秋田県が小学校1・2年生で30人程度の学級編成を実施し，2002年には山形県が小学校全学年で33人を上限とする少人数学級編成を導入するなど，**少人数学級**の導入を行う都道府県が出てきた。2003年には，都道府県の裁量による学級編成が特例の場合に限ることなく行われるように，運用が弾力化された。そして，2004年には総額裁量制の導入により，それまでは少人数教育の編成に用いることができなかった加配定数を，少人数教育に活用できるような教職員配置の弾力化が行われた。このように，近年では，地方公共団体の創意工夫を促すべく，義務教育における地方自治体の裁量を拡大する政策がとられている。

また，2010年に文部科学省は35・30人学級などの少人数学級の推進などを

---

2) PART Ⅲでも説明は行うが，加配定数は教育上の特別な配慮が必要な場合などに対応する教職員定数である。

柱にする「新・公立義務教育諸学校教職員定数改善計画（案）」の策定を行った。ここでは，小学校と中学校全体で 35 人学級を実現すること，小学校1・2年で 30 人学級を実現することなどが盛り込まれている。これを受けて，2011年に義務標準法が改正され，同学年で編成する学級の1学級当たりの人数は原則として，小学校1年生で 35 人，小学校2年生から中学校3年生で 40 人と定められた。

2　高等教育：制度と財政の歴史

2.1　高等教育セクターの規模拡大

戦前は，帝国大学や専門学校，高等師範学校などのいわゆる旧制大学がそれぞれの目的に沿った高等教育を提供していた。戦後，1947 年に学校教育法が施行されると，これら旧制大学はすべて単一の4年制の新制大学に再編された。再編に際して，教員組織や教育環境が十分に整っていなかった一部の旧制専門学校などは4年制への転換が認められず，2〜3年制の短期大学として暫定的に発足，1964 年から恒久化されることとなった。また，学校教育法では大学院の設置が明記され，学部の延長ではない大学院独自の地位と使命が法的に認められた。

とくに国立大学については1府県1大学の原則がとられ，教育の地域格差の是正と機会均等の実現が目指された。1949 年には国立学校設置法が制定され，69 の新制国立大学が誕生した。新しい大学制度の発足にあたっては設置基準のあり方が議論され，文部省（当時）や大学の間での協議を経て 1956 年に大学設置基準が文部省令として制定された。この省令は大学の設置基準にとどまらず，設置後の大学の質保証としての機能も果たしている。

戦後の大学数・在学者数の変遷を示した図 6-4 を見ると，1960〜70 年代後半にかけて，最初の量的拡大期があったことがわかる。1960 年は 10% 程度であった大学・短大進学率は 78 年には 38% を超えた。この時期はとくに私立大学の拡充が顕著であり，大学全体に占める私立大学在学者数の比率は 1960 年の 64% から 78 年には 76% にまで上昇した。このような私立大学の拡充要因として，戦前に比べて私立大学の設置が比較的容易になったこと，私立大学が学生増加を通じて経営基盤を強化・安定しようとしたことなどがあげられる

第 6 章　教育と政府の役割　183

図 6-4　大学数と在学者数の推移

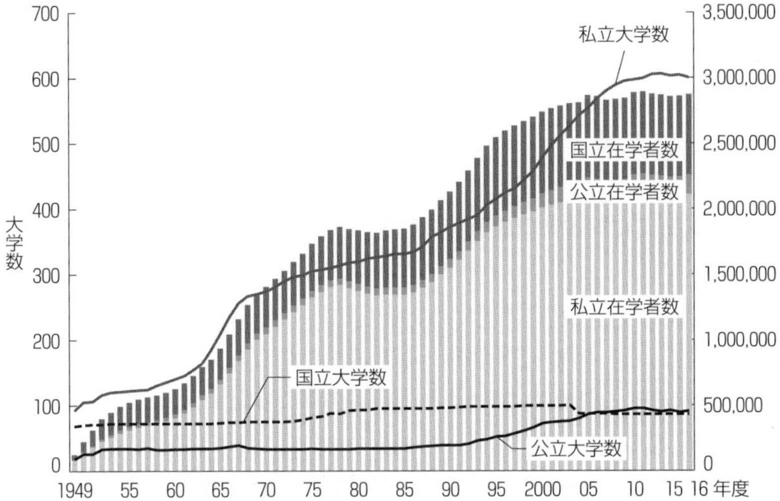

（出所）　文部科学省ウェブサイト「学校基本調査」より筆者作成。

（文部科学省ウェブサイト「学制百年史」第 2 編第 2 章第 4 節 5「高等教育の量的拡大」参照）。

　1960 年代の高度経済成長期においては，戦後のベビーブームの影響を受けて急増する大学入学志願者の対策として，入学定員数の大幅増加が図られた。また，科学技術分野の専門的人材や高度な水準の研究が求められたことから，政府は理工系大学・大学院の拡充政策を推進するなどした。1970 年代には 2 校の技術系大学が設置され，無医大県の解消に向けて 16 校の国立医科大学（医学部）が新設されている。

　1970 年代の終わりごろから 80 年代にかけて，量的拡大は一時落ち着くが，90 年代に入ると再び拡大する。ここでも私立大学の寄与が大きいが，公立大学の拡大も目立つ。1989 年時点では 39 大学 6 万人ほどであった公立大学の学校数・在学者数は，2010 年時点では 95 校 14 万人を数える。大学セクター全体に占める公立大学の割合は大きくはないものの，この 20 年間で在学者数も学校数も 2 倍以上となっている。とくに 1990 年代は，地域の活性化戦略としての公立大学の利活用，多くの公立短期大学の 4 年制大学への改組，「看護師等の人材確保の促進に関する法律」（1993 年）に依拠した看護医療福祉系の公

立大学の設置推進などを背景に公立大学の数が急増した時期である（公立大学協会（2015）参照）。

2016年時点では，全国には777の国公私立大学があり，287万人の学生が在籍している。その内訳は，国立大学が86大学61万人，公立大学が91大学15万人，私立大学が600大学211万人となっている。

2.2 高等教育に対する国庫負担の歴史

高度経済成長期における国立大学の学生定員増加に対応した着実な施設整備の実施と，国立大学財政の改善を主な目的として，1964年に国立学校特別会計が創設された。この特別会計の歳入は一般会計からの繰入金，授業料等収入，附属病院収入，借入金などで構成された。国の厳しい財政事情を背景に，国立学校特別会計に占める一般会計からの繰入金の割合は1974年度の80%をピークに漸減する一方，附属病院収入などの自己収入割合は増加していった。とくに授業料の値上げに伴い，1964年には2%ほどであった授業料等収入の割合は2003年には約12%にまで上昇した（安田（2007）参照）。2004年に国立大学法人法が施行されると国立学校特別会計は廃止され，特別会計時代の一般会計繰入金に相当する財源が，運営費交付金として各国立大学法人に支給されることになった。

高等教育の量的拡充に大きく寄与してきた私立大学に対して，国は1950年代から教育研究設備などの経費について，政府融資や各種の財政補助，減免税措置を行っていた。しかし，いずれも私立大学の経費に占める補助率は低かった。私立大学は授業料等収入に依存せざるをえなかったが，人件費や授業料の値上げには限度があり，経営状態は悪化していった。そこで国は1970年に私立大学経常費補助制度を創設し，全面的な助成を開始する。1975年には私立学校振興助成法が成立し，私学助成の法的根拠の整備および学校法人への税制優遇など，私立学校振興策の充実が図られることとなった。

公立大学の運営は設置者である都道府県および市町村財政が担うが，運営経費は地方交付税のうち普通交付税算定における基準財政需要額に算入されている。授業料等収入を除けば，地方交付税は公立大学にとって重要な財源である。国は1963年の公立大学等整備費補助金制度の創立をはじめ，70年代には公立医科大学等経常費補助金や，看護系学部，芸術系大学に対する財源支援を行っ

表 6-3　高等教育制度と財政の歴史（主要項目）

年	高等教育：制度と財政の歴史	
1947	学校教育法の制定	戦後高等教育制度の基盤形成
1949	国立学校設置法の制定	
1956	大学設置基準の制定	
1963	公立大学等整備費補助金制度の創設	
1964	国立学校特別会計の創設	
1970	私立大学経常費補助制度の創設	私立大学への助成制度の創設
1975	私立学校振興法の設立	
1993	看護師等への人材確保の促進に関する法律	
2003	公立大学への基盤的経費国庫補助金の廃止	
2004	国立大学法人法の施行（国立大学の法人化・国立学校特別会計の廃止） 地方独立行政法人法の施行（公立大学の法人化）	国公立大学の法人化改革

（出所）　筆者作成。

てきたが，これらの基盤的経費補助は三位一体改革の一環で 2003 年にはすべて廃止された。

なお，これらの主要な制度の変遷は表 6-3 にまとめている。

3　教育への政府関与の意義と方法

3.1　教育需要の決定

教育への経済学からのアプローチとしては，T. W. シュルツ（Schultz, 1960）や G. S. ベッカー（Becker, 1964）らによって体系化された人的資本論が代表的である。人的資本とは，本来個人に備わっている知識や能力，ノウハウなどを指す。人的資本論とは，教育を人的資本への投資と位置づけ（教育投資），能力を向上させ，労働生産性を高めるための手段として捉える考え方である。

では家計は，どのように人的資本への投資を決定するのだろうか。企業が投資プロジェクトの実行を考える場合と同様に，合理的な個人は，教育による私的限界便益と教育に要する限界費用の現在価値を比較し，前者が後者を上回る限り教育投資を行うと考えられる。ここでの費用には，授業料や教科書代などの教育にかかる直接費用だけでなく，教育を受ける期間を労働に費やしていた

ら得られたであろう所得などの**機会費用**も含むことに留意が必要である。

教育投資を行うインセンティブを説明する理論としては，人的資本論以外に，M. スペンス（Spence, 1973）によって提唱されたシグナリング理論がある。この理論においては，人の能力は先天的なものであり，教育は能力に関わる情報の伝達手段と捉えられる。労働市場において，企業は労働者の能力を正確には把握できないため，教育により獲得した学歴を能力のシグナルとみなし雇用や処遇を決めることになる。能力のシグナル（学歴）を取得するには投資が必要であり，投資に応じて便益が得られるという点では人的資本論と共通している。

ここで，教育サービスの市場を考える。完全競争であれば，市場メカニズムが実現する均衡取引量はパレート効率を達成し，社会的余剰は最大となる。しかし，教育サービスの場合は，以下で述べるように，教育が有するいくつかの性質のために，完全競争市場の前提条件が満たされず社会的に望ましい教育水準が実現しない場合がある（「市場の失敗」）。この場合，政府が教育サービスの市場に介入することで，教育の需給の効率性を改善させる余地が生まれる。また，市場メカニズムが実現する教育の需給がパレート効率を達成しているとしても，その状況が必ずしも社会にとって公平であるとは限らない。よって，公平性の観点からも政府の役割が存在する。以下では，教育サービスへの政府関与の意義と方法について，効率性と公平性の観点から述べる。

3.2 教育サービスの効率性

学校を含めた教育機関の多くは，授業料などの徴収により対価を支払わない受益者を排除することが可能である。また，教室で授業を受ける学生の数が多くなると1人が受けられる教育サービスの水準が低下するなど混雑時の競合性が生じるように，教育サービスは私的財としての性質を有しており，基本的には，市場での取引が可能である。読者の中にも，子どものころ学習塾や習い事に通い，親が雇った家庭教師に勉強を教えてもらっていた者も多いだろう。

このような教育サービスに政府が介入するもっとも代表的な理由は，教育の有する正の外部性である。教育は，費用負担する本人に対して，幅広い知識の獲得や社会適応能力の向上など直接的な便益をもたらす。教育の便益はそれだけにとどまらず，労働生産性の向上を通じた経済成長への寄与をはじめ，犯罪率の低下や民主主義の醸成などを通じて広く社会全体に帰着する。このように

社会全体が享受する教育の間接的な便益が正の外部性である。

　しかし，市場における取引では，この正の外部性に相当する便益の増加分は考慮されない。結果，本来望ましいとされる最適水準に比べて過少な教育しか需要されないことになる。識字能力の向上をはじめ，初期の教育段階における基礎的な知識の習得が社会全体にもたらす便益は大きい。また，大学での研究活動が，イノベーションの創出を通して付加価値を生み出すなど，高等教育に関しても社会全体が受ける恩恵は小さくない。

　また，教育投資の決定に際して個人が借入制約に直面している場合，最適な教育投資量を達成できない可能性がある。経済学的に考えると，個人は教育の収益率が市場の利子率と一致するまで教育投資を続けることが望ましいとされる。しかし，未成年者による借入は現実的ではなく，未成年でなくとも本人や親の所得水準などの制約から金融市場での資金調達が困難となるケースは少なくない。このような借入制約に直面すると，本来望ましいとされる最適水準に比べて過少な教育しか需要されないことになる。

　消費者の選好とは無関係に教育サービスを**価値財**と捉える場合がある。価値財とは，温情主義的な価値判断に立脚し，政府が個人のためを思って強制的に供給する財やサービスのことである。教育の価値は，その非金銭的価値も含めて，すぐには目に見えて現れない部分が多い。また，子どもが，目先の利得と長期的な利得との間の最適な選択をできない場合や，親も，どこまでの教育を子どもに受けさせるべきか判断が難しい場合が考えられる。

　たとえば，低所得世帯において，本来は子どもに教育を受けさせることで，将来より高い所得を得られる可能性があるにもかかわらず，今の生活を優先して子どもを学校に通わせず働かせてしまう場合もある。このような場合，子どもや親に判断を任せると過少な水準の教育投資しか行われない可能性が高い。そこで，将来的に被る不利益を事前に回避させようと，温情主義的見地から，政府が望ましいとみなす教育を保障する対策をとることが考えられる。

3.3　教育サービスの公平性

　公平性の観点から政府による教育サービスの供給を考えるうえでは，平等という概念が重要になる。平等とはどのような状態かについてはさまざまな考え方があるが，1つに**機会の平等**と**結果の平等**という捉え方がある。個人は市場

で自由に経済活動を行い，それぞれの生産活動への対価として賃金などの形で分配を受けるという前提は，両方の概念に共通している。その際，分配の水準に影響を与えると考えられる個人の能力は自らの意思とは無関係に決まっており，その能力を高める教育への投資水準の決定はあくまで個人の自由な選択に依存するという点も共通する認識である。

「機会の平等」とは，教育への投資水準の決定は個人の自由であるが，その選択肢は誰にでも平等に与えられている状態を指す。この考え方に立脚すると，生まれながらの家庭環境や親の経済状況にかかわらず，市場での経済活動に参加できるチャンスを平等にするために，政府が教育費用を負担したり，一定水準の教育を一律に受けさせる義務教育を実施したりすることが想定される[3]。後述する教育基本法で規定されている教育の機会均等の実現も，このような考え方を背景としている。

一方，「結果の平等」とは，市場での自由な経済活動の結果としての分配が平等である状態を指す。教育投資の選択肢をいくら平等にしても，実際の選択が個人の自由である限り，必然的に結果は不平等となる。ここでの結果は，学力や能力などさまざまな捉え方が考えられるが，政府がそれらを客観的に把握して一律にすることなどは不可能であろう。一般的には，労働市場において生まれる所得格差の是正を目的に，政府による所得再分配政策の実施などが想定される。ただし，「結果の平等」の過度な追求は，人々に事後的な所得再分配を期待させ，あえて教育を受けない選択をさせたり，逆に，努力して高所得を得たところで高い税金を払うことを考えて労働意欲を失ったりと，経済活動の効率性が損なわれる可能性も指摘される（モラル・ハザード）。

3.4 政府介入の方法

教育に対する政府関与の意義を見てきたが，ここでは政府介入の方法について考える。1つには，政府による**直接介入**があげられる。具体的には，補助金の支給や法規制の導入などが考えられる。

正の外部性が存在する場合，私的限界便益と社会的限界便益の間に差が存在し，市場メカニズムが実現する教育投資の水準は最適水準より過少になってし

---

[3] 「機会の平等」の確保と政府介入のあり方の詳細については小塩（2003）20頁を参照。

まう。ここで，教育がもたらす私的限界便益と社会的限界便益の差分だけを政府が補助金として，家計ないし供給主体に対して支出すれば，最適な水準の教育が達成されうる。これは公教育への政府の介入を正当化するものである。また，金融市場での資金調達が難しく借入制約に直面している家計に対しては，政府が教育ローンを整備したり，奨学金を拡充したりすることで，必要な人が教育を受けることができるようになる。

しかし，補助金を支給するにも政府が正の外部性による社会的便益の増加分を正確に把握できるとは限らない。また，必ずしも学校教育を公立学校において直接供給することの必要性を意味するわけではない。教育に対して政府は財政的な支援を行うだけで，実際の教育サービスの供給を民間主体に委ねるという仕組みもありうる。

たとえば，M. フリードマン（Friedman, 1962）によって提唱された**教育バウチャー制度**がある。この制度は，政府は教育を財政的に支援はするが，供給は民間主体に任せ，競争を促進し効率性を高めるべきという考えに基づいている。政府は，家計に対して教育を無償で受けられる，あるいは授業料の一部を援助する「バウチャー（クーポン券）」を配布する。どの学校に対してバウチャーを利用し，教育を受けるのかという判断は家計に委ねられる。家計に判断を任せた方が，人々の教育に対するニーズがより的確に反映されると考えられる。具体的には，質の高い教育サービスを提供する学校がより選択されやすくなり，逆に，魅力的でない学校は市場から淘汰される。このことは，政府による財政支援の効率化にも通じることが期待される。

一方で，バウチャー制度には批判的な見方も存在する。たとえば学校を選択できるといっても，実際問題としては，居住地から通える場所に限られるなど地理的な制約が発生する可能性がある。また，人気の高い学校の授業料は市場の価格メカニズムにより上昇する可能性が指摘される。そのとき，バウチャーが授業料の一部のみを援助するものである場合，低所得者世帯には授業料負担が重くなることが考えられる。あるいは，教育サービスの供給を市場競争に委ねることで，学校に「勝ち組」や「負け組」を生むべきではないといった批判もある。この点については，勝ち負けという言葉を使うと刺激的ではあるが，バウチャー制度の導入によって生じる結果は，消費者による学校への評価を率直に反映するものでもある点には留意が必要だろう。

PART III　仕組み・政策・課題を学ぶ

1　教育行政制度の概要

1.1　学校教育制度

　2006年に施行された教育基本法[4]は，すべての国民が義務教育を受けることができる機会を保障しており，国および地方公共団体が適切な役割分担と協力体制のもとで，機会保障の実施に責任を負うことを規定している（教育基本法第5条）。同法第16条は，教育行政における国と地方の役割分担について，国は，全国的な教育の機会均等と教育水準の維持向上を図るための教育施策を策定・実施すること，地方公共団体は，地域における教育の振興を図るために，その実情に応じた教育施策を策定・実施することとしている。

　以上の教育理念のもと，日本では戦後行われた学校制度改革に基づき，6・3・3・4制を基本とする学校制度が採用されている。日本の学校制度の基本的事項は，学校教育法により体系的に整備されている。学校教育法第1条に掲げられる教育機関には，幼稚園，小学校，中学校，義務教育学校，高等学校，中等教育学校，特別支援学校，大学，高等専門学校と，職業教育や技術教育を専門的に行う専修学校および，学校教育に類する教育を行う各種学校がある。小学校から中学校までの義務教育を9年間で一貫して行う義務教育学校は，改正学校教育法（学校教育法等の一部を改正する法律〔平成27年法律第46号〕）の成立により新たな学校の種類として制度化され，2016年度から創設された。小中一貫教育を実現することで，小学校から中学校への環境変化に子どもが順応しやすくなることや，小・中学校の授業内容を柔軟に構成できるなどのメリットが想定されている。

　戦後約70年にわたり，日本の学制の基本となっている6・3・3・4制であるが，近年，子どもや子どもを取り巻く社会状況が大きく変化する中で，新たな学制のあり方についても模索が続いている。義務教育学校の創設をはじめ，幼児教育も含めた無償教育期間の検討や，高大接続を円滑にするための取り組みなど，現行の学年の区切りを越えて，より柔軟な学校制度の設計が議論されて

---

[4]　1947年に公布・施行された教育基本法を，全面的に改正。

図6-5 教育行政機関の役割と教育機関との関わり

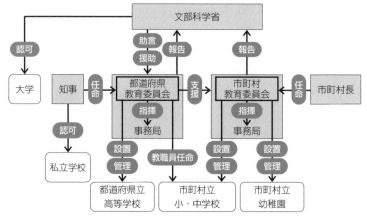

(出所) 文部科学省（2015）『諸外国の教育行政――7か国と日本の比較』328頁より筆者作成。

いる（自民党・教育再生実行会議（2014）参照）。

1.2 国と地方の役割・権限

図6-5は，国と地方の教育行政機関と教育機関との関係について示している。教育行政を所管する国の行政機関は文部科学省である。文部科学省は，学校制度の基本的枠組みの整備および，全国的な基準を設定する。具体的には，学校教育法などによる学校教育制度の制定，教科書検定や教職員免許など諸制度の整備，小・中学校などの学校施設の設置基準，学級編成や教職員定数の基準設定などがあげられる。また，文部科学省は，国公私立大学の設置認可の権限を持つ。大学設置者は文部科学大臣に設置申請を行い，文部科学大臣は大学設置・学校法人審議会における諮問を経て認可する仕組みである。

地方教育行政の担い手を考えるうえで，都道府県教育委員会および市町村教育委員会の存在は不可欠である。首長からは独立した**行政委員会**である**教育委員会**は，すべての都道府県および市町村に置かれ，生涯学習，学校教育，文化，スポーツなど幅広い分野にわたって施策を展開する。教育委員と教育長で構成され，議会の同意を得て首長が任命する。**教育長**は常勤で任期3年，**教育委員**は非常勤で任期4年であり，いずれも再任可能である。教育委員会がこのよう

な制度を採用する趣旨としては,「政治的中立性の確保」「継続性・安定性の確保」「地域住民の意向の反映」の3点があげられる（文部科学省ウェブサイト「教育委員会制度について」を参照）。

教育委員会で決定された教育行政に関わる重要事項や基本方針に基づいて教育長が担当事務局に指揮する形をとる。都道府県教育委員会は，公立高等学校の設置・管理および，公立小・中学校における教職員の任命権を有し，市町村教育委員会は，公立小・中学校の設置・管理を担う。教育委員会は首長から独立した執行組織ではあるが，行政からの関与をまったく受けないわけでない。国との関係においても，文部科学省は教育委員会に対して教育内容や学校運営に関する指導・助言・援助を行うとともに，教育委員会は国への報告義務がある。一方，私立学校の設置・廃止などについては，教育委員会ではなく都道府県知事の認可事項となっている。

2　義務教育財政の仕組みと課題

2.1　義務教育制度

都道府県は，義務標準法に従い学級編成の基準を設定し，市町村は学級編成を行っている。教職員定数は基礎定数と加配定数との2つからなっている。基礎定数は学校数，学級数，児童・生徒数に基づいて都道府県ごとに算定され，都道府県が配置する。加配定数は少人数教育やいじめ，不登校など教育上の特別な配慮が必要な場合などに対応するものである。都道府県は国が定める基準に基づき類型ごとに加配教職員の総数を国が申請し，国で児童数などが考慮されたうえで，都道府県ごとの加配定数の配分が決定される。この加配教職員を都道府県が学校の実情に合わせて配置する。加配の種類は国により細かく分類されており，原則として限られた目的（教育上の特別の配慮が必要な子どもたちがいる場合や習熟度別指導のための指導方法工夫改善など）にしか活用できない。

教職員の給与は，市町村立学校職員給与負担法で定められている**県費負担教職員**制度に基づき，原則として都道府県が負担している。本来は，学校の経費は設置者が負担することを原則とする設置者負担主義がとられる。しかし，市町村立小中学校の教職員給与費は金額が多額にのぼり，市町村だけに負担をさせると，市町村間の財政力格差が教育水準の格差につながる可能性が生じる。

そこで，設置者負担主義の例外として，市町村よりは財政力格差が小さい，都道府県が市町村に代わって負担するものとされている。このように，都道府県が給与を負担する教職員を県費負担教職員という。県費負担教職員の任命権は，都道府県教育委員会に属するものとされており，広域的人事を可能にするとともに，給与負担者と任命権者の一致を図っている。

2.2 国と地方による負担規模の実態

義務教育にかかる公教育費は，保護者への経済的支援，人件費や教育活動費や図書購入費など運営にかかる支出，学校の校舎などの施設整備などにかかる支出に大きく分けることができる（図6-6）。

2014年度時点において[5]，義務教育にかかる公教育費は国と地方の総額で見て約9兆円である。このうち保護者への経済的支援が約1008億円（全体の1%程度），運営にかかる支出が約8兆3000億円（全体の91%程度），施設整備などにかかる支出が約7000億円（同8%）となっており，運営にかかる支出が大半を占めている。さらに，総額のうち，国の負担額は約1兆8000億円（同19%）であり，都道府県の負担額は約4兆7000億円（同52%），市町村の負担額は2兆6000億円（同29%）で，最終的な負担額ベース[6]で見ると都道府県が大きな役割を果たしているのが現状である。

保護者への経済的支援の負担額をそれぞれの政府段階別で見ると，国による負担が**要保護児童生徒援助費補助**などで約8億円（保護者への経済的支援に占める割合の約0.8%），市町村による負担が就学援助などで約1000億円（同99.2%）となっており，最終的な負担のほとんどを市町村が担っている。国と市町村による支援の内容は，就学困難と認められる生徒やその保護者に対する学用品費や給食費などの教育費の一部援助などがある。

運営にかかる支出の負担額をそれぞれの政府段階別で見ると，国による負担

---

5) 本項での教育費に関する数値は，文部科学省ウェブサイトや2015年度「地方教育費調査（平成26会計年度）」より入手可能な本章作成時の最新年度のデータを用いた。
6) 上述したように，一般財源の地方交付税が多くの都道府県・市町村に交付されており，公立・私立学校に対する支出金の財源の一部となっている。都道府県や市町村は，地方交付税を含めた一般財源をもとに，都道府県支出や市町村支出を行っている。ここでは，最終的に負担した主体の金額ベースでの比較を行っている。

194　第2部　歳　出

図6-6　小・中学校にかかる財政措置と費用負担の仕組み

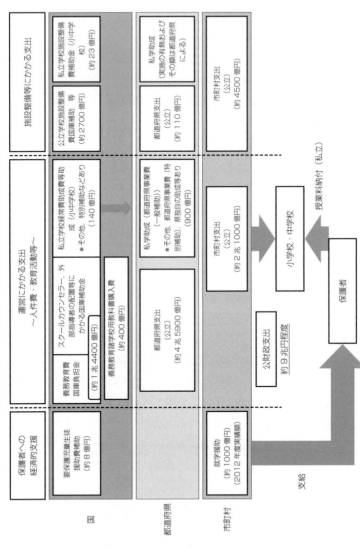

(出所)　文部科学省 (2014)「教育再生実行会議——第3分科会 (第1回) (2014年10月15日) 提出資料, 資料4, 13頁」より2014年度のデータを用いて筆者作成。

が義務教育費国庫負担金などで約1兆5000億円（運営にかかる支出に占める割合の18%），都道府県による負担が約4兆7000億円（同57%），市町村による負担が約2兆1000億円（同25%）となっており，都道府県が多くの支出を行っている。

施設整備などにかかる支出では国による負担が公立学校施設整備費国庫補助などで約2700億円（施設整備などにかかる支出に占める割合の37%），都道府県による負担が約110億円（同2%），市町村による負担が約4500億円（同61%）となっており，市町村が多くの支出を行っている。

このように，運営にかかる支出は，財政負担が大きいことが地域の財政状態に直接影響しないように，より広域で比較的財政格差が小さい地方公共団体である都道府県が多くを負担している。施設整備などにかかる支出は設置者である市町村が多くを負担し，国はそれぞれに対して補助を行っている。義務教育財政では，国・都道府県・市町村の基本的な役割分担は以上のようになっている。

一方，私学に対する助成は国と地方の総額で約1100億円（全体の1.2%程度）支出されている。その中でも，国や地方公共団体は運営にかかる支出に対して**私立学校経常費助成費等助成**や**私学助成**（都道府県事業費）を支出している。施設整備などに必要な経費に関しても，国や地方公共団体による助成が実施されている。しかし，とくに都道府県段階での助成の有無および金額の水準は，都道府県によって異なっているのが実情である。

2.3 義務教育政策の課題

義務教育を受ける人口の割合は減少の一途をたどっている一方で，義務教育費総額および在学者1人当たりの義務教育費は20年間では増加傾向にある（表6-4）。

在学者1人当たり義務教育費の増加の1つの要因として学校の小規模校化があげられる。学校教育法施行規則第17条では，特別の事情のあるときを除き，小学校の標準的な学級数は12学級以上18学級以下と規定されている。この標準を下回るケース，つまり1学校12学級以下の学校を小規模校ということが多い。小規模校化は児童1人当たり教員数の増加につながり，既存の施設や人員の余剰を抱え込んでしまうので，児童の減少で削減すべき費用が，削減に

表 6-4　義務教育費の変遷

年度	義務教育費（実質化）	在学者1人当たり（単位：千円）	在学者1人当たり（実質化）	6歳から15歳人口比率
1994	9,391	812.0	728.9	11.80
1999	9,561	916.8	841.9	10.33
2004	9,792	943.8	934.5	9.47
2009	10,196	954.1	994.9	9.22
2014	10,171	983.8	1047.7	8.78

(注)　実質化は 2005 年基準の GDP デフレータで各年の値を割り，算出した。
(出所)　文部科学省「地方教育費調査」および「学校基本調査」，総務省「住民基本台帳」，内閣府「国民経済計算」より筆者作成。

くくなるとされている（中井,1996)[7]。

　少子高齢化が他の先進諸国に比べ例を見ないスピードで進展し，加えて財政状況が厳しい日本においては，教育の質に考慮しつつ，可能な限り費用を効率的に活用できる義務教育政策のあり方を考えることが重要である[8]。たとえば，児童・生徒数の減少に合わせて教員数を削減させるべきなのか，教員数の削減を緩やかにし，児童・生徒1人当たり教員数を増加させることで教育環境の改善を目指すのかといった議論もあろう。学級規模や児童・生徒1人当たり教員数の望ましい水準を決定づけるのは容易ではない。少人数教育（少人数学級）が学力の向上に効果があるかについては，実証分析では効果が統計的に認められた研究と認められない研究の双方が数多く存在し，明確な結論が得られておらず（Hanushek, 2006），今後も実験的な分析を含めた精緻な研究の蓄積が必要な分野となっている。

　また，少人数教育政策に限らず教育の成果は学力のみでは測れないという主張もありうる。たとえば卒業後の賃金や犯罪率の減少，いじめや暴力行為・不

---

7) 小規模校化を改善する方法には，学校の統廃合が考えられる。実際の学校統合による魅力ある学校づくりの取り組みなどをまとめた資料として，2015 年度「少子化・人口減少に対応した活力ある学校教育推進事業」などが参考になる。

8) たとえば 2014 年 10 月 27 日の財政制度等審議会では，教員数の削減を視野に入れた義務教育財政の効率化策として，学校規模の適正化を進めるべきとの議論が行われている。

登校の減少などもあわせて考慮することが求められる．

このように政策を策定する場合には，どのような成果を目標にしているのかを明確に定めることも重要になってくる．その後，政策を実行してその成果がどの程度あったのか，またその政策にはどの程度の金額がかかったのかといった事後的な政策評価を実行することも大切である．義務教育政策においても，PDCAサイクルを確立し，限られた財源を有効に活用することが，ますます求められる．

3 高等教育財政の仕組みと課題

3.1 高等教育財政の仕組み

国公私立大学がそれぞれの設置形態としての機能を認識しつつも，自主自立の精神のもとで個々に特色ある教育研究活動を展開するうえで，強固な財政基盤は欠かせない．図6-7は，国公私立大学への財政措置と費用負担の仕組みについてまとめたものである．

2014年度において，家計や民間部門による国公私立大学の費用負担は約6兆円程度である．その内訳を見ると，授業料や入学検定料からなる学生納付金が約3兆1000億円，病院を保有する大学に納められる附属病院収入が約2兆6000億円，国内外の民間企業などとの産学連携収入や寄付金収入が約4200億円となっている．

一方，国公私立大学への公財政支出は約2兆円である．政府による財政支援は大きく2つに分けられる．1つは，安定的・継続的な大学の教育研究活動を確保するための**基盤的経費**であり，学生数や教員数などの客観的指標に基づき積算され，大学へと配分される．もう1つは，国公私を通じて先駆的・独創的な研究を支援する目的で，個人や研究プロジェクトに対して配分される資金である．教員や研究者が応募した研究が審査により採択されるため，**競争的資金**と呼ばれる．これら基盤的経費と競争的資金を組み合わせた財政措置の仕組みを，デュアル・サポート・システムという．

国立大学は2004年度の法人化以降，文部科学省から提示された6年間の中期目標をもとに**中期計画**を作成し，それに基づく教育研究業務を遂行することとなった．中期計画の達成状況は，文部科学省のもとに設置された**国立大学法**

図6-7 高等教育セクターの財源措置と費用負担

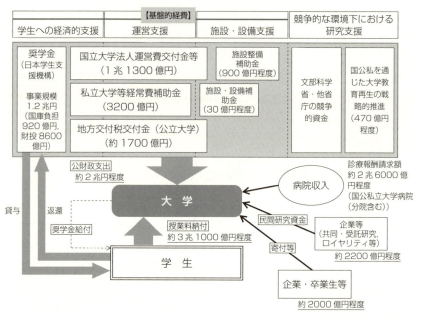

(出所) 文部科学省 (2014)「教育再生実行会議——第3分科会 (第1回) (2014年10月15日) 提出資料より筆者作成。

人評価委員会が，毎事業年度と中期計画期間の終了時に，各大学の教育研究の特性を踏まえたうえで評価する。**運営費交付金**は，この中期計画を実行するために各国立大学法人へ交付される基盤的経費で，使途の制限がない渡し切りの一括交付金である。2014年度には1兆1300億円が交付され，国公私立大学に対する公財政支出の中で，もっとも大きな金額を占める。また，運営費交付金とは別に，国立大学の施設・設備支援のための**施設整備補助金**が900億円ほど交付されている。

2004年には，**地方独立行政法人法**が施行され，公立大学も地方公共団体の裁量で法人化が可能となった[9]。公立大学法人へは地方公共団体が運営費交付金を支給するが，地方公共団体立の大学運営経費は設置団体の会計に組み込まれている。2014年度において，公立大学への地方交付税充当額は約1700億円である。地方交付税を国の財源とみなすならば，交付団体については，国が地方交付税を通じて公立大学財政を支援しているといえよう。ただし，公立大学

が有する学部や学生数に応じて地方交付税交付額は大きく異なるうえに，一般財源の地方交付税は公立大学以外にも支出できることから，国による財源保障のあり方が議論になっている（須原・赤井, 2013）。

また国は，私立大学に対して**私立大学等経常費補助金**を交付し，教職員給与や研究活動に関わる基盤的経費に関わる**一般補助**と，大学の特色ある取り組みを重点的に支援する**特別補助**を行っている。私立学校振興助成法によると，経常的経費の2分の1以内まで補助できるとされる。ただし，現状は2016年度の経常費補助金は3200億円程度と，私立大学の経常的経費のおよそ10%を補助しているにとどまる。経常費補助以外にも施設整備のための経費が約30億円交付される。私立大学の規模の大きさを考えると金額が少ないが，その理由として私立大学の多くは民間ローンや企業・卒業生からの寄付金などを利用して施設整備していること，国立大学と比較して理工系より人文・社会科学系の在学生が多く，研究より教育，とくに学部教育に集中することから設備投資が比較的少なくすむとの指摘もある（丸山, 2013）。

政府から各大学へ交付される基盤的経費以外に，経済的に就学困難な学生を直接支援するために，日本学生支援機構が展開する**奨学金事業**がある。2014年度予算の貸与人数は無利子・有利子合わせて約141万人であり，事業規模は約1.2兆円にのぼる。しかし，貸与型奨学金は実質的には借金であり，将来の返済義務がある。近年，その負担を恐れて奨学金貸与を回避する「ローン回避問題」が深刻化しており，とりわけ支援が必要な低所得者ほど回避傾向が強いことから，奨学金制度の本来の意義が問われている（小林（2008）など）。日本では，2017年度より，**給付型奨学金制度**の実現や，学生の卒業後の所得水準に連動させて返還額や時期を柔軟に設定する**所得連動返還型奨学金**の本格実施が予定されている。

以上の基盤的経費に加え，国は大学に対して，国公私を通じた競争的な環境のもとで教育研究の財政支援を行っている。文部科学省が所管する**科学研究費補助金**や戦略的創造研究推進事業，国公私立大学を通じた大学教育改革支援経費，他省庁の戦略事業など，競争的資金の財源は多様である。中でも科学研究

---

9) 2014年度時点では，全国86の大学のうち，地方公共団体による直営は18大学であり，残りの68大学が64の法人により設置されている（短期大学のみを設置する1法人を除く）。

費補助金の予算規模は大きく，1999 年度の約 1300 億円と比較して 2014 年度は 2300 億程度と 1000 億程度増加している。科学研究費補助金には国公私立大学に限らず民間の研究機関なども応募できるが，文部科学省によると，予算総額の約 60％ は国立大学が獲得している。

3.2 高等教育財政の課題

　PART I で見たとおり，日本の高等教育への公財政支出は国際的に見て大きくはないが，国・地方ともに財政が逼迫し，諸外国に見られない速度で少子高齢化が進行する現状にあって，公財政支出の大幅な増額は期待しにくい。財源が限られる中で，それらをいかに効果的・効率的に配分し，活用するかが課題となっている。

　デュアル・サポート・システムのあり方の傾向としては，基盤的経費から競争的資金へのシフトが見られる。2001 年時点では 86 対 14 であった基盤的経費と競争的資金の割合は 2009 年には 71 対 29 となり（丸山，2013, 61 頁），機関補助から個別の研究単位への補助へと資金配分のシフトが進んできている。また近年は，基盤的経費の配分方法にも変化が見られる。たとえば，2016 年度から開始した国立大学法人の第 3 期中期目標期間では，各大学の機能強化策が掲げられ，それぞれの方向性に応じて改革を積極的に推進する大学に向けて運営費交付金の一部を重点配分する仕組みが導入された（文部科学省ウェブサイト「第 3 期中期目標期間における国立大学法人運営費交付金の在り方に関する検討会」）参照）。教職員人件費などの主要財源となる運営費交付金は法人化以降，毎年減額されていることもあり，大学側からは中長期的成長を見据えた基盤的経費の確実な措置が要望されている。

　大学の財源基盤を強化するためには，たとえば研究活動における民間資金の獲得努力もこれまで以上に必要である。科学技術・学術政策研究所「科学技術指標 2015」によると，2013 年度の日本の大学の研究開発費のうち企業による負担割合は 2.5％ であり，ドイツ（14.0％）やアメリカ（5.2％），イギリス（4.1％）などと比較して低水準である。民間企業からの受入研究費の 7 割以上を占める共同研究経費の実績を見ると，2014 年度は約 416 億円と 10 年前の約 1.6 倍に増加している[10]。しかし，1 件当たりの平均受入額は 200 万円前後と，諸外国に比べて比較的小規模のまま推移している。近年は有力国立大学を筆頭に

大学と企業とが組織的に連携し大規模な共同研究を実施する例も増えてきている。大学規模や学問分野など大学の特性によって産学連携の実現可能性は大きく異なることも考慮しながら，それらが実効的に促進される環境を国が整備することも重要であろう。

以上に加えて，資金配分システムや財源の多様化が教育研究活動の成果にどのように結びついているのかを検証することも等しく重要であろう。教育研究活動の成果をどのように把握するかは難しい問題ではあるが，投入資源に照らし合わせたアウトカムの実態を広く公開することは，大学の社会的責任の観点から今後ますます求められる。

4 少子高齢化時代における教育のあり方についての将来像

生産年齢人口の減少に伴い税収確保が難しくなる中では，教育費も聖域ではなく，限られた財源の効果的・効率的配分のあり方が議論される。**中位投票者理論**[11]に従うと，急速に進展する高齢化により中位所得者が高齢化していけば，政治決定に対する高齢者の選好が実際の政府支出にいっそう影響するようになるだろう。高齢者が利他的である場合や，学校の質の向上あるいは犯罪率の低下などにより地価が上昇するなど教育の正の外部性の便益を高齢者も享受できる場合，教育支出の増額が支持されることも考えられる（Poterba, 1997, 1998）。しかし，一般的には，利己的な高齢者を仮定すると，医療費をはじめとする社会保障支出の増加が支持され，自らに直接便益をもたらさない教育支出は支持されにくいと考えられる。高齢化と教育費との負の関係は，欧米を中心とする多くの研究により実証されている[12]。

---

10) 文部科学省ウェブサイト「大学等における産学連携等実施状況について（各年度版）」より。国公私立大学等（短期大学，高等専門学校，大学共同利用機関法人を含む）を調査対象としている。

11) 有権者全員がそれぞれの選好に基づいて選んだ最適点を一直線上に並べたとき，その中央値となる有権者（中位投票者）が選ぶ最適点が，多数決投票ルールのもとでは社会的に選択されることを示す。

12) たとえば Harris et al.（2001）や Borge and Rattso（2008）などがある。しかし，

Column⑥　高校生などへの就学支援の取り組み

　2016年現在，日本の高等学校などへの進学率は99％に迫る。高校教育などの成果は広く社会に還元されており，その費用は社会全体が担うべきとの認識から，2010年より3933億円の予算で高校の実質無償化が開始された。高等学校などにおける教育費の経済的負担を軽減することで，家庭の経済状況にかかわらず高等学校教育の機会均等を実現することを目的としている。

　旧制度は，公立高校の授業料無償化と私立高校生に対する就学支援金制度からなる。公立高校生がいる世帯に対しては，授業料は不徴収とし，国が都道府県・市町村に対して授業料収入相当額の補助金を交付するシステムである。私立高校生のいる世帯に対しては，国が就学支援金を支給し，授業料について一定額（上限年額約12万円）が助成される。都道府県は，国から交付された就学支援金の費用を私立学校に支給し，学校は就学支援金額を減額した授業料を家庭から徴収するシステムである。加えて，私立学校に通う低所得世帯の生徒に対しては年収に応じて1.5～2倍の上乗せ助成が行われた。

　しかし，公立高校と私立高校に通う生徒間での教育費負担の格差の広がりや低所得者対策が不十分であるなど，旧制度の課題が指摘されるようになった。そこで，2014年より，旧制度に代わり新たに高等学校など就学支援金制度が創設され，国公私立にかかわらず就学支援金制度が適用され，年額約12万円が支給されている。新制度のもとでは，受給資格の要件として新たに所得制限が設けられ，市町村民税所得割額30万4200円以上（年収約910万円以上）の世帯の生徒には，就学支援金は交付されない。ただし，私立高校などに通う低所得世帯の生徒は依然として授業料負担が大きいため，1.5～2.5倍の上乗せ助成額の拡充や，上乗せ助成の対象となる年収上限の引き上げなど，低所得者対策を充実させている。

　また，高等学校等就学支援金制度に限らず，各都道府県において，授業料減免や貸与型奨学金事業などが実施されている。2014年からは，年収250万円未満の非課税世帯の生徒に対して教科書費や学用品費など授業料以外の教育費負担を軽減する高校生等奨学給付金が創設された。国は都道府県に対して給付金所要額の3分の1を補助している。

高齢化と教育費との間には有意な関係はないとする研究もある（Ladd and Murray, 2001）。また，1985年以前の日本における両者の正の関係を指摘する研究もある（Ohtake and Sano, 2010）。

仮に教育費全体としての水準が定まったとしても，どの教育段階にどの程度配分するのかという点も課題になるだろう。Psacharopolous and Patrinos (2004) によると，教育投資の社会的なリターン（社会的収益率）は，高等・中等・初等と教育段階が下がるにつれ，10.8%，13.1%，18.9% と増加する。少子高齢化時代の公教育費の配分を考える際には，教育段階も横断して俯瞰し，社会的収益性などの客観的な指標も交えながら考えることも求められるだろう。

また，学齢人口減少に対応し，教育の質を保証するためにも，教育段階ごとに学校教育機関の規模（定員）の適正化に関する議論も重要であろう。上述のように，義務教育段階においては，学校の統廃合などが行われず，既存の学校施設（学校数やクラス数，教員数）などが縮小しないときには，在学者1人当たりの教育費が増大する要因になる可能性がある。教育環境の維持・向上や地域の実情を考慮しながらも，学校の統廃合を適切に実施するなどにより，学校規模の適正化を計画的に進めることが求められるだろう。

高等教育段階においては，その全体規模に関して政府は1993年以降，18歳人口の大幅減少を見据えて定員管理や大学・学部の新増設について規制強化の方針をとっていたが，2003年以降は規制緩和および大学設置基準の弾力化を図っている。今後も18歳人口が確実に減少し続ける情勢下において，需要に見合った形での大学・学部の統合や再編，必要に応じた定員数の見直しなどが求められるだろう。

■ 練習問題

Q1：以下の空欄にもっとも適切な語句を入れてみよう。

1.1 本来，公立小・中学校にかかる費用については設置者である（ ① ）が費用を負担するという設置者負担主義であるが，教職員の人件費に関しては例外措置がとられている。教職員の給与に関しては，市町村立学校職員給与負担法で定められている（ ② ）制度があり，原則として都道府県が主に負担している。また現在の教職員人件費の国庫負担に関する制度としては，（ ③ ）制度がある。

1.2 戦後の高度経済成長期に，高等教育セクターは最初の量的拡大期を迎え，中でも（ ④ ）大学の拡充が顕著であった。国は，1970年に（ ⑤ ）制度を創設し，（ ④ ）大学に対する全面的な経常経費助成を開始した。また，1990年代に入ると再び高等教育は量的に拡大する。ここでも（ ④ ）大学の寄与が大

きいが，（　⑥　）大学の拡大も目立つ。地域の活性化戦略としての（　⑥　）大学の利活用などが規模拡大の背景としてあげられる。

Q2：以下の点について自分の意見をまとめてみよう。

2.1　義務教育段階では，少人数教育の推進の是非が議論されている。そこで，現在の日本の財政状況や人口構成の変化などを考慮したうえで，今後さらなる少人数教育を進めるうえでの，メリットとデメリット（問題点）について考えてみよう。またそのメリットとデメリットを踏まえたうえで，少人数教育の推進をするべきなのかについて，自分自身の立場（賛成・反対など）を明確にしてみよう。

2.2　PART Ⅲで説明したように，2004年度よりすべての国立大学は法人化され，公立大学の法人化も進んでいる。法人化の背景にあるものは何か。また，法人化が大学経営や大学の教育研究活動にもたらす効果としては何が期待できるのかを考えてみよう。

■ 参考文献

小川正人（2010）『教育改革のゆくえ──国から地方へ』（ちくま新書）筑摩書房。

小塩隆士（2003）『教育を経済学で考える』日本評論社。

公立大学協会（2015）「公立大学法人評価に関する調査研究」文部科学省，平成26年度先導的大学改革推進委託事業。

小林雅之（2008）「奨学金の高等教育機会への効果とローン回避問題」小林雅之編『奨学金の社会・経済効果に関する実証研究』東京大学大学総合研究教育センター，所収。

須原三樹・赤井伸郎（2013）「公立大学の運営経費と地方交付税による国の財源保障」『会計検査研究』第47号，193～215頁。

中井英雄（1996）「義務教育費の転位効果と小規模校化の財政責任」大野吉輝・木村陽子・中井英雄『社会経済情勢の変化を踏まえた府県行財政の見直しについて』大阪府地方税財政制度研究会，所収。

丸山文裕（2013）「高等教育への公財政支出の変容」広田照幸ほか編『大学とコスト──誰がどう支えるのか（シリーズ大学3）』岩波書店，所収。

安田隆子（2007）「国立大学法人の財政問題──国立学校特別会計の成立と廃止を踏まえて」『調査と情報── ISSUE BRIEF』第596号，国立国会図書館。

Becker, G. S. (1964) *Human Capital*, Cambridge University Press.

Borge, L. E. and J. Rattso (2008) "Young and Old Competing for Public Welfare Services," CESifo Working Paper, No. 2223.

Friedman, M. (1962) *Capitalism and Freedom*, University of Chicago Press.

Hanushek, E. A. (2006). School resources. *Handbook of the Economics of Education*, 2, pp. 865-908.

Harris, A. R., W. N. Evans and R. M. Schwab (2001) "Education Spending in an aging America," *Journal of Public Economics*, 81 (3), pp. 449-472.

Ladd, H. E. and S. E. Murray (2001) "Intergenerational Conflict Reconsidered: County Demographic Structure and the Demand for Public Education," *Economics of Education Review*, 20 343-357.
Ohtake, F. and S. Sano (2010) "The Effects of Demographic Change on Public Education in Japan," NBER-EASE, 19, pp. 19-21.
Poterba, J. M. (1997) "Demographic Structure and the Political Economy of Public Education," *Journal of Policy Analysis and Management*, 16 (1), pp. 48-66.
Poterba, J. M. (1998) "Demographic Change, Intergenerational Linkages, and Public Education," *American Economic Review*, 88 (2), pp. 315-20.
Psacharopoulos, G. and H. A. Patrinos (2004) "Returns to Investment in Education: a Further Update," *Education Economics*, 12 (2), pp. 111-134.
Schultz, T. W. (1960) "Capital Formation by Education," *The Journal of Political Economy*, 68 (6), pp. 571-583.
Spence, M. (1973) "Job Market Signaling," *The Quarterly Journal of Economics*, 87 (3), pp. 355-374.

■ 参考資料

科学技術・学術政策研究所ウェブサイト「科学技術指標2015」(http://hdl.handle.net/11035/3071)。

経済協力開発機構 (OECD) 編著 (徳永優子ら訳)『図表でみる教育――OECDインディケータ (2015年版)』明石書店。

財務省ウェブサイト「平成28年度予算政府案 (平成28年度文教費及び科学技術振興費のポイント)」(https://www.mof.go.jp/budget/budger_workflow/budget/fy2016/seifuan28/08-1.pdf)。

自民党・教育再生実行会議 (2014)「今後の学制等の在り方について」(第5次提言) 2015年7月3日 (https://www.mof.go.jp/budget/budger_workflow/budget/fy2016/seifuan28/PAGE000000000000177771.html)。

文部科学省ウェブサイト『学校基本調査』(http://www.mext.go.jp/b_menu/toukei/chousa01/kihon/1267995.htm)。

文部科学省ウェブサイト『地方教育費調査』(http://www.mext.go.jp/b_menu/toukei/001/index05.htm)。

文部科学省ウェブサイト「大学等における産学連携等実施状況について (各年度版)」(http://www.mext.go.jp/a_menu/shinkou/sangaku/sangakub.htm)。

文部科学省 (2015)『諸外国の教育行政――7か国と日本の比較』ジアース教育新社。

文部科学省 (2014)「教育再生実行会議――第3分科会 (第1回) (2014年10月15日) 提出資料, 資料4」(http://www.kantei.go.jp/jp/singi/kyouikusaisei/bunka/dai3/dai1/siryou.html)。

文部科学省ウェブサイト「学制百年史」(http://www.mext.go.jp/b_menu/hakusho/

html/others/detail/1317552.htm)。
文部科学省ウェブサイト「教育委員会制度について」(http://www.mext.go.jp/a_menu/chihou/05071301.htm)。
文部科学省ウェブサイト「第3期中期目標期間における国立大学法人運営費交付金の在り方に関する検討会」(http://www.mext.go.jp/b_menu/shingi/chousa/koutou/062/)。
文部科学省ウェブサイト「わが国の教育水準（昭和34年度）」(http://www.mext.go.jp/b_menu/hakusho/html/hpad195901/)。

■ リーディングリスト
①小塩隆士（2002）『教育の経済分析』日本評論社。
　経済学のツールを用いて教育問題を分析する教育経済学の基本文献である。政府介入の理論的背景や教育需要の決定メカニズム，バウチャー制度の効果などについてより深く勉強したい人に勧める。
②小塩隆士（2003）『教育を経済学で考える』日本評論社。
　前掲（2002）の内容をベースにしつつ，経済学の専門知識を前提としない一般読者でも無理なく理解できるように書かれた文献である。教育問題を経済学的視点で考えるとはどういうことかについて，豊富な具体例とともに解説されている。
③中室牧子（2015）『「学力」の経済学』ディスカヴァー・トゥエンティワン。
　学力に対する教育の効果を，既存の実証研究による科学的根拠をもとに丁寧に解説している文献である。教育に投資すべきタイミングや本章でも取り上げた少人数教育の効果などについてわかりやすく解説している。

第7章

少子高齢化と社会保障財政

本章の目的

　社会保障制度とは，貧困に陥る可能性のあるさまざまなリスクを，社会全体で備える仕組みである。だが，少子高齢化を伴う人口減少に向かう日本の人口構造を背景に，社会保障の給付と財源のバランスが崩れ，社会保障制度の持続可能性が問われている。本章では，膨らみ続ける社会保障給付に対して，社会保険料，租税，自己負担でまかなう社会保障制度の厳しい財政状況を理解し，今後の望ましい制度のあり方を問うことをねらいとする。具体的にはPART Ⅰでは社会保障制度の給付と財源の推移を示し，社会保障給付における受益と社会保険料の財源との関係を学ぶ。PART Ⅱでは，戦後から現在に至るまでの社会保障制度の歴史的変遷を説明し，なぜ国が社会保障給付を行う必要があるかを理論的に学ぶ。PART Ⅲでは，社会保障制度の中でも，年金，医療，介護の意義，実情，仕組み，政策の現状を図表を用いてわかりやすく説明していく。

PART Ⅰ　財政の今（国・地方の役割）

1　社会保険料と社会保障給付の推移

　第1章および図7-1で示すように，2016年度の一般会計歳出（予算）の内訳を見ると社会保障関係費が30%を超えている。中でも本章でとくに注目する年金・医療・介護の社会保障関係費が多くを占めており，高齢化によって財政需要が増える中で社会保険料を主とする財源確保が難しく，財政赤字が膨み続けている。年金は，現役世代が保険料を支払い，それを財源に高齢者の生活費を給付する制度である。医療・介護は，事前に保険に加入していれば，実際にサービスを利用するときの料金を格安で利用でき，残りの部分は原則として加

図7-1 一般会計歳出総額と社会保障関係費

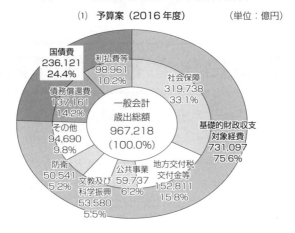

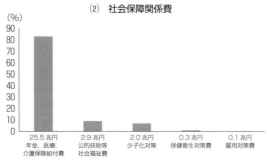

(出所) 財務省「平成28年度一般会計予算の概要」。

入者が事前に拠出した保険料でまかなわれる制度である。

そもそも社会保障とは，貧困に陥る可能性のあるさまざまなリスクを社会全体で備えることをいう。その内容は，生活保護給付といった公的扶助，児童福祉・母子福祉の社会福祉，感染症対策・食品衛生対策の公衆衛生，年金・医療・介護といった社会保険にわたるが，中でも本章では社会保険を主に取り扱う。

社会保険とは，事前に保険に加入し保険料を払うことを，給付の前提にしている。税を財源として，制度を運用する生活保護などの他の社会保障とは考え方が異なる。保険には生命保険などの民間の保険もあるが，政府が制度に全面的に関わる点で社会保険と呼ばれる。保険料で運用されるはずの年金・医療・

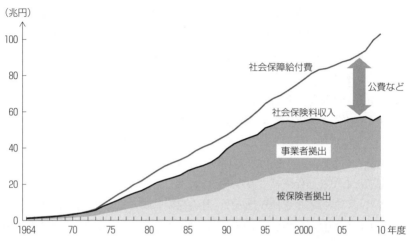

図7-2　社会保険料と社会保障給付費の推移

(出所)　財務省ウェブサイト「日本の財政関係資料（平成25年度予算案　補足資料）」および国立社会保障・人口問題研究所ウェブサイト「社会保障給付費」。

介護などの社会保険は保険料収入の伸び悩みと給付の増大で財源が足りず，税の投入が日常化している。

　社会保障と税の一体改革では，社会保障の充実・安定化を目標とし，そのための財源確保と財政再建の同時達成を目指し，改革が実施されている。この指針は日本に限らず，先進諸国のすべてにおいて共通の課題といえる。諸外国の財政を鑑みても，歳出の大きな割合を占めるのは社会保障にかかる経費である。著しく高齢化が進んでいる日本では，年金・医療・介護などの高齢者への社会保障にかかる経費が顕著に増えており，いかにして財源を確保するかがつねに問題になってきた。

　その実態は，社会保険料収入と社会保障給付費の推移を示す図7-2から読み取れる。社会保障給付費の主な財源は社会保険料収入である。社会保険料は，企業負担分の事業者拠出と本人負担分の被保険者拠出で構成されている。かつて1970年には9.5兆円であった社会保険料収入は，80～90年代に急増する社会保障給付に応じて上昇し，98年には55.0兆円にまで膨れ上がった。その後2000年代以降は横ばいで推移している。社会保険料収入が増加しない背景には，長引く不景気，少子化，不平等化といった要因が考えられる。

一方で，1970年にはわずか11.8兆円であった社会保障給付費は，福祉元年である73年以降80年代にかけて，毎年1〜2兆円の規模で増え続けてきた。1990年には50.0兆円程度となり，さらに20年後の2010年には103.5兆円までに達した。この値は，対GDP比で21.6%に相等する。国民1人当たりで計算すると，社会保障給付費は80.8万円（2010年）と高い値を示している。しかも福祉元年（1973年）を100としたときの1人当たり社会保障給付費は，2010年には15.2倍（1408.8）にまで膨れ上がっている。

このような増加の一途をたどる社会保障給付費に対し，横ばいで推移する社会保険料との乖離が年々拡大しており，近年では40.0兆円以上にのぼっている。その財源として社会保険料による確保を目指しているが，社会保険料ではまかないきれない財源不足を補うために，社会保険料収入とは別の財源として国や地方公共団体の税が拠出されている。この拠出を行うためには，増税が行われなければならないが，国民の理解を得るのは難しく，公債を発行せざるをえない状況が続いている。今後も高齢化が進む中で，高齢者人口が増え，生産年齢人口の減少が進み，安定的な財源の確保への実現が困難となり，社会保障制度の持続可能性が問われている。

そもそも，税は社会で共通して支出される経費をまかなうものである。年金・医療・介護などの社会保険は，特定の対象に発生する負担である。年金保険料は保険料の負担の時点では給付を受けていないものの，被保険者の老後の給付を前提としており，受益と負担はおおむね一致する。一方で，税による負担は，受益と一致しているとはいいがたい。次節では受益と負担という視点から，社会保障制度のあり方について検討する。

2　社会保障の受益と負担

社会保障へのニーズは一貫して高まってきており，社会保障給付費は膨らみ続けている。サービスを継続して提供していくために，社会保障に要する経費をどのような財源でまかなっていくのかが，国内の財政における最大の課題となっている。

日本の社会保障は，前節で述べたように，社会保険料だけでは十分に財源を確保することができていない。加えて，少子化対策などの社会保障サービスを

充実させていくことが求められている。多大なニーズを満たすために，社会保障給付の充実を図る代償として，社会保険料に加えて，税による補填が行われている。その補填には，家計，企業，政府の負担の増加が条件となっている。

図7-3では，2009年度の個人のライフサイクルで見たサービス別の受益と負担の関係を示している。受益としては，出産や保育などの子育て関係の給付に始まり，雇用に関する給付が続き，高齢者3経費と称される年金・医療・介護がある。負担としては，年間当たりの自己負担と社会保険料を示している。

このように社会保障給付は，一生涯を通じて，サービスが提供されている。中でも，社会保障給付の大半が年金・医療・介護給付で占められている。年金は，主として高齢者の生活保障として提供され，医療は受診の度合いに応じて，介護は利用の頻度に従って給付される。

世代別に1人当たり社会保障給付費を受益と負担の関係から見ると，社会保障給付の多くを，主として高齢世代が受け取っている。だが，税・社会保険料をもっとも負担しているのは現役世代である。学校に通う就学世代は，教育の受益はあるものの，負担は現役世代の保護者が担っている。現役世代については，医療，雇用，公共事業などの受益はあるが，負担する税・社会保険料が重いのに対し，高齢世代は，年金の受け取りが負担を上回っている。そこには受益と負担の乖離が生じている。

高齢になるほど，所得稼得能力が低下する中で，罹患率の上昇や要介護状態へのリスクが高まる。必然的に受益と負担の関係が，高齢世代では受益超過となる。給付超過分は現役世代と将来世代の負担となる。しかも，少子高齢化を伴う人口減少を背景に，減少する将来世代および現役世代に対して，高齢世代は一定期間まで増え続けている。それによって，社会保障給付費の増加にはいっそう拍車がかかり，税・社会保険料による財源の確保は困難になっている。

合計特殊出生率[1]は2005年の1.26で底を打っているものの，平均寿命は2010年には80歳を超えている。現役世代と高齢世代の比率は，かつて1965年の時点では9人の現役世代が1人の高齢者を支えていたが，2012年には2人で1人の高齢者を担う。このまま続けば，2050年には1.2人の現役世代で1人の高齢者を支えると推計されている。

---

1) 合計特殊出生率は，15〜49歳までの女性の年齢別出生率を合計したものである。

212 第2部 歳　出

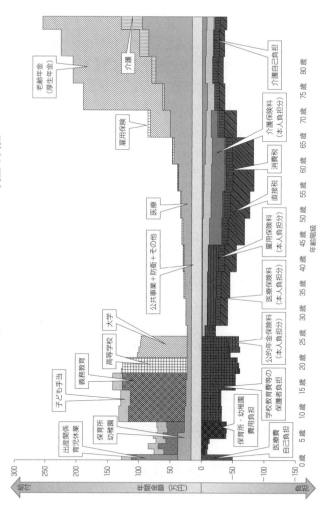

図7-3　個人のライフサイクルにおける受益と負担

(注) 1. 2009年度（データがない場合は可能な限り直近）の実績をベースに1人当たりの額を計算している。ただし、「公共事業＋防衛＋その他」については、2010年度予算ベース。
2. 直接税および消費税は、国税および地方税の合計である。
3. 負担という観点からは、将来世代の負担として、公債金（2010年度予算ベースで約44兆円、国民1人当たり約35万円）がある点についても留意が必要である。

(出所) 厚生労働省ウェブサイト「社会保障に関する基礎資料」。

第 7 章 少子高齢化と社会保障財政　213

図7-4　国と地方財政

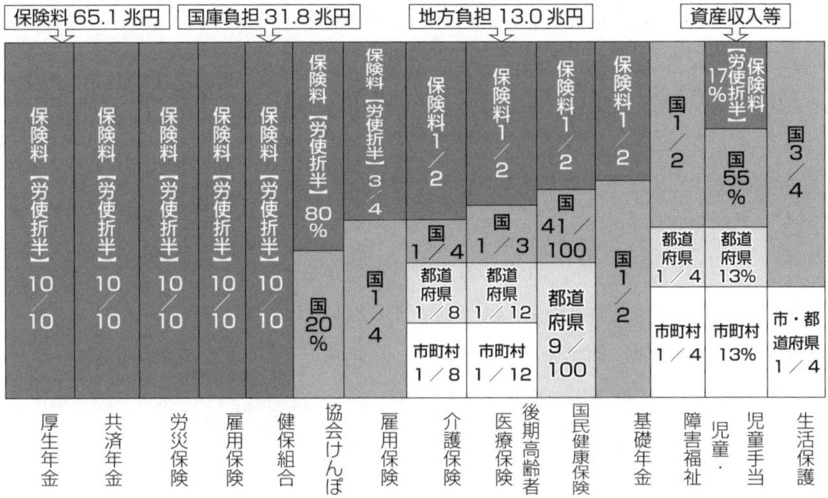

保険料 65.1 兆円					国庫負担 31.8 兆円					地方負担 13.0 兆円				資産収入等	
保険料【労使折半】10/10	保険料【労使折半】10/10	保険料【労使折半】10/10	保険料【労使折半】10/10	保険料【労使折半】80%	保険料【労使折半】3/4	保険料 1/2	保険料 1/2	保険料 1/2	保険料 1/2	国 1/2	国 1/2	保険料【労使折半】17% 国 55%	国 3/4
				国 20%	国 1/4	国 1/4	国 1/3	国 41/100		都道府県 1/4	都道府県 1/4	都道府県 13%	市・都道府県 1/4
						都道府県 1/8	都道府県 1/12	都道府県 9/100	都道府県 1/2	市町村 1/4	市町村 1/4	市町村 13%	
						市町村 1/8	市町村 1/12						
厚生年金	共済年金	労災保険	雇用保険	健保組合	協会けんぽ	雇用保険	介護保険	医療保険	後期高齢者	国民健康保険	基礎年金	障害福祉	児童手当 児童・	生活保護

(出所)　厚生労働省ウェブサイト「社会保障制度改革の全体像」より筆者作成。

　高齢世代がより多くの純便益を得る一方，若年世代の純負担が多いこと，さらに，その差が拡大していることにより世代間の不公平（世代間の格差）が生じている。だが，高齢世代から若年世代への私的な世代間の所得・資産の移転が行われていれば，世代間の不公平（世代間の格差）は問題とならない可能性がある。また世代間の不公平（世代間の格差）を解消するだけでなく，世代内の格差の解消も目を向けていく必要がある。全世帯で見たうえでの所得格差を解消することも，政策として行わなければならない。

3　社会保障分野における国と地方の役割

　急増する社会保障給付費による財源不足を補うために，社会保険料収入とは別に公費が投入されている。公費とは，すなわち国および地方公共団体による租税であり，社会保障の財源として補塡されている。日本の社会保障は，社会保険料に加えて国や地方の租税でまかなう仕組みとなっている。

　図7-4では，国と地方公共団体からの税収がサービス別に示されている。2014年度の社会保障財源は136.5兆円（対前年度比7.3％増加）である。そのう

ちの47.7%の65.1兆円（対前年度比3.4%増加）を社会保険料でまかなっている。社会保険料は，事業者拠出（企業負担分）30.8兆円（構成比22.6%）および，被保険者拠出（本人負担分）34.2兆円（構成比25.1%）で構成されている。加えて，一部は利用者負担が入るが，これらの財源でまかなえない不足分を公費で補塡しており，公費負担は44.8兆円（構成比32.8%）にのぼっている。そのうち，国庫負担金は31.8兆円（構成比23.2%），地方税負担は13.0兆円（構成比9.5%）となっている。

ここで問題になるのが，年々，公費の金額が膨張していることである（図7-2参照）。1950年には738億円（国庫負担が478億円，地方税負担が260億円）であった公費が，60年代に顕著に増え続けた。1967年には1兆円（国庫負担が9023億円，地方税負担は1280億円）を超えるほどにまで公費が投入されている。1970年代でも，引き続き公費は増加の一途をたどり，79年には10兆円（国庫負担が8.90兆円，地方税負担が1.15兆円）に達した。

この公費の財源には，税収だけでなく赤字国債が含まれている。つまり，国や地方が負担すべき費用が税収では追いつかず，公債に依存する比率が高くなっている。税および公債への依存にも限界がある。社会保障へのニーズがますます高まる将来においても，社会保障制度を安定的に機能させるため，確実に財源を確保できるのかが，大きな課題となっている。

PART II 歴史・理論を学ぶ

1 社会保障の歴史

1.1 社会保障制度の構築

社会保障の定義が初めて公にされたのは，1950年に開催された社会保障制度審議会での「社会保障制度に関する勧告」に始まる。勧告では社会保障制度を次のように定義している。第1に，「疾病，負傷，分娩，廃疾，死亡，老齢，失業，多子その他困窮の原因に対し，保険的方法又は直接公の負担において経済保障を講じる」としている。第2に，「生活困窮に陥った者に対しては，国家扶助によって最低限度の生活を保障するとともに，公衆衛生及び社会福祉の向上を図り，もってすべての国民が文化的社会の構成員たるに値する生活を営

むことができるようにする」としている。

このような定義に至るまでの変遷として，社会保障制度は救貧法にさかのぼる。ドイツではビスマルクが，1883年に疾病保険，84年に労災保険，89年には老齢年金保険法の社会保険3制度を導入したことが最初とされている。イギリスではウェッブ夫妻によって1890年に労災保険，1908年には老齢年金，11年には国民保険法が開始された。また，第2次世界大戦後には欧米諸国の福祉国家としての基礎となるベヴァリッジ報告（1942年）が出された。ベヴァリッジ報告とは児童手当，完全雇用，包括的保健医療システムの整備に加え，ナショナル・ミニマムの考えのもとで全国民を対象とする定額の保険料拠出と定額給付を提案している。同じころスウェーデンでは，1913年には国民年金が発足し，アメリカでは第1次世界大戦後の世界恐慌を経て，社会保障法が1935年に始まった。ニュージーランドでは1938年に包括的社会保障制度を確立させた。

このような世界の動向を背景に，戦後の混乱の中にいた1940年代後半の日本では，救貧を掲げ，緊急援護と基盤整備を中心に，社会保障制度の構築が進められた。当時は戦後の影響で，劣悪な食糧事情と衛生環境に対応した栄養改善や伝染病予防が進められ，多くの引揚者や失業者が生活困窮に陥る中で生活援護施策が行われた。

さらに新憲法のもと，経済の民主化や教育の自由化などの改革が進んだのも，この時期である。社会保障においても，保健医療・衛生分野と福祉分野の基本的な理念が構築された。具体的には，保健医療・衛生分野では栄養改善と生活改善を図るべく栄養改善法（現・健康増進法）の制定，衛生害虫の駆除や予防接種の徹底といった伝染病予防の実施，医療法（1948年）および医療提供に関する基本法の整備を目指した医師法（1948年）が制定された。福祉分野では，1946年に生活保護法が制定され，翌47年には児童福祉法，49年には身体障害者福祉法が制定された。

1950年代から60年代にかけて急速に経済成長が進む中で，社会保障制度は「救貧」から防貧への移行がなされた。国民が疾病に罹患し貧困状態に陥ることを防ぐために，国民健康保険法の改正（1958年）および国民年金法の改正（1959年）が行われ，61年には**国民皆保険・皆年金**が実現した。一方で，社会保障制度が大幅に拡充し，高額療養費支給制度の創設，老人医療費の無料化，

被用者保険の家族の7割給付の実現，各都道府県における医科大学の整備などの医療分野の充実が図られた。福祉分野でも著しく制度が拡充し，1963年には老人福祉法が制定され，73年は**福祉元年**と称された。国民年金法の制定に加え，年金水準の漸次引き上げ，平均賃金の60%設定，物価スライド制の導入などの年金給付の拡充も進められた。

1.2 社会保障制度の見直し

しかし石油危機以降，高度経済成長の終焉を迎えた1970年代および80年代は，社会保障制度の見直しが行われた。当時は老人医療費の無料化によって，医療給付が著しく増え，福祉施設などの受け皿がないことも相俟って，長期間病院に入院するといった**社会的入院**などの問題が取り上げられていた。そこで，1982年度には**老人保健制度**が創設され一部負担が導入された。翌々年の1984年には健康保険法が改正され，被用者保険の1割負担の導入と**退職者医療制度**の制定がなされた。1985年には医療法の改正があり，地域医療計画の実施や対がん10カ年総合戦略の策定なども検討された。また同年には年金制度も改正された。具体的には，基礎年金の導入，給付水準の適正化，専業主婦の年金権が確立した。福祉分野では，「施設福祉から在宅福祉」をスローガンに，ショートスティ事業やデイサービス事業が始まり，ホームヘルパーの増員が行われた。

1990年代から2000年代は，バブル経済が崩壊し長期にわたって経済が低迷する中で，70年には7%にとどまっていた高齢化率（人口に対する65歳以上人口の占める割合）が急速に上昇し，94年には14%を超え**高齢社会**を迎えた。さらに20年後の2013年には25%を超える超高齢社会に突入した。加速する高齢化により，社会保障財政が著しく悪化し，社会保障制度の持続可能性が問われる中で，構造改革が強く推進された。

1.3 介護保険法の成立

1989年には「高齢者保健福祉推進10カ年戦略」であるゴールドプランが策定され，翌年には同計画を円滑に推進するために老人福祉等福祉8法が改正された。具体的には，在宅福祉サービスの推進や福祉サービスの市町村への一元化があげられる。さらに5年後の1994年にはゴールドプランの内容の見直し

がなされ，さらなる高齢者福祉の構造的改革を目指した新ゴールドプランが策定された。また，1990年代は急速な高齢化によって介護ニーズが高まるとともに，核家族化による家族機能の脆弱化が指摘され，家族の介護負担が社会問題となった。それまでは老人福祉法のもと，公費による措置制度で介護サービスは提供されていたが，サービスの利用者や内容が制限され，負担も世帯収入に応じて決められていたため，中高所得層は利用が困難であった。そこで，要介護認定を受けられれば利用者はいつでもサービスが受けられる体制をとるために，1997年に**介護保険法**が制定され，2000年には介護保険制度が創設された。従来から進められている老人医療費1割負担の徹底や健康保険本人3割負担の実施，さらに後期高齢者医療保険制度の創設といった医療費適正化計画が進められた。

1.4　少子化の始まりと少子化対策

1990年は少子化対策が開始された時期でもある。少子化については戦後から1960年代にかけては，今とは逆に人口増加抑制政策がとられていた。第1次ベビーブームや高度経済成長に伴う農村地域から大都市への社会移動が重なり人口が著しく増えた。1974年以降には人口置換水準[2]を下回る合計特殊出生率が続いたが，70年代から80年代は第2次ベビーブームが続き，少子化の進行は顕在化せず，むしろ高齢化対策の方が問題視されていた。

だが1990年の「1.57ショック」を契機に合計特殊出生率の低下への社会意識が高まり，仕事と子育ての両立支援が検討されるようになった[3]。1994年には今後10年間に取り組むべき基本的方向と重点施策を定めた「今後の子育て支援のための施策の基本的方向について」（エンゼルプラン）が策定され，エンゼルプランを実施するために「緊急保育対策等5か年事業」が行われた。その内容は，保育の量的拡大や低年齢児（0～2歳児）保育，延長保育等の多様な保育の充実，地域子育て支援センターの整備等がある。1999年には「少子化対

---

[2]　人口置換水準とは，人口が増加も減少もしない均衡した状態となる合計特殊出生率の水準をいう。

[3]　女性が生涯に産む子ども数を示す合計特殊出生率が，1966年の丙午には1.58まで低下した。1989年には1.58を下回る1.57という過去最低の数値を記録したことから「1.57ショック」と呼ばれる。

策推進基本方針」が打ち出され，重点施策の具体的実施計画として「重点的に推進すべき少子化対策の具体的実施計画について」(新エンゼルプラン) が策定された。新エンゼルプランは，従来のエンゼルプランと緊急保育対策等5か年事業を見直したもので，2000年度から2004年度までの5か年の計画である。

1.5　税制の抜本的改革

以上のように，戦後に構築され発展してきた社会保障制度は，財政状況が著しく悪化する中で，制度改革が繰り返し行われてきた。人口構造の高齢化による社会保障関係費が増加し，少子化に伴い社会保障制度のみならず社会経済を支える労働力人口が減少した。そのような人口構造の変化を踏まえた持続可能な社会保障制度の確立が急務となってきている。

そこで社会保障の安定財源の確保と財政健全化を目指し，税制の抜本的な改革が行われた。2008年に設置された**社会保障国民会議**を皮切りに，2009年の税制改正法附則第104条では，消費税が「制度として確立された年金，医療及び介護の社会保障給付並びに少子化に対処するための施策に要する費用」に充てられるとする法制上の措置が明記された。これらを踏まえ，2012年には**社会保障・税一体改革大綱**が閣議決定された。2016年には消費税率が8％へと引き上げられた。1999年以降，消費税収（国分）は，年金，高齢者医療，介護の「高齢者3経費」に充てるとされていたが，2016年の改革で子育てや現役世代の医療を加えた「社会保障4経費」に消費税増分のすべてを充てることが消費税法等に明記された。なお，2019年10月の消費税率10％への引き上げについては，今後の経済状況等を総合的に勘案することになっている。その後，社会保障制度改革推進法に基づき設置された**社会保障制度改革国民会議**の議論が報告書（「確かな社会保障を将来世代に伝えるための道筋」）にまとめられた。

2013年には，社会保障制度改革国民会議の審議を踏まえ，「社会保障制度改革推進法第4条の規定に基づく『法制上の措置』の骨子について」を閣議決定し，社会保障改革プログラム法（持続可能な社会保障制度の確立を図るための改革の推進に関する法律）が制定された。その趣旨は，受益と負担の均衡のとれた持続可能な社会保障制度の確立を目的としている。具体的には，公的年金制度，医療保険制度，介護保険制度そして少子化対策の4つを軸に検討がなされている。

2 社会保障の理論

社会保障制度の中核をなすのが社会保険である。保険は，民間でも提供されている。では，なぜ国が社会保障制度を提供しなければならないのであろうか？ 民間の保険で提供できないものを提供しているとすれば，それは何であろうか？ 本節では，社会保障制度を国が提供する理由を理論的に探り，公的な制度のあり方を考える。

2.1 民間の保険と保険に関わる問題の対策

民間では数多くの保険が提供されている。保険とは，多くの人のリスクをプールすることにより，リスクをシェアし，リスクが生じたときの負担を軽減する仕組みである。国民がリスク回避的であれば，リスクの軽減によって厚生は高まる。

ただし，一般的に，保険制度には，2つの問題点が潜んでいるといわれている。それらは，逆選択（アドバース・セレクション）やモラル・ハザード（倫理の欠如）である。前者は，事前（契約前）の情報の非対称性から生じる問題であり，後者は，事後的（契約後）に生じる情報の非対称性から生じる問題である。

まず，逆選択の問題を見てみよう。民間が保険を提供する場合，よりリスクが低い人に加入してもらうことで，利益を拡大させることができる。一方で，保険を望む人は，よりリスクが高い人である。民間会社が指定する保険料で保険を提供した場合，保険料を超える支払いが想定される人のみが加入する。その結果，保険料はさらに引き上げざるをえず，保険はさらに縮小したものになる。これが逆選択と呼ばれる問題である。

次に，モラル・ハザードの問題を見てみよう。保険などによる手厚い保障があると，人はリスクに対する軽減努力（予防）を怠る。なぜなら，リスク軽減の努力にコストがかかり，コストを節約しリスクが高まったとしても，保険によって支払いが軽減されていれば，努力をしないという選択を採用するからである。これが，モラル・ハザードと呼ばれる問題である。

もちろん，これらの問題に対して，民間会社は対策を練っている。逆選択に関しては，事前（契約前）に個人情報を提出させ，その情報に応じてリスクを計算し，リスク別に保険料を設定する。たとえば，自動車の保険では，過去に

事故を起こしたドライバーに対して，高い料金が設定される。この差別的料金設定によって，リスクの低い人にも保険の加入インセンティブが生まれ，リスクをプールすることが可能となる。また，モラル・ハザードの問題に対しては，契約において，事後（契約後）の行動に応じた支払いの条件を設定する方式がとられている。たとえば，自動車の保険でいえば，ドライバーがシートベルトをしていないときには，保険が支払われないような契約があげられる。これは，ドライバーのモラル・ハザードを防ぐ仕組みである。

2.2 民間の保険とその限界としての国による関与

このように，民間会社でも，保険の問題に対して対策が練られている。では，なぜ，国が保険を提供しなければならないのであろうか？ その理由は，民間会社が提供できる保険の範囲に限界があるからである。この限界は，効率性と公平性に分けられる。

(1) 公的社会保険による効率性の改善

リスクの発生確率や損害額が不確実であれば，リスク計算ができず，市場では，保険商品は提供されない。たとえば，平均寿命，死亡率，罹患率，要介護発生率なども民間ではリスクの計算が難しく，十分な保険が提供されているとはいえない。本来，保険があれば，リスクの軽減が図れるにもかかわらず，提供されないとすれば，効率性のロスが生じる。このような場合は，リスクを国が引き受け，社会保険を国が提供することが考えられる。これが，国が社会保険を提供する第1の理由である。たとえば，年金は，不確実な寿命から生じる長生きのリスクに対応する保険である。

また，国がリスクを吸収し，民間保険をバックアップする仕組みも存在する。最近では，地震発生確率の情報蓄積により，地震保険は提供されるようになってきているが，想定を超える地震が生じた場合には保険ではカバーできない。そのため，民間の地震保険を国がバックアップする仕組み（民間保険会社が負う地震保険責任を政府が再保険し，再保険料の受け入れ，管理・運用のほか，民間のみでは対応できない巨大地震発生の際には，再保険金の支払いを行う仕組み：地震再保険特別会計）が作られている。

(2) 公的社会保険による公平性の改善

民間会社は利益を追求する組織であり，全国民のリスクを軽減する義務は負

わない。すなわち、どの保険にも加入が許されない、または、加入できる保険の保険料を支払うことができないグループが存在する。このグループは、保険に加入することができず、高いリスクに直面することになる。保険に加入できリスクを軽減できるグループと、できないグループが存在する場合、国民の間で大きな不公平が生じる。この不公平を解決するには、国が関与して社会保険を提供する以外に方法はない。これが、国が社会保険を提供する第2の理由である。この社会保険は、全国民（介護は一部の成人を対象）で、社会的弱者をリスクから守ることを意図し、全国民を強制的に加入させる制度設計を行い、リスクを国民全体でカバーする仕組みとなっている。国民皆年金、国民皆保険、介護保険がその例である。ただし、公平性を重視したこの制度は、制度設計上、国民間でのリスク・プールであるから、受益と負担は一致せず、民間保険のところで述べたモラル・ハザードの問題が発生することは避けられない。このモラル・ハザードの問題にどのように対処していくのかが大きな論点となっている。

PART Ⅲ　仕組み・政策・課題を学ぶ

1　公的年金の仕組み

1.1　公的年金制度の財政方式

　社会保障給付の半分近くを占めているのが公的年金給付である。人の一生には加齢、障害、死亡など、さまざまな要因で、自立した生活が困難になるリスクがある。これらのリスクは予測することができないため、個人だけで備えるには限界がある。公的年金制度とは、あらかじめ保険料を納め、必要なときに給付を受けることができる社会保険制度である。

　公的年金制度の財政方式には、図7-5で示されているように、**賦課方式**と**積立方式**がある。賦課方式とは、現役世代の被保険者の支払った保険料を同時点の高齢世代の年金支給に充てる方式である。積立方式とは、現役世代の被保険者が支払った保険料が投資され、運用益とともに積み立てられ、将来の自分の年金給付になる方式である。

　賦課方式では、そのときの現役世代の給与からの保険料を原資とするため、

図 7-5　賦課方式と積立方式

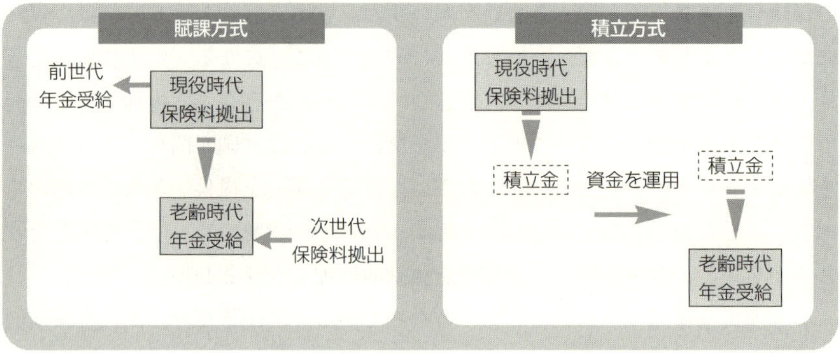

インフレーションや給与水準の変化に対応しやすく価値が目減りしにくい。だが，現役世代と年金受給世代の人口比率が変わると，保険料負担の増加や年金の削減をせざるをえなくなる。一方，積立方式では民間保険と同様に，現役時代に積み立てた積立金を原資とすることにより，人口構造の変化に対応できる。ただし，インフレーションによる価値の目減りや運用環境の悪化への対応が難しい。

1.2　公的年金制度の種類

所得の減退や消失などのリスクに直面したとき，公的年金制度によって給付がなされる。公的年金給付には老後の生活保障となる**老齢給付**，障害保険の代替となる**障害給付**，生命保険の役割を担う**遺族給付**の3つがある。老齢給付には国民基礎年金と厚生年金保険がある。国民基礎年金は納めた保険料期間に応じて金額が設定される。厚生年金保険は保険料を納付した期間と賃金[4]に応じた額である。障害年金には障害基礎年金と障害厚生年金がある。障害基礎年金は障害等級[5]に応じて額が決まり，子どもの数に応じた加算がなされる。障害厚生年金は賃金，加入期間，障害等級に応じて額が決まる。遺族年金は，遺族基礎年金と遺族厚生年金がある。遺族基礎年金は国民基礎年金の満額に子ども

---

4)　賃金とは平均標準報酬をいう。厚生年金への加入期間中の給与と賞与の平均額をいう。
5)　障害等級は基礎年金も厚生年金も同じである。障害厚生年金受給者は同時に障害基礎年金も受け取ることが可能である。

図7-6 ライフコース別に見た公的年金の保障

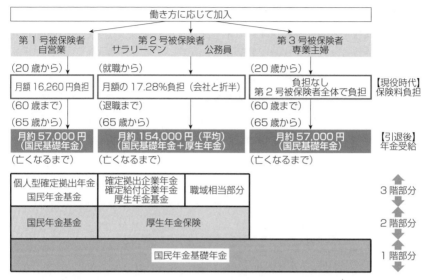

(出所) 厚生労働省ウェブサイト「ライフコース別にみた公的年金保障」より筆者作成。

の数に応じた加算がなされる。遺族厚生年金は亡くなった方の厚生年金保険の4分の3の額である。

　図7-6で示されているように，公的年金加入者は3つのタイプに区分される。自営業等の**第1号被保険者**，民間サラリーマンおよび公務員などの**第2号被保険者**，第2号被保険者の被扶養配偶者である**第3号被保険者**がある。また，「2階建て」構造になっており，国民基礎年金は1階部分に厚生年金保険は2階部分に相当する。2階部分には，第2号被保険者を対象とする厚生年金保険や，第1号被保険者を対象とする国民年金基金がある。さらなる生活保障を希望する被保険者には任意で3階部分が提供されている。第1号被保険者には国民年金基金や個人型確定拠出年金がある。第2号被保険者の民間サラリーマン対象の確定給付企業年金や確定拠出企業年金があり，第2号被保険者の公務員対象の職域相当部分がある。これらはそれぞれ厚生年金，国民基礎年金に上乗せして受給することができる。

1.3 公的年金制度の保険料と給付

公的年金制度は，国民皆年金のもとで，国内に居住する20歳から60歳の全国民が保険料を納め，その保険料で年金給付を行う賦課方式をとっている。公的年金制度はライフコースに応じて現役時代には保険料を負担し，退職後に負担に応じて年金の給付が決められている。

自営業者など国民年金のみに加入している第1号被保険者は，毎月定額の保険料を自分で納めている。会社員や公務員で厚生年金や共済年金に加入している第2号被保険者は，毎月定率の保険料を会社と折半で負担し，保険料は毎月の給与から天引きされている。専業主婦などの第3号被保険者は，厚生年金制度などで保険料を負担しているため，個人としては保険料を負担する必要はない。

公的年金の給付を受けるためには，毎月の保険料を納付して，制度を支える義務をきちんと果たす必要がある。国民基礎年金は，日本に住んでいる20歳から60歳未満のすべての人が加入する。国民年金のみに加入する人（第1号被保険者）が月々納付する年金保険料は定額（2016年度時点で1万6260円）であるが，2008年度から保険料の上限を決めて段階的に引き上げられ，2017年度に1万6900円（2008年度保険料額）になる。

なお，学生のときや失業して所得が低いなどの理由で保険料を納めることが難しい人に対しては，保険料の納付を一時的に猶予したり，納付を免除する制度がある。猶予された期間と免除された期間はどちらの場合も年金を受け取るために必要な期間（受給資格期間）に算入されるが，受け取れる年金額は，保険料を全額納付した場合と比べて少なくなる。猶予や免除された期間は，申請をして，猶予・免除期間分の保険料を後から納めることができる。なお，猶予と免除では年金額に違いがあり，猶予された期間は年金額へ反映され[6]，免除された期間は年金額へ一部反映される[7]。

国民基礎年金の支給は65歳から開始され，納付した期間に応じた給付額が

---

[6] 猶予期間中は年金受給資格期間に算入されるが年金額の計算上は含まれない。

[7] 免除は，所得などの条件により保険料の納付が免除される制度である。免除額は全額免除と一部免除がある。免除期間は年金受給資格期間に反映されるが，一部免除の場合は減額された保険料が納付されない限り未納扱いとなり，年金受給資格期間には算入されない。

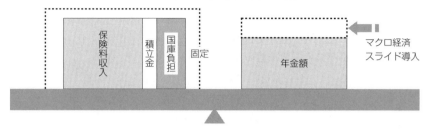

図7-7　公的年金の長期的な財政の枠組み

（出所）厚生労働省ウェブサイト「公的年金制度の長期的な財政の枠組み」。

支払われる。20歳から60歳の40年間すべて保険料を納付していれば，月額約6.5万円（2016年度）の満額を受給することができる。なお，60歳から65歳になるまでの間でも，希望すれば給付を繰り上げて受けること（繰上げ受給）ができる。ただし，繰上げ受給の請求をした時点に応じて年金が減額され，年金額は減額されたまま一生変わらない。逆に，65歳で請求せずに66歳から70歳までの間で国民基礎年金を繰り下げて請求すること（繰下げ受給）もできる。この場合は，繰下げの請求をした時点に応じて年金額が増額される。

　厚生年金は，会社などに勤務している人が加入する年金である。厚生年金保険は，会社で働いていれば20歳前でも加入できる。保険料は月ごとの給料に対して定率となっており（2015年度末現在で17.828%），実際に納付する額は個人で異なる。厚生年金保険は事業主（勤務先）が保険料の半額を負担しており（労使折半），実際の納付額は，給与明細などに記載されている保険料の倍額となる。

　従来の支給開始年齢は60歳であったが，段階的に引き上げられ，2025年度には65歳になっている。厚生年金保険に40年間加入して，その期間の平均収入（月額換算した賞与含む）が月42.8万円の場合，受給額は月額約9.1万円の厚生年金保険と，月額約6.5万円の国民基礎年金を合計した約15.6万円（2016年度）になる。

1.4　公的年金制度の今後のあり方

　公的年金制度は，社会経済情勢に対応したセーフティネット機能を強化し，持続的に安心できる制度設計が求められている。そこで，図7-7で示すように，

少子高齢化の進行を見据えて，将来にわたって，安心して制度を持続できるように，公的年金制度は設計されている。

具体的には，1つ目に上限を固定したうえでの保険料の引き上げである。2つ目に国民基礎年金の国庫負担の2分の1への引き上げである。3つ目に積立金の活用である。4つ目には財源の範囲内で給付水準を自動調整するマクロ経済スライドの導入である。これは固定された保険料に対し，マクロで見た給付と負担の変動に応じて給付水準を自動的に調整する仕組み（マクロ経済スライド）である。これにより，少子高齢化が進行しても，現役世代の負担が過大にならない。長期にわたって給付と負担のバランスがとれるように，5年に1度確認を行う（財政検証）ことで，中長期的に持続可能な運営を図る仕組みとなっている。

また就業形態が変化する状況を踏まえ，短時間労働者に対する厚生年金保険および健康保険の適用拡大を検討している。さらには高齢期における就業状況を踏まえた年金受給，高所得者の年金給付および年金課税のあり方が問われている[8]。

2 医療保険の仕組み

2.1 医療保険の財源と仕組み

日本は，先進諸国の中でも平均寿命は長く，乳幼児死亡率は著しく低い。その背景には高い保健医療水準を持ちながら，すべての国民が医療保険に加入し，わずかな自己負担で医療サービスを受けられる**国民皆保険**（1961年）がある。この**医療保険制度**は，加入者が少しずつお金を出し合って，病気に罹患したり，怪我を負ったりしたときに，誰でも安心して医療を受けられるようにするシステムである。医療保険の加入先は被保険者の年齢や職業によって異なっている。図7-8には，医療保険制度の概要が示されている。

医療保険は**被用者保険**と**地域保険**とに大きく分かれる。被用者保険は，適用される被保険者の職域によって区分される。サラリーマンが加入する被用者保

---

[8] より詳細な年金制度の解説や年金改革の論点に関しては，駒村（2003），西沢（2008）を参照。

図7-8 医療保険制度

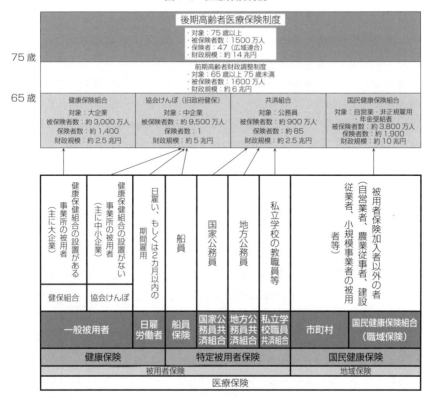

(出所) 厚生労働省ウェブサイト「我が国の医療保険について」より筆者作成。

険には健康保険がある。公務員が加入する被用者保険には特定被用者保険がある。健康保険には，全国健康保険協会管掌健康保険（以下，協会けんぽとする）と組合管掌健康保険（以下，健保組合とする）がある。協会けんぽは健康保険組合が設立されず，主に中小企業を対象としている。健保組合は，健康保険組合が設立されており主に大企業を対象とする。特定被用者保険には船員保険，国家公務員共済組合，地方公務員共済組合，私立学校職員共済組合がある。

上記以外で，農業従事者，自営業，建設従事者に従事している被保険者，非正規職員，無職であるものは地域保険に加入している。地域保険には，市町村単位で設置されている**国民健康保険**がある。また医師，薬剤師，歯科医師などの医療関係者，弁護士，税理士，建設業者などの特定の職域の労働者で構成す

る国民健康保険組合がある。

　日本の医療保険制度では，それぞれの職業に応じて被用者保険に加入している。だが退職後はどうなっているのだろうか？　図7-8には，ライフコースに応じた医療保険がまとめられている。現役時代は地域保険もしくは被用者保険に加入している。65歳から74歳までを対象とする前期高齢者は，その8割が国民健康保険に加入している（サラリーマンや公務員は原則被用者保険に加入する）。2012年に団塊の世代が65歳になったことで，前期高齢者にかかる医療費の増加によって前期高齢者納付金の負担が増えることが懸念された。中でも，退職者が加入する国民健康保険では，前期高齢者の増加によって医療費が増大し，いっそう財政を圧迫する要因となる。そこで財政負担の不均衡の調整を図るために，2008年4月の高齢者医療制度改革で，前期高齢者の加入率（0～74歳の総加入者に占める前期高齢者の割合）に応じて財政負担を調整する仕組み（前期高齢者財政調整制度）が導入された。

　さらに75歳以上（政令で定める程度の障害を呈している状態であれば65歳以上75歳未満）であれば，**後期高齢者医療保険制度**に加入し，個人単位で保険料を支払う。

　このように，ライフコースに応じて複数の保険者があり，それぞれに特徴がある。大企業の従業者が加入する健康保険組合は1431に及ぶ保険者がいるのに対し，中小企業および零細企業の従業者を対象とする協会けんぽは保険者が1つである。公務員を対象とする共済組合は85の保険者がいる。加入者の構成は，**健康保険組合**では3000万人程度の被保険者および被扶養者が加入しており，平均年齢は34.3歳で高齢者比率は2.60%である。一方，**協会けんぽ**は3500万人規模の被保険者と被扶養者を抱えており，加入者の平均年齢は36.4歳で高齢者比率は健康保険組合の2倍程度である。被保険者および被扶養者を合わせて900万人の加入者を抱える**共済組合**は，加入者の平均年齢は33.3歳と健康保険組合や協会けんぽより若干低く，高齢者比率は1.4%とわずかである。

　これら**被用者保険の保険料**は，賃金に保険料率を乗じた値を労使で折半して負担している。世帯単位の加入を原則とし，配偶者や子どもなどの被扶養者は被保険者と同じ保険に加入しているが，保険料負担はない。

　健康保険組合では加入者1人当たり医療費が14.4万円であるのに対して，

加入者1人当たり保険料が19.9万円（事業主は43.9万円）となり，保険料負担は5.30%である。一方，協会けんぽの1人当たり医療費は健保組合よりやや高くて16.1万円である。それに対して，加入者1人当たり保険料は18.4万円（事業主は36.8万円）である。その保険料負担率は健保組合よりも高い7.60%である。共済組合においては，加入者1人当たり医療費が14.8万円であるのに対して，負担率は5.50%である。

地域保険の国民健康保険や国民健康保険組合は，どちらも被用者保険と同じように世帯単位が原則である。だが，被扶養者も被保険者と同様に保険料の負担を求められる。保険料の計算は，被用者保険のように保険料率を乗じるのではない。所得に応じた所得割と資産に応じた資産割の応能負担と，被保険者ごとの均等割と世帯別の平等割の応益負担の組み合わせで計算される[9]。この組み合わせは1717の保険者それぞれで決めている。

国民健康保険における3466万人の加入者は平均年齢が50.4歳で高齢者の割合が32.5%と高い。被用者保険に比べ著しく高齢者数が多いことから，加入者1人当たり医療費が31.6万円と高いが，1人当たり平均所得が83万円と低い。このことから，給付の半分に当たる3兆円以上の公費が投入されており，加入者1人当たりの保険料負担率が9.9%に抑えられている。

国民健康保険の保険料は，収入と家族の人数で決まる。具体的には，標準報酬月額を基準に，世帯ごとの前年度の所得で保険料率が決められ徴収される。収入の多い人ほど納付する国民健康保険料も高くなる仕組みである。このとき，医療給付にかかる費用や国庫負担などを考慮して，運営主体である市町村が独自に国民健康保険の保険料を決定している[10]。無職や非正規労働者が加入者の多くを占める国民健康保険は，病気になるリスクの高い人が多く加入しているため，国民健康保険料が相対的に高い。加えて，国庫負担の削減もあり，国民健康保険の財政は厳しい状況に陥っている。

さらに75歳以上の後期高齢者医療保険の保険者数は47，加入者数は1517万人で，平均年齢は82.0歳である。それによって加入者1人当たり医療費は

---

9) 応能負担とは，収入等の本人の支払い能力に応じて負担する。応益負担とは，本人の利用したサービスの量（受けた利益）に応じて負担する。
10) 多くの市町村が国民健康保険の保険料の年額の上限を40〜50万円に設定している。

91.9万円にのぼり,保険料負担率は8.4%である。国民健康保険と同じように公費が投入されており,給付の5割の約7兆円近くが公費でまかなわれている。

2.2 医療保険の給付範囲

国内の医療給付の特徴として,国民皆保険制度,診療報酬制度,フリーアクセスがある。国民皆保険制度のもとで,全国民が保険に加入し,被保険者が医療保険料を支払う代わりに,わずかな自己負担で医療サービスを受けられる。このとき,診療報酬制度によって医療機関に支払われる医療費は公定価格になっている。一方,患者はフリーアクセスによって自由に医療機関を選ぶことができる。

医療給付には現物給付と現金給付の2種類がある。現物給付についてはすべての保険者が同じように給付を受けるものの,現金給付は一部保険者によって給付の内容が異なる。現物給付には,療養の給付,入院時の食事療養費[11],入院時生活療養費[12]などがある。たとえば,療養の給付では,被保険者や被扶養者が病気やケガをしたとき,保険医療機関に保険証を提出し一部自己負担金を支払うことで治療が受けられる。このとき,年齢や所得に応じて一部自己負担の割合が決められている。就学前が8割,就学後〜70歳未満が7割である。70歳以上については,75歳未満が8割で75歳以上が9割となる。ただし,現役並みの所得者であれば7割となる。

一方,現金給付には,出産育児一時金,埋葬料,傷病手当金,出産手当金などがあり,出産育児一時金,埋葬料はすべての保険者で同じ給付内容であるが,傷病手当金,出産手当金は一部保険者によって給付内容が異なる。

毎年公表されている国民医療費は社会保険の医療保険から給付された額である。その医療保険の適用範囲は表7-1で示されている。

---

11) 入院時食事療養費は,保険者が被保険者に代わって医療機関にその費用を直接支払う費用である。患者は標準負担額だけを支払うことになる。
12) 療養病床に入院する65歳以上の者の生活療養(食事療養,温度,照明および給水に関する療養を指す)に要した費用が,保険給付から入院時生活療養費として支給される。このとき入院時生活療養費の額は,生活療養に要する平均的な費用額から,平均的な家計における食費および光熱水費の状況等の厚生労働大臣が定める生活療養標準負担額を控除した額となる。

表7-1 医療保険の適用範囲

医療機関	国民医療費に含まれるサービス	国民医療費に含まれないサービス
病院 一般診療所 歯科診療所	医料診察（診療費，入院，入院外） 歯科治療 入院時食事 生活医療費	評価療養（先進医療等） 選定療養費(室料差額，歯科材料差額等) 集団検診，個別健診，人間ドック 正常な妊娠，分娩産褥費用 不妊治療における生殖補助医療 美容整形費，等
助産所		正常な妊娠・分娩産褥費用
薬局	薬局調剤医療費	買薬費用
按摩・はり・きゅうの施術業，接骨院等	柔道整復師・はり師等による治療費 （健保等適用分）	医師の指示以外による按摩・マッサージ等 （健保等適用外部分）
介護老人保健施設		介護保険法による居宅・施設サービス
訪問看護事業所	訪問看護医療費　訪問看護療養費 老人訪問看護療養費　基本利用料	介護保険法による訪問看護費 基本利用料以外のその他の利用料等費用
その他	移送費（健保等適用分） 補装費（健保等適用分）	間接治療費，交通，物品費，補装具，めがね等

(出所) 厚生労働省ウェブサイト「国民医療費の範囲と推計方法の概要」より筆者作成。

　病院，一般診療所，歯科診療所で行われている診療は医療保険の適用範囲である。入院や入院外の診療費や歯科治療，そして入院時の食事療養費と生活療養費，薬局調剤医療費などがある。だが，入院時の個室などの差額ベッド，美容整形そして正常な妊娠や分娩の費用，さらには健康診断や予防注射は医療保険の適用から外れる。また高額な義歯や歯列矯正も適用されない。
　介護老人保健施設や訪問看護事業所などでは訪問看護医療費，訪問看護治療費，老人訪問看護療養費などには医療保険が適用される。だが居宅サービスや施設サービスそして訪問看護費は介護保険法に則っていたとしても適用から外れる。
　以上のように，健康診断，予防注射，美容整形，正常分娩，歯列矯正など日常生活に支障のない，もしくは患者の希望で受けた診療は基本的に使えない。医療保険が適用されない場合として，①業務上や通勤途上の病気やけが（労災保険の対象），②第三者の故意・過失による病気やけが（原則として），③自分の故意による病気やけが，④飲酒やけんかによる病気やけががある。

232　第2部　歳　出

> **Column⑦　診療報酬制度**
>
> 　日本では総医療費を医療サービスの価格規制による**診療報酬**で，資源配分の数量規制を病床規制で実施している。医療サービスは，公定価格である診療報酬と薬価基準で決められている。診療報酬による価格規制は，施設の水準，医師の技術・経験をもとに設定されていないことから非効率性が生じている可能性が高いものの，価格が全国統一で設定されているため，審査支払機関および保険者の事務経費や価格交渉の取引費用への削減効果があるだろう。
>
> 　価格規制は，特定の医療サービスの供給が過剰もしくは過少である場合に，当該サービスの公定価格の引き上げや引き下げを行うことで調整が可能である。たとえば，スタッフの不足が生じている場合や療養のための長期入院の割合が増加した場合，それに対する診療報酬の設定の見直しを行うことで，医療の質の向上へのインセンティブにもなる。
>
> 　診療報酬とは医療サービスと材料の料金であり，医療保険から医療機関に支払われる医療費のことである。手術，検査，投薬など，約2500種類の診療行為の料金を保険点数（1点＝10円）として細かく定めている。診療報酬は全国統一の公定価格であり，日本中どこでも同じであり，勝手に変えることができない。診療報酬はおおよそ2年に1度見直しが行われる。

2.3　医療保険の給付の仕組み

　医療保険の給付の仕組みは，図7-9のようにまとめられる。まず，医療機関は社会保険事務局に指定医療機関の申請をする。社会保険事務局から地方社会保険医療協議会に諮問があり，地方社会保険医療協議会からの答申を通して指定医療機関として登録される。医療機関は，被保険者証等および一部負担の支払いを行った患者に医療サービスを提供する。医療サービスの提供後，保険者から審査支払機関に審査支払事務の委託があり，医療機関からも診療報酬の請求がある。診療報酬審査委員会で審査・決定がなされる。審査支払機関から診療報酬払込みの請求が保険者に出され保険者が診療報酬を払込み，審査支払機関から医療機関に診療報酬が支払われる。最後に保険者から患者に医療費の通知が出される。

　医療保険が適用される治療はすべて国が定める診療報酬点数によって価格が決まっている[13]。診療報酬点数とは，治療行為ごとに価格が設定されており，

図 7-9 診療報酬制度の概要

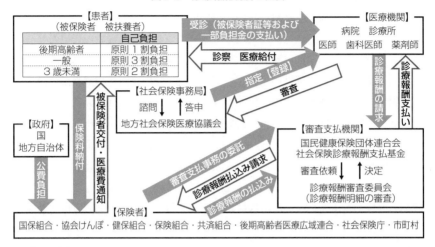

(出所) 筆者作成。

積み上げて医療費が計算される出来高払い制度をとっている。その価格は，全国統一で1点が10円の点数で表示される。2年に1回，中央社会保険医療協議会で検討され，厚生労働大臣が決定し改定される。

このような出来高払制のもと，患者の容態に応じて医師が治療を行うほど，医師の収入が増える仕組みであるため，過剰診療が問題となっている。そのため疾病や治療に応じて一定額の診療報酬を決める DPC（包括医療費支払制度）による定額払制が2003年度より全国82の特定機能病院に導入されてきている。

2.4 医療保険制度の今後のあり方

引き続き国民皆保険を次世代に引き渡していくために社会保障と税の一体改革では，医療制度について3つの視点から議論が行われている。

第1に，医療保険制度等の財政基盤の安定化である。国民健康保険に対する財政支援の拡充，国民健康保険の保険者の運営等のあり方，協会けんぽの国庫

---

13) 「平成28年度 診療報酬点数」によると，診療報酬は基本診療料や特掲などに区分され点数がつけられている。たとえば，基本診療料には282点の初診料や200床未満であれば72点また200床以上であれば73点の再診料となる。

補助率や高齢者の医療の費用負担のあり方について議論がされている。

　第2に，医療保険の保険料にかかる国民負担の公平の確保である。国民健康保険および後期高齢者医療保険制度の保険料にかかる低所得者の負担の軽減，後期高齢者支援金の全面総報酬割の導入，被保険者の所得水準が高い国民健康保険組合に対する国庫補助の見直し，国民健康保険の保険料の賦課限度額・被用者保険の標準報酬月額の上限額の引き上げなどが検討されている。

　第3は，医療保険の保険給付の対象となる療養の範囲の適正化等である。低所得者の負担に配慮しつつ70歳から74歳までの者の一部負担金の取り扱いおよび高額療養費の見直し，医療提供施設相互間の機能の分担や在宅療養との公平を確保する観点からの外来および入院に関する給付の見直しがなされている。難病の助成の見直しについても検討がなされている。これまでの医療費助成では，同一疾患であったとしても助成の対象になる場合とならない場合があった。そのため難病対策・小児慢性特定疾病対策については疾患の対象や助成のあり方の見直しが行われている。

　さらに，医療の提供体制については病床機能の分化・連携に加え，在宅医療・在宅介護の推進といった介護分野と合わせて考えていくことが課題となっている。具体的な対策としては，病床機能に関する情報を都道府県知事に報告する制度の創設，地域の医療提供体制の構想の策定（地域医療ビジョンの策定），都道府県の役割の強化等，病床機能の分化・連携や地域における医師等の確保，在宅医療・介護の推進を図るための新たな財政支援の制度の創設などがあげられる。

　最後に，政策を実行していくうえで，実際に政策を利用する対象者の実態および生じる財源負担の程度を把握することは重要であり，そのための経済学アプローチも進んでいる。たとえば，岩本（2000），白波瀬（2002），小塩（2004），小塩ほか編（2006）は年齢階層内の所得格差が高齢者を中心に拡大傾向にあるとしている。近藤（2005）と小塩（2010）は，このような所得格差が高齢者の主観的健康に影響をもたらしていると指摘している。所得稼得能力の乏しい高齢者を中心に，多大な医療給付が必要とされるものの，同時に保険料の負担のあり方の議論が重要となる。実際に，鈴木ほか（2012）は年金・医療・介護のマイクロデータを使用し，著しく増加する社会保障給付費に対して，世代間の不均衡の視点から保険料負担を検証している。河口・井伊（2010），田中ほか

(2011)，足立（2015）では，所得水準の低い被保険者を多く抱える国民健康保険に注目し，相対的な保険料負担率の上昇は，収納率の低下につながると指摘し，社会保険料の引き上げの限界を示唆している。このような研究の蓄積は，維持可能な医療保険制度の財政運営を考えるうえで不可欠である。

3 介護保険の仕組み

3.1 介護保険の財源と仕組み

　介護保険制度の創設は2000年度にさかのぼる。それまでは医療と介護の境界が不明瞭であった。1990年代は，家庭や社会から疎外されて行き場を失った孤独老人が，病院に身を寄せる社会的入院が問題となっていた。将来的に認知症高齢者の増加や介護の長期化が想定される中で，核家族化などの家族機能の脆弱化が重なり，老老介護などの問題が浮上していた。このような社会情勢を背景に，高齢者介護に関係する部分を医療保険制度から切り離し，新たな財源を確保しながら対策を講じる必要性が生じ，介護保険制度が創設された。

　介護保険制度は，介護保険料を支払うことで介護給付を受けることができる社会保険方式をとっている。図7-10で示すように，介護保険制度の財源の内訳は，税が50％で介護保険料が50％である。税には，国税が25％，都道府県税が12.5％，市町村税が12.5％の割合で投じられている。

　介護保険料の支払い義務は被保険者が担っており，高齢者に対する介護保険給付の保険料を支払う被保険者を40歳以上としている。65歳以上を第1号被保険者として財源の21％を担い，40歳から64歳以下を第2号被保険者とし財源の29％を負担する。第1号被保険者の介護保険料は年金から天引きされ，第2号被保険者は各医療保険の保険者が徴収する。

　介護保険制度は，市町村が3年ごとに策定する介護保険事業計画をもとに，第1号被保険者の保険料率が3年に1度，条例で改定される。介護保険料は，事業計画に定めるサービス費用見込み額に基づき，3年間を通じて財政の均衡を保つように定められる。このとき介護保険料は市町村単位で決められており，介護保険料の平均の推移を見ると，2000年度の制度の発足時には月当たり2911円であったのが，2015年度には月当たり5514円へと上昇している。

　図7-11で示すように，保険料の設定は被保険者ごとに算出方法が異なる。

図7-10 介護保険制度の財源と給付

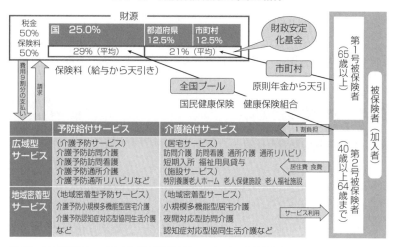

(出所) 厚生労働省ウェブサイト「介護保険制度のしくみ」より筆者作成。

図7-11 第1号被保険者の保険料と第2号被保険者の保険料

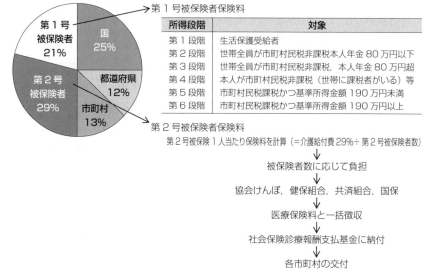

(出所) 厚生労働省ウェブサイト「介護保険の保険料(第1号被保険者)」および「介護保険の保険料(第2号被保険者)」より筆者作成。

第1号被保険者はサービスの利用見込みを想定して，市町村民税の課税状況などに応じて，6段階を標準に保険者ごとに設定されている。第2号被保険者では，全国ベースで第2号被保険者1人当たり保険料額を計算し，各保険者が医療保険料と一緒に保険料を一括で徴収し**社会保険診療報酬支払基金**に納付する。

なお，高齢化が進む中で介護保険給付はかさみ，中でも75歳以上の後期高齢者の比率が高い地方公共団体や低所得世帯が多い地方公共団体は，介護保険料の収入が不足することがありうるが，国からの調整交付金で調整されている。

これらの税と介護保険料を財源として介護保険サービスが行われている。介護保険サービスには，在宅サービス，施設サービス，地域密着型サービスがある。介護保険の認定を受けた利用者は，サービスの費用の1割を負担する。このとき，自己負担は原則1割であるが，介護保険サービスの利用には上限が設定されている。

3.2　介護保険制度の給付内容

介護保険サービスは介護の必要度に応じて受けられるサービスが異なる。要支援1および要支援2は予防給付サービス，要介護1から要介護5は介護給付サービスを利用できる。なお，非該当者は介護保険サービスを利用できない。

予防給付サービスには介護予防サービスと地域密着型介護予防サービスがある。たとえば，一般的にホームヘルプサービスといわれる訪問介護は，掃除，洗濯，買い物などの家事，食事，排泄，入浴などの介助のサービスをいう。デイサービスである通所介護は，利用者が老人デイサービスセンターや特別養護老人ホーム，老人福祉センターなどに日帰りで通所し，外出による社会的な交流，家族の負担の軽減，機能訓練と日常生活訓練を図ることを目的としたサービスである。短期入所生活介護は，ショートステイと呼ばれており，要介護者が特別養護老人施設や介護老人保健施設などに短期間入所し，入浴や排泄，食事などの世話や機能訓練などのサービスを受けることができる。

介護保険施設には，**介護老人福祉施設，介護老人保健施設**そして**介護療養型医療施設**がある。介護老人福祉施設（特別養護老人ホーム）は，入浴，排泄，食事などの介護，その他日常生活上の世話，機能訓練，健康管理および療養上の世話を行うことを目的とする施設サービスである。介護老人保健施設（老人保健施設）は，看護，医学的管理のもとに介護，機能訓練その他必要な医療や日

常生活上の世話を行うことを目的としたサービスである。介護療養型医療施設（療養病床）は，長期にわたる療養が必要とされる要介護者に対して療養上の管理，看護，医学的管理のもとでの介護，機能訓練などの必要な医療サービスを行う施設サービスである。

3.3 介護保険制度の今後のあり方

団塊の世代が75歳以上となる2025年の高齢社会では，高齢者ケアのニーズは増大し，単身世帯の数は増え，認知症を呈する高齢者が増えることが予想されている。そのためには，介護保険サービスや医療保険サービスだけでは十分な対応は難しいであろう。住居の保障や見守りなどの生活支援や成年後見等のさまざまな支援が必要とされるであろう。だが現状では，それぞれのサービスが分断されているため，連携および強化が求められ，切れ目のないサービスの提供が重要となってきている。そこで，地域において包括的継続的につないでいく仕組みである地域包括ケアシステムが必要とされる。

具体的には，従来，地域支援事業として提供されてきた保健，医療，介護，生活支援などを見直し，地域包括ケアシステムとして一体的に提供するものである。これには，在宅医療・介護の提供に必要な関係者間の連携強化，高齢者の自立した日常生活の支援や社会的活動への参加促進，介護予防に関する基盤整備，認知症患者に対する早期支援などが含まれる。

また，介護給付の適正化を図るために，給付の面では一定以上の所得を有する者の介護保険の利用者負担の見直し，補足給付の支援の要件に資産を勘案する等の見直し，特別養護老人ホームにかかる施設介護サービス費の支給対象の見直しなどが行われている。負担の面では，介護保険の第1号被保険者の保険料にかかる低所得者の負担の軽減，介護報酬にかかる適切な対応のあり方などが論じられている。

最後に，政策の実行性が重要な問題となる。高齢化によってどの程度の介護保険サービスの給付が必要なのかは，行政および研究者の間で多くのシミュレーション結果が示されている。高齢化が進むゆえに，介護保険制度の充実を図る必要があると論じてきたが，財源なしでは政策として進めていくことは難しい。たとえば，田近・菊池 (2003, 2004)，菊池・田近・油井 (2005)，菊池 (2008)，足立 (2015) は，性別，年齢別，要介護別に第1号被保険者保険料と

介護総費用のシミュレーションを行い，膨れ上がる給付に対し，被保険者の負担が大きくなることを指摘している。

加えて，このような給付と負担のあり方を論じるのに地域性にも注目していくことが必要であろう。「総人口は横ばいで推移するものの75歳以上の人口が急増する大都市」と「75歳以上人口の増加そのものは緩やかであるが全人口が減少する可能性がある町村部」との間には，人口構造に地域格差が生じている。そのため，保険者である市町村や都道府県が，地域の自主性や主体性に基づき，地域の特性に応じて，地域包括ケアシステムを作り上げていくことが重要である。

■ 練習問題
Q1：以下の空欄にもっとも適切な語句を入れてみよう。
　1.1　社会保障とは，貧困に陥る可能性のあるさまざまなリスクを（　①　）で備えることをいう。その内容は，生活保護給付といった（　②　），児童福祉・母子福祉といった（　③　），感染症対策・食品衛生対策といった（　④　），年金・医療・介護といった（　⑤　）がある。
　1.2　団塊の世代が75歳以上となる2025年の高齢社会では，高齢者ケアのニーズは増大し，単身世帯の数は増え，認知症を呈する高齢者が増えることが予想されている。そのためには，（　⑥　）サービスや医療保険サービスだけでは十分な対応は難しいであろう。だが現状では，それぞれのサービスが分断されており，連携および強化が求められ，切れ目なくサービスが提供されることが重要となってきている。そこで，地域において包括的，継続的に生活と医療・介護をつないでいく仕組み（　⑦　）ケアシステムが必要とされている。
Q2：以下の点について自分の意見をまとめてみよう。
　2.1　社会保障財政には税で財源を確保する場合と保険料で確保する場合がある。日本の社会保障の役割と関連づけながら，税方式と保険料方式の相違点を説明してみよう。
　2.2　公的年金における賦課方式と積立方式があるが，それぞれの方式の利点と問題点を説明してみよう。

■ 参考文献
足立泰美（2015）『保健・医療・介護における財源と給付の経済学』大阪大学出版会。
足立泰美（2017）『雇用と結婚・出産・子育て支援の経済学——女性のワーク・ライフ・バランス』大阪大学出版会。

岩本康志（2000）「ライフサイクルから見た不平等」国立社会保障・人口問題研究所編『家族・世帯の変容と生活保障機能』東京大学出版会，所収。

上村敏之・足立泰美（2015）『税と社会保障負担の経済分析』日本経済評論社。

小塩隆士（2004）「1990年代における所得格差の動向」『季刊社会保障研究』第40巻第3号，277～285頁。

小塩隆士（2010）『再分配の厚生分析——公平と効率を問う』日本評論社。

小塩隆士・田近栄治・府川哲夫編（2006）『日本の所得分配——格差拡大と政策の役割』東京大学出版会，所収。

河口洋行・井伊雅子（2010）「低所得世帯における社会保険と生活保護の現状に関する研究」『医療経済研究』第22巻第1号，91～108頁。

菊池潤（2008）「施設系サービスと介護保険制度の持続可能性」『季刊社会保障研究』第43巻第4号，365～379頁。

菊池潤・田近栄治・油井雄二（2005）「介護保険の現状と持続可能性」田近栄治・佐藤主光編『医療と介護の世代間格差』東洋経済新報社，所収。

駒村康平（2003）『年金はどうなる——家族と雇用が変わる時代』岩波書店。

駒村康平・丸山桂・齋藤香里・永井攻治（2012）『図解入門ビジネス 最新 社会保障の基本と仕組みがよ～くわかる本（第2版）』秀和システム。

駒村康平・山田篤裕・四方理人・田中聡一郎・丸山桂（2015）『社会政策——福祉と労働の経済学』有斐閣。

近藤克則（2005）『健康格差社会——何が心と健康を蝕むのか』医学書院。

白波瀬佐和子（2002）「日本の所得格差と高齢者世帯——国際比較の観点から」『日本労働研究雑誌』第44巻第500号，72～85頁。

鈴木亘・増島稔・白石浩介・森重彰浩（2012）「社会保障を通じた世代別の受益と負担」ESRI Discussion Paper Series, No. 281, 1～51頁。

田近栄治・菊池潤（2003）「介護保険財政の展開——居宅介護給付増大の要因」『季刊社会保障研究』第39巻第2号，174～188頁。

田近栄治・菊池潤（2004）「介護保険の総費用と生年別給付・負担比率の推計」『フィナンシャル・レビュー』第74巻，147～163頁。

田中栄治・四方理人・大津唯（2011）「国民健康保険料の滞納と納付意思についての分析」RISS Discussion Paper Series, No. 6, 1～22頁。

西沢和彦（2008）『年金制度は誰のものか』日本経済新聞出版社。

■ 参考資料

厚生労働省ウェブサイト「社会保障制度改革の全体像」（http://www.mhlw.go.jp/seisakunitsuite/bunya/hokabunya/shakaihoshou/dl/260328_01.pdf）。

厚生労働省ウェブサイト「社会保障に関する基礎資料」（http://www.mhlw.go.jp/stf/shingi/2r9852000001r86x-att/2r9852000001r8r8.pdf）。

厚生労働省ウェブサイト「我が国の医療保険について」（http://www.mhlw.go.jp/

stf/seisakunitsuite/bunya/kenkou_iryou/iryouhoken/iryouhoken01/）。
厚生労働省ウェブサイト「平成25年度 国民医療費の概況」（http://www.mhlw.go.jp/toukei/saikin/hw/k-iryohi/13/index.html）。
厚生労働省ウェブサイト「平成28年度 診療報酬改定について」（http://www.mhlw.go.jp/stf/seisakunitsuite/bunya/0000106421.html）。
厚生労働省ウェブサイト「国民医療費の範囲と推計方法の概要」（http://www.mhlw.go.jp/toukei/saikin/hw/k-iryohi/09/gaiyou.html）。
厚生労働省ウェブサイト「ライフコース別にみた公的年金保障」（http://www.mhlw.go.jp/topics/nenkin/zaisei/01/01-02.html）。
厚生労働省ウェブサイト「公的年金制度の長期的な財政の枠組み」（http://www.mhlw.go.jp/seisakunitsuite/bunya/nenkin/nenkin/zaisei01/dl/zu08.pdf）。
厚生労働省ウェブサイト「介護保険の保険料（第1号被保険者）」（http://www.mhlw.go.jp/topics/kaigo/zaisei/sikumi_03.html）。
厚生労働省ウェブサイト「介護保険の保険料（第2号被保険者）」（http://www.mhlw.go.jp/topics/kaigo/zaisei/sikumi_04.html）。
厚生労働省ウェブサイト「介護保険制度の仕組み」（http://www.mhlw.go.jp/topics/kaigo/zaisei/sikumi_02.html）。
国立社会保障・人口問題研究所ウェブサイト「社会保障給付費」（http://www.ipss.go.jp/ss-cost/j/nenjisuii/nenjisuii.asp）。
財務省ウェブサイト「日本の財政関係資料――平成25年度予算案 補足資料」（http://www.mof.go.jp/budget/fiscal_condition/related_data/panfindex.html）。

■ リーディングリスト

①荘村明彦［2014］『社会保障入門2014』，中央法規出版。
　本書は，社会保障の概要を図表を用いてわかりやすく解説した入門書である。大学生が最初に社会保障について学ぶにも，現場で働きつつの学び直しのためにも，社会保障の意義，実情，仕組み，政策の現状がバランスよく記されている。1つ1つの制度を丁寧に説明し，社会保障に関する理解をより深めることができる。社会保障の最新の政策をキャッチアップしたい人たちにお勧めする。これ1冊で勉強するというよりは，基本的な事項から最新の情報まで社会保障の現状と課題を本書で押え，他の教科書と合わせて読みたい本である。

②小塩隆士（2013）『社会保障の経済学（第4版）』日本評論社。
　本章で触れた社会保障制度の概要について，より深く勉強したい人は，社会保障の教科書でしっかり勉強することをお勧めする。少子高齢化とともに人口減少に向かう日本の人口構造を背景に，社会保障サービスへのニーズがいっそう高くなってきている。数多くのテキストがあるが，この本は，経済学の手法を用いながら，理論と制度をバランスよく解説しており，少子高齢化が進む日本の経済・社会を考えるうえで必読のテキストである。学部中級・上級の内容までを説明している。

③駒村康平・山田篤裕・四方理人・田中聡一郎・丸山桂（2015）『社会政策——福祉と労働の経済学』有斐閣。

　本章で触れた社会保障制度は複数の学問にまたがる分野である。経済学の手法を用いながら，社会保障制度と労働政策を有機的に連携したテキストである。社会的リスクによって生活基盤が失われる状況に対応する社会保障の視点や労働条件，雇用確保，仕事と暮らしの両立といった労働政策の視点などが盛り込まれている。本書は，経済学，法学，政治学などの多くの学問からアプローチし，わかりやすく説明している。

第 3 部

歳　入

第8章

労働と税金

本章の目的

　この第8章では労働所得に対する税について学ぶことをねらいとし，その制度概要や理論，改革の方向性などを理解することを目的とする。具体的には PART I でまず日本の税制全体の概要を述べた後，労働所得に対する所得税・個人住民税，制度的には税ではないが経済的な効果は労働所得税と同じといわれる社会保険料について，その現状を説明する。続く PART II では日本の税制・労働所得税の歴史に続き，「中立・公平・簡素」の租税原則について学ぶ。その後，「中立と公平のトレードオフ」を簡単なミクロ経済学の手法を用いて論じた後，近年の実証研究の動向について述べる。最後に PART III で現在の制度改革議論を説明する。最初に「103万円の壁」や「130万円の壁」などといわれる「女性の労働と税・社会保険料制度」の問題について説明する。その後「所得控除から税額控除へ」と題し，日本の税制における所得控除の課税ベース侵食の実態を議論する。

PART I　財政の今（国・地方の役割）

1　日本の税の今

1.1　日本の税の実態

　第8章から第10章では税制を扱う。この1.1項では本章の主題である「労働と税金」を議論する前に，3つの章に先立つ形で「日本の税の今」を簡単に論じる。

　租税は国や地方自治体が民間から徴収する。日本国憲法は国民が納税の義務を負うと定めており（日本国憲法第30条），国民は法律で定められた税金を納め

図8-1 「所得課税」・「消費課税」・「資産課税」の内訳（2016年度当初予算）

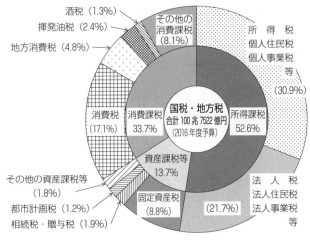

(出所) 財務省ウェブサイト「国税・地方税の税目内訳」より一部修正。

なければならない。租税は政府の活動を収入面から支えており、第1章で述べた財政の3機能と深い関わりを持つ。まず資源配分機能として、公共サービス供給のための財源確保がもっとも重要な役割である。次に累進課税制度を通じて所得の高い人からより多くの税金を徴収するなど、所得再分配機能を担う。また、景気悪化時には減税で景気の浮揚が図られるなど、政府が経済安定化機能を発揮する手段にもなる。

2016年度で日本には46の税目があり（財務省ウェブサイト）、その当初予算によるとトータル税収は約100兆円である（社会保険料は含まない）。図8-1に記したように、それらは課税する対象で3つに分類される。個人や企業の所得に課税する所得課税、個人や企業による財・サービスの取引に課税する消費課税、個人や企業が保有する財産に課税する資産課税である。日本は所得課税の比率が高く5割以上であり、次に消費課税が3割強、一番少ないのは資産課税である。ただし、3つの課税のバランスは国ごとで異なり、日本の消費税に当たる付加価値税の税率が高いヨーロッパでは、消費課税の比率が4割前後と日本より高い一方、アメリカは国税としての消費税を持たず、所得課税の比率が6割を超えるほど高くなっている。

また直接税と間接税という租税の分類もある。直接税は所得や資産の多寡、

家族構成といった納税者の事情を勘案して課される税金であり，所得税，法人税，固定資産税，相続税が含まれる。一方，間接税は納税者の個別事情を考慮せずに課される税金であり，財・サービスの取引に一定税率で課される消費税や酒税，揮発油税などが含まれる。なお，もう 1 つの租税の分類である「国税」と「地方税」は次の 1.2 項で述べる。

　一方，税以外に政府が国民から徴収するものとして社会保険料がある。とくに第 7 章でも説明した年金や医療，介護の保険料負担は大きい。これらは「保険料」と名がつくが，一定年齢以上になると強制的に年収に対し比例的に負担を求められ（ただし，国民年金など保険料額が定額のケースもある），保険料負担と保険給付のリンクも決して強くないなど，経済的な効果は実質的に労働所得に課される税と等しいといわれる。保険料負担の総額は 2016 年度予算で約 66 兆円となっている。

1.2　国と地方の税収の実態

　次に租税を国税（国の税）と地方税（地方自治体の税）に分けて，それぞれの状況を簡単に説明する。図 8-2 は 2016 年度における国税・地方税別（地方税はさらに道府県税，市町村税に分かれる）の税収状況を示す。

　まず，国税について説明する。税収は約 61 兆円（特別会計直入の税収も含む）である。リーマン・ショックがあった 2009 年度に 40 兆円を割り込むまで減少したが，近年増加しバブル時とほぼ同じ水準まで戻った（すなわち 7 年間で 20 兆円も増えた）。しかし 2016 年度の一般会計歳出は 97 兆円にまで膨らんでいるため，第 1 章で見たように依然，一般会計で 30 兆円を超える資金が国債発行でまかなわれている。

　図 8-2 に記すように国税収入の大半は主要 3 税（所得税・法人税・消費税）であり，3 税で 47 兆円になる。そのうち所得税が 18 兆円で一番多く，法人税は 12 兆円である。バブル絶頂期では所得税 27 兆円，法人税 18 兆円もの税収があったが，その後，家計や企業の所得が大きく減少，また景気対策などの減税が繰り返されたこともあって大きく減少した。一方，消費税は 1989 年に 3% の税率で導入された。所得税や法人税と違って景気による税収変動が小さく，一方，2 度の税率引き上げ（1997 年に 3→5%，2014 年に 5→8%，税率は地方消費税込み）を経て，その税収は所得税に匹敵する水準（約 17 兆円）に増大した。た

第8章 労働と税金　247

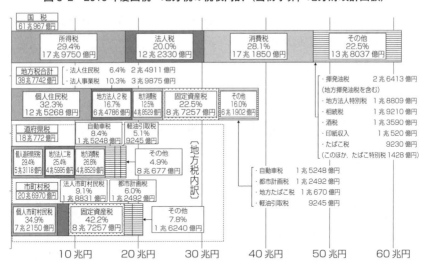

図8-2　2016年度国税・地方税の税収内訳（当初予算，地方財政計画額）

(注)　1　各税目の％は，それぞれの合計を100％とした場合の構成比である。
　　　2　国税は予算額（特別会計を含む），地方税は，超過課税および法定外税等を含まない。
　　　3　国税は地方法人特別税を含み，地方税は地方法人特別譲与税を含まない。
(出所)　総務省ウェブサイト「国税・地方税の税収内訳（2016年度予算・地方財政計画額）」。

だし，これは8％のうちの6.3％分の税収である（1.7％は地方消費税である）。

　次に地方税について説明する。2016年度の地方税収（地方財政計画額）は約39兆円で，地方の歳入総額87兆円の約45％を占める。39兆のうち約18兆は**道府県税**，残り約21兆は**市町村税**である[1]。税収が最大の税目は個人住民税（約13兆円。なお，個人住民税は個人市町村民税と個人道府県民税に分かれる）である。2007年に三位一体改革の一環で国から地方へ**税源移譲**がなされ，国の所得税が約3兆円分，地方の個人住民税に移され，課税が強化された（三位一体改革については第4章参照）。また固定資産税の税収（約9兆円）も大きく，これら2つが市町村の中心的な税目となっている。

　一方，地方法人2税は法人住民税と法人事業税であり，その多くが道府県税

---

1)　東京23区では，市町村税の一部（固定資産税や法人住民税など）を特例的に東京都が都税として徴収する。しかし図8-2はこれらの都税を，道府県税でなく市町村税に含めている。

である。ただし，これらの税は都道府県間で税収の偏在が大きかったり，景気状況で税収が大きく変動するなどの問題も指摘される。また，地方消費税は消費税 8％ のうちの 1.7％ 分である。

2　労働に関わる税の今

2.1　労働に関わる税としての所得税・個人住民税

　ここからは本章の主題である「労働と税金」について述べる。以下で扱うのは国の所得税と地方の個人住民税，加えて制度的には税ではないが経済的な効果は税と同じともいわれる社会保険料である。

　先に述べたように国税である所得税の税収は 2016 年度で約 18 兆円，また地方税の個人住民税の税収は同年度で 13 兆円弱が見込まれる。道府県税と市町村税の内訳はそれぞれ 5 兆と 7 兆を若干超える程度である。ただし所得税・個人住民税は，給与や事業所得，年金だけでなく利子，配当・株式譲渡益などの資本所得（金融所得）にも課される。日本は包括的所得税，すなわち所得の源泉にかかわらず 1 年間の所得をすべて合算して課税する原則をとるが，実際には執行が難しいことや所得の性質が異なることなどを反映し，資本所得の多くは合算されず分離課税される[2]。「労働と税金」と題する本章では合算課税される労働所得の税を説明し，分離課税される資本所得の税については第 10 章で説明する。

2.2　労働所得に対する所得税・個人住民税制度の概略

　以下では，労働所得に対する所得税・個人住民税制度の概略を説明する。所得税と個人住民税で基本的な考え方は同じであり，その特徴は第 1 に，所得の多寡や家族構成に応じて**累進税率**（個人住民税は比例税）や**所得控除**（基礎控除や配偶者控除など）を適用する直接税である。第 2 に，前述のように労働所得はすべて合算して課税するが，給与や年金には合算前に特有の「所得控除」（給

---

[2]　もう少し厳密に表現すると，日本は所得を 10 種に分けてそれぞれ所得を計算し合算する方式をとるが，そのうち金融所得の多くや土地譲渡所得，退職所得などは分離課税される。なお，事業所得は本来，労働所得と資本所得の両方の性質も含むが，ここでは労働所得と考える。

第 8 章　労働と税金　249

図 8-3　労働所得税の計算方法の概略

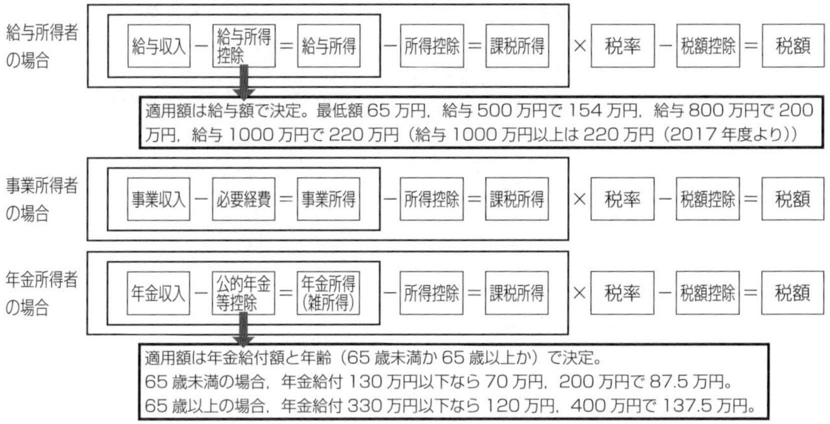

給与所得者の場合：給与収入 − 給与所得控除 = 給与所得 − 所得控除 = 課税所得 × 税率 − 税額控除 = 税額

適用額は給与額で決定。最低額 65 万円，給与 500 万円で 154 万円，給与 800 万円で 200 万円，給与 1000 万円で 220 万円（給与 1000 万円以上は 220 万円（2017 年度より））

事業所得者の場合：事業収入 − 必要経費 = 事業所得 − 所得控除 = 課税所得 × 税率 − 税額控除 = 税額

年金所得者の場合：年金収入 − 公的年金等控除 = 年金所得（雑所得）− 所得控除 = 課税所得 × 税率 − 税額控除 = 税額

適用額は年金給付額と年齢（65 歳未満か 65 歳以上か）で決定。
65 歳未満の場合，年金給付 130 万円以下なら 70 万円，200 万円で 87.5 万円。
65 歳以上の場合，年金給付 330 万円以下なら 120 万円，400 万円で 137.5 万円。

（出所）　筆者作成。

与所得控除や公的年金等控除）が認められる。

　課税の考え方を図 8-3 で示す。図はサラリーマンやパート労働者などの**給与所得者**，個人で事業を行う**事業所得者**，引退して年金を受給する**年金所得者**を示す。最初に課税の考え方がもっともわかりやすい「事業所得者」（図 8-3 の中段）を説明する。まず事業収入から事業にかかる必要経費を引いて**事業所得**を計算する。そのあと事業所得から家族構成などに応じた所得控除（基礎・配偶者・扶養控除など。後述）を引いて**課税所得**を計算し，それに税率（超過累進税率。後述）をかけて税額を計算する。さらに，特定政策目的の点から**税額控除**を引くことを認めることがある（たとえば，住宅取得特別控除など）。

　続いて，日本の多くの勤労者が該当する「給与所得者」（図 8-3 の上段）を説明する。考え方は基本的に「事業所得者」と同じだが，1 カ所異なるのは経費の実額でなく「サラリーマンの経費の概算控除」として法律で定められた**給与所得控除**を引くことが認められる点である（経費の実額控除も選択できるが，給与所得控除が大きくあまり活用されていない）。給与所得控除の最低額である 65 万円までの給与は無条件に控除され，その後，給与の増加とともに適用される控除額も増え，給与 500 万円なら 154 万円，給与 800 万円なら 200 万円，給与 1000 万円なら 220 万円となる（2017 年分より，220 万円が給与所得控除の上限となった）。統計によると日本の給与所得控除の総額は給与全体の約 3 割を占めるが，

表8-1 日本の所得税・個人住民税の制度（2016年度）

(1) 主要な所得控除

	項目	所得税	個人住民税
基礎的な人的所得控除	基礎控除	38	33
	配偶者控除	38	33
	配偶者が70歳以上の場合	48	38
	配偶者特別控除	最高38	最高33
	扶養控除（16歳以上）	38	33
	特定扶養親族（19～23歳）	63	45
	老人扶養親族（70歳以上）	48	38
社会保険料控除		（社会保険料支払額）	

（注）配偶者や扶養家族が障害者である場合などで配偶者控除や扶養控除に上乗せがある。
上記以外にも生命保険料控除や医療費控除などがある。
（出所）筆者作成。

(2) 税率表　（単位：万円）

所得税		住民税	
課税所得	税率(%)	課税所得	税率(%)
0～195	5	（全所得）	10
195～330	10		
330～695	20		
695～900	23		
900～1800	33		
1800～4000	40		
4000～	45		

（注）上記に加えて、東日本大震災の復興財源をまかなうため、2013年より所得税額に対し2.1％の復興特別所得税が課される。

世界的にはこうした規模の概算控除を認める例はほとんどなく，日本特有の制度といえる。

一方，「年金所得者」（図8-3の下段）には公的年金等控除が認められる。ただし控除を認める理由は，年金給付を得るための経費としてではなく，年金所得者の負担軽減のためと考えられる。控除額は法律で定められ，受給者の年齢（65歳以上か未満か）や年金給付額ごとに異なる。65歳以上の人が受け取る年金給付に対する控除の最低額は，給与所得控除の65万円をはるかに上回る120万円であり，これもかなり大きな控除である。

なお先に触れたように，給与と年金など複数の収入源がある場合は合算して課税する。その場合，給与所得控除や公的年金等控除をそれぞれ引いた後の給与所得と年金所得（雑所得）をまず計算し，それらを合算する（総所得という）。そこから所得控除を引いて課税所得を計算する。

2.3 所得控除と税率構造，実際の計算例

以下では，所得控除と税率の概要を説明する。所得控除の代表的なものを表8-1の左側に示した。所得控除の大きさは，主に家族構成に依存する。まず本

人分の**基礎控除**（所得税38万，個人住民税33万）はつねに引くことが認められる。そして専業主婦の妻（または専業主夫の夫）がいる場合は**配偶者控除**，扶養する子ども（高校生以上。児童手当が支給される中学生以下には扶養控除は認められない）や老親などがいる場合は**扶養控除**が認められる。金額はそれぞれ所得税38万円，個人住民税33万円（扶養控除は38〔33〕万円×扶養する人数分）が基本であるが，配偶者や被扶養者の年齢などで上乗せがある（詳細は表8-1参照のこと。なお，配偶者控除に関する2017年度税制改正についてはPART Ⅲで触れる）。もう1つの重要な所得控除が**社会保険料控除**である。年金や医療・介護などの社会保険料支払い額（雇用主負担分は含まず，本人負担分のみ）をそのまま控除できる。なお，各種所得控除を引いた結果，課税所得がマイナスになる場合，課税所得はゼロとなる。

一方，表8-1の右側は税率表である。まず所得税は5%から45%まで課税所得とともに税率が上がる累進税率構造をとるが，注意すべき点は，計算を**超過累進**で行う点である。たとえば課税所得300万円の場合10%の区分（ブラケット）に属するが，税額は「300万円×10%＝30万円」ではなく，超過累進であり「195万円×5%＋(300万円－195万円)×10%＝20.25万円」で計算する。一方，個人住民税は10%の比例税（うち6%が市町村民税，4%が道府県民税）であり，課税所得に10%をかけて算出する。なお，両者を合わせた最高税率は55%（所得税45＋個人住民税10）になる。

表8-2は税額計算の具体例である。夫婦子1人（高校生）の3人世帯，夫が年収700万円のサラリーマン（副業なし）で妻が専業主婦と仮定した（もちろん夫妻の役割は逆でもよい）。日本の給与所得者（正規労働）の平均年収が約478万円（2014年）であり，平均年収を200万円ほど上回る一般的なサラリーマン世帯である。なおここでは単純化のため，社会保険料控除は700万円の10%で70万円とした。先に述べた手順で計算し，給与に対する税負担率は8.1%になる[3]。

---

[3] 表8-1の注に示した復興特別所得税は所得税額×2.1%，すなわち上記の例では22.85×2.1%＝4800円となる。

表 8-2　給与 700 万円のサラリーマン世帯における税額計算（数値例）

```
　　給与収入　　　　700 万円
－　給与所得控除　　190 万円
　　給与所得　　　　510 万円

－　基礎控除　　　　 38 万円　　　　　　 33 万円
－　配偶者控除　　　 38 万円　　　　　　 33 万円
－　扶養控除 1 人分　 38 万円　　　　　　 33 万円
－　社会保険料控除　 70 万円　　　　　　 70 万円
　　課税所得　　　　326 万円　　　　　　341 万円
　　　　　　　　　　（所得税）　　　　　（個人住民税）

　　195×0.05＋(326－195)×0.1＝22.85 万円　　341×0.1＝34.1 万円

税負担計　　22.85 万円＋34.1 万円＝56.95 万円
平均税率　　56.95 万円／700 万円＝8.1%
```

（出所）　筆者作成。

2.4　所得税・個人住民税の実態

　以上が日本の所得税・個人住民税の制度概略であるが，その特徴を見るために，もう少し表 8-2 の数値例を続けたい。例で用いた給与 700 万円は前述のように平均給与をかなり上回るが，図の計算過程からわかるように，直面する所得税率は 5% から 45% までの 7 ブラケットのうち 2 番目の 10% にすぎない。すなわち，給与 700 万円から給与所得控除やその他さまざまな控除が引かれて課税所得は 326 万円まで圧縮され，適用税率は（表 8-1 の税率表における課税所得 700 万円の 23% ではなく）10% にまで大きく下がる。

　このように平均給与をかなり上回る人でも適用税率が 10% で収まる実態は，図 8-4 により端的に示される。図は一国で所得税を負担する人（納税者）全体を 100% としたとき，各税率ブラケットにどれだけの比率の人が属すかを示す（個人住民税は図には未反映）。これによると，2 番目の 10% で課税を完了する人は全体の 8 割以上である。ほかにも収入はあるが課税所得ゼロで税負担ゼロの人が相当数いることを考えると，図は，国民の多くが税率 10% で課税を完了しており，税率表の 20% 以上が適用される人はかなり限られることを示す。一方でこの図 8-4 によると諸外国の所得税率はもっと高く，その点で日本の所

図 8-4　所得税の税率ブラケット別納税者数割合の国際比較（2015 年 1 月）

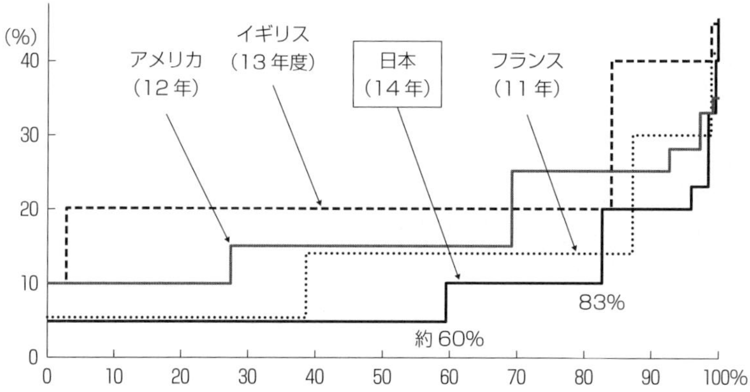

（注）　各国の所得税制度は異なるので単純比較は難しい面もあり，参考値として示した。
（出所）　内閣府ウェブサイト「政府税制調査会提出資料」（2015 年 10 月 14 日）。

得税負担は比較的軽減されていることがわかる（所得税制度は各国で異なるのでこの図は参考値とすべきであるが，日本の所得税の特徴はよく示されている）。

　実際，日本全体で給与（給与所得控除の控除前）・事業所得・年金収入（公的年金等控除の控除前）の合計額に対する課税所得の比率を計算すると約 4 割程度にとどまる。たとえば，所得控除をほとんど認めないスウェーデンではこの比率は 9 割に及ぶ（この値も単純比較は難しく参考値である）など，日本の値はかなり小さい。こうした課税ベース侵食は日本の税制の長年の特徴といえるが，問題が多く改革すべきだ，といった議論が近年なされている（この点は PART III を参照のこと）。

　日本の制度のもう 1 つの特徴は，最高税率が比較的高いことである。図 8-5 は所得税（地方税を含む）の最高税率を国際的に比べたが，日本は上から 3 番目である。ただし先の図 8-4 で示したように，日本で実際にこうした高い税率が適用される人の数はきわめて少ない（納税者全体の 0.1％）ことにも注意が必要である。

図 8-5　所得税（地方税含む）最高税率の国際比較

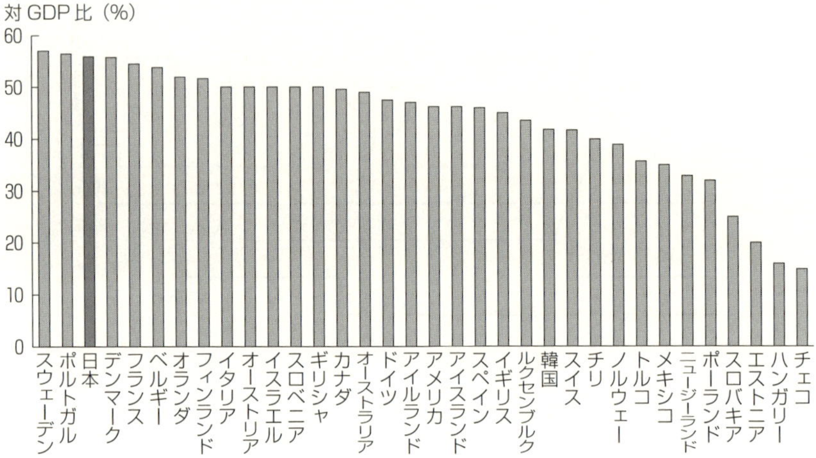

対 GDP 比（%）

棒グラフ（左から右へ）：スウェーデン、ポルトガル、日本、デンマーク、フランス、ベルギー、オランダ、フィンランド、イタリア、オーストリア、イスラエル、ギリシャ、カナダ、オーストラリア、ドイツ、アイルランド、アメリカ、アイスランド、スペイン、イギリス、ルクセンブルク、韓国、スイス、チリ、ノルウェー、トルコ、メキシコ、ニュージーランド、ポーランド、スロバキア、エストニア、ハンガリー、チェコ

（注）　各国 2015 年 1 月時点の値。
　　　日本は復興特別所得税（脚注 3 を参照のこと）も含まれている。
（出所）　内閣府ウェブサイト「政府税制調査会提出資料」（2016 年 9 月 15 日）。

3　社会保険料制度の実態：厚生年金保険料と医療・介護の被用者保険料のケース

　以下では，年金，医療，介護の社会保険料制度を述べる。第 7 章で述べたように，日本は国民すべてが何らかの年金保険・医療保険制度に加入する国民皆年金・国民皆保険制度をとるが，加入する保険制度は職業などで異なる。以下では一般的なサラリーマンのケース，すなわち年金は厚生年金保険，医療は被用者の健康保険，介護は 40～65 歳未満の第 2 号被保険者について説明する。

　まず，厚生年金保険料は，給与（標準報酬月額）や賞与（標準賞与額）に一定の保険料率をかけて計算する。料率は 2004 年の公的年金改革以降，毎年引き上げられ，2017 年に 18.3% になる。ただし一定の上限を超える給与や賞与には，保険料は課されない。上限は給与と賞与の合計で大体年収 1000 万円強である。

　一方，健康保険料も，給与や賞与に一定の保険料率を乗じて計算する。加入する組合で料率は異なるが，中小企業が加入する協会けんぽの全国平均は 2014 年度で 10% である。また年齢が 40～65 歳未満の場合，介護保険の第 2

号被保険者となり，介護保険料が加算される。協会けんぽの場合，2014年度で1.72%である。ただし保険料が課されるのは，一定上限の給与や賞与までである。その上限額は給与と賞与合計で約2200万円程度である。

保険料支払いは**労使折半**（年金なら本人と雇用主で9.15%ずつ）である。ただ注意すべきは，保険料を労働者が単独で払うか労使折半にするかは，経済的な帰結としてあまり重要でない点である。たとえば，給与500万円に20%の保険料がかかる例を考えると，労働者が保険料込みで雇用主から500万円の給与を受け取り100万（500×0.2）の保険料を支払っても，保険料負担を労使折半とし雇用主がまず50万円（500×0.1）を支払った後，労働者が450万円の給与から残りの保険料50万円を支払っても状況は同じである。市場取引のもとで雇用主は労働者を保険料込みの年収500万円で雇用し，労働者は保険料支払い後の400万円を手取りで受け取る構図は，保険料を誰が払うかにかかわらず同じである。その点で労働所得への保険料負担は，雇用主分を含めて考えるべきといわれる。

これらの保険料は強制的に給与に一定料率が課される点で，労働所得への実質的な課税といわれる。高齢化による年金や医療の給付増大を受け，保険料率は上昇が続いている。すでに多くの世帯にとって，所得税・個人住民税よりも保険料負担が重く，その傾向は今後さらに強まると考えられる。

PART Ⅱ　歴史・理論を学ぶ

1　税制の歴史

日本の戦後税制の大きな節目は，終戦直後の**シャウプ勧告**と昭和の最後に実施された**抜本的税制改革**であった。ここでは税制全体の歴史としてこれらを説明した後，労働所得税の改革経緯にごく簡単に触れる。歴史についてより深く学びたい場合は石（2008）などを参考にしてほしい。

まず，シャウプ勧告とは，C. シャウプ博士を中心とするアメリカの税制使節団が1949年から50年にかけて発表した日本の税制改革に関する報告書である。税制全体に対する包括的な提言を行い，その提言はごく短期間とはいえほぼ全面的に実行された。その後修正が相次ぎ，当初の税制からは乖離していく

ものの，日本の戦後税制の基礎となり，大きな影響を与え続けた。

シャウプ税制の特徴は，所得税や法人税などの直接税を中心とした近代的な税制の構築を目指したことである。間接税（物品税や酒・たばこへの課税など）中心の税制では税負担の公平性（後述する租税原則の「垂直的公平」に近い考え方と思われる）の確保が難しく，一方で日本は比較的高度な執行体制が必要な所得税や法人税も十分に執行可能と判断し，直接税中心の税制を勧告した。とくに所得税では，利子や株式譲渡益などもすべて合算して課税する包括的所得税を導入した点が注目される。しかし改革の数年後には早くも，利子の分離課税や株式譲渡益の課税廃止が決定し，その後の改革でも利子や株式譲渡益は基本的に分離課税とされ続けた（この点は第10章でもう少し詳しく論じる）。

次に，シャウプ勧告以来の大改革といわれた昭和末期の抜本的税制改革について述べる。この改革では所得税から酒税に至るまで多くの税目で改革が行われたが，その目玉は何といっても消費税の導入であった。先に触れたように日本はシャウプ勧告以来，所得税・法人税中心の税制をとってきたが，高度経済成長が終わる中で税収の伸びが鈍っていた。ヨーロッパでは社会保障などに必要な多額の税収を確保するため，財・サービスの購入に広く税をかける「付加価値税」が導入されており，日本も高齢化時代を迎える中でそうした税を導入すべきだ，との主張がなされた。そして，所得税や法人税の大規模な減税や個別物品税の廃止などと引き換えに，1989年4月に消費税が導入された。税率は3%とし，原則国内におけるすべての財・サービス取引（一部の非課税取引は除く）に課税が行われた。

その後，消費税の税率は2度引き上げられ，2016年の税率は8%（地方消費税を含む）である。ただし，その引き上げはつねに大きな議論を呼び，国民の関心がきわめて高い税となっていることは周知のとおりである。

最後に，本章のテーマである所得税と個人住民税の改革の変遷について簡単に論じておく。表8-3は1985年ごろ以降の税率のブラケット数と最低・最高税率の変遷（概要）を示す。1985年ごろでは税率ブラケット数が所得税で15，個人住民税で14もあり，2つの税を合わせた最高税率が88%に達するなど，現在とはかなり異なる税率構造をとっていた。世界的な税率フラット化の傾向に沿った昭和末期（1988～89年）の抜本的税制改革や，平成以降の経済対策による減税の影響で，2000年度には税率ブラケット数は所得税5，個人住民税3

表8-3 所得税・個人住民税の税率構造の変遷（概要）

		1984~86年 (昭和59~61)	1987 (昭和62)	1988 (昭和63)	1989 (平成元)	1999 (平成11)	2007 (平成19)	2015~ (平成27)
所得税	ブラケット数	15	12	6	5	5	6	7
	最高税率	70	60	60	50	37	40	45
	最低税率	10.5	10.5	10	10	10	5	5

		1985~87年度 (昭和60~62)	1988 (昭和63)	1989 (平成元)	1999 (平成11)	2007~ (平成19)
個人住民税	ブラケット数	14	7	3	3	1
	最高税率	18	16	15	13	10
	最低税率	4.5	5	5	5	

	1985~87年度	1988	1989	1999	2007~	2015~
所得税・住民税 合計最高税率	88	76	65	50	50	55

（出所） 筆者作成。

になり，所得税と個人住民税を合わせた最高税率も50%に下げられた。その後2007年に，地方分権を目指す三位一体改革によって個人住民税の課税強化と所得税の減税が行われた。個人住民税が10%の比例税となったのはこのときであり，その後2015年に所得税の最高税率が引き上げられて，先の表8-1に示した現在の税率構造となった。一方，日本の所得税・個人住民税のもう1つの特徴である所得控除については，昭和の時代に拡張が行われた後，2000年度以降は部分的に縮小されたが，大きな改革には至っていない。

2 租税原則

2.1 中立・公平・簡素

租税は政府が国民から資金を調達する手段であり，従来からそのあり方が租税原則論として議論されてきた。租税原則は税制の姿を具体的に論じるわけではないが，一定の指針を示すものといえる。この2.1項ではその有力な考え方の1つである中立・公平・簡素について述べる。次の2.2項以降では，本章のテーマである「労働と税金」の観点からさらに議論を展開する。

まず，「中立・公平・簡素」のうちの中立とは，「税は人々の行動や市場で決まる資源配分になるべく歪みを与えないようにすべき」という考えである。こ

れに反する税制度の例としてたとえば，500万円を超える所得には100％（すなわち全額）課税するといったものがある。この場合，人々は所得が500万円に達すると労働をやめてしまうか，もしくは500万円を超える所得を隠そうとすると考えられる。このように人々の労働供給を大きく阻害したり，脱税や節税を誘発する税制度は，中立性に反し望ましくない。

次に，租税原則における公平とは，「税の負担は公平であるべき」というものである。ただし何をもって「公平」というかは一概にはいえない。代表的な考え方として応益原則と応能原則がある。

最初に「応益原則」は，「政府の公共サービスの便益を大きく受ける人ほど多くの税を負担すべき」というものである。公共サービスの対価として使用料や手数料を求めるケースが，その代表例である。ただし，道路や国防といった公共サービスの便益を誰がどれだけ受けたかは通常，明確でなく，仮に明確だったとしても，すべての課税を「応益原則」に基づけば所得の低い人は公共サービスを使えなくなる問題がある。応益原則は「公平」を図る考え方として望ましい面を持つが，租税制度をすべてそれに基づいて設計することはできないと考えられる。

一方「応能原則」は，「担税力がある人ほど多くの税金を負担すべき」というものである。具体的には水平的公平と垂直的公平という考え方があり，「水平的公平」は「担税力が等しい人には等しい税負担」を，「垂直的公平」は「より担税力がある人にはより多くの税負担」を求めるべきだ，というものである。ただ個人の担税力の概念があいまいなうえに，家族構成や生活環境まで含めて「担税力」の違いをすべて課税制度に反映することは不可能である。そのため，応能原則も課税の指針をぼんやりと示すにすぎないが，現実に世界の多くの国で所得や消費や資産の多寡に応じた課税が行われる背後には，応能原則の考えがあると考えられる。

租税原則の最後は簡素である。いくら税負担が中立で公平になるように設計されていても，複雑で誰も理解できないような制度は脱税や節税を誘発する恐れがあり望ましくない。徴税コストを下げるためにも，制度はできるだけ簡素であるべきといわれる。

2.2 労働所得税における公平

以下では，本章の主題である「労働と税金」と租税原則の関わりを述べる。2.2項では「公平」の観点から述べ，次の第3節以降で「中立と公平のトレードオフ」を論じる。

まず，先に述べたように所得税は**超過累進税率構造**をとり，また家族構成などに応じた所得控除を認めるなど，各人の担税力に応じた課税（応能原則，とくに垂直的公平）に優れた税である。ただし累進税率構造を極端に強くすると，次の第3節で述べるように労働供給を阻害するなど中立性で問題となる。またPART Ⅲで述べるように，日本で盛んに活用される所得控除は低所得者の負担軽減の方法として実際には有効でなく，それに代えて諸外国で活用されている給付付き税額控除（税による給付措置）を導入すべきだ，といった議論が近年なされている。

これに対して個人住民税は**地域社会への会費**といわれるように，自治体が供給する公共サービスの財源を住民が広く負担する手段として応益原則が重視される。仮に自治体の公共サービスの便益は住民に等しく及ぶと考えた場合，応益原則の立場を貫くと，あるべき住民税は全住民が一律税額を負担する**均等割**になる。実際，日本でも均等割が少額で実施されているが[4]，お金持ちと生活困窮者が同じ税額というのはさすがに理解が得られず（応能原則が混在してしまっているのだが），先に述べたように**所得割**（所得への税）が中心である。ただし，その税率構造は所得税のような累進税率構造ではなく，応益原則重視の点から一律10％の比例税率構造となっている。

「労働と税金」と公平に関わるもう1つの話題は，税務署による**所得の捕捉率が職種で異なる**問題である（サラリーマン9割，自営業者6割，農業従事者4割などとされ，クロヨン問題といわれる）。サラリーマンの給与額は源泉徴収制度のもとで勤務先から税務署に直接報告されるため，その捕捉率が高くなる一方，個人自営業者の場合は各自で税務署に所得を申告するため，所得捕捉率はどうしても低くなる。この結果，同じ所得を稼いでいても税負担に差が生じ，水平的公平が満たされなくなる。先述のように日本では給与所得者に対して認める

---

4) 均等割は標準で市町村税3500円，道府県税1500円（東日本大震災の復興増税の一環による500円ずつの上乗せを含む）だが，自治体によってさらに上乗せがある。

図 8-6 個人による労働供給の決定モデル（税がないケース）

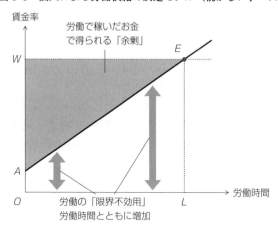

給与所得控除が給与の3割を占めるほど大きいが，その理由に，こうした業種間の所得捕捉率の調整があげられることがある。もっとも，こうした業種間の所得捕捉率の差は多かれ少なかれ諸外国でも存在するが，諸外国で給与所得控除が設けられているわけではない（設けられていても非常に小さい）。

3 中立と公平のトレードオフ

3.1 労働供給の決定モデル

先に述べたように所得税は累進課税が可能であり，その点で「公平」（垂直的公平）の確保に優れた税だが，一方で累進性をあまり強くすると人々の労働供給などに影響を及ぼし「中立」を阻害しうる。以下ではこうした中立と公平のトレードオフを，労働供給の決定に関する簡単なミクロ経済モデルを用いて説明する。その後，近年なされている実証研究の動向について触れる。

まず，図8-6は，個人による労働供給量の決定を所得税がないモデルで説明したものである。図の縦軸は時間当たり賃金率，横軸は1日当たり労働時間を表す。労働供給曲線は右上がりであり，直感的には「賃金率が高いほど労働者が労働時間を増やす」ことを意味する。市場で賃金率が W で決まっているとき，労働者は労働供給を L 時間とする（すなわち，市場均衡は E 点）が，以下ではこの点をより丁寧に説明する。

労働を追加で1時間行うと体がきつかったり拘束による不満が生じるが，この不満を金銭価値で評価したものを，以下では**限界不効用**と呼ぶ（「限界」とは「1時間当たり」と言い換えられる）。ただし，「限界不効用」は変化する点が重要である。すなわち労働を始めて最初の1時間は体も余裕があり限界不効用は小さいが，長時間働いた後に追加でさらに1時間働くと，同じ1時間でも心身のダメージはより大きく，限界不効用は非常に大きくなる。図に示した労働供給曲線は，労働の限界不効用が労働時間とともに増加する（逓増する）様子を示しているともいえる。

一方，1時間働くと賃金 W が得られるが，これが労働の**限界収益**（1時間当たり収益）である。すると労働供給が L 時間のとき，労働の限界不効用と限界収益はちょうど一致する。このときの「総収益（総所得）」は $W \times L$ であり四角形 $WELO$ の面積で表され[5]。一方，労働による「総不効用」は限界不効用の総和，すなわち台形 $AOLE$ となる。この結果，労働で得られる「総余剰」（＝総収益−総不効用）は三角形 WEA となる。

労働者が総余剰の最大化を目指すとすると，自発的に労働時間 L を選ぶことを示せる。すなわち労働時間が L より少ない場合，1時間さらに働けば W の収益を得る一方でそれによる不効用の増加は W より小さく，働いて総余剰を増やせる。一方，労働時間が L より多い場合は労働による限界不効用がすでに W よりも大きく，労働時間を1時間減らすことで W の収益をあきらめる代わりに不効用をそれ以上減らすことができる。このようにして労働者は，賃金率 W のもとで自発的に労働時間 L を選択する。

3.2 労働所得税の効果

本項では，このモデルに労働所得税を加えたときの変化を検討する。課税の効果（単純化のため比例税とする）を示した次の図8-7の左図を見てほしい。税率を t とすると，賃金率が実質的に W から $W'(=W(1-t))$ に下がる。この結果，労働の限界収益が減少し，L 時間の労働は見合わなくなって労働時間が L' に短縮される。市場均衡は E から E' に移動し，労働者が得る総余剰は

---

[5] このとき総便益は総所得と一致する。所得がいくらであっても1円の価値は等しい，という所得の限界効用一定が仮定されている。

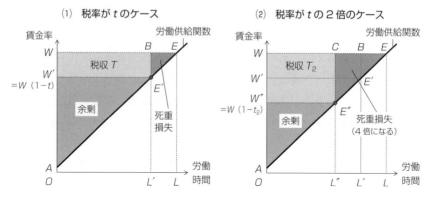

図8-7 労働所得税が労働供給に与える効果

WEAからW'E'Aに減少する。ただし減少分の一部は税金として労働者から政府に移転され（公共サービスに使われる），税収は$tW×L'$（税率×労働所得），すなわち図の長方形T（$WBE'W'$）で表現される。この結果，三角形$EE'B$の総余剰が課税で失われたが，これを**死重損失**（英語の dead weight loss を訳してこう呼ばれる）と呼ぶ。もともと行われるはずだった労働の一部が課税で行われなくなった結果，失われた総余剰を示す。

死重損失の大きさは税率tの高さに依存するが，それを示すため，図8-7の右図に税率を左図の2倍に引き上げたケース（すなわち$t_2=2×t$）を示した。追加の税率引き上げが労働供給をさらにL''まで減少させるため，右図の税収T_2（$WCE''W''$）は左図Tの2倍より少なくなる。とくに重要な点は，右図の死重損失（$EE''C$）が左図の4倍にもなることである。この直感的な意味は，税率のさらなる引き上げで比較的苦もなく（すなわち少ない不効用で）できた，その点で大いにやるべきだった労働が取りやめられたため大きな損失が生じたことを意味する。このように税率を高くすると死重損失が急激に大きくなる（死重損失の大きさは税率の二乗に比例して増えることを示せる）ため，これを避ける点からは税率をできるだけ低く抑えるべきである。先に述べた租税原則の「中立」をモデルで説明すると，このようになる。

以上より，労働所得税における「中立と公平のトレードオフ」を論じることができる。政府が低所得者に低い税率を適用する（またはゼロとする）一方，累進税率構造によって一部の高所得者だけに非常に高い税率を適用することは，

図 8-8 労働所得税の効果と労働供給の弾力性

(1) 労働供給が非弾力的なケース

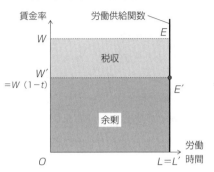

(2) 労働供給が弾力的なケース

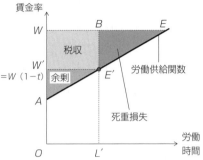

垂直的公平の観点からは望ましい。しかし一方で，一部の人だけに高い税率を適用すると，そこから大量の死重損失が生じる可能性がある。経済全体の死重損失をできるだけ小さくすべきという中立重視の立場からは，税率を低所得者も高所得者も同じ水準にしてできるだけ抑えるべきである。こうした中立と公平のトレードオフを考慮しながら税率のあり方を検討するのが，**最適課税**の考え方である（なお，ここでは政府は「低所得者に低い税率，高所得者に高い税率」を割り当てると単純に考えたが，実際には政府は誰が高所得者かわからず，議論はもっと複雑になる。その点はより進んだ教科書を参照してほしい）。

3.3 労働供給の弾力性と課税所得の弾力性の実態

「最適課税」における重要な要素の1つが，人々の労働供給の実態，すなわち課税による実質的な賃金率減少が人々の労働供給量にどの程度影響を与えるのかである。これによってあるべき税制の姿が大きく変わるため，その実証研究に注目が集まった。

図8-8では，人々の労働供給の実態により税のあり方が大きく変わることが示されている。図の左が「労働供給が非弾力的なケース」，右が「**弾力的なケース**」である。左のケースでは課税で賃金率が減少しても労働供給がほとんど変わらないため，税による死重損失は小さく，集まる税収も非常に多い。もし高所得者の労働供給の実態がこれに近いならば，高い税率をかけることの損失はほとんどなく，「垂直的公平」の点から累進課税のもとで一部の高所得者に

高い税率を課すことが望ましくなる。一方，高所得者の労働供給が右図に近いならば，税率を高くすると労働供給に大きな影響を及ぼし，非常に大きな死重損失が生じて集まる税収は小さくなってしまう。この場合は「中立」の点から，できるだけ多くの人に低率で税を課すフラットな税率構造が望ましくなる。

こうした問題意識を踏まえて，人々の労働供給の実態がどうなっているかを世界中の多くの研究者がデータで分析した。その結果をまとめた Keane (2011) によると，税率の引き上げが男性の労働時間を短くするといった現象はあまり観察されていない。すなわち，労働供給の実態は左図に近いとされ，この点からは比較的累進度が強い税率構造が許容されるかもしれない。ただしパートで働く女性の労働供給は比較的，税率に敏感（すなわち右に近い）とされるなど，労働供給の弾力性はつねに小さいわけではない。

一方，近年の研究では，税は1日の労働時間をいくらにするかではなく，労働に参加するかしないか（すなわち労働供給をゼロにするか L にするか）という人々の判断に，より大きな影響を与えるとされる (Blundell et al., 2011)。勤務時間の制約などもあって毎日の労働時間の調整はほとんどできないが，労働に対する税負担が一定額を超えると，働くこと自体をやめてしまう可能性があるということである。するとたとえば，税が高いことが労働からの引退を促進する効果はあるかもしれない（実態は定かではない）。またアメリカでは，生活保護給付に依存し働こうとしなかったシングルマザーに対し，「労働する」ことを条件に給付を与える（すなわち労働に「マイナス税」を適用する。「勤労税額控除」という）制度を導入したところ，その労働参加率が大きく上昇した事実が知られている (Meyer, 2002)。

このように，経済学では伝統的に税が労働供給に及ぼす影響について分析がなされてきた。しかし実際には税はこれ以外の人々の行動，たとえば脱税や節税にも影響を与えうる。Feldstein (1995) は，課税が人々の行動に及ぼす効果を分析するには労働供給の弾力性では不十分で，これらすべての行動変化が反映される課税所得の弾力性に注目するべきだ，と主張した。もし人々が税に敏感に反応するならば，税率が上がると労働供給減少に加えて脱税や節税が誘発されるため，課税所得が小さくなる。実際，アメリカの1986年の税制改革で高所得者の税率が大きく下げられた直後に，その課税所得が急増したことが大きな注目を集めた。ただしその後の研究で，こうした課税所得の大きな弾性値

第 8 章　労働と税金　265

はいつも観察されるわけではなく，税率以外のさまざまな制度や状況にもよることが明らかとなった。このように税が人々の行動に及ぼす影響に関する研究は，現実の租税政策に大きな影響を与えうるため，多くの研究者が精力的に行ってきた。

PART Ⅲ　仕組み・政策・課題を学ぶ

1　女性の労働と税・社会保険料の仕組み

1.1　配偶者控除の問題（103万円の壁）と2017年度税制改正

今後，人口減少で労働力不足に陥る可能性がある日本にとって，現在，就業率が低くなっている女性の就労促進は重要な政策テーマである。女性の労働の阻害要因として保育所不足などとともにあげられるのが，税・社会保険料制度の問題である。PART Ⅱで述べたように女性，とくに専業主婦のパート労働は労働供給の弾力性が大きい。税や保険料負担を避けるために多くのパート労働者が労働供給を調整する実態が伝えられており，制度改革の必要性が主張されてきた。以下ではこの問題を説明する。なお以下の記述では夫婦の役割は逆でもよいが，簡単化のためすべて専業主婦と記す。

以下では，近年，改革機運が高まる配偶者控除の問題を説明する（以下は2017年度税制改正前の制度である。2017年度税制改正の内容は後述する）。制度はPART Ⅰで述べたが，再度簡単に述べると，夫婦のみの世帯で夫がサラリーマン，妻が専業主婦（後述のように妻の給与が103万円以下）の場合，夫の課税所得の計算式は（1）となる。この場合，妻は夫に扶養されるとみなし，夫に配偶者控除が適用される。

〈妻の給与が103万円以下の場合〉
　　　夫の課税所得＝（給与－給与所得控除）－基礎控除－ 配偶者控除
　　　　　－社会保険料控除　　　　　　　　　　　　　　　　　（1）

しかし妻がパートに出て給与を稼ぐと，配偶者控除（所得税38万円，個人住民税33万円）は認められなくなる。この点をもう少し詳しく述べると，パートに出た妻自身の課税所得の計算式は（2）となる（この後，述べるように専業主婦

は社会保険料を負担しないので，(2) で社会保険料控除は適用されない)。

$$\text{妻の課税所得} = (\text{給与} - \text{給与所得控除}) - \text{基礎控除} \quad (2)$$

(2) 式で妻の給与が給与所得控除の最低額 65 万と基礎控除 38 万の合計 103 万円を超えると，課税所得が正となり妻自身が所得税を払う必要が生じる。この段階で税制上，妻は夫の扶養を外れ，(1) 式においても夫の配偶者控除が適用されなくなる。この結果，妻の給与 103 万を境に夫婦同時に生じる税負担増加を避けるため，多くの主婦が給与 103 万円に収まるようにパートの労働量を調整しているといわれる (103 万円の壁)。

ただし，上記については補足が必要である。実際には妻の給与が 103 万円を超えても夫の配偶者控除が一気になくなるわけではなく，代わりに「配偶者特別控除」が適用される。

〈妻の給与が 103 万円から 141 万円の場合〉
$$\text{夫の課税所得} = (\text{給与} - \text{給与所得控除}) - \text{基礎控除} - \boxed{\text{配偶者特別控除}}$$
$$- \text{社会保険料控除} \quad (3)$$

妻の給与が 103 万のときの配偶者特別控除は配偶者控除と同じ 38 万 (個人住民税は 33 万) であり，妻の給与がさらに増えると特別控除は少しずつ減少し，給与が 141 万円に達した段階でゼロとなる。このように配偶者特別控除は「消失控除」の形をとるため，制度上は妻の給与が 103 万円に達しても夫の税負担が急激に増えるわけではない。しかし，こうした制度が正確に理解されず，「103 万円を超えると夫の配偶者控除が一気になくなって手取りがかえって減少する」といわれたり，また (税とは直接，関係ないが) 妻の給与が 103 万を超えると夫が勤務する企業の配偶者手当が支給されなくなるなどの事情が，「103 万円の壁」を作り出している。そのため，問題の改善には税だけでなく，企業の手当のあり方なども変える必要がある。

なお，2017 年度税制改正で配偶者控除の改正が決定した (実施は 2018 年から)。当初はその廃止も検討されたが，それによる専業主婦世帯の税負担増加が懸念され，夫に対する配偶者控除の適用が「妻の給与 103 万円まで」から「妻の給与 150 万円まで」にむしろ拡大された (すなわち，妻の給与が 103 万から 150 万までの夫の給与が減税された)。ただし改革を税収中立とするため，夫の給与が

1220万円を超える場合は配偶者控除の適用そのものを認めないこととなった。

これにより今後，配偶者控除による「103万円の壁」は「150万円の壁」となる。しかし，実際には以下で述べる社会保険料の130万円（一部の人にとっては106万円）の壁が依然，存在し，問題が大きく改善したとはいえないとの指摘も根強い[6]。

1.2 社会保険料の問題（130万円の壁）

制度上，問題が深刻なのは，むしろ次に述べる社会保険料である。この場合は制度の壁が明確に存在するため，改革が必要と考えられる。

たとえば夫が会社に勤めて厚生年金や健康保険の保険料を払う場合，専業主婦（所得ゼロとする）は夫の扶養に入るため自ら保険料を払う必要はない。すなわち，妻は公的年金として老後に一定の給付を受け取れ（「第3号被保険者」という），医療保険も夫の保険料でカバーされる（夫が妻の分の保険料を余分に払うわけでもない）。しかし，妻がパートに出て130万円を超える給与を得ると妻は夫の扶養を外れ，自ら年金や医療の保険料を負担する必要が生じる。先の配偶者特別控除のような消失控除の仕組みもなく，130万円を超えると妻の給与全体に保険料がかかるため手取りが大きく減少してしまう。130万円の手取りを確保するには多くの場合150万円程度まで給与を増やさねばならず（すなわち130万円を超える給与に対して100％を大きく超える税率がかかる），これが労働供給を大きく阻害する要因となっている（130万円の壁）。

なお，社会保険の加入者を増やす政府の方針に基づき，2016年の10月から年収106万円を超える一部のパート労働者に対し社会保険料支払いを求めることとなった（少し正確に述べると，一定条件を満たし賃金月額が8万8000円以上の労働者は社会保険に加入することになった）。そのため，「130万円の壁」は一部の人にとって「106万円の壁」になる。

フルタイムで働く女性の場合は給与が130万円を大きく超えるため，「壁」がその労働供給に大きな影響を与えることはないと考えられる。しかし主婦の

---

6) また次節で述べるように，所得控除には「高所得者に有利」という根本的な問題がある。配偶者控除の適用を部分的とはいえ拡張することは，その点で問題がある（すなわち，夫の給与が1200万円程度とかなり高い世帯に減税の恩恵がもっとも大きく及ぶ）といえるかもしれない。

パート労働の給与は100万円近辺になるため，税や保険料制度の影響を受けやすい。近年の改革議論では配偶者控除の問題に注目が集まる傾向があるが，制度面で重要なのはむしろ企業の配偶者手当や社会保険料であり，それらも含めた見直しが欠かせないと考えられる。

2 所得控除から税額控除へ

2.1 所得税における課税ベース侵食

　PART Iで述べたように，日本の税制は各種の所得控除を認める。一見するとこれは垂直的公平の観点から望ましいようにも見えるが，実際には問題が多いことが知られており，改革をすべきだと主張されている。以下では所得税（2.1項）と個人住民税（2.3項）に分けてこの問題を議論する。

　所得税の税額計算は，(4) 式で表される。

$$(給与 - \boxed{所得控除}) \times 超過累進税率 = 税額 \qquad (4)$$

すなわち，給与から各種所得控除（ここでは給与所得控除と所得控除をともに課税所得を減少させる要素と考え，区別せず論じる）を引いて課税所得を計算し，それに対して超過累進税率を適用する。こうした税制度のもとでの年収別の税負担イメージを，図8-9の左図「税額線」で示した。横軸は給与，縦軸が税額である。一定の年収までは所得控除で税がかからず，それを超えると低率の税が課される（税率は税額線の角度に反映される）。その後，**超過累進税率**を反映して，年収とともに税額線は折れ曲がりながら上方に上がっていく。累進税率の影響でとくに高所得者のBの税負担が大きい一方，低所得者のAも一定の税負担を負う。

　ここで政府が低所得者Aへの課税を避けることを目的に，所得控除を拡張したとする。そのイメージを図8-9の右図改革後税額線で示した（これが日本の現状に近い状況である）。改革後の税額線は改革前の線をそのまま右に平行移動すれば表現でき，Aの税負担は政府のねらいどおりゼロとなる。しかし図に示すように，実際に税負担が大きく軽減されるのはAではなく，むしろ高所得者Bである点が重要である。このように所得控除の拡張は，低所得者よりもむしろ高所得者の税負担を大きく軽減させることが知られている[7]。

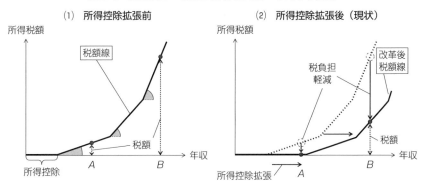

図8-9 所得控除の拡張が所得税負担にもたらす効果

このようになる理由は，以下のとおりである。まず低所得者Aは税負担がいったんゼロになると，それ以上，所得控除をいくら拡張しても税負担はゼロである（図の税額線をいくら右に移動してもゼロはゼロ）。一方で高所得者Bの税負担は大きく軽減されるが，その理由は，所得控除の負担軽減効果は税率が高い人ほど大きい（(4)式に示すように，所得控除を引いたあとの課税所得に税率がかかるため）ことと，Bの税率が下がること（税額線の傾斜がよりゆるやかになること）である。この結果，政府が所得控除を拡張すればするほどAとBの税額差は縮まり，税の所得再分配機能が弱まってしまう。また，高所得者の税負担が軽減されるため，政府の税収ロスも大きくなる。日本の税制は諸外国と比べて多くの所得控除を認めるため，この問題が実際に生じている可能性がある。

上記を念頭に，次の図8-10で給与階級別に日本の税・保険料負担率をOECD平均と比較してみよう。図の「100％」は平均給与であり日本の場合は年収約500万円，「67％」と「167％」はそれぞれ平均給与の2/3，5/3の給与水準を示す。ここでは資料の制約で単身世帯を比較した。まず「税（所得税・個人住民税）」負担率を見ると日本はいずれの階級も低く，この点はPART Iでもすでに論じた（図8-4）が，以下ではとくに「167％」でそれが顕著なこと

---

7) 厳密にいえば，図8-9の右図は日本の所得税制と若干異なる。この図によると日本はいわゆる「課税最低限」が高いことになるが，日本の場合は「課税最低限」が高いのではなく，課税されない所得が大きい状態である（給与所得控除や公的年金等控除が給与や年金とともに増額していくため）。しかし，この違いは以下の議論には大きな影響を与えないため，本章ではよりわかりやすい図8-9を用いた。

図8-10 給与階級別の税・保険料負担率比較（単身世帯）

(1) 税（所得税・個人住民税）　(2) 社会保険料（本人負担）　(3) 税・社会保険料合計

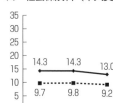
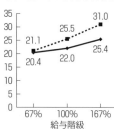

（出所）　OECD（2015）より筆者作成。

　を強調したい。すなわち，日本の「167％」の税負担率（12.4％）はOECD平均の「67％」（11.4％）に近い。この結果，日本では「167％」と「67％」の税負担率差が6.3％ポイント（12.4−6.1）しか開かず（OECD平均では10.4％ポイント〔21.8−11.4〕開く），税の再分配機能が弱くなっている。このように日本の高所得者の税負担率が相対的に低い理由の1つとして，先に述べた所得控除の問題が考えられる。

　一方，図中央の「社会保険料（本人負担）」負担率はこれと対照的であり，日本はいずれの階級もOECD平均を大きく上回る。近年，高齢化の影響で保険料率引き上げが繰り返されたためである。その結果，2つを合計した右図「税・社会保険料合計」負担率を見ると，日本の低所得者の負担率（20.4％）はほぼOECD平均（21.1％）と一致するが，高所得者の負担率は軽減されている（日本は25.4％，OECD平均は31.0％）。すなわち，税・保険料の再分配機能が弱くなっている。図は単身世帯のケースでありもう少し考察が必要だが，それでも図の結果は，日本の税・保険料制度の特徴を示す興味深いものといえる[8]。またOECD（2008）は，実際に日本の税・保険料制度の再分配効果が非常に弱いことを国際比較で示している。

2.2　給付付き税額控除の導入議論

　2.1項で述べたように，所得控除の活用は高所得者の負担を軽減させる問題

---

[8]　詳細は，八塩（2015）参照。

図 8-11　給付付き税額控除の導入が所得税負担にもたらす効果

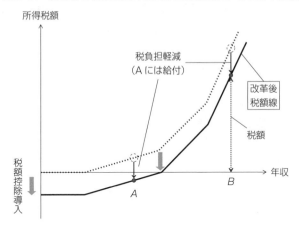

がある。こうした認識から，いくつかの国では所得控除を「税額控除」に代える改革が行われた。次にこの点を説明する。

所得控除を税額控除に代えたときの税額計算式は (5) のようになる。

(給与－所得控除〔基礎的なもののみ〕)×超過累進税率－ 税額控除 ＝税額　　(5)

(5) で税額控除のもっともシンプルな例はたとえば，1人当たり5万円などである。税額控除を引いた後の税額がマイナスになる場合，給付を認める制度が**給付付き税額控除**である。所得税制度は所得の多い人に多くの負担を，所得の少ない人には少ない負担を求めるが，この考えをさらに進め，所得の低い人には給付を行い税をマイナスにする。かつてM. フリードマン (Friedman, 1962) は**負の所得税**で税による給付を主張したが，「給付付き税額控除」はそれを実現する制度といえる。

給付付き税額控除導入が税負担にもたらす効果を，図 8-11 の「改革後税額線」で示した（図には図 8-9 の所得控除拡張前の「税額線」を点線で描き，改革効果を示した）。図は引き続き国民全員に一律の税額控除を認めるシンプルな例だが，重要な点はこれによって税額線が（図 8-9 の所得控除のように横に移動するのではなく）下に移動する点である。その結果，低所得のAの負担はマイナスになる一方で，所得控除のように高所得者Bの税負担が大きく軽減されない。その結果，少なくとも先の図 8-9 の右図と比べるとAとBの税額差は大きく開い

> **Column⑧　マイナンバー制度（社会保障・税番号制度）の導入について**
>
> 　日本では2015年10月より「社会保障・税番号制度」、いわゆる「マイナンバー制度」が施行された。マイナンバーは国民1人1人に割り当てられた12ケタの番号であり、社会保障・税・災害対策の3分野で活用される。今後は、所得税の納税申告書の提出や年金の資格取得、医療保険の給付請求などの管理が、番号に基づいて行われる。
>
> 　すでに多くの国でこうした番号制度が活用されているが、日本では長く導入されてこなかった。行政機関や地方自治体は個人を特定する情報として番号ではなく名前や住所、生年月日などを用いたため、同姓同名のケースや住所の表記の違いなどによる間違いの恐れがつねにあった。また、番号がないために行政機関の間で個人の情報をやり取りできず、社会保障の手続きの際に、国民はさまざまな行政機関を回って書類を収集し添付する必要があるなどの手間がかかっていた。番号制度の導入で、これらの改善が期待できる。ただし一方で、プライバシーやなりすましの問題などの懸念も指摘される。
>
> 　本文で述べた給付付き税額控除制度の導入に、番号制度は欠かせないといわれる。欧米の給付付き税額控除では一般的に、納税申告の結果、低所得の個人（世帯）に税務署が給付を行う（国によって制度はさまざまだが）。しかし、ある人が2カ所以上の所得があるにもかかわらず、税務署がそれらの所得情報を合算（「名寄せ」という）できないならば、その人は1カ所のみの所得情報に基づいて「低所得者」を装い、給付を受け取ることができる。番号制度を用いれば、こうした2カ所以上の所得情報の名寄せが効率的に行われ、問題の改善が期待できる。ただし、日本のマイナンバー制度では銀行や証券会社の口座への紐づけがされず金融所得の把握はできないなど、課題もある。また、PART Ⅱで述べた自営業者のクロヨン問題は、番号制度の導入では解決できないといわれる（もっとも、給付付き税額控除を導入する諸外国でも、この問題が解決したわけではない）。

たままであり、税制の所得再分配機能を維持しつつAに対し経済支援を行うことが可能となる。

　諸外国では給付付き税額控除を単なる低所得者への給付としてだけでなく、さまざまな政策目的の達成手段に用いている。もっとも有名なものが、PARTⅡでも触れた**勤労税額控除**（労働をした低所得者に限定して税額控除を認める）だ

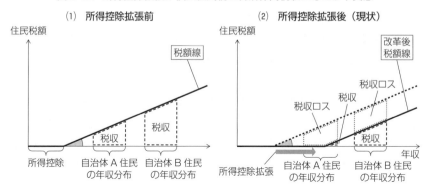

図8-12 所得控除拡張が個人住民税の自治体間税収にもたらす実態

が、ほかにも低所得者の消費税負担を軽減する目的や子育て世帯の経済支援などにこの制度が活用されている。日本で給付付き税額控除を導入する場合、こうした諸外国の事例を踏まえつつ、具体的な制度設計を進める必要がある。

ただし、この制度の難点は不正受給を引き起こしうる問題である。納税申告の結果、税務署が低所得の個人（世帯）を特定して給付を行うが、低所得の個人を適切に特定できないと不正受給が発生しうる。日本で制度を導入する場合は、近年導入された「マイナンバー制度（社会保障・税番号制度）」も有効に活用し、低所得の個人をきちんと特定して給付を行う仕組み作りが欠かせないと考えられる。

2.3 個人住民税における課税ベース侵食

PART Ⅱでは個人住民税の役割が所得税と異なることを述べた。すなわち所得再分配機能が重視される所得税と異なり、個人住民税の役割は、「地域社会の会費」として地方自治体の公共サービスの費用負担を住民に広く求めることである。しかしその課税ベースもやはり狭く問題がある。個人住民税の問題はあまり指摘されないが、同様に改革が必要と考えられ、以下で論じておく。

PART Ⅰで述べたように個人住民税の税率構造は10％比例税である。その税額線を図に描くと、図8-12の左図のように一直線となる。

ここで田舎の自治体Aと都会の自治体Bを考える。簡単化のため自治体Bには勤労世帯、すなわち年収の高い世帯だけが住み、田舎の自治体Aには年

金世帯，すなわち年収が低い世帯だけが住むと考える。人口はともに1万人とし，図で示した年収範囲にそれぞれ一様に分布するとしよう。このとき，各自治体の税収は図の点線で囲った面積で示される。たとえば2つの自治体の年収格差が2倍ならば，比例税なので2つの自治体の税収格差（面積）も2倍になる。ただし左図では，（少なくともこの後述べる右図と比べると）高齢化が進む自治体Aも一定税収は確保している。税収は各自治体の公共サービス財源に活用される。

　ここで政府が低所得者の負担軽減を目的に，全国一律で住民税の所得控除を大きく拡張したとする。その効果を図8-12の右図で示すが，これが日本の個人住民税の現状に近い状態である。所得税のときと同様に，所得控除の拡張で税額線は横に移動するが，とくに注目すべきは改革後の各自治体の税収（点線で囲った部分の面積）である。都会の自治体Bは改革後も一定の税収が残るが，もともと税収が少ない自治体Aは控除の拡張で税収がほとんどなくなってしまう。図によると，改革前に約2倍だった2つの自治体の税収格差（面積の比率で表現される）は数倍に拡大する。また，自治体Aの住民の多くは税負担ゼロとなってしまう。

　現実の財政制度では，税収が確保できない自治体Aに地方交付税による国からの財源補塡が行われる。しかし交付税への依存は，応益性の点で問題がある。すなわち自治体Aの住民の多くは，実質的に費用負担を負うことなく自治体の公共サービスの便益を受けることができる。たとえば公共サービスの充実と引き換えに住民税の税率引き上げを住民に選挙で問うたとしても，大半の住民が税負担ゼロの自治体Aではつねに税率引き上げが支持される可能性がある（税率を引き上げても負担ゼロの人は依然，負担ゼロのため）。その結果歳出が増加し続ければ，自治体財政が非常に非効率になることが考えられる。

　高齢化が進むと現在の自治体Bも将来は自治体Aの状態に陥るなど，上記の問題は今後，全国に拡大する可能性がある。応益性が重視される個人住民税ではもともと課税所得を広くとるべきことが主張されてきたが，高齢化でその必要性はいっそう高まると考えられる。

練習問題

Q1：以下の空欄にもっとも適切な語句を入れてみよう。

夫婦子2人世帯の所得税・住民税負担の計算方法を記した以下の文章の穴埋めをしてみよう。

給与所得＝給与－（　①　）控除

課税所得＝給与所得－（　②　）控除－（　③　）控除－（　④　）控除×2－（　⑤　）控除

税額＝課税所得×超過累進税率

ただし夫はサラリーマン，妻は専業主婦（もちろん夫婦の役割は逆でもよい），子どもは高校生2人とする。

Q2：以下の点について自分の意見をまとめてみよう。

2.1　政府が低所得者の税負担軽減対策として，基礎控除の拡張を決めたとする。この決定について考えてみよう。

2.2　住民数がともに1000人で，住民1人当たり平均年収が500万円と100万円の2つの自治体があったとする。現状の個人住民税制度を適用した場合，自治体間における個人住民税収の住民1人当たり格差はどのようになると考えられるか。その理由を考えてみよう。

参考文献

石弘光（2008）『現代税制改革史――終戦からバブル崩壊まで』東洋経済新報社．

八塩裕之（2015）「日本の勤労所得課税の実態――スウェーデンとの比較をもとに」『会計検査研究』第52号，27～44頁．

Blundell, R., A. Bozio and G. Laroque (2011) "Labor Supply and the Extensive Margin," *American Economic Review*, 101 (3), pp. 482-486.

Friedman, M. (1962) *Capitalism and Freedom*, The University of Chicago Press（村井章子訳（2008）『資本主義と自由』日経BP社）．

Feldstein, M. (1995) "The Effect of Marginal Tax Rates on Taxable Income: A Panel Study of the 1986 Tax Reform Act," *Journal of Political Economy*, 103 (3), pp. 551-572.

Keane, P. (2011) "Labor Supply and Taxes: A Survey," *Journal of Economic Literature*, 49 (4), pp. 961-1075.

Meyer, B., (2002) "Labor Supply at the Extensive and Intensive Margins: The EITC, Welfare, and Hours Worked," *American Economic Review*, 92 (2), pp. 373-379.

OECD (2008) *Growing Unequal?: Income Distribution and Poverty in OECD Countries*, OECD Publishing.

OECD (2015) *Taxing Wages 2013-2014*, OECD Publishing.

■ 参考資料

財務省ウェブサイト「国税・地方税の税目内訳」(http://www.mof.go.jp/tax_policy/summary/condition/001.htm)。

総務省ウェブサイト「国税・地方税の税収内訳（2016年度予算・地方財政計画額）」(http://www.soumu.go.jp/main_content/000415646.pdf)。

内閣府ウェブサイト「政府税制調査会提出資料（2015年10月14日）資料」(http://www.cao.go.jp/zei-cho/gijiroku/zeicho/2015/__icsFiles/afieldfile/2015/10/19/27zen23kai3.pdf)。

内閣府ウェブサイト「政府税制調査会提出資料（2016年9月15日）資料」(http://www.cao.go.jp/zei-cho/gijiroku/zeicho/2016/__icsFiles/afieldfile/2016/09/16/28zen2kai4.pdf)。

■ リーディングリスト

①『図説 日本の税制（各年度版）』財経詳報社。

本書は毎年度，財務省主税局の課長が編著者となって改訂版が発行されている。日本の租税制度や国際比較がわかりやすく書かれており，税制の現状を理解するのに適した書物である。また，過去に発行されたものをたどれば税制改正の歴史をおおまかに理解できる点でも便利な書物である。

②西村幸浩（2013）『財政学入門』新世社。

本書は財政学の一般的な教科書であるが，租税の部分にかなりのページを割いている点に特徴があり，ここでは税制の教科書として掲げた。本書で触れることができなかった税制改革の議論や制度に関する記述もあり，丁寧に読むことで税制に対する理解を深めることができる。

③森信茂樹（2015）『税で日本はよみがえる』日本経済新聞出版社。

最近話題となった税制のさまざまなトピックスを取り上げつつ，著者の改革案などを述べている。制度を教科書的に論じるというよりは，政策の主張に主眼が置かれている。その点で応用的な内容ではあるが，女性の労働からスターバックスの租税回避問題，マイナンバー制度の導入に至るまで，最近のさまざまな税制トピックスやその改革議論を理解できる。

④ Slemrod, J. and J. Bakija (2008) *Taxing Ourselves: A Citizen's Guide to the Debate over Taxes*, 4th ed., The MIT Press.

アメリカの世界的な研究者が一般読者向けに書いた税制の教科書である。英語で書かれており，やや大部であるが，税制に対する経済学の考え方がわかりやすく記されており，とても勉強になる。インターネットなどで購入できるので，ぜひチャレンジしてほしい。

第 9 章

暮らしと税金

本章の目的

　本章では，少子高齢化経済に突入している日本の税制改革の方向性を議論する際に必要な知識を養うことを目的とする。課税項目としては消費と資産を取り上げ，具体的な税制は消費税，相続税，固定資産税である。消費税は「社会保障と税の一体改革」において増税が議論されている。高齢化は経済のストック化を進めるし，所得格差問題の中で相続税は改革の対象となりうる。固定資産税はおしなべて財政状況が苦しい市町村財政にとっての基幹税である。

　具体的には，PART Ⅰでは，消費税，相続税，固定資産税の現状について学ぶ。PART Ⅱでは，消費と資産への課税について特に消費税，相続税，固定資産税を取り上げて歴史的背景と課税の理論について学ぶ。PART Ⅲでは，消費税と相続税の改革論議にあたって理解が必要である仕組みについて学び，その後で課題について学ぶ。

PART Ⅰ　財政の今（国・地方の役割）

1　暮らしに関わる課税の今

　第 8 章では，税制の制度解説と所得税や社会保険料が労働供給にどのような影響を与えるのかについて述べた。本章ではまず，所得税と並んで基幹税とされる消費税について述べる。次に資産課税である相続税と固定資産税について述べることにする。

　われわれはさまざまな税を負担しているが，それらの税目の分類の方法としては「直接税と間接税」「課税ベース」「普通税と目的税」「税率構造」「国税と地方税」などがあげられる。本章では国税と地方税の分類を中心に取り上げる。

> **Column⑨　地方税原則**
>
> 　国と地方，それぞれの政府が行う経済活動の原資となるのが，税，社会保険料および公債である。税については，第8章で述べられている税全体としての租税原則である中立，公平，簡素に加え，地方税原則がある。地方税原則としては，①普遍性，②安定性，③伸縮性，④負担分任性，⑤応益性があげられる。
>
> **地方税原則**
> 　**①普遍性**　現在，都道府県と市町村の合計数は1700余りにのぼる。各自治体が行政を行ううえで十分な税収があげられる税目にしなければならない。税収に地域偏在がないようにすべきであるということである。
> 　**②安定性**　地方政府はわれわれにとって身近な公共財・サービスの提供をしている。これは経常的な歳出であるから，税収の変動幅が小さい税目にすべきであるということである。
> 　**③伸縮性**　これは地方分権と関わる原則である。各地方政府が担う公共財・サービスをどの程度にするかについては自らが決めるべきであるから財源にもそれを反映できるようにすべきである。
> 　**④負担分任性**　地方政府が提供する公共財・サービスからの受益に対する負担は住民で分担（各住民が同負担）をすべきである。
> 　**⑤応益性**　地方政府が提供する公共財・サービスからの受益に応じて住民が費用を負担すべきである。

　その名のとおり，国税は国（中央政府）が課税主体であり，地方税は地方公共団体（都道府県と市町村）が課税主体となっている。

　国と地方はともに政府であり，その経済活動は財政の機能によっているが，国は**所得再分配機能**と**経済安定化機能**を担い，地方は**資源配分機能**を担うことを期待されている。したがって，われわれにとって身近な公共財・サービス（警察，消防，上下水道など）の提供を担っているのは地方公共団体である。国と地方が提供する公共財・サービスの財源の1つである税のあり方は第8章で触れられている租税原則と地方税原則に則るべきである。

　第8章の図8-2を再度参照すると，国の税収については所得税，法人税，消費税という3大基幹税で約8割を占めている。一方，地方の税収については国税と同様に道府県税，地方法人税，地方消費税の割合が高いが，市町村税では

固定資産税と個人市町村民税の割合が高くなっている。**固定資産税**は土地保有に対して課税される税目であり，これは市町村税である。同じような課税システムをとっているのが都市計画税である。固定資産税と異なるところは都市計画税が目的税であることである。都市計画税は市町村が行う都市計画事業，土地区画整理事業の費用に充当される。

道府県税における地方法人2税とは，法人住民税と事業税の2つを指している[1]。**地方消費税**は消費税額を課税標準にしてその25%が賦課させる仕組みになっている[2]。地方消費税は国でいったん徴収してから道府県に振り込まれることになっている。その半分はさらに各道府県内の市町村に対して，その財政基盤を考慮した形で配分している。

自動車税は，自動車の保有者に対して課税される道府県税である。**軽油引取税**は軽油（ディーゼル車燃料）を小売業者や消費者に引き渡す元売業者や特約業者に課税される。ここでいう元売業者は軽油を製造，輸入，販売する業者であり，総務大臣からの指定が必要である。特約業者は元売業者と販売契約をして継続的に軽油の供給を受けて販売する業者であり，都道府県知事からの指定が必要である。

2　消費課税の今

すでに見たように，現在では主要3税の中で消費税のウエイトが高い。日本の消費税率は国際的に低いという議論があるが，税収に占めるウエイトは高いのである。この要因としては景気の影響を受けた所得税と法人税の減収があげられる。税収を上げるには，安定的な税目として消費税の増税と経済成長による増収効果も必要であるということである。

図9-1は，消費税率（付加価値税率）を2016年1月時点で国際比較をしたものである。日本では大型間接税として1989年4月から消費税が導入された。1997年4月に3%から5%に，また2014年4月に5%から8%に税率が引き

---

[1] 法人に関する課税については第10章を参照。
[2] 一般的にいわれる消費税には国税分と地方税分が含まれていることになる。厳密には消費税は国税であり，地方消費税は地方税である。

図 9-1 消費税率の国際比較（2016 年 1 月現在）

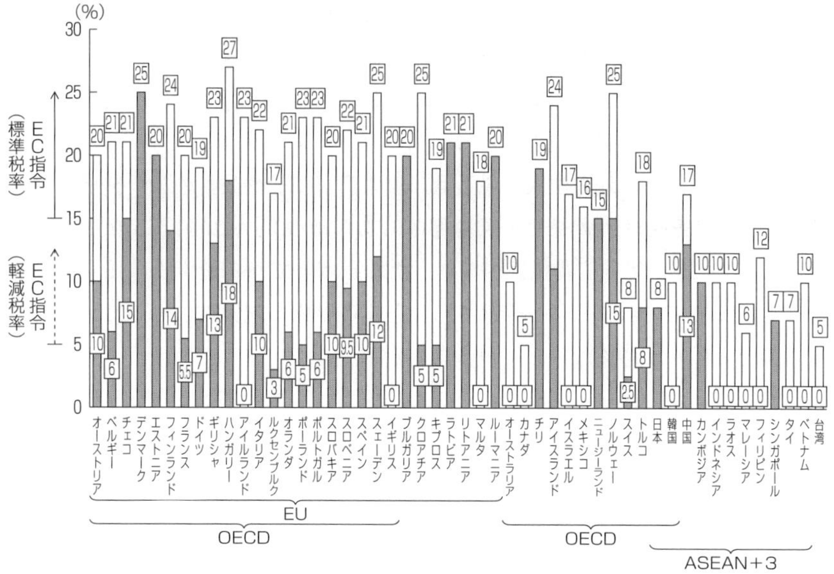

（出所）財務省ウェブサイト「付加価値税率（標準税率及び食料品に対する適用税率）の国際比較」。

上げられた[3]。日本では消費税とされるが国際的には付加価値税（Added Value Tax：VAT）とされるのが一般的である。図によると日本の税率（8%）はカナダ，台湾の5%，シンガポール，タイの7%についで低いことがわかる。EU諸国の平均税率は約21.2%となる。EUではVAT指令として付加価値税率を15%以上にしなければならないことになっている。税率が高いEU諸国では医療，金融・保険などで非課税，食料品や医薬品などでゼロ税率ないし低い複数税率を採用している。一方で，日本は医療・保険などで非課税を採用しているが，複数税率を採用していない。日本では低い税率で広く薄く課税する方法がとられている要因として，EU諸国をはじめ世界標準といえる伝票方式ではなく，帳簿方式をとっていることがあげられる[4]。

---

3) 本章の執筆時点ではまだ消費税の10%の引き上げは行われていない。
4) 伝票方式（インボイス方式）と帳簿方式（アカウント方式）の違いについては後述する。

図 9-2 相続税負担の国際比較

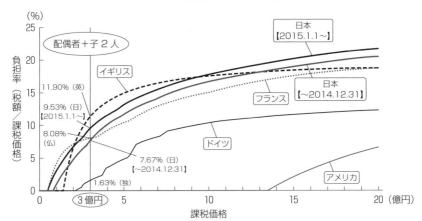

(注) 1. 配偶者が遺産の半分，子が残りの遺産を均等に取得した場合である。
2. フランスでは，夫婦の財産は原則として共有財産となり，配偶者の持分は相続の対象ではないため，負担率計算においては除外している。
3. ドイツでは，死亡配偶者の婚姻後における財産の増加分が生存配偶者のそれを上回る場合，生存配偶者はその差額の2分の1相当額が非課税になる（ここでは，配偶者相続分の2分の1としている）。
4. アメリカでは，2010年に遺産税は一旦廃止されたが，2011年に，基礎控除500万ドル，最高税率35％で復活した。当該措置は2012年までの時限措置であったところ，2013年以降については，2012米国納税者救済法により，基礎控除500万ドルは維持しつつ最高税率を40％へ引き上げることとされた。なお，基礎控除額は毎年インフレ調整による改訂が行われ，2015年1月現在は543万ドル（6.3億円）となっている。

(備考) 邦貨換算レート：1ドル＝123円，1ポンド＝187円，1ユーロ＝132円（基準外国為替相場および裁定外国為替相場：2016年〔平成28年〕1月中適用）。なお，端数は四捨五入している。
(出所) 財務省ウェブサイト「主要国の相続税の負担率」。

3 相続課税の今

　図9-2は，相続税負担の国際比較である。図では配偶者と子ども2人で相続した場合の負担率が比較されている。日本の相続税は法定相続人による課税方式（法定相続人課税方式）であり，まず課税価格から配偶者の**基礎控除**として3000万円が差し引かれ，また600万円に**法定相続人**数を乗じた額が差し引かれる（法定相続人比例控除）。したがって図にあるモデル世帯の場合，4800万円が課税最低限となる。これは2013年度改正後（2015年1月以後適用）の制度に基づく額であり，改正前では配偶者の基礎控除は5000万円であり，法定相続人比例控除は1人当たり1000万円であった。課税最低限は同じモデル世帯で

282 第3部 歳　入

表9-1　相続税の改正

2003年度改正（2003年1月1日以降適用）

定額控除	5,000万円
法定相続人数比例控除	1,000万円×法定相続人の数
税率	
10%	1,000万円　以下
15 〃	3,000万円　〃
20 〃	5,000万円　〃
30 〃	1億円　〃
40 〃	3億円　〃
50 〃	3億円　超

2013年度改正（2015年1月1日以後適用）

定額控除	3,000万円
法定相続人数比例控除	600万円×法定相続人の数
税率	
10%	1,000万円　以下
15 〃	3,000万円　〃
20 〃	5,000万円　〃
30 〃	1億円　〃
40 〃	2億円　〃
45 〃	3億円　〃
50 〃	6億円　〃
55 〃	6億円　超

(出所)　筆者作成。

8000万円であった。

　2013年度改正（2015年1月1日以後適用）では，累進税率表の刻みを細かくし，最高税率の引き上げが行われている（表9-1参照）。この2つの改正を反映して図9-2では日本の現行（改正前）と改正後として財務省はグラフを描いている。課税価格3億円のところで改正前ではフランスより下回っていたが，改正後では逆転している。しかし，その前の段階ではフランスより負担が低い。イギリスは課税価格3億円までの負担率グラフの傾きが急である。また日本の場合，10億円から15億円の間で比較対象国の負担率を上回ることがわかる。しかし，日本においてこのような課税価格が適用される事例はきわめて少ない。

　図9-3には相続税の課税割合と税収の推移が描かれている。1993（平成5）年をピーク（2.9兆円）にして相続税収は低下傾向にある。バブル経済の崩壊は1991年前半であるが，相続税収のピークは93年である。このような経済状況と税収のズレが生じる理由として固定資産評価の評価替えが3年に1度であることあげられる。相続税収はピーク年から断続的に下がり，2013（平成25）年では1.5兆円になっている。同じ動きをしているのが課税件数割合である。課税件数割合のピークは1987（昭和62）年であり7.9%となっている。相続税収がピークとなっている1993年は6.0%であり，2011年では4.1%にまで下がっている。つまり，相続税は亡くなった人の4%しか課税されていないのが現状である。2013年度の改正によって課税件数割合は高くなり，2016年の相続税収は増収となっている。

図9-3 相続税の課税割合および相続税・贈与税収の推移

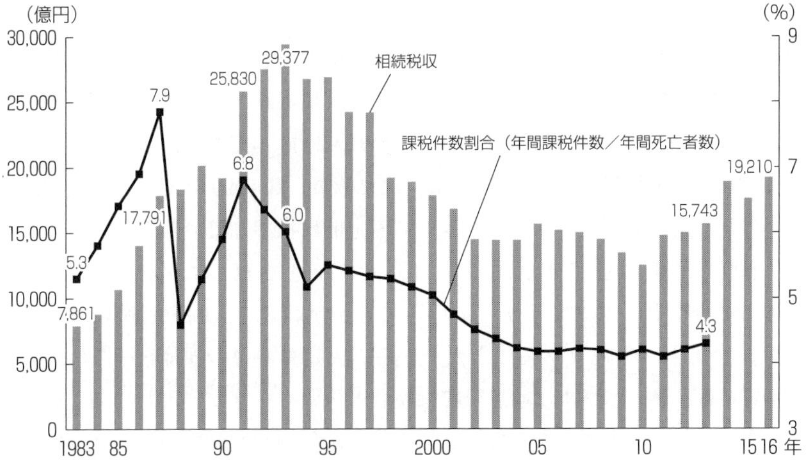

(出所) 財務省ウェブサイト「相続税の課税件数割合及び相続税・贈与税収の推移」。

　このようなことが起きる原因の1つに相続税の特例が存在する。特徴的なものとして「小規模宅地等の特例」があげられる。これは亡くなった人（被相続人）が自宅と事業所を兼用していた宅地を財産として遺した場合，一定の限度面積までの課税価格を減額しようとするものである。一方で，預貯金や株式などの遺産にはこのような特例はない。したがって，同額の資産を土地で遺すのか，預貯金で遺すのかによって相続税負担額が変わることになる。このような制度は資産形成の中立性を阻害するし，租税原則の水平的公平性から問題があるものといえよう。

　少子高齢化社会では，亡くなる人の数が生まれてくる人の数よりも多くなる。1人当たりの相続が多くなることが予測できる。持つ者と持たざる者が存在していると，やはりある程度の所得再分配は必要になってくるだろう。現状では，日本における年間相続財産は約50兆円に及ぶとされている[5]。今後の有力な課税ベースとして相続資産が考えられる。

---

5) 宮本佐知子（2010）「近年のわが国の相続動向とその示唆」『野村資本市場クオータリー』夏号より。

4 固定資産課税の今

図9-4は,固定資産税収と1985年時点を基準値100として住宅地と商業地の地価の推移を表している。図9-4によると,住宅地と商業地の地価はバブル崩壊年である1991年がピークとなり,その後2006年度まで減少し続けている。一方,固定資産税収(土地,家屋,償却資産の合計)は1999年度まで増加傾向にあり,その後は微増と微減を繰り返して安定的に推移している。

住宅地の地価は1985年度から2014年度にかけて11.4%下がり,商業地の地価は同期間中に45.8%下がっているにもかかわらず,固定資産税収は同期間中に2.1倍に増加していることがわかる。固定資産税の課税ベースは固定資産価格であるが,バブル崩壊以降では税収と課税ベースが連動していない。この背景には,バブルの地価高騰期間に固定資産税の**負担調整**が行われていたことがある。また,固定資産税の税率は基本的に地域間に差がないことから,地域間の地価の平準化が進むことは固定資産税収の平準化も進むことになる。

このような課税の不公平性に対して,1994年度から「7割評価」という公的土地評価が導入された。これは固定資産税の課税ベースとなる土地評価額を地

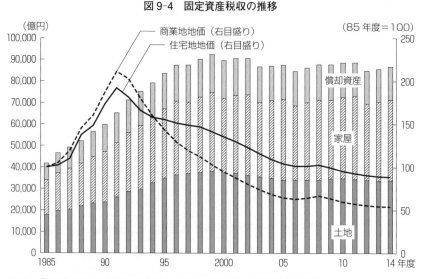

図9-4　固定資産税収の推移

(出所)『財政金融統計月報(租税特集)』および『地価公示』各年度版より筆者作成。

価公示価格あるいは不動産鑑定士の鑑定評価額のおおむね7割に統一するものである。これによりバブル崩壊後の固定資産税に関する土地評価については適正化が進んだ。1997年度からは土地評価額に前年度の課税標準の指標である負担水準を考慮し，激変緩和措置がなされている。

PART II 歴史・理論を学ぶ

1 課税バランスの変化と消費税拡大の歴史

　税は経済活動全般に対して課税され，これを一般的には「ヒト，モノ，カネに課税される」といわれ，課税のバランスを意味している。課税バランスにはその国の経済状況に合ったものが求められる。30年前の日本の経済状況と現在のそれとは異なっているし，今後は急速に少子高齢化が進むことを考慮した税制改正が求められる。図9-5は1988年度から2016年度までの主な税制改正を経たところでの課税バランスの推移を表している。

　図9-5の横軸に記載されている税制改正は，1989年の抜本税制改革，91年の土地税制改革，94年の税制改革，99年の恒久的減税，2012年以降の税制改革を表している。1989年では消費税3%が創設され，所得税と住民税では減

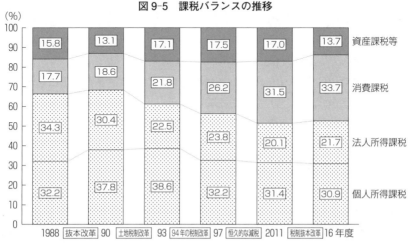

図9-5　課税バランスの推移

（出所）　財務省ウェブサイト「所得・消費・資産等の税収構成比の推移（国税＋地方税）」。

税が実施された。1991年の土地税制改革では当時の土地資産バブルを背景にして地価税の創設，固定資産税と相続税における土地評価水準の引き上げという土地増税が実施された（ただし，地価税は土地価格の低迷に伴って1998年以降は課税されていない）。1994年の税制改革では，消費税が3％から4％への引き上げ，地方消費税（1％）の創設，所得税と個人住民税の累進税率構造の緩和，相続税の累進税率構造の緩和および基礎控除の引き上げなどが行われた（相続税ではこのほかに小規模宅地の特例措置の拡充が行われている）。1999年の恒久的減税は景気対策の色合いが強く，所得税と個人住民税の最高税率の引き下げ，法人税と法人事業税の税率の引き下げが行われた。2012年以降では税・社会保障の一体改革に基づく消費税の増税（2014年度実施）と法人税率の引き下げ，2015年の相続税の増税，2018年では法人税率の引き下げが行われている。

これまでの税制改正とバブル崩壊（1991年）以降の景気低迷を反映して，日本の税収構造は変化している。法人課税は長期的な景気低迷を反映して1988（昭和63）年度では税収シェアが34.3％であったものが，2016（平成28）年度見込みでは21.7％にまで低下している。また，個人所得課税は1993（平成5）年度において税収シェアが38.6％にまで高まっているが，やはりバブル崩壊以降の景気低迷を反映して税収シェアは2016年度見込み額では30.9％にまで落ちている。

消費課税は，消費税の創設と増税により税収シェアは高まっている。また消費税は安定的な財源であり，景気低迷による税収全体が低迷する中でそのシェアは高まっている。2016年度見込みでは税収シェアが33.7％となっていて，課税バランスではもっとも高い値になっている。

日本の消費税は大平内閣が1979年に打ち出した一般消費税構想にさかのぼる。日本は1970年代から社会保障を充実させることになるが，73年のオイルショックから始まる経済成長率の低下による財源不足が起き，75年度予算では赤字国債を発行するに至った。一般消費税構想は財政再建対策であった。一般消費税構想は閣議決定にまでいったが，最終的に選挙の結果によって断念された。その後の1987年に中曾根内閣が打ち出したものが，売上税である。売上税も国民に支持されることなく断念されたが，2年後の1988年に竹下内閣によって消費税法が成立し，89年4月から施行されることになった。竹下内閣による消費税導入は所得税と住民税の減税を合わせた減税超過型であった。

消費税の導入時は税を消費者から預かる立場である事業者からの大反対があった。そこで消費税には，反対意識を緩和させるために簡易課税制度，免税点制度，限界控除制度を取り入れた。

消費税の増税はこれまでに2度行われている。最初は橋本内閣による2%上昇での国税4%と地方税1%の税率5%である[6]。2度目は安倍内閣（第2次）による消費税率8%への引き上げである[7]。

2 消費税の理論

2.1 超過負担とラムゼー・ルール

消費にかけられる税として日本において代表的なものは消費財，サービスに一律に課税される消費税である。消費税は1989年に導入されたが，それ以前は特定の財・サービスに，課税が行われていた。たとえば，物品税などが存在し，贅沢品（ゴルフクラブ，自動車，宝石など）に特別に間接税が課せられていた。現在でも酒税，たばこ税，ガソリン税など，特定の財に対する課税がある。

これらの消費財，サービスに対する課税は**従量税**と**従価税**の2とおりがある。前者の従量税は，たばこ税や酒税のように，たばこ1本当たり12.244円[8]，ビール1リットル当たり220円，というように数量に対して税額が定められている物を指す。このように従量税の税率は，単位数量当たり○円という表示がされる。後者の従価税は，消費税のように100円の商品に対して5%の5円を税額とするというように定められる。従価税の税率は金額の○%という表示がされる。

従量税あるいは従価税が課されると，それによって価格が上昇する。従量税の税率を T，従価税の税率を t として，その変化を記述しよう。ある財Aに

---

[6] 増税が実施された当時の内閣は橋本内閣であるが，消費税増税法が成立したときの内閣は村山内閣である。

[7] 増税が実施された当時の内閣は安倍内閣であるが，2014年4月から8%，2015年10月から10%への引き上げを決めたのは野田内閣である。安倍内閣は10%への引き上げを延期している。

[8] 厳密にはたばこ税は国税と地方税で構成されている。1本当たりの税額は国税のたばこ税が5.302円，たばこ特別税が0.82円となっており，地方税として道府県たばこ税が0.86円，市町村たばこ税が5.262円となっている。

図9-6 従量税と市場取引の変化

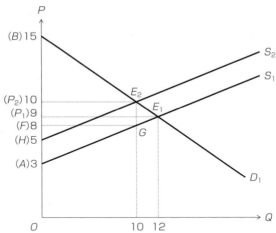

対して従量税が課されるとする。税抜きの価格を p とすると，従量税が課せられた税込みの価格 P は以下のようになる。

$$P = p + T$$

従価税が課せられた税込み価格 P と税抜きの価格 p は以下のようになる。

$$P = (1 + t)p$$

以下では，従量税が課せられた場合に経済にどのような影響が出るかについて考えることにする。課税がない場合の取引と従量税が導入された場合の取引の違いを考察することになる。ここでは財として「たばこ」を例にあげることにする。

図9-6において価格を P，数量を Q とし，課税前の取引でのたばこの需要曲線を D_1，たばこの供給曲線を S_1 とすると，それぞれの曲線は以下のように表される。

$$需要曲線：P = -0.5Q + 15$$
$$供給曲線：P = 0.5Q + 3$$

この2本の式から交点である E_1 (Q_1, P_1) は $(12, 9)$ となる。すなわち課税

されていない状態では9円で12個売れているという解釈をしてほしい。経済全体の余剰は $(15-3) \times 12 \div 2$ で求められるので,72となる。

ここでたとえば「たばこ1本当たり2円が課税される」としよう。この場合,供給曲線は $P = 0.5Q + 3$ から $P = 0.5Q + 5$ へと平行にシフトすることになる。課税後の市場取引での新たな均衡点 E_2 (Q_2, P_2) は $(10, 10)$ となる。課税後の経済全体の余剰の変化をみてみよう。まず消費者余剰は課税前の BE_1P_1 から課税後は BE_2P_2 へ変化する。生産者余剰は課税前の P_1E_2A から課税後は P_2E_2H へ変化する。生産者はたばこ1本当たり E_2G 分(2円)納税している。販売量は10本なので納税額は P_2E_2GF (20円)である。社会全体で納めた税は公共財・サービスとして社会に還元されると考えられるので課税後の社会的余剰は BE_2GA となる。

完全競争が行われているときと従量税が課税されたときとを比較すると社会的余剰は E_2E_1G 分(2円)が減少している(戻ってこない)。これを課税による**超過負担**(Excess Burden)あるいは**死重損失**(Dead Weight Loss)と呼ぶ。超過負担の大きさは需要曲線と供給曲線の形状で決まる。課税される財やサービスによって影響が違うことになる。効率性を重視する立場で課税対象を考えてみると,死重損失の大きさは小さい方がよいとされる。死重損失の大きさを小さくしたいとなれば,需要曲線の傾きが急な(高い)財・サービスに課税した方がよい。すなわち,税をかけてもなかなか需要量が減らないような財・サービスに課税するということになる。経済学では,この状態を「需要の価格弾力性が低い」という。「需要の価格弾力性が低い財に重課するのが効率的である」という命題は,「ラムゼー(Ramsey)の**逆弾力性命題**」(ラムゼー・ルール)として知られている。このような財・サービスとしては生活必需品(日用品や食料品など)があげられる。

2.2 転嫁と帰着

図9-6では,課税前後で社会的余剰がどのように変化するかを確認した。次に租税は誰が負担しているのかについて見てみよう。図9-6においてたばこ1本当たり2円の課税前後で均衡価格は9円から10円に上昇している。消費者にとって課税前後の価格の変化は1円である。1本当たり2円の租税のうち1円分は消費者が負担していることになる。このような最終的な税の実質的な負

担を帰着という。また，消費者に負担を転嫁することを前転という。

　生産者にとっては課税前では12本を9円で販売していたのに課税後では価格が10円で販売しなければならなくなっている。そのとき，生産者にとって課税前後の価格の変化は1円である。1本当たり2円の租税のうち1円分は生産者が負担していることになる。このように生産者に負担を転嫁することを後転という。

　これら前転と後転の大きさは需要曲線と供給曲線の傾きに依存することになる。図9-6で描かれている需要曲線と供給曲線の傾きは絶対値0.5で等しい。したがって，前転と後転の大きさが等しくなっている。もし，需要曲線の傾きが供給曲線の傾きよりも緩やかであるならば，前転（消費者への転嫁）は小さくなり，後転（生産者への転嫁）は大きくなる。

　転嫁と帰着は法人税においても発生する。例をもとに考えると，以下のようにまとめることができる。法人をとりまく利害関係者（ステーク・ホルダー）はさまざまである。利害関係者として経営者，従業員，株主，消費者，仕入先などが考えられる。法人税が増税されるとなると，増税分はどこに向かうのかが租税の転嫁である。製品の価格を上げることで対処し消費者に負担を転嫁する状態を，「前転」という。一方で，従業員の給料，株主配当あるいは仕入先へ負担を転嫁する状態を，「後転」という（企業側の努力や研究開発の進展などで製品価格を下げることで増税分を吸収することもある。これは消転と呼ばれている）。

3　資産課税の歴史と理論

3.1　シャウプ勧告

　本節では，資産課税の歴史を振り返る。第8章でも触れたシャウプ勧告においては，資産課税制度の提案も行っている。具体的には，シャウプ勧告では当時の日本の高い所得税最高税率が勤労意欲を阻害するものとし，これを引き下げる代わりに補完税として保有資産に0.3％から3％の税率をかける富裕税の創設を促し，制度が導入された。しかし，富裕税は資産把握が困難であったこと，税収が少なかったことなどから1953年に廃止されている。相続税もシャウプ勧告に基づいて贈与税を統合させた形で遺産取得課税方式（累積取得方式）が導入されたが，1958年に現在の日本の相続税制度である法定相続分課税方

表 9-2 資産と課税の関係

資産内容	フロー	ストック	課税
預貯金	利子所得	相続・贈与税 不動産には地方税 として固定資産税	所得税（国税） 個人住民税（地方税）
株式	譲渡所得		
	配当所得		
不動産	土地譲渡所得		

式に改められ，贈与税も復活している。

3.2 経済のストック化

　自由主義社会の日本では財産の私的所有が可能となっている。国民の財産を守ることは政府の役割である。一方で，自由主義社会においては個人の努力，運や裕福な家庭に生まれたかなどの組み合わせによって財産の私的所有のレベルも異なってくる。戦後の日本は国民が全体的に貧しかったとされる。戦後の復興は多くの国民の努力の結果である。その中で稼ぐ力に優れていた人がいれば，そうでなかった人もいることは明らかである。人は若い期間に収入（フロー）のうちから消費しなかった部分を貯蓄するので，現在の高齢化経済は過去の貯蓄が積み重なっているストック経済である。経済全体では過去の貯蓄が蓄積して**経済のストック化**が進行しているが，個人レベルでは計画的に貯蓄ができなかった高齢者が存在する。

　このように生涯レベルで考えると，過去の収入（所得）格差はそのまま**資産格差**につながる。ここで所得格差が**固定化**されてしまい，低所得の家庭に生まれて所得の拡大のチャンスに恵まれないとするならば，競争に参加しようとする意欲や働く意欲は阻害される。このようなことは経済の活力にとってよくなく，経済の不安定要因や政府への不信につながる。そこで政府は財政の機能の1つである所得再分配機能を発揮し，たとえば，所得税（フロー）と相続税（ストック）に累進課税を適用させている（表9-2参照）。しかし，どこまで所得再分配機能を実現させるのかについては社会の価値判断に依存する。

4 相続課税（遺産課税）の理論

　相続課税は，相続する財産に課税される税である。遺産課税は遺産の一部分を社会に還元するという意味で課税をする税である。いずれにしても亡くなった人が遺した財産に課税する仕組みを持っている。人々はどうして財産を遺すのであろうか。この議論は**遺産動機**と呼ばれ，さまざまな研究が行われてきた。人々の遺産動機によって相続課税（遺産課税）が持つ経済効果は異なってくる[9]。遺産動機としては，以下の4つがよく知られている。
　①遺産消費動機
　②利他的遺産動機
　③偶発的遺産動機
　④戦略的遺産動機

　遺産消費動機はわが子に財産を遺すこと自体に満足を得ているというもので，joy of giving（遺産の喜び）とも呼ばれる。**利他的遺産動機**はわが子の将来の経済状況に関心があるために財産を遺すというものであり，王朝的とも呼ばれる。**偶発的遺産動機**は，老後の生活のために遺していたが，使い切る前に亡くなってしまった結果として財産が残っているというもので，意図せざる遺産動機とも呼ばれる。**戦略的遺産動機**は，子どもに老後の面倒をみてもらうために，あるいは老後の面倒をみてくれないのであれば遺産を渡さないという戦略的に遺産を利用するために財産を遺しているというものである。

　たとえば，利他的遺産動機に基づけば，将来，消費税が増税されるとなると，親は子どものことを考えて増税分の財産を遺産として遺そうとしてしまう。あるいは公債を発行して行う政策は，親は子どものことを考えて増税分の消費を控えて貯蓄に回してしまうので，需要が刺激されなくなってしまう。偶発的遺産動機に基づけば，相続税の増税に対して親はどのような行動もとれなくなってしまって政策に対して中立的になる。遺産動機については，国によって異なっているという研究結果が存在している（ホリオカ・（財）家計経済研究所編(2008)を参照）。

---

　9) 日本の相続税は遺産（取得）課税である。

5　固定資産課税の理論

　固定資産税は保有している土地と家屋および償却資産に課税される**資産課税**である[10]。固定資産税は地方税の中でも市町村財政における基幹税の1つである。2013（平成25）年度の地方財政の状況（2015年3月）によると，市町村の総税収は20.6兆円であり，この中で固定資産税は8.7兆円でありシェアは42％と高い値である。ちなみに個人市町村民税が7.1兆円であり，こちらのシェアも高い（34％）。

　固定資産税が地方税として，また市町村の財源になるには理由がある。まず税負担者と納税地域が一致するというものである。地方行政サービスというと，ごみ収拾，上下水道，消防などが連想される。これらの行政サービスは受益の範囲が限定的であるために**受益者負担**が適当である（応益課税）と考えられている。したがって市町村の財源に適当であるというわけである。

　固定資産税の課税ベースは土地価格（固定資産税路線価）である。固定資産税路線価は市町村によって3年ごとに4月ごろに公表される。道路を含め行政サービスが充実している土地価格にはその対価が反映されているだろうということである。この土地価格は「適正な時価」とされ，公示地価の7割程度となっている。標準税率は1.4％となっている。

　固定資産税の課題は，課税ベースである地価にある。必ずしも地価と行政サービスが対価しないというものである。1980年代の日本のように投機的な地価高騰が起きた場合，地価と行政サービスは対価しないが，税負担が高くなってしまう。短期的に税負担が増大しても行政サービスの内容はそれほど充実しないだろう。このため，固定資産税の負担調整が行われることが多くなっている。また，公示地価と現実の地価に大きな乖離があるともいわれる[11]。

---

10)　償却資産で固定資産税の対象となるのは事業で用いる機械や備品などのことをいう。事業で用いる土地や家屋は課税対象外となっている。本章では主に土地課税について説明する。

11)　公示地価は1月1日時点での地価であり，不動産鑑定士の評価を基礎としている。実際の土地売買に用いられる価格（実勢価格）は1月1日以降になされた土地に対する影響（人口の増減，ショッピングセンターの開設や撤退など）が反映される。国土交通省のウェブサイトでは公示地価と実勢価格の差について確認することができる（国土交通省・土地総合情報システム（http://www.land.mlit.go.jp/webland/を参照）。

PART III 仕組み・政策・課題を学ぶ

1 消費税の仕組みと課題

1.1 仕組み

消費税は現在，8%であり，これには国税分と地方税分が含まれていると説明したが，実は8%の中身は複雑である。これは国から地方へ配分する地方交付税交付金の財源の一部になっているからである。国税としての消費税は地方交付税財源を除いて社会保障財源（年金，医療，介護，子育て）に投入されることになっている（図9-7参照）。2016年では，地方交付税交付金の財源として所得税，法人税の33.1%，酒税の50%，消費税の22.3%，地方法人税の全額が投入されている。

このような説明をすると，消費税は目的税のように見えるが，かつての道路特定財源のように道路建設のためだけの財源であるというような色合いは強くない。むしろ，高齢化による社会保障財源をまかなうには消費税ではまったく足りない状況である。また，所得再分配の中心である社会保障制度の財源を低所得者層に重い負担である消費税でまかなうことが適切なのかという問題もあ

図9-7 消費税の使途

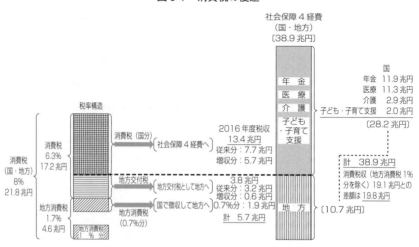

（出所）　財務省ウェブサイト「消費税の使途」。

る。

　われわれがスーパーなどで買う商品は付加価値の集まりである。たとえばパンであれば小麦農家の小麦から製粉業者が小麦粉を作る。製パン業者は小麦粉からパンを作ってスーパーに卸す。われわれはそれをスーパーで最終消費者として購入している。この工程においてまず小麦ができる時点で付加価値が生まれる。次に小麦から小麦粉化する時点で付加価値が生まれる。さらに小麦粉からパンにする時点で付加価値が生まれる。最後に，パンを包装，流通させてとどける時点で付加価値が生まれる。

　以下では，消費税率は10%とする。小麦農家は土から40円という付加価値をつけた小麦を生産して製粉業者に40円で売るのであるが，付加価値税なので40円×10%の4円をつけて44円で製粉業者に小麦を売る。製粉業者は付加価値20円をつけているので付加価値税として20円×10%の2円をつけて44円の仕入れ値に付加価値20円と付加価値税2円をつけた66円で製パン業者に売る。消費税は生産から流通を経て販売にいたる全段階における業者の売上に課税される多段階課税である（図9-8参照）。

　多段階課税において税の累積を排除する方法としては，伝票方式（インボイス方式）と帳簿方式（アカウント方式）がある。日本の消費税は仕入れた側の事業者の帳簿上で税の累積を排除する帳簿方式を採用している。これは仕入税額控除といわれる。仕入税額控除の計算方法は複雑であるが，実質的には，上記で説明したように，付加価値の10%分の税を負担し，その分を上乗せして卸

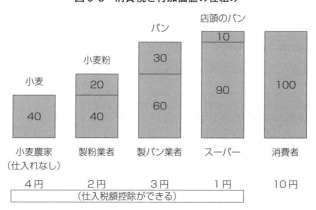

図9-8　消費税と付加価値の仕組み

表9-3 消費税の流れ

	売上	仕入れ	付加価値	消費税
小麦業者	44	なし	40	40×10%=4
製粉業者	66	44	20	(40+20)×10%−40×10%=2
製パン業者	99	66	30	(40+20+30)×10%−(40+20)×10%=3
スーパー	110	99	10	(40+20+30+10)×10%−(40+20+30)×10%=1
最終消費者			100	100×10%=10（スーパーに預ける）

すことに等しくなる[12]）。

　すなわち，製粉業者は，税込みの44円で小麦を仕入れて，製粉業者がつけた付加価値20円とそれにかかる消費税2円を上乗せし66円で製パン業者に卸すことになる。また，66円で小麦粉を仕入れてきた製パン業者は30円の付加価値をつけているので消費税3円（30円×10%）を上乗せし99円で卸すことになる。

　99円でパンを仕入れてきたスーパーは10円の付加価値をつけた109円に，その10%である税1円を上乗せし，110円で店頭に出す。最終的には，パンの付加価値は100円となっている。最終消費者は付加価値の合計を食べて消費するから100円の付加価値の10%である10円を消費税として負担することになる。この消費税10円は，各段階の業者を通じて，消費者に代わり税務署に支払われることになる。以上の流れを表にしたものが表9-3である。

　先に少し触れたが，多段階課税の消費税において流通過程における税の累積をどのように取り除くかが重要になる。まずは，日本で採用されている方法として，仕入れた側が請求書から消費税を差し引いた売上額と仕入額から納税額を計算する帳簿方式（アカウント方式）がある。帳簿方式は，手続きが容易であるというメリットがあるが，最終的な売上と仕入れの額で納税額が計算されるために複数税率に対応することが難しいというデメリットがある。仕入れ総額に複数の税率がかけられた商品が混在してしまうためである。一方で，製粉業

---

[12] 各業者の納税額は，正確には，（税込み売上高×消費税率/(1+消費税率)）−（税込み仕入額×消費税率/(1+消費税率)）で計算される。ただし，本文で説明したように，この式で計算される納税額は，「各業者で生み出された付加価値額×消費税率」に等しくなる。この額を売上時の価格に転嫁する限り，各業者の消費税の負担はゼロとなり，付加価値額に見合う税額を，消費者に代わって負担していることになる。もし，転嫁ができない場合には，業者が消費税額を負担することになることにも注意が必要である。

者が製パン業者に小麦を売るときに「卸価格に2円の消費税が上乗せされていますよ」と送り状をつける方法が，伝票方式（インボイス方式）である。伝票方式は，卸す側にとっては手続きが大変であるが，軽減税率が適用されている材料などに確実に適応できるというメリットがある。EU諸国では，この伝票方式が採用されている。

1.2 消費税の課題(1)：益税問題

　基本的にすべての財・サービスの消費に課税される消費税をわれわれは事業者に預けている。事業者は消費税を税務署に納税することになっている。しかし，実際に消費者から預かった消費税をすべての事業者が税務署に納税しているわけではない。これは消費税を消費者から預かる事業者（中小事業者）にとって，納税事務負担がややこしい，あるいは消費者に税を転嫁できるかわからない部分があるために導入されている制度である。この制度により消費税は付加価値に課税されるが，きっちりと付加価値に課税されていないことがある。制度としては，**免税点制度**と**簡易課税制度**が存在している。制度が持つこれらの消費税の課税漏れのことを益税という。

　免税点制度は，消費税が導入された1989年当時では売上額5000万円が適用上限と設定されていた。すなわち，売上が年間5000万円ない事業者（お店）は消費者から預かった消費税を納めなくてもよかったのである。現在，適用上限は1000万円に下がっている（2003年改正）。簡易課税制度は，事業者の事務手続きを簡単にするための制度であり，売上額だけで納税額を計算できるものである。仕入額の計算を業種別にみなし仕入率が設定されていて税額は以下のように計算される。

$$税額＝売上額×税率－みなし仕入税額$$

　業種は第1業種から第6種までであり，それぞれのみなし仕入率は，第1種事業（卸売業）が90％，第2種事業（小売業）が80％，第3種事業（製造業等）が70％，第4種事業（その他の事業）が60％，第5種事業（サービス業等）が50％，第6種事業（不動産業）が40％となっている（国税庁ウェブページ「簡易課税制度」を参照）。

　簡易課税制度は消費税の導入時では適用上限5億円であったが，現在では

5000万円に下がっている(2003年改正)。これまでの消費税の改正によって益税の額は少なくなっているものと考えられる。

1.3 消費税の課題(2)：損税問題

消費税には非課税項目というものが設定されている。国税庁によると，「税としての性格から課税の対象としてなじまないもの」と「社会政策的配慮から」非課税取引を設定している。「税の性格から課税対象としてなじまないもの」としては，土地の譲渡と貸付，貸付金の利子，保険料，郵便切手，印紙などがある。古い郵便切手を切手収集家が収集目的で買った場合は，課税される。

「社会政策的配慮から課税対象とされていないもの」としては，**診療報酬**制度(制度の詳細については，第7章を参照)に基づく医療，家賃，学校の授業料と入学金および施設設備費などである。非課税取引の問題としては，仕入税額控除ができないことがある。たとえ仕入税額控除ができないとしても，販売価格に転嫁させるという方法がある。販売価格に転嫁させることができない業界として医療がある。なぜなら，価格が診療報酬体系という公定で固定されているからである。診療報酬体系は2年に1度は見直されることになっていて，消費税が増税されるときには，増税分を診療報酬の引き上げによって対応することにしている。しかし，病院などの経営者側は引き上げ分が低いと反発している。

医療を充実させるために病院は医療機器をはじめ，さまざまな投資を行って医療を提供しているが，診療報酬体系に基づく医療費から仕入税額控除ができないわけである。日本の医療費においてかなりの部分が診療報酬(社会保険)によるものであることを考えると，医療業界の反発は理解できる。

1.4 消費税の課題(3)：負担の逆進性

PART Ⅱの第2節において効率性の観点から消費税の負担のあり方が述べられた。ラムゼー・ルールという効率性の観点では**生活必需品のような需要の価格弾力性が低い財に重課すべきである**という結論になる。しかし，このルールは公平性の観点からは問題がある。低所得者は生活必需品に課税されるとより負担が重くなるからである。日本の消費税は，基本的にすべての財・サービスに課税されることから所得が低くなるにつれて消費の割合が拡大し，消費税の負担は相対的に重くなる。これを**負担の逆進性**という[13]。図9-9は消費税の

図9-9 所得と消費税負担

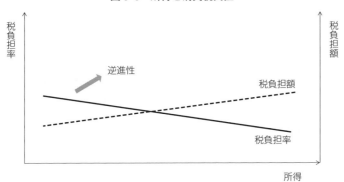

負担と所得の関係性について描いている。消費税の逆進性は税負担額を所得で割った税負担率で捉えていることに注意してほしい。消費税は消費額に一律に課税されているために，所得が多いほど消費額が多いことを考慮すると，消費税の負担額は所得に比例して多くなる。

　消費税が持つ公平性の問題の対処として諸外国では，表9-4 に表されているような生活必需品などにゼロ税率や軽減税率を適用している。現在のところ，日本ではゼロ税率と軽減税率を採用していない。表9-4 によると，日本以外の諸外国では，標準税率が 19〜25% と日本の 8% よりもかなり高いことがわかる。この高い標準税率があることから，生活必需品とみなされる財の消費にゼロ税率ないしは軽減税率が適用されている。

　現在，日本では消費税の増税が実施される場合に軽減税率の適用が議論されているが，1.1 項で述べたように日本ではヨーロッパで採用されている伝票方式（インボイス方式）を採用していない現状を考慮すべきである。低所得者の負担への対応としては，カナダで採用されているような給付付き税額控除も検討に値する方法でもある（消費税の逆進性の問題への対応策としての給付付き税額控除については橋本・鈴木（2012）の第9章を参照）。

---

13) ただし，所得に占める消費税負担の割合を，生涯を通じて考えると，逆進性の議論は異なってくる。毎年の所得から消費を除いた貯蓄の蓄積は老後に消費すると考えると，生涯負担の消費税額が生涯所得に占める割合は消費税率に等しくなるために逆進性がないという結論が出る。この議論についての詳細は橋本・鈴木（2012）の第9章を参照。

表 9-4　複数税率の国際比較

	日本	フランス	ドイツ	イギリス	スウェーデン
標準税率	8%（地方消費税を含む）	20%	19%	20%	25%
ゼロ税率	なし	なし	なし	食料品，水道水，新聞，雑誌，書籍，国内旅客輸送，医療品，居住用建物の建築，障害者用機器等	医薬品（医療機関による処方）等
軽減税率	なし	旅客輸送，肥料，宿泊施設の利用，外食サービス等は10%　書籍，食料品等は5.5%　新聞，雑誌，医薬品等は2.1%	食料品，水道水，新聞，雑誌，書籍，旅客輸送，宿泊施設の利用等は7%	家庭用燃料および電力等は5%	食料品，宿泊施設の利用，外食サービス等は12%　新聞，書籍，雑誌，スポーツ観戦，映画，旅客輸送等は6%

（出所）　財務省ウェブページ（主要国の付加価値税の概要）より筆者作成。

2　資産課税の仕組みと課題

　相続税は死亡した人が遺した財産を移転する場合に課税されるが，移転資産への課税の方式として大きく分けて**遺産課税方式**と**遺産取得税方式**がある。遺産課税方式は財産を遺した人（死亡者）に課税するやり方であり，遺産取得税方式は財産をもらった人（相続人）に課税するやり方である。イギリス，アメリカは遺産課税方式を採用している。これは亡くなった人が，生涯においてさまざまな面で受けた税の優遇あるいは軽減を，社会へ還元するものとして課税するという考え方（被相続人の生前所得の清算）である。一方でドイツ，フランスなどは遺産取得税方式を採用している。これは，相続は偶然に起きた資産の取得（無償の財産取得）であり，富の集中を防ぐために課税するという考え方である。

　図 9-10 において遺産課税方式と遺産取得税方式の違いをまとめている。この課税方式の違いを念頭に置くと，日本の相続税制はどうなっているのだろう

図 9-10　遺産に対する課税方式の違い

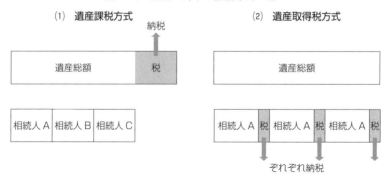

か。法定相続分課税方式という遺産取得税方式を基本としながら遺産課税方式を加味した課税方式を採用している。遺産課税方式部分としては，遺産総額から基礎控除が差し引かれて課税遺産総額が決定されるところである。それを法定相続人で分割される。法定相続分に応じたそれぞれの遺産額に課税される。この部分では遺産取得税方式が導入されている。しかし，日本の相続税は法定相続人に課せられた税額を合計し，実際に相続した額によって按分する。そのうえで相続税の税額に加算あるいは減算が行われて最終的に相続をした人が納める相続税額が決定する。

　相続税には資産の種類によって評価額が異なっているという問題点がある。1つの例として小規模宅地等の特例があげられる。財産を遺して亡くなった人（被相続人）が居住用に使っていた宅地であれば，330 m^2（約 100 坪），事業用の宅地であれば，400 m^2 を限度としてその資産は評価額を 80% 減額される。金融資産の場合，このような大幅な減額措置はない。このような制度は資産形成に歪みをもたらす制度であるといえる。

■ 練習問題

Q1：以下の空欄にもっとも適切な語句を入れてみよう。

1.1　国税の主要3税は（　①　）税，（　②　）税，（　③　）税である。近年の低い経済成長によって税収が低迷する中，主要3税の中で（　③　）税のウエイトが高まっている。日本の（　③　）税率は国際的に低いという議論があるが，税収に占めるウエイトは高いのである。

1.2 日本の相続税は課税価格から基礎控除として配偶者は（ ④ ）万円が差し引かれ，また（ ⑤ ）万円に法定相続人数を乗じた額が差し引かれる。これを（ ⑥ ）控除という。モデル世帯（配偶者と子ども2人で相続）の場合，（ ⑦ ）万円が課税最低限となる。これは2013年1月改正で変更されたものであり，改正前では配偶者の基礎控除は（ ⑧ ）万円であり，（ ⑥ ）控除は1人当たり（ ⑨ ）万円であった。課税最低限は同じモデル世帯で（ ⑩ ）万円であった。

Q2：以下の点について自分の意見をまとめてみよう。
2.1 今後の少子高齢化経済における「ヒト，モノ，カネ」に対する課税のバランスはどのような形態が望ましいか考えてみよう。
2.2 消費税の逆進性の緩和策についてどのような制度構築が考えられるかについて考えてみよう。

■ 参考文献

井堀利宏（2003）『課税の経済理論』岩波書店。
井堀利宏（2004）『経済政策』新世社。
佐藤主光（2011）『地方税改革の経済学』日本経済新聞出版社。
滑川雅士編著（1988）『地価・土地問題の経済学』東洋経済新報社。
橋本恭之（2014）『入門財政（第3版）』税務経理協会。
橋本恭之・鈴木善充（2012）『租税政策論』清文社。
林宏昭（2011）『税と格差社会』日本経済新聞出版社。
林宏昭・橋本恭之（2014）『入門地方財政（第3版）』中央経済社。
ホリオカ，チャールズ・ユウジ／（財）家計経済研究所編（2008）『世帯内分配と世代間移転の経済分析』ミネルヴァ書房。
本間正明編（1997）『ゼミナール現代財政入門（第2版）』日本経済新聞社。
本間正明・跡田直澄編（1989）『税制改革の実証分析』東洋経済新報社。
前田高志（2009）『地方財政』八千代出版。

■ 参考資料

国税庁ウェブサイト「簡易課税制度」（https://www.nta.go.jp/taxanswer/shohi/6505.htm）。
国土交通省『地価公示』各年度版（http://tochi.mlit.go.jp/kakaku/chikakouji-kakaku）。
財務省ウェブサイト「主要国の相続税の負担率」（http://www.mof.go.jp/tax_policy/summary/property/149.htm）。
財務省ウェブサイト「付加価値税率（標準税率及び食料品に対する適用税率）の国際比較」（http://www.mof.go.jp/tax_policy/summary/consumption/102.htm）。
財務省ウェブサイト「相続税の課税件数割合及び相続税・贈与税収の推移」（http://

www.mof.go.jp/tax_policy/summary/property/141.htm）。

財務省ウェブサイト「所得・消費・資産等の税収構成比の推移（国税＋地方税）」（http://www.mof.go.jp/tax_policy/summary/condition/012.htm）。

財務省ウェブサイト『財政金融統計月報（租税特集）』各年度版（http://www.mof.go.jp/pri/publication/zaikin_geppo/index.htm）。

財務省ウェブサイト「消費税の使途」（http://www.mof.go.jp/tax_policy/summary/consumption/122.htm）。

財務省ウェブサイト「主要国の付加価値税の概要」（http://www.mof.go.jp/tax_policy/summary/consumption/108.htm）。

財務省ウェブサイト「相続税の課税件数割合及び相続税・贈与税収の推移」（http://www.mof.go.jp/tax_policy/summary/property/141.htm）。

■ リーディングリスト
①土居丈朗編（2010）『日本の税をどう見直すか』日本経済新聞出版社。

　現在の日本が直面している課題である「少子高齢化」「国際化経済」「所得格差」などに対して税制改革をどう進めていけばよいのかについての具体策を提示している。本章で触れた制度と理論が今後に改革される場合にどう考えればよいのかについて教示してくれる。

②井堀利宏（2009）『誰から取り，誰に与えるか——格差と再分配の政治経済学』東洋経済新報社。

　再分配政策について具体的な政策提言が行われている。一般読者を念頭に置いて，再分配政策についての基本的な考え方から教示してくれる。社会保障，地方財政，所得税についての再分配政策についてどのような考え方があるのかについて教示してくれる。

③林宏昭（2011）『税と格差社会——いま日本に必要な改革とは』日本経済新聞出版社。

　本書も再分配政策について述べられた本であるが，税制改革に絞って書かれているところに特徴がある。所得税，法人税，消費税，資産課税について格差問題と関連づけて述べられている。また現在進行中の「社会保障と税の一体改革」をどのように捉えるのかについてもわかりやすく述べられている。

第10章

経済のグローバル化と企業課税・金融課税

本章の目的

　本章では，投資（貯蓄）に関わる税金として，企業課税と金融所得課税を取り上げる。企業は，資本を生産要素として生産活動を行っているが，資本を増やす（設備投資する）ための資金は，株式や社債の発行・金融機関からの融資などを通じて金融市場から調達している。一方，家計は，貯蓄（預貯金や有価証券の購入等）を通じて金融市場に資金を供給している。このような資金の流れの中で，企業課税は設備投資の決定に影響を与え，金融所得税は家計の金融資産配分に影響を与えると考えられている。本章は，これらの税の実態や基礎的な理論を理解してもらうことをねらいとする。さらに，その理解をベースにしながら，税のあり方に対する考察を深めてもらうことを目的とする。

　具体的には，PART Ⅰでは企業課税・金融所得課税の現状を概観する。PART Ⅱでは，これらの税制の歴史・理論を説明する。PART Ⅲでは，課税の仕組みを解説したうえで，近年のグローバル化・少子高齢化の進展に対する税制上の課題について紹介する。

PART Ⅰ　財政の今（国・地方の役割）

1　企業課税の今

　日本における企業課税としては，法人税（国），地方法人税（国），事業税（都道府県），法人住民税（都道府県，市町村）がある。そのほか，地域によっては事業所税（市）が課される場合もある。以下では，これらの中でも主要な税

図 10-1　一般会計税収・主要税目別税収の推移

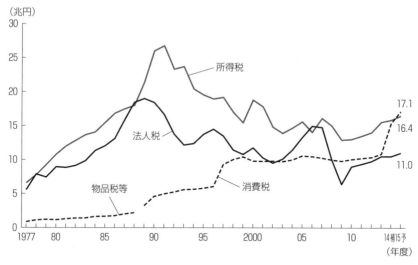

(出所)　財務省ウェブサイト「主要税目の税収（一般会計分）の推移」より一部加工。

目である法人税，事業税，法人住民税に焦点を絞って説明する。なお，事業税と法人住民税については，両者を合わせて「地方法人 2 税」と呼ぶ場合もある。

1.1　税収の実態

　以下では，税収の特徴を，国税・地方税に分けて概観していこう。まず，国の企業課税に関して，図 10-1 は，国の一般会計における主要税目（所得税・法人税・消費税）の税収推移を示したものである。この図から明らかなように，法人税収は，消費税収と異なり，税収変動が大きい。これは景気の影響を受けやすいためだと考えられている。図 10-1 に示されているように，1980 年代後半のバブル期には税収規模が拡大し，法人税収は 19 兆円にも達した。しかしながら，バブル経済崩壊後の 1990 年代以降は，景気低迷に応じて税収規模も右肩下がりの傾向になっている。中でも，法人税収については，リーマン・ショックが起こった 2008 年度前後には，税収規模が 14.7 兆円から 6.4 兆円へと半分近く落ち込むなど，所得税収よりも落ち込みが激しい。

　税収に関する近年の特徴としては，消費税収よりも規模が小さくなっていることが指摘できる。以前は所得税につぐ 2 番目の規模であったが，リーマ・

ショックの影響で落ち込んだ後は消費税と同等かそれを下回っている。近年は10兆円台にまで回復してきてはいるものの，一般会計税収の中では3番目の規模となっている。

次に，地方の企業課税に関しては，景気変動による税収変動に加えて，地域間の税収格差が問題となっている。主な地方税目について，人口1人当たりの税収額を都道府県別で比較すると，地域間（都道府県間）の税収格差は主要税目の中で地方法人2税がもっとも大きい。具体的に，2014年度決算における都道府県別最大税収と最小税収との比率で見ると，個人住民税の最大税収／最小税収比率は2.7倍，地方消費税の同比率は1.7倍となっているのに対して，地方法人2税の同比率は6.1倍となっており，他の地方税目と比べると2～3倍近くも大きな格差となっている。この地域間格差の大きな要因は，東京都に地方関連税収が集中していることにある。どの地方税目についても，東京都の税収が最大となっているが，法人2税に関しては東京都の税収が都道府県平均の2.46倍と突出している。これは企業集積がそれだけ東京に集中していることの現れであるといえよう。

基礎的な行政サービスを担う地方公共団体にとって，安定した税収がどの地域でも得られることが望ましい。そのため，第9章で述べたように，地方税の原則として，「普遍性」「安定性」「伸張性」「応益性」「負担分任」が満たされるべきであるとされている[1]。しかしながら，地方の企業関連課税に関しては，税収が変動しやすく，地域間格差も大きいことから明らかなように，普遍性，安定性，伸張性が満たされているとはいいがたいのが実態である。

1.2　負担の実態

以下では，企業課税の負担の現状を見ていこう。企業課税の負担を表す指標として一般的に使われるのは，法人実効税率と呼ばれる指標である。これは企業所得に対する企業課税負担額の割合を示したものであり，日本の場合，以下の式で計算される。

---

[1]　地方税原則の詳細については第9章Column⑨参照。

図10-2 法人実効税率の国際比較（日本以外の国は2016年4月時点の数値）

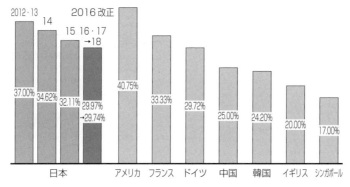

（出所）財務省ウェブサイト「法人実効税率の国際比較」。

法人実効税率

$$= \frac{\text{法人税率} \times (1+\text{道府県住民税率}+\text{市町村住民税率})+\text{事業税率}}{1+\text{事業税率}}$$

　分子は，国税の法人税負担と，地方税の住民税・事業税負担額を意味し，分母は企業所得を意味している。分子で法人税率×住民税率となっているのは，法人住民税がどちらも（道府県・市町村）法人税額に税率がかけられていることを反映しているためである。また，分母で事業税率がプラスされているのは，課税計算時に企業所得から控除される事業税（前年度分）を戻すための計算である。

　図10-2 は，法人実効税率を国際比較したものである。日本では，法人実効税率を30%未満に下げるため，2016（平成28）年度税制改正により法人税率の引き下げが行われた。その結果，図10-2 に示されているとおり，日本の実効税率は2016, 17（平成28, 29）年度に29.97%，2018（平成30）年度には29.74%となる。これは中国25%，韓国24.20%，イギリス20%，シンガポール17%と比較するとまだ高い。しかしながら，アメリカの40.75%，フランスの33.33%と比べると低く，ドイツの29.72%と同程度の水準である。

　法人税の負担実態を理解するうえで気をつけなければならないのは，税負担が生じるのは課税所得（課税所得については後述）が黒字になっている場合であるという点である。赤字であれば税負担は生じない。課税所得が赤字になった

図 10-3　利益計上法人・欠損法人割合の推移

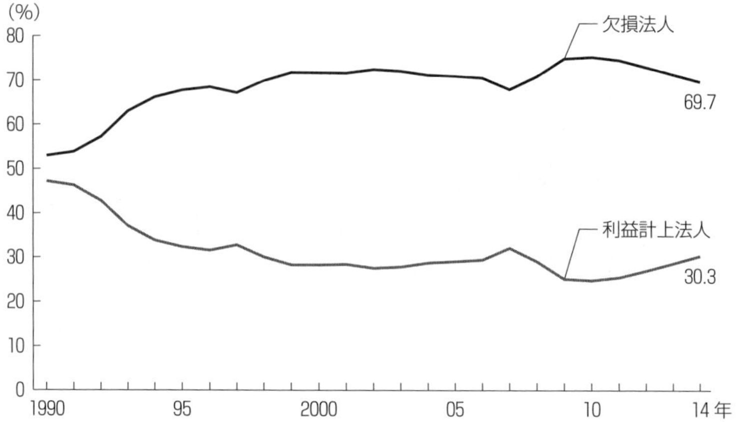

(グラフ：1990年に利益計上法人と欠損法人がほぼ50%で交差し、以降欠損法人が増加、2014年で欠損法人69.7%、利益計上法人30.3%)

(出所)　国税庁『国税庁統計年報』(各年度版) より筆者作成。

企業のことを，日本の税務統計では欠損法人と呼んでいる。

図10-3は，利益計上法人と欠損法人の割合を時系列で示したものである。1990年では利益計上法人と欠損法人の割合はほぼ半々であったが，その後，両者は大きく乖離し，2000年代に入ると欠損法人の割合が7割を超えるようになっている。2010年以降，欠損法人割合は減少傾向にあるものの，2014年時点で263万社ある企業（申告法人）のうち，依然として69.7％もの企業が欠損法人である。単純にいえば，日本における企業の約7割が企業課税の負担をしていないということになる[2]。

2　金融課税の今

企業は事業活動を行うための資金を，銀行からの融資や，株式・社債発行，あるいは，利潤の一部（内部留保）などの手段で調達している。外部から借入（銀行融資や社債発行）をした場合は利子をつけて返済しなければならず，株式発行で資金を調達した場合は利潤の一部を株主に配当することが要求される。これら利子・配当は受け取った側の所得となり，所得税が課される（利子課税，

---

[2]　後述する地方住民税（均等割）については欠損法人でも負担している場合がある。

配当課税)。株式などの金融商品の売買を通じて生じた利益(譲渡益,キャピタル・ゲイン)に対しても所得税が課される(株式等の譲渡益課税)。

　このような利子・配当・株式等譲渡益への課税を総称して,一般に**金融課税**と呼ぶ。金融課税は,企業の資金調達コストに影響を与えるだけでなく,資金供給者である家計の資産配分(ポートフォリオ)にも影響を与えると考えられる。とくに近年では,高齢化が進む中で老後の資金をどう確保するか,という観点から,家計の金融資産の配分・資金運用とそれに対する金融課税のあり方が注目されている。そこで本節では,資金供給者である家計の側から見た金融課税の現状を紹介する。

　金融課税は,税体系の中では"所得課税"の1つとして位置づけられるものの,課税の仕組みは,一般的な所得課税(たとえば勤労所得税)とは異なっている。異なる点は主に2つある。1つ目は課税方式についてである。一般に,所得課税の課税方式は,第8章で述べられているとおり,他の所得と合算して課税する**総合課税**が基本である。しかしながら,金融課税については,配当所得の一部を除いて**分離課税**となっている。分離課税とは,文字どおり,他の所得とは別にその所得だけで税額計算をする課税方式である。

　2つ目は適用される税率が異なる。総合課税の場合は**累進税率**が適用されるのに対して,分離課税である金融課税では**比例税率**が適用される(詳しくは,PART Ⅲ参照のこと)。

　このような課税の違いは,所得階級別に見た税負担に反映される。図10-4は,2014年における所得階級別税負担率の状況を所得種類別に示したものである[3]。取り上げた所得は,「事業所得」「給与所得」「他の区分に該当しない所得」の3つである。このうち最後の「他の区分に該当しない所得」に金融課税の対象となる利子・配当・株式譲渡所得が含まれる。「事業所得」と「給与所得」はいずれも総合課税の対象であり,累進税率が適用される。そのため,これらについては所得階級800万円を超えるあたりから税負担率が急速に上昇している。一方,分離課税で比例税率が適用される金融所得を含む「他の区分に該当しない所得」については,所得水準の上昇に従って税負担率は上昇する

---

　3) ここでの税負担率は,算出税額(税額控除前)を所得額で除した負担率を使用している。

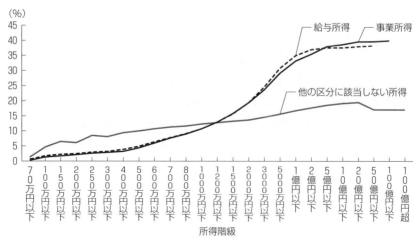

図 10-4 所得階級別税負担率の比較（所得種類別・申告所得税）

(出所) 国税庁「税務統計から見た申告所得税の実態（平成 26 年分）」第 1 表より筆者作成。

ものの，その上がり方は緩やかであり，負担率は最高でも 20％ を超えていない。所得水準が低い場合は，「事業所得」や「給与所得」の税負担率の方が低い。しかしながら，所得水準が高くなると，同じ所得額であっても，「事業」や「給与」からの所得と，他の区分に該当しない「利子・配当・株式譲渡益等」からの所得とでは，後者の税負担率の方が低くなっている。

さらに所得自体の分布状況を見ると，金融所得は高所得階級に集中している。たとえば，配当所得についてはその約 5 割（49.8％）が，株式譲渡所得に至ってはその 7 割近く（69.6％）が 1 億円超の所得階級に集中している。それに対して，事業所得や給与所得の所得階級別分布を見ると，1 億円超の所得階級の所得が占める割合は，事業所得についてはその 4.7％，給与所得についてはその 5.7％ である[4]。この単純な比較だけでも，金融所得がいかに高所得層に集中しているかがわかる。

---

[4] 利子所得も，その約 4 分の 1（24.2％）が 1 億円超の所得階級に集中している。所得分布の状況については，いずれも国税庁「税務統計から見た申告所得の実態（平成 26 年分）」第 2 表のデータより算出。

PART Ⅱ　歴史・理論を学ぶ

1　企業課税の歴史と理論

1.1　企業課税の変遷

　日本における企業課税の変遷を概観すると，国税である法人税については，企業の国際競争力強化・経済活性化を目的とした税率引き下げ・課税ベース見直しが行われてきた。一方，地方税に関しては，税収確保ならびに地域間税収偏在の是正を目的とした制度変更が行われてきた。以下，主要な変遷を見ていこう。

　図10-5は，税率の推移を示したものである。この図に示されているように，1980年代の終わりから，3度にわたって法人税率（国）は引き下げられてきた。引き下げ時期としては，1980年代終わり（抜本的税制改正，1987，88年度），90年代終わり（1998，99年度），2000年以降（2012～16年度）である。これらの時期においては，税率引き下げと同時に課税ベースの拡大も行われている。以下では，これら3つの時期を中心に企業税制の変遷を整理する。

図10-5　法人税率の推移

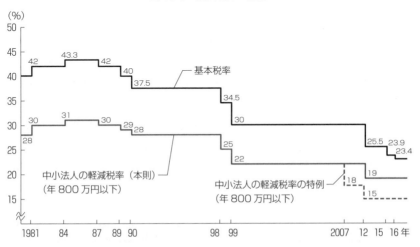

（出所）　財務省ウェブサイト「法人税率の推移」より一部加工。

(1) 1987, 88年度税制改正（抜本的税制改革）

日本経済・社会の変化に対応するため，戦後税制を広く見直し，さまざまな改正が行われたのがこの時期であり，**抜本的税制改革**と呼ばれている。法人税制についても，税率構造の見直しが行われた。

このときの改正として重要なのは，2本立てであった法人税率が1本に集約されたことである。それまで日本では，**留保分**と**配当分**に分けて2種類の法人税率が設けられ，配当分の税率は留保分よりも低く設定されていた（1989年度は留保分40%，配当分35%）[5]。このような税率構造になっていたのは配当にかかる二重課税の調整のためであり，配当分の税率を低くする措置を**配当軽課措置**と呼んでいた[6]。

1987年度の税制改正でこの配当軽課措置が廃止となり，90年度以降は標準税率として一本化され，税率水準も40%（留保分）から37.5%へと引き下げられた。

(2) 1990年代後半（1998, 99年度）

「抜本的税制改革」以後，10年ほどの間，法人税制については目立った変更は行われなかった。しかしながら，バブル経済崩壊後の長引く景気低迷から脱し，激しさを増す国際競争にも対応できるよう，税制面から企業活動の活性化を促す必要があるとの認識が強まってきた。そこで，「広く薄く課税する」をキーワードに，1998～99年度にかけて，税率引き下げと課税ベースの見直しが行われた。

税率については，37.5%から1998年度は34.5%に引き下げられ，翌99年度にはさらに30%まで引き下げられた。事業税率も12%から11%に引き下げられている。これにより，法人実効税率は49.08%から1998年度は46.36%，99年度以降は40.87%まで下がることとなった。

税率を引き下げる（薄く課税する）のと同時に，課税ベースを拡大する（広く課税する）さまざまな見直しが行われた。一連の見直しは**課税ベースの適正化**と呼ばれている。主要な見直しとしては，引当金の廃止・縮減，減価償却制度

---

5) 企業の収益は，企業内部にとどめる分（設備投資や内部留保等に充てる分）と，株主に配分する分とに大きく分けることができる。前者が留保分，後者が配当分となる。
6) 配当には企業段階と株主段階でそれぞれ課税が行われることから二重課税が生じる。

の見直しがある。

引当金は，現時点で費用として実現していない場合であっても，将来費用として計上されると予想されるものを，現時点での費用として控除する仕組みであり，企業会計上は認められている。税法でも引当金については所得から控除することが認められていたが，1998年度税制改正によって，税法上認められていた引当金（賞与引当金，貸倒引当金，退職給与引当金，製品保証引当金，特別修繕引当金，返品調整引当金）のうち，賞与引当金・製品保証引当金については，経過措置を設けたうえで廃止されることとなった。その他の引当金（貸倒引当金や退職給与引当金など）についても，引当額（損金算入できる額）を縮小する改正が行われた。

(3) 2000年以降

2000年以降の法人税制改正の大きな特徴は2つある。1つは，企業の組織形態の変化に応じた新たな税制が次々に創設された点であり，もう1つは，地域間の税収偏在是正や地域経済活性化の措置が設けられた点である。

①組織形態の変化と税制改正　2000年代に入ると，持株会社解禁や会社法制定など，企業活動に関する法制度の見直しが行われ，それに応じて，企業の組織形態も大企業を中心に大きく変わり始めた。とくに，企業の分割・合併が進むとともに，ホールディング・カンパニーなどのグループ企業の設立が増えてきた。そうした変化に税制も対応する必要が生じ，2001年には企業組織再編税制，2002年には連結納税制度，2010年にはいわゆるグループ法人税制が創設された。

これらの税制は，企業のグループ化など組織形態が多様になる中で，組織形態による税制上の扱いに有利・不利が生じないようにすることを主な目的として創設されたものである。たとえば，企業組織再編税制によって，一定の要件を満たす企業グループ内での組織再編について，従来では課税されていたものが課税を繰り延べられるようになった。これは企業が分割・合併等の組織再編を行うにあたり税制面で不利が生じないようにするための仕組みであるといえる。

連結納税制度は，グループ企業内の所得を連結して課税する制度である。企業のグループ化が進んできたにもかかわらず，課税については個別企業単位でしか行われなかったため，グループ企業にとっては納税額が重くなるケースが

あった。そこで，連結納税制度として，グループ単位で納税額を計算することを認める仕組みを導入したのである[7]。

たとえば，100％グループ企業で，親会社が利益計上法人（課税所得 100），子会社が欠損法人（課税所得マイナス 50）だとしよう。この場合，個別企業単位では，親会社の課税所得 100 に対して課税が行われる。一方，連結納税制度を適用すると，親会社と子会社の所得が連結されるため，親会社の課税所得は 50 となり，この 50 に対して課税されることになる。

連結納税制度は，すべてのグループ企業に強制的に適用されるものではない。個別納税との選択制となっており，適用対象についても，日本企業（内国法人）の親会社とその 100％子会社のみとなっている。

②**地方税に関する改正**　地方税における企業課税の主な改正としては，税収の安定化・税収偏在・地方経済の活性化に対する措置が設けられたことがあげられる。具体的には，**事業税の外形標準化の導入**（2004 年度～），地方法人税，地方拠点強化税制の創設である。

事業税の外形標準化とは，事業税の課税ベースを変更する制度改正であり，2003 年度税制改正で行われ，2004 年度から実施されている。事業税の課税ベースは，従来，法人税と同じ所得であった。しかしながら，PART Ⅰでも触れたように，法人所得は景気の変動を受けやすいため税収も変動しやすい。基礎的な行政サービスを担当している地方公共団体にとって，税収は安定的であるのが望ましい。また，所得ベースの場合，課税所得がマイナスとなる欠損法人には課税されない。しかしながら，欠損法人といえども，基礎的な行政サービスの恩恵は受けているはずである。したがって，応益性という点から見ると，欠損法人にも一定の税負担を求めるべきである。そこで，事業税の課税ベースを景気変動の影響が少なく，欠損等が出ないようなもの（付加価値等）に変えようとしたのが外形標準化である。

ただし，課税ベースのすべてを変更したのではない。実際には，「外形標準 1 対従来どおりの所得基準 3」の割合で部分的に外形標準での課税ベースを導入した。外形標準による課税ベースとは，付加価値と資本金である。それぞれ**付加価値割**，**資本割**と呼ばれている。外形標準課税の対象もすべての法人では

---

[7]　企業会計に連結会計があるが，これと連結納税制度は異なる連結ルールとなっている。

なく，資本金1億円以上の法人に限定されている。

地域間の税収偏在是正のための措置として2014年度に導入されたのが地方法人税である。これは，法人住民税の税割を軽減したうえで，その軽減分を地方法人税という国税として徴収し，全額交付税として財政力の弱い地方公共団体に配分するというものである。

法人住民税の税割は，PART Ⅲで後述するように，国税の法人税額を課税ベースにして税率をかけて算出する税である。法人税額がプラスとなる企業（利益計上法人）はどういう企業かといえば，その多くは大企業であり，本社は東京等の都心がほとんどである。したがって，地方法人税は，東京等に納められる住民税（税割）の一部を，企業立地が少なく税収の乏しい地域に配分する税となっている。その点で地域間の税収偏在に対処しようとした税制であるといえる。

しかしながら，そもそも地域間の税収が偏在しているのは企業立地に偏りがあるためである。そこで，企業立地の偏りを減らし，地方経済の活性化を図るため，2015年度税制改正で地方拠点強化税制が設けられた。これは，本社機能を東京から地方に移転した場合，もしくは，地方の事業所等を拡充する場合に，減税措置を受けることができる制度である。

1.2 企業課税の理論

本節では，理論面から企業課税のあり方を説明する。具体的には，企業に対して課税をするということを，伝統的な租税理論ではどう捉えているのか，また企業への課税は設備投資決定にどのような影響を与えると考えられているか，について説明する。

(1) 租税論における企業課税

企業（法人）とはどういうものか，という点については，理論的に2つの考え方がある。1つは法人実在説であり，いま1つは法人擬制説である。

「法人実在説」とは，企業（法人）を1つの独立した主体（法的には「人格を有する」という）と捉える考え方である。この考え方に基づくと，企業（法人）は独立して税負担を負うべき存在となる。一方，「法人擬制説」とは，企業（法人）は株主の集合体であると捉える考え方である。この考えに基づけば，企業（法人）段階での課税は，株主に課せられる所得税の前取りと位置づけられる。

両者の考え方の違いは，配当に対する課税の扱い方に顕著に現れる．配当は，基本的に企業段階での課税後に株主に分配されるものである．それを株主が受け取ると，その受取配当に対して今度は株主の個人所得税が課せられることになる．すなわち，配当には企業段階と株主段階の二重課税が発生する．

法人実在説では，企業（法人）も株主もそれぞれ別個に独立した納税主体であると考えるため，二重課税の調整は不要とする．それに対して，法人擬制説では，企業（法人）での課税は株主での課税の"前取り"であるため，二重課税は調整すべきであるとする．

日本では，基本的に法人擬制説に立っている．したがって，これまでに紹介したように，受取配当については，企業段階では益金不算入，株主段階では配当税額控除を設けている．これらは部分的であれ上記のような二重課税を調整しようとする仕組みである[8]．

(2) 経済理論における企業課税

①企業の設備投資の決定と法人税（静学モデル）　経済理論における企業は，企業価値が最大となるように資本や労働を決めて生産を行うとされ，企業課税は，こうした枠組みの中で，企業の資本の決定に影響を与えると考えられている．

いま，企業は手元にある資金（PI円）をどう使うかを決めようとしているとする．資金の使い道としては，資本財の購入に充てて生産力を向上させること

---

[8] 二重課税の調整方法としては，①インピュテーション方式，②税額控除方式，③配当軽課方式があげられる．

　①インピュテーション方式での調整方法は次のようになる．受け取った配当に対して課せられていた法人税額を算出し，法人税込みの配当額を株主の所得に合算，その合算所得に対して所得税を計算する．計算された所得税から配当分の法人税を控除する．この方式では配当の二重課税は完全に排除されることになる．

　②税額控除方式は，受け取った配当の一定割合を株主の所得税から控除するやり方である．この方式では，インピュテーション方式のように配当にかかる法人税額を厳密には計算しないため，二重課税の排除は部分的となる．

　③配当軽課方式は，企業段階での課税で調整する方法である．企業段階での課税ベースを配当とそれ以外に分け，配当に対する税率を低めに設定することで二重課税を調整しようとする．この場合も，二重課税の排除は部分的となる．先の2つのやり方はすべて株主段階での調整方法であるが，配当軽課方式は企業段階での調整方法という点に特徴がある．日本でも，1987年度の税制改正まではこのやり方が採用されていた．

もできるし，同じ資金を金融資産の購入に充てて運用益を得ることも考えられる。PI円で資本財を1単位購入することができるとし，資本財が1単位増えることで追加される生産力（資本の限界生産力）をFkとすると，資本財購入による収益は次式で表現できる。

$$PFk - \delta PI \tag{1}$$

ただし，Pは生産物価格，δは資本減耗率である。一方，同じ資金を金融資産で運用するならば，利子率（名目）がrのとき，PI円の運用益はrPIとなる。

この場合，企業にとって最適な資金配分となるのは，裁定条件が働くとき，すなわち，両者の収益が一致する場合である。つまり，$PFk - \delta PI = rPI$が成立するときである。これを整理すると，次のようになる。

$$Fk = \frac{(r+\delta)PI}{P} \tag{2}$$

(2)式右辺の$(r+\delta)PI/P$は，資本財1単位への投資に求められる資本の収益率であり，資本コスト（資本のユーザー・コスト）と呼ばれている。

ここでさらに税を考慮すると，資本コストはどうなるだろうか。課税は企業の生産活動の結果得られる収益に対して行われることから，(1)式が税制を考慮した式になる。(1)式が複雑になりすぎるのを防ぐため，ここでは，課税ベースの計算のうち，減価償却と利払いの損金算入のみを考慮する。法人税率をτ，税法上の減価償却率を$\delta\tau$，負債比率をbとすると，税制を考慮した場合の資本財購入の収益は以下のように表せる。

$$PFk - \delta PI - \tau(PFk - \delta\tau PI - rbPI) \tag{3}$$

裁定条件は(3)$=rPI$であるから，これを整理すると，(4)式が得られる。

$$Fk = \frac{(r+\delta-\tau(\delta\tau+rb))PI}{(1-\tau)P} \tag{4}$$

(4)式の右辺が税制を考慮した資本コストとなる。(2)式と(4)式を比較することで，税制の資本コストに与える影響を読み取ることができる。まず，(2)，(4)式右辺の分子を比較してみよう。この比較で明らかなのは，(4)式の分子が$\tau(\delta\tau+rb)$分だけ小さくなっているということである。これは，すなわち，税法上定められた損金算入は資本コストを小さくする影響を持ってい

るということを意味する。次に，分母同士を比較してみると，(4) 式の分母は $(1-\tau)(<1)$ がかかっている分，(2) 式の場合より小さくなっている。つまり，これは，税制を考慮した場合の資本コストがそうでない場合より大きくなっている，ということを意味する。

以上をまとめると，税制による資本コストへの影響は，損金算入によりコストを引き下げる効果と課税（税率）により資本コストを引き上げる効果の両方がある，ということである。

②企業の設備投資の決定と法人税（動学モデル）　上記の説明は静学的な枠組みをベースにしていた。その点で，上記のモデルは，ミクロ経済学における企業の利潤最大化問題に税制を取り入れたモデルであると位置づけることができる。しかしながら，マクロ経済理論では，企業は動学的に企業価値最大化を図っていると考える。動学的な枠組みで企業の投資行動を説明する理論のうち，代表的なものはトービンの q 理論である。トービンの q に税制を考慮したものは Tax-adjusted Q と呼ばれている[9]。

企業課税と企業行動との関係については，理論的には以上のように説明ができるものの，税制変更によって企業行動がどのように影響を受けるのかは確定した結論にはなっていない。そのため，企業課税が現実にはどのような影響を持つのかについて，これまでさまざまな実証分析が行われてきた。その多くは，実効税率の計測や税制を考慮した投資関数の推計である。法人実効税率を計測した研究としては，岩本（1989），田近・油井（1988）などがある。法人税制を考慮した投資関数の推計を行った研究としては，岩田ほか（1987），田近ほか（1987），本間ほか（1984），上村・前川（2000）などがある。

2　金融課税の歴史と理論

2.1　金融課税の変遷

本節では，戦後のシャウプ勧告から現在に至るまでの金融課税制度（利子・

---

[9] Tax-adjusted Q は Summers（1981）によってモデル化された。なお，動学的な枠組みにおける企業の投資理論，トービンの q 理論等の詳細については，本間ほか（1988），宮川（1997），岩本・前川（2005）などのサーベイ論文を参考にされたい。

配当・株式譲渡所得課税）の主要な改正点を概観する（佐藤・宮島（1990）参照）。

(1) シャウプ勧告とその後

　他の税制と同様，金融課税についても，戦後税制の仕組みはシャウプ勧告（1949年）が基本となっている。その特徴は，第8章でも触れたように，金融課税も総合課税の対象としていたことである。つまり，他の所得と合算して累進課税を行うこととなっていた。しかしながら，1950年代の特需景気の時期には，好景気を支えるための資本蓄積（家計側から見れば貯蓄）が強く求められることとなった。そのため，税制においても，資本蓄積の促進に資するよう金融所得に対する課税優遇措置が導入されるようになり，シャウプ勧告からの乖離が生じるようになった。

　利子所得については，1951年度税制改正で，総合課税と源泉分離課税の選択制が導入され，さらに53年度改正では，源泉分離課税となった。このほか，シャウプ勧告前から設けられていた少額貯蓄非課税制度と呼ばれる優遇措置については，数度にわたって拡大されてきた。少額貯蓄非課税制度とは，一定限度額の貯蓄についてはその利子が非課税となる措置であり，「マル優」と呼ばれていた。銀行預金以外に，郵便貯金や少額公債についても別枠で非課税措置が設けられていた。それら非課税限度額は当初の50万円から徐々に引き上げられ，最終的には300万円までの貯蓄額につく利子については非課税扱いとなっていた。

　配当所得についても総合課税は徹底されず，1965年には源泉分離課税との選択制が導入されるとともに，少額配当については申告不要制度（源泉徴収で課税終了）が創設された。株式譲渡所得については，総合課税扱いのままであったが，1953年に原則非課税扱いとされた。この非課税扱いは，抜本的税制改正時（1989年）まで続いていた。

(2) 抜本的税制改革（1987～89年）

　抜本的税制改革においては，利子所得および株式譲渡所得課税が大きく変わることとなった。

　利子所得に関しては，1988年度改正で少額貯蓄非課税制度（マル優）が廃止された。この背景には，高度経済成長が終わり，預貯金への優遇措置に積極的な意義が薄れてきたことがある。それだけでなく，非課税枠が拡大し，他の所得（勤労所得）との間での公平性が保ちにくくなっていたことも指摘できよう。

ただし，65歳以上の人については，少額貯蓄非課税制度は存続となった（老人マル優）。

株式譲渡所得に対するもっとも大きな改正は，原則非課税から課税になったことである（1989年度改正）。しかしながら，課税方法については，申告分離課税と源泉分離課税の選択が可能となった。源泉分離課税における税負担額は，株式取引額の5％をキャピタル・ゲインとみなして，それに20％の源泉税率をかける方法で計算される。つまり，源泉分離課税を選択すると，実質的には取引額の1％の税負担ですむこととなった。

(3) 2000年以降

抜本的税制改正後，1990年代の間は，とくに目立った改正は行われていなかったが，2000年代に入ると再び金融課税の改正が行われるようになった。この時期の改正が以前の改正と大きく異なっているのは，貯めることへの優遇から運用することへの優遇へと舵を切った点である。

日本における家計の金融資産配分は，預貯金（安全資産）に偏った状態が続いてきた。しかしながら，少子高齢化が進み，本格的な超高齢社会を迎えようとする中で，資金をただ貯めるだけでは不十分となってきている。マクロレベルで見ると，貯蓄を取り崩す高齢者が，貯蓄する現役世代よりも多くなり，平均的な貯蓄率が低下し始めている。一方，ミクロレベルで見ると，老後のための資金を公的年金だけに頼ることが難しくなりつつある。このような状況を乗り切るためには，資金を安全資産だけでなく，リスクはあってもリターンが期待できる資産にも配分して運用する必要がある。

以上のような課題に税制面で対応するにあたって重要となるのは，異なる金融商品間の税負担差をなくすこと，リスク資産へ投資をした際に生じるキャピタル・ロスを控除できるようにすること，である。これらを踏まえ，金融所得課税に関して次のような改正が行われた。称して「金融所得課税の一体化」と呼ばれている。

まず，配当所得・株式等の譲渡益所得の課税方式を申告分離課税に統一して税率（源泉徴収税率）を揃えるとともに，各所得間での損益通算・繰越控除を可能とした。

さらに，日本版ISA（NISA）として「少額投資非課税制度」が創設され（2014年から開始），2016年からは20歳未満を対象としたジュニアNISAも創

設された[10]。NISA，ジュニアNISAについては次節でその仕組みを説明する。
　"貯める"から"運用する"ことを促す方針は，利子所得の改正にも現れている。2002年度の税制改正で，老人の少額貯蓄非課税制度が廃止され，障害者等の少額貯蓄非課税制度に改組された。また，利子の中でも特定の公社債等の利子については，株式譲渡所得等との損益通算も可能となるように改正が行われた（2016年から）。

2.2　金融課税の理論
　本節では，伝統的な租税論において金融課税（家計の金融資産配分から生じる所得〔利子・配当・株式譲渡所得〕に対する課税）がどう位置づけられているのかを紹介する。とくに「包括的所得税論」「支出税論」「最適課税論」「二元的所得税論」を取り上げ，各租税論で考えられている金融課税のあり方を紹介しよう。

(1)　包括的所得税論と金融課税
　包括的所得税論は，その名のとおり，所得を包括的に捉えて課税するという考え方である。ここでの所得とは，ヘイグ＝サイモンズの定義として知られている「所得＝消費＋資産の純増」を指し，異時点間の経済力の増加を意味している。したがって，経済力の増加とみなされる所得はすべて課税対象となる。実務的に説明するならば，包括的所得税論が想定しているのは，源泉の異なる所得をすべて合算してそこから課税ベースを計算し，累進税率をかけるという税制である。
　このような税制においては，金融所得（利子・配当・株式譲渡所得）も当然，課税対象となる。しかも，注意しなければならないのは，未実現のキャピタル・ゲインも課税対象となる点である。株式を保有しているだけで，売却していなくとも，その株式の株価が上昇すれば資産価値が高まることになる。これは"経済力の増加"とみなすことができるため，売却していない場合（未実現）であっても，資産価値の増加分は課税対象となってしまうのである。さらに，

---

10)　NISAは通称である。この制度は，イギリスのISA（Individual Saving Account）制度を参考にしているため，日本版ISAといわれている。NISAのNはNipponのNである。

資産価値の増加分を正確に把握するために包括的所得税論ではインフレーションも考慮して課税ベースを計算しなければならない。

貯蓄に対する二重課税の問題もある。ある時点で得られた所得を消費に充てずに貯蓄した（資産の純増）場合，その貯蓄分も包括的所得税論では課税される。その後，貯蓄から得られる利子についても，利子を得た時点で所得として再び課税されることになる。

(2) 支出税論と金融課税

それに対して支出税論では，「所得＝消費＋資産の純増」における「消費」に充てられる所得を課税対象とする。資産の純増を課税対象から外しているのはライフサイクルで所得を捉えているためである。すなわち，個人の一生涯で考えると，資産の純増によって蓄積された資産もいずれは取り崩されて消費に充てられると考えられるため，消費に充てられたときに課税をすればよい，ということになる。ただし，実際に消費支出を記録して課税ベースを計算するのは困難であるため，支出税論での課税ベースは，「所得－資産の純増」として計算することが基本となる。

したがって，支出税論においては，資産純増分（預貯金増加分・株式購入分など）は控除され，預貯金の取り崩しや，利子・配当，株式売却によるキャピタル・ゲインは課税対象となる。ローン（借入）も，消費に充てられる収入であるため，支出税論においては課税対象となる[11]。

支出税論のメリットとしては，資産純増分を課税ベースから除くという点で，包括的所得税論で問題となっていた未実現のキャピタル・ゲインやインフレを考慮する必要がないことがあげられる。貯蓄についても，預貯金増加分は課税ベースから除かれ，利子のみが課税対象となることから，二重課税の問題も回避することが可能となる。

その一方で，支出税論もその前提から生じる問題を抱えている。支出税論での前提は，「生涯所得＝ライフサイクルでの消費＋資産の純増」が成立することである。これは，資産の純増分は本人の一生涯の間にすべて取り崩されて本人の消費支出に充てられることを意味している。しかしながら，現実には遺産・贈与があるため，「生涯所得＝ライフサイクルでの消費＋資産の純増」が

---

11) ただし，借入返済分（元本・利払い）については課税ベースから控除される。

成立しない。

(3) 最適課税論・二元的所得税論と金融課税

最後に,最適課税論ならびに二元的所得税論における金融課税の扱いについて説明しよう。両者は細部では異なる部分もあるが,共通しているのは,税による資源配分の歪みをできるだけ小さくするように税率等を設定しようと考える点である。歪みを小さくする税率設定とは,もっとも単純な場合,ラムゼー・ルールに代表されるように,需要の価格弾力性を考慮した税率設定である。そこでは,弾力的な財には低い税率,非弾力的な財には高い税率を課すことになる[12]。

この考え方を金融所得に対して適用するとどうなるだろうか。一般に,金融所得の源泉となる金融投資は「足が速い」といわれている。「足が速い」とは,収益率の変化に敏感に反応して資金配分を変化させるという意味である。言い換えると,金融所得は弾力的であるとみなすことができる。それに対して,働いて得る所得である労働所得は「足が遅い」所得といえる。つまり,賃金の変化に対する労働供給の変化は,金融取引と比べると非弾力的である。

単純な比較ではあるが,以上から考えられるのは,弾力的な金融所得に対しては低い税率,非弾力的な労働所得には高い税率を設定する課税体系である。とくに二元的所得税論では,労働所得には累進的な税率を課す一方,金融所得に対しては定率で課税する仕組みを考える。さらに,もし金融市場が完全であれば,金融商品間の収益率は等しくなると考えられるため,金融所得に対する税率も,源泉となる金融商品間で差をつけず,同じ税率(定率)で課税する方が望ましいとなる。

この二元的所得税論の考え方は北欧諸国(ノルウェー,フィンランド,スウェーデン,デンマーク)で採用されており,所得を大きく労働所得と資本所得(金融所得だけでなく法人所得も含む)に分けたうえで,労働所得には累進税率を課し,資本所得には労働所得に対する累進税率の最低税率を適用している。日本における「金融所得課税の一体化」も,この二元的所得税論の考え方を参考にしな

---

12) ここでは税の資源配分への歪み(効率性)のもっとも単純な場合のみを取り上げたが,「最適課税論」では効率性だけでなく,公平性も考慮し,両者を両立させながら,社会的厚生の最大化を実現するような税のあり方を考えている。詳しくは,赤井・本間(1996)や本間(1982)参照のこと。

がら行われている。

PART Ⅲ　仕組み・政策・課題を学ぶ

1　企業課税の仕組み

本節では，法人税と事業税，法人住民税の基本的な仕組みについて紹介する。

1.1　法人税（国税）の仕組み

法人税は，企業の所得に対して課される税である。したがって，法人税も個人所得税の場合と同様，(1) 課税所得を計算し，(2) 計算された課税所得に税率をかけて税額（算出税額）を出し，(3) 税額調整（税額控除など）を行って，最終的な負担額（納税額）を出すのが基本となる。以下では，(1)～(3)の段階を順にその概略を説明しよう。

(1)　課税所得の算出

法人税における課税所得は，益金から損金を控除することで算出される。税法上の益金・損金は，会計上の売上・費用と対応しているものもあるが，厳密には一致していない。とくに，会計上，企業収益となるものであっても，税法上は益金として認めない，すなわち**益金不算入**扱いになるものや，会計上，費用になるものであっても，税法上は損金として認めない**損金不算入**になるものがある。逆に，税法上は益金・損金扱いとなる**益金算入**や**損金算入**などもある。

たとえば，後述するような受取配当（他の法人から受け取る配当）は，企業会計上は収益に含まれるが，税法上は「益金不算入」となる。交際費については，会計上は費用扱いとなるが，税法上は「損金不算入」とされ，損金に含めることができない[13]。

(2)　算出税額の計算

(1)で「益金－損金」として算出した課税所得に対して，税法上の税率（法定

---

[13]　受取配当のうち全額が益金不算入となるのは，完全子会社や関連法人からの配当など条件を満たす場合のみである。そのほかの場合は，受取配当の一部（50％，もしくは20％）が益金不算入となる。また，交際費については，一定の条件を満たす場合には，交際費の一部（接待飲食費の50％）を損金に算入することができる。

表 10-1　資本金別の法定税率

		2015 年度	2016, 2017 年度	2018 年度
資本金 1 億円超の法人および相互会社		23.9%	23.4%	23.2%
資本金 1 億円以下の法人および資本金を有しない法人（相互会社を除く）	年 800 万円超の所得	23.9%	23.4%	23.2%
	年 800 万円以下の所得	19%(15%)	19%(15%)	19%(15%)

(注)　（　）内の税率は，租税特別措置法（第 42 条の 3 の 2）による中小企業者等への税率の特例適用の場合。
(出所)　財務省「平成 24 年度税制改正の解説」「平成 28 年度税制改正の解説」より筆者作成。

税率）をかけると税額が求まる。ただし，この段階での税額はまだ納税額にはならない。(3)のような税額調整があるためである。この点を明確にしておくため，税務統計等では(2)の段階での税額を算出税額と呼んで納税額と区別する。

　法定税率には，**標準税率**と**軽減税率**の 2 種類あり，表 10-1 にまとめたように，資本金の規模や所得水準，法人格の違い等によって適用される税率が異なっている。軽減税率が適用される主なケースとしては，資本金 1 億円以下の法人の年 800 万円以下の所得があげられる[14]。標準税率については，前述した法人実効税率の引き下げを目的として，2015 年度，ならびに，2016 年度の税制改正において，順次引き下げられることが決まっている（引き下げは 2018 年度まで）。

(3)　**納税額の決定**

　すでに述べたとおり，(2)で計算された算出税額がそのまま納税額にはならない。税額調整として加算や減算がある。とりわけ重要なのは，減算となる**税額控除**である。税額控除は，二重課税の調整としての控除と，政策目的を持った租税特別措置としての控除の 2 種類に大別される。

　二重課税の調整としては，企業が受け取る利子・配当に課されている所得税

---

[14] ただし，資本金が 5 億円以上の法人（大法人）等との間にその法人等による完全支配関係がある法人，および，100% グループ内の複数の大法人に発行済株式の全部を保有されている法人等は除かれる。

表10-2 法人事業税の課税区分と税率

区分	課税標準	税率 (2017年度)	税率 (2018年度〜)
資本金1億円以下	所得割	6.7%	6.7%
資本金1億円超 (外形標準課税)	所得割	6.0% (3.1%)	3.6% (0.7%)
	付加価値割	0.72%	1.2%
	資本割	0.3%	0.5%

(注) ( ) 内の税率は,地方法人特別税に関する特別措置適用時の税率 (ただし地方法人特別税は2019年10月1日以後に開始する事業年度から廃止)。
(出所) 筆者作成。

の税額控除や,海外で得た所得に対して課せられている外国税の税額控除がある。

租税特別措置としての税額控除には,その政策目的に応じてさまざまなものがある。時代や経済状況の変化に応じた見直しが求められているが,2000年代以降の代表的な控除としては,試験研究費にかかる税額控除や,中小企業の設備投資に関する税額控除などがある。

1.2 地方における企業課税の仕組み

地方税における主要な企業課税は,法人事業税と法人住民税であるが,このほか,地域間の税収格差を調整するために地方法人税が設けられている。これらの課税の概要を順に紹介する。

(1) **法人事業税（道府県税）**

法人事業税は,企業の資本金規模によって課税の仕組みが異なっている。資本金1億円未満の企業の場合は,所得を課税ベースとする所得割のみであるのに対して,資本金1億円以上の企業の場合は,所得割に加えて,付加価値および資本も課税対象となっている。このような付加価値や資本金も課税対象となっている課税方法を外形標準課税と呼んでいる。それぞれの課税区分とその税率は表10-2のとおりである。

(2) **法人住民税（道府県税,市町村税）**

道府県税,市町村税のいずれも均等割と税割の2種類がある。均等割は年度当たり一定額が課される税であり,税割は国税である法人税額を課税対象とす

第10章　経済のグローバル化と企業課税・金融課税　327

表10-3　法人住民税（都道府県，市町村）の税率（2016年度）

	都道府県	市町村
均等割	定額 （資本金で区分）	定額 （資本金・従業者数で区分）
税割	法人税額×3.2% （制限税率 4.2%）	法人税額×9.7% （制限税率 12.1%）

（出所）　筆者作成。

る税である。つまり，法人税額×税率で計算される。標準税率については表10-3のとおりである。ただし，均等割・税割は，いずれも都道府県・市町村で個別に超過課税などを設定できるため，実際の税額・税率は都道府県・市町村ごとに異なっている。

(3)　その他：地方法人税（国税）

前述したように，地方の企業関連税収については地域間の偏在が顕著である。そこで，税収偏在を解消するため，2014年度税制改正によって創設されたのがこの**地方法人税**である。ただし，名前には"地方"が入っているが，国税である点に注意する必要がある。国税として徴収された後，全額が地方交付税財源として扱われることになっている。課税対象は法人税額で，法人税額に税率4.4%が課される。なお，地方法人税の創設に伴って，地方住民税（税割）の税率は都道府県と市町村合わせて4.4%引き下げられた（都道府県1.8%引き下げ，市町村2.6%引き下げ）。

2　金融課税の仕組み

金融所得課税については，PART IIの歴史部分で述べたように，戦後のシャウプ勧告時の仕組みから，時の政策課題や経済・社会状況の変化に応じて変更が加えられてきた。本節では，現在の日本における金融課税の特徴を簡単に紹介する。

2016年度における利子・配当・株式譲渡所得課税の概要をまとめたのが表10-4である。金融所得（利子所得・配当所得・株式譲渡所得等）へは所得税が課されるが，このうち，利子所得と株式譲渡所得については，一般的な所得税の課税方式である総合課税（源泉の異なる所得を合算して累進課税）とは異なり，分

表 10-4　金融所得課税の概要（2016 年度）

	利子所得		配当所得	株式譲渡所得
	預貯金等	特定公社債等	上場株式等^(注1)	上場株式等^(注2)
課税方式	源泉分離	申告分離 または申告不要	総合課税と申告分離の いずれか選択	申告分離
税率	所得税 15%・住民税 5% （源泉徴収）		【総合課税】 累進税率・配当控除 【申告分離】 所得税 15%・住民税 5%	所得税 15% 住民税 5% （源泉徴収）
その他	―	株式譲渡所得と 損益通算可	【申告分離】 株式譲渡所得と損益通算可	利子・配当所得と 損益通算可 繰越控除可 （3 年間）

(注1) 上場株式等以外の配当所得については，申告不要となる場合もある。
(注2) 上場株式等以外については損益通算・繰越控除できない。
(出所) 筆者作成。

離課税が採用されている[15]。分離課税とは，他の所得とは分けて，該当所得についてのみ定率で税を課す方式である。

さらに，特定の利子所得と株式譲渡所得の間では損益通算も認められるようになっている。つまり，もし上場株式等の取引で譲渡損が発生したとしても，その損益を特定の利子所得との間で通算することが可能である。

配当に関しては，原則として総合課税となっているが，特定の配当所得（上場株式等の配当〔大口以外〕など）については総合課税と申告分離課税の選択制，もしくは，源泉徴収のみ（確定申告不要）となっている。申告分離課税を選択した場合，上場株式等の譲渡所得との間で損益通算が可能である。

3　企業活動のグローバル化と国際課税の仕組み

グローバル化する経済において，企業の活動範囲も国境を越えて行われている。しかしながら，税制には国境があり，国ごとに異なる税制となっている。この場合，グローバルに活動する企業に対する課税はどうなっているのだろう

---

[15] 正確には，申告分離課税であり，確定申告をする必要がある。とりわけ，後述するような他の金融所得との損益通算を行うためには，申告が必要となる。

か。本節では，国際課税の基本的な仕組みと課題を紹介する。

3.1 国際的二重課税と租税条約

複数の国で事業を行う場合，企業は事業を展開する国ごとに，その国（源泉地国）で得た収益に対して課税される。さらに，当該企業が本社を置く国（本国）でも，その企業の海外分を含めた全事業収益（全世界所得）に対して課税する。したがって，海外で行った事業から得られる収益には，源泉地国と本国から二重に課税されることになる[16]。

このような二重課税は企業のグローバルな経済活動の妨げになることから，各国は2国間で租税条約を締結し，条約に則って締結国間での二重課税を排除している。日本は，2016年9月現在，98カ国・地域と66の条約を締結している。

代表的な二重課税の排除方法は**外国税額控除**と呼ばれる方式である。これは，本国で納めるべき税額（企業の全世界所得に本国の法人税を適用して算出）から外国で納めた税額を控除することで二重課税を排除する仕組みである。外国で納めた税額は，基本的に事業先を源泉とする所得に対して源泉地国の税制が適用された場合の税額である。ただし，租税条約によって源泉地国での課税をお互いに免税もしくは軽減税率適用とする場合が多い。とくに，利子・配当・使用料（ロイヤリティ）に関しては，相互免税，もしくは，相互に同税率（かつ低税率）で課している。

3.2 代表的な国際的租税回避：移転価格，タックス・ヘイブン

国ごとに税制が異なることを利用して課税逃れを図る，いわゆる国際的な**租税回避**を企業が行う場合もある。代表的な国際的租税回避行為としてあげられるのは「**移転価格を利用した租税回避**」，「**タックス・ヘイブンを利用した租税回避**」である。

移転価格とは，グローバル企業内での国際的な取引において，企業内取引価

---

16) この二重課税は，本国が居住地国主義（その国に本社を置く企業が得る所得は源泉を問わずすべて課税）をとる場合に生じる。源泉地国主義（本国を源泉とする所得のみに課税）をとる場合は生じない。

格を調整することにより，利益を低税率国に移転させる行為のことを指す。

　たとえば，親会社（A 国）と海外関連会社（B 国）間の取引を考えてみよう。海外関連会社が現地で組み立てるために必要な部品を親会社から仕入れているとする。B 国の税率の方が A 国よりも低い場合，この企業は，親会社から海外関連会社への部品価格を低く設定することで，利益を海外関連会社に移転させることが可能になる。部品価格が低いということは，海外関連会社にとっては仕入れコストを抑えられることになるため，その分，収益が確保されるのである。

　移転価格を利用した租税回避については，**移転価格税制**と呼ばれる制度によって企業の利益移転を認定し，追徴課税を行う仕組みが設けられている。関連者間取引価格の操作を判別する代表的な方法は独立企業者間価格と関連者間取引価格との比較である。これは，同様の取引が第三者との間で行われている場合の価格設定を独立企業者間価格とし，それと関連者間取引価格とを比べることで，企業内での利益操作が行われているかどうかを判断する方法である。

　移転価格税制の適用は事後的に行われるため，企業にとっては，リスクの大きい制度でもある。そこで近年では，事前確認制度（APA: Advance Pricing Agreement）と呼ばれる制度が設けられ，取引を行う前に関連者間取引価格が移転価格でないことを確認することも可能となっている。

　タックス・ヘイブンを利用した租税回避とは，タックス・ヘイブン（租税回避地）と呼ばれる低税率国にペーパーカンパニーを設立して利益・所得を留保し，課税を逃れる方法である。2016 年には「パナマ文書」と呼ばれる膨大な機密文書が公開されたこともあり，国際的租税回避方法として広く知られることとなったが，租税回避としては古くからある回避方法である。この課税逃れについては，日本では**タックス・ヘイブン対策税制**と呼ばれる制度で対応している。この制度は，税率が 20％ 未満の国を軽課税国とし，該当する軽課税国にある所得に対して，日本の税率との差の分を追徴課税するというものである。代表的なタックス・ヘイブンとしては，パナマ，ケイマン諸島，クック諸島等がある[17]。

---

17) タックス・ヘイブンを利用した租税回避に関する経済理論として「租税競争」がある。詳しくは第 4 章 116〜119 頁を参照。

Column⑩ アメリカ政府はアップルの味方？？

　2016年8月，アップルはアイルランド政府から130億ユーロ（約1兆4800億円）の追徴課税を受けることになるとの報道がなされた。この措置は，欧州連合（EU）の欧州委員会がアイルランド政府に対して通知した指示によるもので，アメリカ政府は「一方的な措置」として反発しているとのことである（『日本経済新聞』2016年8月31日付夕刊3面）。

　なぜアメリカ政府は，アップルという民間企業の肩を持つようなコメントを出したのだろうか。実は，ここに国際課税の根本的な問題が隠されている。

　そもそも，なぜアップルが追徴課税の対象となる事態になったのだろうか。欧州委員会側は「アップルがアイルランドで受けた租税優遇措置は違法だ」と主張している。つまり，"違法"な優遇であったことを根拠に，優遇措置で減額された税額分を追徴すべき，としているのである。これに対して，アップル側は「アイルランド政府が決めた優遇措置に対して，欧州委員会が介入してくるのはアイルランドの主権を侵害している」などと反論し，裁判で争う構えを見せている。

　この問題は，あくまでアップル，アイルランド，欧州委員会の間での問題である。それなのにアメリカ政府が口を出すのは，ひとえにアメリカの税収が奪われる恐れがあるためである。

　アメリカは，国際課税の原則でいえば，居住地国主義・世界所得課税を行っている。そのため，もし今回の追徴課税が実施されれば，アメリカはアップルが海外で追徴課税された税金分をアップルに還付しなければならなくなる。還付すればその分，アメリカ政府の税収は減る。つまり，自国の主権が及ばないところで決められてしまう海外での課税が自国の税収減をもたらすのである。だから，アメリカ政府は反発するのである。

　国際課税に関しては，多国籍企業や有名人の巧妙な国際的租税回避の実態，それらを取り締まるための制度づくりに注目が集まりがちである。もちろん，制度の"穴"を利用して納めるべき税を不当に避けようとすることは問題である。しかし，国際課税制度の基本が「グローバルに行われる経済活動から得られる税収を国家間でどう配分するか」という点にあることは忘れてはならない。アップルへの追徴課税に対するEUとアメリカ政府の意見対立は，国家間の税収配分をめぐる争いという国際課税制度の基本課題の重要性も教えてくれる好例といえるだろう。

3.3 高度化する国際的租税回避への対応

先に紹介した移転価格やタックス・ヘイブンによる国際的租税回避は，いわば古典的な租税回避方法である。グローバルな経済活動が進展して企業の活動場所が広がるとともに，IT化を受けて電子商取引をはじめとする多様なビジネスが行われるようになる中，そのような変化に応じて国際的な租税回避も年々，高度化・複雑化している。

高度化・複雑化する国際的租税回避に対処するためには，国家間での協力が欠かせない。国際的租税回避防止に向けた国際的なルールづくりや，租税回避行為に関する情報交換等を徹底することがますます重要となる。この流れを受けて，OECD租税委員会は，国際課税ルールを見直すためにBEPS（Base Erosion and Profit Shifting：税源浸食と利益移転）プロジェクトを実施し，2015年に「最終報告書」を公表した。最終報告書では，高度化・複雑化する国際的租税回避防止に向けて取り組むべき15の行動を定め，各国内での制度整備，ならびに国際的な協調に基づくルールづくりを求めている。

4 少子高齢化と金融課税

PART I でも述べたように，少子高齢化が進む中，日本経済にとっては貯蓄率の低下による資本蓄積減少，家計にとっては公的年金以外の老後資金確保の必要性にどう対応していくかが重要な課題となっている。その対策の1つが，家計の金融資産配分を"貯める"から"運用する"方向に変えていくことである。ここでは，"運用"へのインセンティブとして設けられた少額投資非課税制度（NISA），およびジュニアNISAの概要と実態を見ていこう。

表10-5は，NISAとジュニアNISAの概要をまとめたものである。本来，配当所得には，最低でも源泉徴収で20%の税率が課される。株式譲渡所得についても20%の課税である。それがNISA口座で運用する株式の配当・譲渡益については非課税となる。ただし，NISA口座で運用している配当・譲渡損益は，他の口座（一般口座・特定口座）での損益との通算はできない。このような非課税措置を受けるためには，金融機関でNISA口座（非課税口座）を開設する必要がある（1人1口座のみ）。非課税対象となるのは，あくまでNISA口座で取引する上場株式等の配当・譲渡益のみである[18]。

表 10-5 NISA・ジュニア NISA の概要（2016 年時点）

	NISA	ジュニア NISA
非課税対象	満 20 歳以上(注)の居住者が開設する NISA 口座内の少額上場株式等の配当・譲渡益	20 歳未満の人が開設する NISA 口座内の少額上場株式等の配当・譲渡益
非課税枠	毎年上限 120 万円（①，②の合計） ①新規投資額 ②非課税期間後に継続適用する場合の上場株式等の時価	毎年上限 80 万円
非課税期間	最長 5 年 （非課税投資額最大 600 万円）	最長 5 年 （非課税投資額最大 400 万円）
口座開設期間	2014～2023 年の 10 年間	2016～2023 年の 8 年間
備考	1 人 1 口座のみ 子ども 1 人のジュニア NISA と合わせると 大人 1 人につき，年 200 万円・最大 1000 万円が非課税	

(注) 口座開設年の 1 月 1 日時点。
(出所) 筆者作成。

2015 年度の税制改正では，若年世代の投資をさらに促すため，2016 年から未成年者を対象としたジュニア NISA が創設された。1 人当たり年間 80 万円を上限として上場株式等に投資可能となっている。ただし，基本的に親権者等の代理または同意のもとでの投資が求められるため，親 1 人が本人の NISA と子ども 1 人のジュニア NISA を合わせて合計 200 万円（年額）を上限として非課税で投資することができることになる。

NISA については，2014 年の創設以降も，毎年のように拡大されてきているが，実際の利用状況はどうなっているのだろうか。金融庁の調査によると，開設口座数は，2016 年 3 月末時点で 60 歳代がもっとも多く，264 万 2539 口座，次いで 70 歳代が 195 万 4893 口座であり，両年代を合わせると開設口座総数の 45% を占めている。買付総額も 60 歳代で総額約 2 兆 3903 億円と全体の 30% を占め，70 歳代では総額約 1 兆 7171 億円，全体の 22% となっている（いずれも 2016 年 3 月末時点）。

以上のように，データからは，60 歳・70 歳代の高齢者が NISA を活用して

---

18) 一般に，株式等への投資を行う場合，金融機関に設ける口座としては，「一般口座」や「特定口座」があるが，NISA 口座はそれらとは別に設ける口座である。

いる実態が見てとれる。高齢世代は，若い世代と比べると資金の蓄積があるため，NISA口座数・買付額も若い世代と比べて多くなるのは当然ではある。しかしながら，投資に対する非課税制度を設けた目的の1つには，公的年金以外の老後資金を確保できるよう若年世代の金融資産配分を多様化し，リスク資産による運用を促すことであった。ところが，実際の利用を見ると，若年世代にNISAが活用されている状況になっているとはいいがたい。2016年からはジュニアNISAも創設されたが，利用状況によっては，若年層に向けてさらなる拡充等を検討する必要が出てくるだろう。

■ 練習問題
Q1：以下の空欄に最も適切な語句を入れてみよう。
1.1 国税である法人税の法定税率（基本税率）はもっとも高かったときで（ ① ）％であったが，1990年代以降，徐々に引き下げられ，2018年度には（ ② ）％になり，法人実効税率は（ ③ ）％と30％を下回る水準となる予定である。
1.2 地方税における企業課税については，税収の（ ④ ）性や（ ⑤ ）性を確保するために，事業税の（ ⑥ ）が行われたり，住民税の一部を交付税化する（ ⑦ ）が設けられたりした。
1.3 金融所得課税は，基本的に（ ⑧ ）課税となっている。その場合の税率は，いずれの所得も（ ⑨ ）％（所得税・住民税合わせて）である。ただし，配当所得については，（ ⑩ ）課税を選択することができる。その場合は定率ではなく，（ ⑪ ）税率が適用される。また（ ⑫ ）所得の一部は，利子・配当所得と損益通算が可能になっている。このような異なる金融所得間での損益通算を可能にするなどの一連の改正は，「（ ⑬ ）」と呼ばれている。

Q2：以下の点について自分の意見をまとめてみよう。
2.1 法人税率の引き下げは，日本企業の国際競争力の強化に役立つだろうか，考えてみよう。
2.2 NISAやジュニアNISAのように，リスクのある金融資産への投資を税制上優遇することについて考察し，自分自身の意見（賛成・反対など）を明確にしてみよう。

■ 参考文献
赤井伸郎・本間正明（1996）「最適課税論——現実との接点を求めて」木下和夫編著『租税構造の理論と課題』税務経理協会，所収。

岩田一政・鈴木郁夫・吉田あつし（1987）「設備投資の資本コストと税制」『経済分析』第 107 号，1～72 頁．

岩本康志（1989）「日本企業の平均・実効税率」『ファイナンス研究』第 11 号，1～29 頁．

岩本康志・前川聡子（2005）「設備投資と法人課税」本間正明監修，神谷和也・山田雅俊編著『公共経済学』東洋経済新報社，所収．

上村敏之・前川聡子（2000）「産業別の投資行動と法人課税——企業財務データを利用した Tax-adjusted Q による実証分析」『日本経済研究』第 41 号，45～70 頁．

佐藤進・宮島洋（1990）『戦後税制史（第 2 増補版）』税務経理協会．

田近栄治・林文夫・油井雄二（1987）「投資：法人税制と資本コスト」浜田宏一・黒田昌弘・堀内昭義編『日本経済のマクロ分析』東京大学出版会，所収．

田近栄治・油井雄二（1988）「資本コストと法人実効税率」『経済研究』第 39 巻第 2 号，118～128 頁．

日本経済新聞（2016）「欧州委員会のアップル追徴課税——米政府『一方的』と反発」2016 年 8 月 31 日付，全国版，夕刊 3 面．

本間正明（1982）『租税の経済理論』創文社．

本間正明・常木淳・岩本康志・佐野尚史（1988）「設備投資理論の展望」『フィナンシャル・レビュー』第 8 号，9～32 頁．

本間正明・林文夫・跡田直澄・秦邦昭（1984）『設備投資と企業税制』経済企画庁経済研究所研究シリーズ第 41 号．

宮島洋（1986）『租税論の展開と日本の税制』日本評論社．

宮川努（1997）「設備投資理論の進展と実証分析の多様化」浅子和美・大瀧雅之編『現代マクロ経済動学』東京大学出版会，所収．

King, M. A. and D. Fullerton (1984) *The Taxation of Income from Capital*, University of Chicago Press.

Summers, L. H. (1981) "Taxation and Corporate Investment: A *q*-theory Approach," *Brooking Papers on Economic Activity*, No. 1, pp. 67-127.

■ 参考資料

金融庁（2016）「NISA・ジュニア NISA 口座の開設・利用状況調査（平成 28 年 3 月末時点）」（http://www.fsa.go.jp/policy/nisa/20160708-1.html）．

国税庁「国税庁統計年報（各年度版）」（http://www.nta.go.jp/kohyo/tokei/kokuzeicho/tokei.htm）．

国税庁「税務統計から見た申告所得税の実態（平成 26 年分）」第 1 表（http://www.nta.go.jp/kohyo/tokei/kokuzeicho/shinkokuhyohon2014/hyouhon.htm）．

財務省ウェブサイト「主要税目の税収（一般会計分）の推移」（http://www.mof.go.jp/tax_policy/summary/condition/011.htm）．

財務省ウェブサイト「法人実効税率の国際比較」（http://www.mof.go.jp/tax_policy/

summary/corporation/084.htm)。

財務省ウェブサイト「法人税率の推移」(http://www.mof.go.jp/tax_policy/summary/corporation/082.htm)。

■ リーディングリスト
(税制全般)
　①加藤寛監修(2000)『わが国税制の現状と課題——21世紀に向けた国民の参加と選択』(財)大蔵財務協会(WEB版URL：http://www.cao.go.jp/zeicho/tosin/zeichof.html)。

　これは，2000年7月14日に政府税制調査会が取りまとめた答申書である。刊行物版の冒頭に書かれているとおり「税制調査会初の『税制白書』」と位置づけることのできる資料で，税制の理論的・制度的な基礎から現状・課題に至るまで，丁寧・詳細にまとめられている。

　日本の税制について関心の高い読者は，本テキスト第8～10章と合わせて一読することをお勧めする。
(企業課税)
　②木下和夫・金子宏監修　武田昌輔編著(2000)『21世紀を支える税制の論理　第3巻　企業課税の理論と課題(改訂版)』税務経理協会。

　企業課税や国際課税について，どういう研究成果が出ているのかを知りたい読者には本書の一読を勧める。少し古くなってしまったが，企業課税および国際課税の基本的な研究テーマを網羅した研究論文集となっている。実務的にさらに詳しく知りたい場合には，会計・税務関係の実務書にあたるのがよい。なお，同じシリーズの第4巻は国際課税の特集となっている。この第4巻も一読をお勧めする。

練習問題解答

第1章
Q1：解答例
①ワニ　　②資源配分機能　　③所得再分配機能　　④経済安定化機能　　⑤PLAN
⑥DO　　⑦CHECK　　⑧ACTION

Q2：考える視点
2.1　景気が減速すると，歳入は減少する。その一方で，景気対策としての歳出は拡大する。その歳出が景気を刺激し，また，イノベーションなどを通じて経済成長を促すことに成功すれば，歳入も拡大するはずである。しかし，歳入が伸びていないのは，この刺激策が，効果的ではないからと考えられる。また，歳入に結びつかない歳出として，高齢化に伴う社会保障支出の拡大も原因である。

2.2　日本では，レベルの高い充実した社会保障がその負担を意識しないで実現しており，国民の間において，将来世代にツケを回して実現していることへの認識が希薄である。負担を大きくしない限り持続可能ではないため，この充実した社会保障を維持するためには，将来は，「大きな負担」は避けられない。その負担をしてまでも「充実した社会保障」を維持したいのかは，国民の判断である。もっとも難しいのは，負担する人と，社会保障を受ける人（受益する人）が，異なることである。受益と負担が一致するような仕組みづくり（高齢者の間での負担の仕組み）や，一生涯で見て受益と負担が一致する仕組み（世代ごとの積立方式）などの検討づくりも必要かもしれない。負担が明確になれば，大きな政府を目指すのではなく，適正レベルの政府を目指す議論も出てくるであろう。

第2章
Q1：解答例
①財政法　　②建設国債　　③特例国債（赤字国債）　　④政府支出乗数
⑤中立命題　　⑥財政錯覚　　⑦借入制約　　⑧財政の持続可能性
⑨（ある一定の水準に）収束　　⑩（正の無限大に）発散

Q2：考える視点
2.1　将来財政の見通しに関して，「経済再生ケース」と「ベースラインケース」を分けて考えてみよう。これらのケースの大きな違いの1つは，予想している経済成長率である。前者の方が後者よりもより高い経済成長率を仮定している。そのうえで，(1)政府が目標として掲げている「2020年度の基礎的財政収支の黒字化」が達成できる

か，(2)国・地方の公債等残高対 GDP 比率が減少に向かう見込みかどうか，についてまとめてみよう。

2.2 一例として，日本経済の姿として，(名目) 経済成長率は 3.8% 程度 (経済再生ケースの想定。ベースラインケースにおいては 1.3% 程度)，(名目) 利子率は 4.0% 程度 (経済再生ケースの想定。ベースラインケースにおいては 1.8% 程度)，基礎的財政収支はゼロ (2020 年度の政府目標値) という状況を想定してみよう。また現時点での政府債務残高対 GDP 比率として 200% の水準をおいてみよう。これらの仮定を，本文中の政府の予算制約式に代入して，来年度以降の政府債務残高対 GDP 比率を求めてみよう。

第3章

Q1：解答例
①財源調整　②財源保障　③基準財政需要額　④基準財政収入額

Q2：考える視点

2.1 便益が他地域にスピルオーバーする地方公共財については，各地域の地方政府による自発的供給に委ねると，社会全体の最適供給量よりも過少供給になりやすい。その状況下では，限界外部便益に等しいピグー補助金を中央政府が地方政府に交付すれば，最適供給量が実現可能である。

2.2 地方政府がどの財にどれだけ支出するのかという選択に対して，特定の財に限定した定率補助金は，当該財の価格低下と同等の効果を持つ。一定の予算制約のもとで，補助がなされる財となされない財への支出の組み合わせによって，地域住民の効用最大化を図るとすれば，特定定率補助金は，それがない場合と比べて，より高い効用水準を実現することができる。しかし，分野を限定しない一般補助金の場合には，少ない補助金額で同じ効用水準を実現できるため，その差額だけ社会的厚生が損なわれていることになる。

第4章

Q1：解答例
①14　②8　③最適反応　④低税率　⑤低税率　⑥低税率　⑦低税率
⑧低税率　⑨低税率

Q2：考える視点

2.1 企業誘致に用いた手法 (たとえば，補助金) について触れたうえで，地元の雇用や人口の増減，あるいは商業年間商品販売額などの地域経済データ，税収などの財政データを時系列的，地域横断的に比較する。また，企業の撤退があったのであれば，

同様の比較を行う．データに基づいて，企業誘致について考察を加える．
2.2 本文第4章図4-6を参考にしながら，合併の進捗状況について各自でまとめる．大きなくくり（都市部と地方部，東日本と西日本など）で，合併の傾向について違いがあるのかを考察する．また，大きく合併が進んだ特定の都道府県や合併が進まなかった都道府県を個別に抽出して，その特徴について考察する．

第5章
Q1：解答例
①非競合性　②非排除性　③生活基盤　④産業基盤　⑤費用便益　⑥社会的割引率　⑦PFI（Private Finance Initiative）　⑧コンセッション

Q2：考える視点
2.1 日本の社会資本は，どのような分野で，いつごろに整備が進んだのだろうか？そして，老朽化した社会資本を更新する必要性はあるのだろうか？ さらに，社会資本の更新費用を誰が負担するべきか？ 考えてみよう．
2.2 あなたの身の回りの社会資本に何があるのかを考えよう．その社会資本の整備主体は誰か，その整備に用いる財源がどうなっているのかを調べてみよう．経済学の理論に基づくと，その社会資本の「民営化」と「広域化」にはどのような効果があるのかを考えてみよう．

第6章
Q1：解答例
①市町村　②県費負担教職員（制度）　③義務教育国庫負担金（制度）　④私立（大学）　⑤私立大学経常費補助（制度）　⑥公立（大学）

Q2：考える視点
2.1 メリットとしては，児童・生徒1人当たりの教員数が増えれば，よりきめ細やかな指導が可能となり，学力の向上や不登校などの問題に対処しやすくなる可能性が考えられる．デメリットとしては，さらなる教職員の配置により人件費がかさみ，財政負担が大きくなる可能性が考えられる．これらメリット・デメリットともに不確実な面があることも考慮して自身の立場を明確にしてみよう．
2.2 現在の知識基盤社会における18歳人口の減少などを背景に，各大学は学生を確保できる魅力的な大学づくりや地域経済の発展に貢献する人材輩出などが求められ，財政逼迫下においてそれらをいかに有効に推進するかが問われている．法人化を契機として，教職員の意識改革や大学の柔軟で機動的な管理運営を促す組織改革などを通じ，教育研究の充実や運営の効率化を図ることなどが期待されている．

第7章

Q1：解答例
①社会全体　②公的扶助　③社会福祉　④公衆衛生　⑤社会保険
⑥介護保険　⑦地域包括

Q2：考える視点

2.1　社会保障の財源を確保するのに，税でまかなう税方式と保険料でまかなう保険料方式がある。税方式は，潜在的にすべての人が給付対象となる想定で，納付者は特定できないという考えがある。このとき給付を受けるには，必要性を明らかにすることが求められる。たとえば生活保護制度では，所得や資産の保有状況を審査するミーンズテストが行われる。一方で，保険料方式の場合は，事前に保険に加入し，保険料を支払っている人のみが給付を受ける。受給と給付の関係が明確である。加入・納期の期間，給付資格，給付内容が重要となる。

2.2　保険料を現役時に徴収・運用し，退職期に拠出者の年金として給付するのが積立方式である。そのため，積立方式では家計の消費行動と経済全体の貯蓄は中立的であるとも考えられる。一方，賦課方式では現役世代が拠出した保険料は自分の将来の給付に充てられるのではなく，当該時の退職世代の給付に充足される。したがって，賦課方式は世代間扶養の考えのもとで運用されてきたが，労働力人口の減少と少子高齢化が進む中で，給付の増加と財源負担の上昇が懸念されている。

第8章

Q1：解答例
①給与所得　②基礎　③配偶者　④扶養　⑤社会保険料

Q2：考える視点

2.1　「基礎控除の拡張」は一見すると所得の低い人の税負担を減らす点で有効な政策に思える。しかし，そうした直観と異なり，実際には低所得者への負担軽減として有効ではなく，むしろ所得の高い人の負担を大きく減らすと考えられる。その理由を本文を読んできちんと理解しよう。

2.2　日本の個人住民税制度の特徴は10％の比例税率と，さまざまな所得控除である。たとえば平均年収500万円と100万円にそのまま10％の税率をかけた場合，2つの自治体の税収格差は5:1のままである。しかし所得控除（たとえば一律50万円の控除）を適用してから比例税率10％をかけると，2つの自治体の税収格差はどうなるだろうか。考えてみよう。

第9章

Q1：解答例
①所得　②法人　③消費　④3000　⑤600　⑥法定相続人比例　⑦4800
⑧5000　⑨1000　⑩8000

Q2：考える視点

2.1　少子高齢化経済では，労働人口の減少と経済のストック化が進むことになる。労働人口は減少するが，高齢者の人数は増加するので，マクロ的な消費は比較的安定的になるものと考えられる。また，これまで想定されていた夫婦子2人の標準世帯がもはや標準といえなくなってきている。単身世帯と高齢世帯の増加が著しい。

2.2　消費税の逆進性は所得に占める税負担率が高所得になるにつれて低くなるという現象である。しかし税負担額はケインズ型の消費関数を想定すると，高所得になるにつれて多くなるうえ，将来に消費する場合も考慮すると，税負担率は変わらないということも事実である。また，高齢者は，年金収入で所得額が低いが，貯蓄現在高（金融資産）が高く生活に余裕がある場合もある。ピンポイントで困っている人の税負担額を低くする制度構築が必要になってくる。

第10章

Q1：解答例
①43.3　②23.2　③29.74　④安定　⑤普遍　⑥外形標準化　⑦地方法人税　⑧分離　⑨20　⑩総合　⑪累進　⑫株式譲渡　⑬金融所得課税の一体化

Q2：考える視点

2.1　日本の法人実効税率は，国際的にはどのような水準にあるだろうか？　そのような国家間の実効税率の違いは，グローバルに活動する日本企業にとってどういうことを意味するだろうか？　さらに，経済学の理論に基づくと，法人税率を引き下げる場合どういう影響があるといえるだろうか？

2.2　現在の家計の金融資産配分（銀行預金，有価証券，生損保などの配分）の特徴を踏まえたうえで，少子高齢社会において，家計にはどういう資産配分が求められるようになるのかを考えてみよう。また，税を優遇するということについて，租税原則から見た長所・短所を整理してみよう。

索　引

（太字の数字書体は，本文中で重要語句として表示されている語句の掲載ページを示す）

● アルファベット

BEPS（税源浸食と利益移転）　**332**
KPI（重要業績評価指標）　**25**
NISA　→少額投資非課税制度
NPM　→新しい公共経営
OECD 租税委員会　**332**
PDCA サイクル　**25**, 26, 197
PFI（Private Finance Initiative）　**126**, 166
　──法（民間賃金等の活用による公共施設等の整備等の促進に関する法律）　167
　サービス購入型の──　167
SNA　→国民経済計算

● あ　行

アカウント方式　→帳簿方式
赤字国債　→特例国債
赤字地方債　**80**, 94
秋のレビュー　**28**
足による投票　**116**
アセット・マネジメント　**165**
新しい公共経営（NPM）　**126**
アドバース・セレクション　→逆選択
安定性　278, 306
遺産　47
　──課税方式　**300**
　──取得課税方式　290, **300**
　──消費動機　**292**
　──動機　**292**
遺族給付　**222**
一全総　→全国総合開発計画
一部事務組合　**60**, 124
一括交付金　161, **198**
一般会計　5, 22, 77, 88

　──等　88
一般均衡価格　**14**
一般財源　**65**, 83, 107
　──化　178
一般政府　3, 37, 62
一般定額補助金　**70**, 71, 74
一般定率補助金　**70**, 71
一般補助〔金〕　**70**, 199
一般理論　**11**
移転価格　**329**
　──税制　**330**
医療　207, 211
　──給付　**230**
　──サービス　**232**
医療保険　231, 232
　──制度　**226**
インフラストラクチャー　→社会資本
インフラ長寿命化計画（行動計画）　**165**
インフレーション　16, 41
インボイス方式　→伝票方式
裏負担　**75**
売上税　**286**
運営権の売却　167
運営費交付金　173, 184, **198**
益金算入／不算入　**324**
益　税　**297**
エンゼルプラン　**217**
応益課税　**293**
応益原則　**258**, 259
応益性　119, 274, 278, 306, 314
応能原則　**258**
大きな政府　14, **30**
大阪レビュー　**29**

● か　行

会計検査院　**26**

会計年度　20
　　——独立の原則　21, 22
外形標準課税　**326**
介　護　207, 211, 217
　　——給付サービス　237
　　——療養型医療施設　**237**
　　——老人福祉施設　**237**
　　——老人保健施設　**237**
外国税額控除　**329**
介護保険〔制度〕　217, **235**
　　——サービス　237
　　——施設　**237**
　　——法　**217**
　　——料　235, 255
概算要求　**23**
外部性　**17**, 73, 117
　　正の——　**17**, 145, **186**
　　負の——　**17**
価　格
　　——効果　→代替効果
　　——の独立性　15
　　——のパラメータ機能（価格の伸縮性）
　　　15, 16
科学研究費補助金　**199**
価格調整　15
　　——力　**16**
課税所得　**249**
　　——の弾力性　**264**
課税バランス　285
課税ベース　314
　　——侵食　253, 268, 273
　　——の適正化　**312**
価値財　**187**
学級編成　181
学校教育法　173, **182**, 190
学校の統廃合　**203**
合併特例債　**121**
合併特例法（市町村の合併の特例に関する法律）　**121**
加配定数　181, **192**
株式譲渡所得　**320**, 327

株式等の譲渡益課税　**309**
借入制約　**48**, 187
簡易課税制度　287, **297**
間接税　**245**, 256
完全競争均衡　**14**, 16
完全性の原則　21
簡　素　**258**
還付税　**67**
官房学　**10**
官民の役割分担　**165**
議員特例　**121**
機会委任事務制度　**109**
機会費用　**186**
基幹税　**7**
企業（法人）　315
　　——課税　**304**, 306, 311
　　——組織再編税制　**313**
起債管理　90
起債制限比率　**90**
技術的環境・選好環境の凸性　16, 18
基準財政収入額　67, 69, **82**
基準財政需要額　67, 69, **81**
基礎控除　251, **281**
基礎定数　**192**
基礎的財政赤字　**50**
基礎的財政収支（プライマリー・バランス）
　　50, **62**, 63
帰　着　**290**
基盤的経費　173, 184, **197**, 200
規模に関して　108
規模に関して収穫一定／収穫逓減／収穫逓増
　　108
規模の経済性　16, 18, **108**, 124
義務教育費国庫負担　173, 195
　　——金　**175**, 195
　　——法　**178**, 180
　　——割合　178
義務的経費　**66**
義務標準法（公立義務教育諸学校の学級編制
　　及び教職員定数の標準に関する法律）
　　179, **180**

逆選択（アドバース・セレクション）
　　219
キャピタル・ゲイン（譲渡益）　**309**
　　未実現の——　321
救　貧　**215**
給付型奨学金制度　**199**
給付付き税額控除　259, **271**, 299
給与所得　309
　　——控除　**249**, 260
　　——者　**249**
教　育　101
　　——基本法　190
　　——行政　191
　　——サービス　186
　　——財政　173
　　——長　**191**
　　——投資　172, 187, 203
　　——バウチャー制度　**189**
教育委員　**191**
　　——会　**191**
教育費　173
　　国が負担した——　**177**
　　地方が負担した——　**177**
協会けんぽ（全国健康保険協会管掌健康保険）　227, **228**, 254
教科書の無償給与　178
協議制　90, 109, **110**
競合性　186
共済組合　228
教職員定数　**192**
行政委員会　**191**
行政監視機構　**16**
行政管理手法　**126**
行政事業レビュー　**28**, **126**
行政事務　100
行政投資　**133**, 135, 144
　　事業主体別の——　136
　　事業目的別の——　134
行政評価局調査　**28**
競争的資金　**197**, 200
競争入札制度　126

共同研究　**201**
許可制　90, **110**
均衡予算原則　67
均等割　**259**, 326, 327
金融課税　309, 320, 323
金融市場　45
金融所得　310, 321, 323, 327
　　——課税の一体化　320, 323
勤労税額控除　264, **272**
偶発的遺産動機　**292**
国　**100**
　　——から地方への財政移転　**61**
国直轄事業負担金　**160**
国と地方
　　——の財政負担　176
　　——の役割分担　**61**, 157
組合健保（組合管掌健康保険）　227
クラウディング・アウト効果　**45**, 54
繰上げ／繰下げ受給　**225**
繰越金　**88**
グループ法人税制　**313**
クロヨン問題　**259**, 272
景気安定化　11
景気対策　40, 49
軽減税率　**299**, 325
経済安定化機能　**13**, 42, 245, 278
経済安定政策　**17**
経済再生ケース　**50**
経済成長　30, 54
形式収支　**87**
軽油取引税　**279**
ケインズ（J. M. Keynes）　11
　　——型消費関数　43, 45
　　——経済学　**11**
決　算　26
欠損法人　**308**, 314
県営事業負担金　**160**
現役世代　**211**
限界外部便益　73
限界収益　**261**
限界代替率　**150**

索　引　345

限界費用	**113**, **185**
限界評価	**112**
限界不効用	**261**
限界便益	**185**
限界変形率	**150**
研究開発費	200
現金給付	**230**
現金主義	**87**, **126**
権限移譲	**121**
健康保険	227
──組合	**228**
──料	254
減債基金	**90**
建設国債	**37**, 39, 42, 91
建設地方債	**91**
健全化判断比率	**91**, 96
源泉徴収制度	259
源泉分離課税	**319**
県費負担教職員制度	**192**
現物給付	**230**
厳密性の原則	21
広域化	108, **120**, 124
広域行政	109, **120**, 124
広域連合	**124**
公開性の原則	22
公開プロセス	**28**
後期高齢者医療保険〔制度〕	217, **228**
恒久的減税	286
公共経済学	**11**
公共財	18, 42, 73, 145
──の最適供給条件	145
公共事業	9, 39, 63, **133**, 134, 135, 144
公共支出	18, 42
公共施設等運営権事業	**167**
公共資本	42, 101
公共セクター	**13**
公共選択	**11**, 118
合計特殊出生率	**211**, 217
高校の実質無償化	202
公　債	45
──残高	53
──等残高	51
──費	66
公衆衛生	208
公　正	**12**
厚生経済学の第一基本定理	**14**
厚生経済学の第二基本定理	**19**
厚生年金	222, 225
──の保険料	254
拘束性の原則	21
拘束力	**20**
公的企業	3
公的年金制度	221, 224
公的年金等控除	**250**
公的扶助	208
後　転	**290**
高等教育	172
行動計画	→インフラ長寿命化計画
公　費	213
交付基準額	83
交付金制度	161
交付税特会（交付税及び譲与税配付金特別会計）	77, 86
交付団体	81
公平〔性〕	18, 186, 221, 256, **258**
効率〔性〕	**14**, 18, 220, 298
──と公平のトレードオフ	19
公立学校	173
──施設整備費国庫補助	**195**
──施設費国庫負担法	**179**
公立大学	174, 183
──等整備費補助金制度	**184**
高齢化	217, 238, 274, 291
高齢者医療制度改革	228
高齢社会	**216**, 238
高齢世代	**211**
国　債	37, 91
──残高	**35**
──償還	46
──費	7
国際課税	328, 331
国際戦略港湾	**156**

国際的租税回避　329, 332
国　税　**246**, 278, 305
国土形成計画（全国計画）　**141**
国土保全社会資本　**135**
国富論　**10**
国民医療費　231
国民皆年金　**215**, 221
国民皆保険　**215**, 221, **226**, 230
国民基礎年金　222, 224
　——の国庫負担　**226**
国民経済計算（SNA）　3, **62**
国民健康保険　**227**, 229
　——組合　**228**
国民負担の公平の確保　**234**
国民負担率　**4**, 9
国立学校　**173**
　——特別会計　**184**
国立大学　182, 184
　——法人運営費交付金　**175**
　——法人評価委員会　**197**
　——法人法　**184**
個人住民税（住民税）　92, 111, 247, **248**, 252, 256, 259, 273
個人所得課税　286
五全総　→21世紀の国土のグランドデザイン
国会の議決　**23**
国庫支出金　61, **65**, 75, 78
固定資産税　92, **279**, 284, 293
　——路線価　**293**
ゴールドプラン　216
コルナイ（J. Kornai）　75
混合経済体制　**13**
コンセッション制度　**167**

●さ　行

災害復旧事業費　66, 73
財源対策債　**87**
財源超過　**81**
財源調整機能　**68**
財源配分機能　**69**

財源保障機能　**68**
歳　出　**3**, 6, 7, 61, 66, 102, 175, 207
　——構造の推移　**8**
　——の計画　**24**
財　政　**2**
　——の決定過程　**11**
　——の3機能　**12**, 42, **245**
　——の仕組み　**20**
　——の持続可能性　38, **51**, 53, 54
　——の見通し　**49**
財政赤字　**7**, **35**, 42, 62
財政学　**3**, 11
　——と経済学の融合　**10**
財政危機　**93**
財政基盤の安定化　**233**
財政規模　**3**, 4
財政規律　**55**
財政検証　**226**
財政健全化　**90**
　——計画　**95**
　——団体　**93**
財政再建　54, 55, 88
　——制度　**93**
　——団体　**88**
財政再生基準　**93**
財政再生計画　**95**
財政再生団体　88, **93**
財政錯覚　**48**, 74
財政社会学　**12**
財政収支　**62**
財政政策　**49**
財政調整基金　**88**
財政調整機能　**107**
財政的外部性　**117**
財政投融資　22, 23
　——計画　**77**
財政破綻　**55**, 93
財政法　22, 37, 91
財政力格差　69, 127
財政力指数　**104**
最適課税　**263**, 321, **323**

索　引　347

最適反応　117
財投機関債　20
歳　入　3, 7, 61, 63
財の完全移動性　15, 17
債務残高　49
サミュエルソン条件　149
産業基盤社会資本　135
産業構造政策　17
産業組織政策　16
暫定予算　23
三位一体改革　110, 124, 177, 180
三面等価の原理　43
残余曲線　150
仕入税額控除　295, 298
私学助成　184, 195
時間的非整合性（時間の不整合性）　76
事業所得　249, 309
　──者　249
事業仕分け　28, 126
事業税（法人事業税）　247, 304, 326
　──の外形標準化　314
事業費補正　71
シグナリング理論　186
資源配分機能　12, 16, 42, 245, 278
事後／事前　19
資産格差　291
資産課税　245, 290, 293
死重損失　262, 289
支出税論　321, 322
市　場　13
　──の参入・退出の自由　15
　──の失敗　186
　──の所有性　15
　──の普遍性　15, 17
市場機構　18
市制への移行要件　121
施設整備補助金　198
事前確認制度（APA）　330
事前性の原則　21
自治事務　104, 110
市町村合併　110, 120

市町村税　247, 326
市町村の合併の特例に関する法律　→合併特例法
失　業　16
　──対策事業費　66
実質赤字比率　88, 91
実質公債費比率　90
実質収支　87
実質単年度収支　88
指定管理者制度　126
私的所有　15, 17, 291
自動車税　279
司法制度　17
資　本　133
　──化　94
　──コスト　317
　──主義社会　13
　──所得　323
　──割　314
事務事業評価　126
シャウプ勧告　67, 255, 290, 319
社会関係資本（ソーシャル・キャピタル）　133
社会資本（インフラストラクチャー）　17, 132, 151
　──整備重点計画　144
　──整備総合交付金　161
　──のストック　136
　──の整備主体　157
　──の長寿命化　165
社会的収益率　203
社会的入院　216, 235
社会的費用　151
社会的便益　151
社会的余剰　289
社会的割引率　152
社会福祉　208
社会保険　18, 19, 102, 208, 210, 220, 221
　──診療報酬支払基金　237
社会保険料　209, 246, 248, 267
　──控除　251

——制度　254
　——負担率　270
社会保障　9, 30, **208**, 210, 214
　——関係費　7, 9, 207
　——給付費　**209**
　——国民会議　**218**
　——財源　213, 294
　——・税一体改革大綱　**218**
　——制度改革国民会議　**218**
　——制度の持続可能性　210, 216
　——・税番号制度　→マイナンバー制度
　——と税の一体改革　209, 286
就学支援　175
　——金制度　202
就学世代　**211**
就学前教育　**173**
従価税　**287**
収支計画　20
習熟度別指導　**181**
重商主義　**10**
住民税　→個人住民税
住民ニーズの多様化・複雑化　**120**
住民の生活圏の拡大　**120**
重要業績評価指標　→KPI
従量税　**287**
受益者負担　**293**
受給資格期間　**224**
需要の価格弾力性　**289**, 298, 323
シュルツ（T. W. Schultz）　185
純　計　61
準公共財　**73**
純債務　**38**
純粋公共財　**73**
純便益　152
障害給付　**222**
生涯所得　322
奨学金事業　**199**
少額貯蓄非課税制度（マル優）　**319**
少額投資非課税制度（NISA）　320, **332**
小規模校化　**195**
小規模宅地等の特例　283, **301**

少子化　217
　——対策　**217**
　——対策推進基本方針　217
少子高齢化　201, 226, 320, 332
　——への対応　**120**
乗数効果　**44**, 46
譲渡益　→キャピタル・ゲイン
少人数教育（少人数学級）　**181**, **196**
少人数指導　**181**
消費課税　**245**, 286
消費関数　43
消費税　68, 79, 246, 256, 286, 287, **294**, 297, 298
　——の逆進性　299
　——率　279
情報の非対称性　219
剰余金　26
将来情報の不完全性　**18**
将来負担比率　**91**
初等教育　**172**
所　得　321
　——の捕捉率　259
所得格差　13, 188, 213, 234
　——の固定化　**291**
所得課税　**245**, 309
所得効果　71
所得控除　**248**, 259, 268, 274
所得再分配　188
　——機能　**12**, **19**, **245**, **278**, 291
　——政策　19
所得税　68, 79, 246, **248**, 252, 256, 259, 268, 305
　——の最高税率　253
　——の累進課税制度　19
所得連動返還型奨学金　**199**
所得割　**259**
私立学校　**173**
　——経常費助成費等助成　**195**
私立大学　182, 184
　——経常費補助金　184
　——等計上費補助金　**174**

──等経常費補助金 **199**
新エンゼルプラン 218
人件費 **66**
人口置換水準 217
申告分離課税 **320**
新古典派経済学 **11**
新ゴールドプラン 217
伸縮性 **278**
人的資本 133
── 論 **185**
診療報酬 230, **232**, 233, **298**
垂直的公平 **258**, 263
出納整理期間 **76**
水平的公平〔性〕 **258**, 283
ストック **133**
── 化 **291**
── 経済 291
── 変数 **37**
スピルオーバー **73**, 157
スペンス（A. M. Spence） 186
スミス（Adam Smith） **10**, 14
税 210
──の再分配機能 **270**
── 負担率 269
税額控除 **249**, 270, **325**
生活基盤社会資本 **134**, 153
生活必需品 **298**
生活保護 264
税源移譲 110, **247**
税源浸食と利益移転 →BEPS
税財源改革 110
政策評価 **28**
政治経済学 12, **56**, 118
性質別歳出 **66**
政治プロセス（政治過程） **11**, **55**
税収 **5**, 6, 7
── 格差 69, 306
── 構造 286
税制 **244**
── 改革 286
政府 3

──の介入 16
──の失敗 **11**
──の予算制約式 51
安価な **10**
政府関係機関 20, **22**
── 予算 **22**
政府間財政移転 67
政府債務 6, **37**, 38, 41
政府支出 44
── 乗数 **44**, 46
世代間の不公平（世代間の格差） **213**
世代内の格差 **213**
セーフティネット 225
ゼロ税率 **299**
全国計画 →国土形成計画
全国健康保険協会管掌健康保険 →協会けんぽ
全国総合開発計画（一全総） **141**
第 5 次── →21 世紀の国土のグランドデザイン
前転 **290**
前年度繰上充用金 **76**
戦略的遺産動機 **292**
総額裁量制 **180**
早期健全化基準 **93**
総合課税 **309**, **319**, 327
総債務 **38**
── 額 **38**
総需要 43
相続課税 292
相続税 281, **300**
──の特例 283
相続人 **300**
総余剰の最大化 **261**
贈与税 **291**
測定単位 **81**, 84
ソーシャル・キャピタル →社会関係資本
租税 246
── 競争 114, **116**, 119, 330
── 原則 **257**, 278
── 条約 329

索引 349

――特別措置　**325**
――の転嫁　**290**
――法律主義　**110**
租税回避　**329**
――地　→タックス・ヘイブン
ソフトな予算制約　**75**
損金算入／不算入　**324**

● た 行

第三セクター　**126**
退職者医療制度　**216**
代替効果（価格効果）　71, 74
大都市圏整備計画　142
ただ乗り　→フリーライド
多段階課税　295
タックス・ヘイブン（租税回避地）　119, 330
――対策税制　**330**
単一国家　**3**
単位費用　**81**, 84
単式簿記　**87**
担税力　**258**
弾力性　**263**
地域間の偏在　**327**
地域自主戦略総合交付金　**161**
地域社会への会費　**259**, 273
地域主権戦略大綱　**161**
地域包括ケアシステム　**238**
地域保険　**226**, 227
小さな政府　14, **30**
地　方　61, **100**
――の企業課税　**306**
地方開発計画　142
地方拠点強化税制　314, **315**
地方公共財　**73**, 113, 157
地方公共団体　60, **100**
――の会計　87
――の財政健全化　96
地方交付税　7, 61, **65**, 67, 74, 75, 78
――制度　**68**
――等関係計数資料　82

――の合併算定替　**121**
――法　60, **68**, 77
マクロの――　68, **78**, 79, 84
ミクロの――　68, **78**, 84
地方債　62, 65, 75, 80, 87, **89**, 91, 121
――計画　**77**
――制度　90
――の食い逃げ　**94**
――の中立命題　**94**
地方財源不足額　**85**
地方財政計画　67, 69, 71, **77**, 85
地方財政健全化法（地方公共団体の財政の健全化に関する法律）　60, **90**, 93
地方財政再建促進特別措置法　**88**
地方財政対策　68, **78**, 80, 85
地方財政平衡交付金制度　**67**
地方財政法　60, **91**
地方自治法　60, **104**
地方消費税　248, **279**
地方譲与税　61, **65**, 82
地方税　61, **65**, 82, 110, 114, **246**, 278, 305, 314
――原則　119, **278**, 306
――の不均一課税　**121**
地方政府　61, 71, 73, 116
地方独立行政法人法　**198**
地方特例交付金　61, **65**, 82
地方配付税制度　**67**
地方分権
――一括法　**109**
――改革　**109**, 112, 120
――化の理論　**112**
――のトレードオフ　**127**
地方分与税制度　**67**
地方法人税　68, 79, 304, 314, **327**
中位投票者理論　**201**
中央集権　113
中央政府　61, 73, **100**
中期計画　**197**
中等教育　**172**
中　立　**257**, 283

索　引　351

──と公平のトレードオフ　**260**, 262
──命題　**47**
超過課税　**114**
超過支出禁止の原則　**21**
超過負担　**84**, **289**
超過累進　**251**
──税率〔構造〕　**259**, **268**
徴税コスト　**258**
帳簿方式（アカウント方式）　**280**, **295**
直接介入　**188**
直接税　**245**, 248, 256
直轄事業　**160**
──負担金　**161**
積立金　**226**
積立方式　**221**
定額補助金　**70**
底辺への競争　**119**
定率補助金　**70**
　制限付き──　**70**
　制限なし──　**70**
デュアル・サポート・システム　197, **200**
伝票方式（インボイス方式）　**280**, **295**, 299
ドイツ財政学派　**11**
統一性の原則　**21**, 22
投資的経費　**66**
道府県税　**247**, 326
等量消費　**148**
特定財源　**65**, 81, 83
特定定額補助金　**70**
特定定率補助金　**70**, 71
特定補助金　**70**
特別会計　5, **22**
特別交付税　**80**
──に関する省令　**85**
特別補助　**199**
特例加算　**87**
特例国債（赤字国債）　**37**, 40, 42, 87, 91
都市計画税　**279**
土地税制改革　**286**
ドッジ・プラン　**67**

届出制度　**90**
トービンの q 理論　**318**
ドーマーの定理　**54**

● な　行

ナショナル・ミニマム　**179**, 215
──・サービス　**19**
ナッシュ均衡　**117**
7割評価　**284**
二元的所得税　**321**, **323**
21世紀の国土のグランドデザイン（第5次全国総合開発計画，五全総）　**141**
二重課税　**312**, 316, 322, 325, 329
年　金　**207**, 211
──所得者　**249**
農山漁村地域整備交付金　**161**
農林水産社会資本　**135**

● は　行

配偶者控除　**251**, 265
配　当　**316**
──課税　**309**
──軽課措置　**312**
──所得　**319**, 328, 332
──分　**312**
ハイパーインフレーション　41, **55**
配付税　**67**
破綻法制　**93**
発生主義　**126**
抜本的税制改革　**255**, 285, **312**, 319
パナマ文書　119, **330**
バブル　144, **284**
パレート効率性　**14**, 186
パレート最適　**150**
バロー（R. Barro）　**94**
──の中立命題　**47**, 94
範囲の経済性　**108**
非課税項目　**298**
引当金　**313**
非競合性　**148**
ピグー補助金　**73**

非市場　13, 16
非弾力的　263
ヒックス型需要関数　152
非排除性　148
被保険者
　　第1号／第2号——　223
　　第3号——　223, 267
103万円の壁　266
130万円の壁　267
被用者保険　226
　　——の保険料　228
標準税率　114, 325
費用逓減　108
平等〔性〕　19, 187
　　機会の——　187
　　結果の——　187
費用便益分析　151
ビルトイン・スタビライザー　13
比例税　251, 273
比例税率　309
　　——構造　259
付加価値　295
　　——税　256, 280
　　——割　314
不確実性　17
賦課方式　221, 224
福祉元年　210, 216
複式簿記　126
福祉競争　119
福祉国家　11
複数税率　280, 297
不交付団体　81
扶助費　66
負　担
　　——調整　284
　　——の逆進性　298
　　——の推移　9
　　——分任性　278
　　大きな——　30
　　小さな——　30
普通会計　62, 88

普通建設事業費　66, 73, 160
普通交付税　80, 81
　　——に関する省令　84
物的資本　133
物品税　287
負の所得税　271
普遍性　278
富裕税　290
扶養控除　251
フライペーパー効果　74
プライマリー・バランス　→基礎的財政収支
ブラケット　251, 256
ブラッドフォード・オーツの等価定理　74
フリーアクセス　230
振替後基準財政需要額　83
振替前基準財政需要額　83
フリードマン（M. Friedman）　189, 271
フリーライド（ただ乗り）　148
ふるさと納税制度　115, 119
フロー　133
　　——変数　35
文教及び科学技術関係費　175
分権化定理　112
分離課税　248, 256, 309, 327
平均費用　108
平成の大合併　110, 120
ベヴァリッジ報告　215
ベースラインケース　50
ベッカー（G. S. Becker）　185
別枠加算　87
返礼品支出競争　116
包括的所得税　248, 256
　　——論　321
法人擬制説　315, 316
法人事業税　→事業税
法人実効税率　306, 307, 318, 325
法人実在説　315, 316
法人住民税　247, 304, 315, 326
　　——の税割　315
法人所得　314
法人税　68, 79, 246, 304, 305, 311, 324

索引　353

法定外普通税　110
法定外目的税　110
法定加算　87
法定受託事務　104
法定税率　324
法定相続人　281
法定相続分課税方式　290, 301
法定率分　79
防貧　215
保険　208, 219
　──料　224
補償需要　152
補助金　65, 70, 110, 114
　──支出競争　115
補助事業　160
補正係数　81, 84, 85
補正予算　23
本予算　23

● ま 行

マイナンバー制度（社会保障・税番号制度）　272
マクロ経済スライド　226
マーケット・サウンディング　167
マーシャル型需要関数　152
マスグレイブ（R. A. Musgrave）　11, 12
マネタリスト　11
マル優　→少額貯蓄非課税制度
満期一括償還方式　90
見えざる手　10, 14
民営化　126
民間活力の活用　126
民間セクター　13
民間賃金等の活用による公共施設等の整備等の促進に関する法律　→PFI法
無差別曲線　72, 150
明瞭性の原則　21
免税点制度　287, 297
メンテナンス元年　165
目的税　294
目的別歳出　66, 103, 104

モラル・ハザード（倫理の欠如）　188, 219, 221

● や 行

夜警国家　10
ヤードスティック競争　116
要保護児童生徒援助費補助　193
予算　20, 22-24
　──原則　20
　──執行調査　26
　──成立　23
　──総則　22
　──の単年度主義　20
　──編成　23
予算制約
　──のソフト化　85
　ハードな──　96

● ら 行

ラムゼーの逆弾力性命題（ラムゼー・ルール）　289, 298, 323
利益計上法人　308
利己的動機　116, 120
利子所得　319, 327
利子・配当・株式譲渡所得　309
　──課税　327
リスク　219, 221
　長生きの──　220
利他的〔遺産〕動機　115, 120, 292
留保財源　83
留保分　312
流用禁止の原則　21
両院協議会　23
療養の範囲の適正化　234
臨時財政対策債　79, 86, 92
　──発行可能額　80, 83, 87
倫理の欠如　→モラル・ハザード
累進課税制度　245
累進所得税　13
累進税率　248, 309
　──構造　259

連結実質赤字比率　**91**
連結納税制度　**313**
レント・シーキング　**56**
連邦国家　**3**
労使折半　**225, 255**
老人保健制度　**216**
老朽化　**165**
労働移動の不完全性　**17**
労働供給　**260**
　　──曲線　**260**
　　──の弾力性　**264**
労働所得　**248, 323**

──税　**261**
労働と税金　**248**, 259
労働力流動化政策　**17**
老齢給付　**222**
ローン回避問題　**199**

● わ 行

ワグナー（A. Wagner）　**10**
　　──の経費膨張の法則　**11**
ワニの口　**7**, 34
割引現在価値　**46, 152**

■ 編者紹介

赤井 伸郎（あかい のぶお）

1968 年，大阪市生まれ。1991 年，大阪大学経済学部卒業，94 年，大阪大学大学院経済学研究科博士後期課程単位取得，98 年，大阪大学博士（経済学）学位取得。大阪大学経済学部助手，兵庫県立大学（前・神戸商科大学）助教授などを経て，
現在，大阪大学大学院国際公共政策研究科教授。
専攻：公共経済学，地方財政学，公共組織論，公共経営。
主な著作に，『地方交付税の経済学』（共著，有斐閣，2003 年，第 5 回 NIRA 大来政策研究賞受賞，第 13 回租税資料館賞受賞，第 47 回日経・経済図書文化賞受賞），『行政組織とガバナンスの経済学』（有斐閣，2006 年，第 48 回エコノミスト賞受賞），『交通インフラとガバナンスの経済学』（有斐閣，2010 年），『地方財政健全化法とガバナンスの経済学』（共著，有斐閣，2019 年），"Fiscal Decentralization Contributes to Economic Growth: Evidence from State-level Cross-section Data for the United States"（共著，*Journal of Urban Economics*, 52, 2002），"Interregional Redistribution as a Cure to the Soft Budget Syndrome in Federations"（共著，*International Tax and Public Finance*, 16, 2008），"Too Big or Too Small? A Synthetic View of the Commitment Problem of Interregional Transfers"（共著，*Journal of Urban Economics*, 64, 2008），"A Simple Dynamic Decentralized Leadership Model with Private Savings and Local Borrowing Regulation"（共著，*Journal of Urban Economics*, 70, 2011）などがある。

実践 財政学――基礎・理論・政策を学ぶ
Practical Public Finance: Theory and Policy

2017 年 4 月 20 日　初版第 1 刷発行
2021 年 5 月 30 日　初版第 3 刷発行

編　者		赤　井　伸　郎
発行者		江　草　貞　治
発行所	株式会社	有　斐　閣

郵便番号 101-0053
東京都千代田区神田神保町 2-17
電話 (03) 3264-1315〔編集〕
　　(03) 3265-6811〔営業〕
https://www.yuhikaku.co.jp/

印刷・大日本法令印刷株式会社／製本・牧製本印刷株式会社
© 2017, Nobuo Akai. Printed in Japan
落丁・乱丁本はお取替えいたします。
★定価はカバーに表示してあります。

ISBN 978-4-641-16504-5

JCOPY　本書の無断複写（コピー）は，著作権法上での例外を除き，禁じられています。複写される場合は，そのつど事前に，(一社)出版者著作権管理機構（電話03-5244-5088, FAX03-5244-5089, e-mail：info@jcopy.or.jp）の許諾を得てください。